[개정판]

사회학 이론

시대와 관점으로 본 근현대 이야기

[개정판]

사회학 이론

• 시대와 관점으로 본 근현대 이야기 •

하르트무트 로자 · 다비드 슈트렉커 · 안드레아 콧트만 지음 | **최영돈 · 이종희 · 전태국** 옮김

한울
아카데미

Soziologische Theorien (3rd revised and updated edition 2018)
by Hartmut Rosa, David Strecker, and Andrea Kottmann

옮긴이의 말

이 책은 독일 예나 대학교 사회학과 하르트무트 로자(Hartmut Rosa) 교수와 연구원 다비드 슈트렉커(David Strecker) 박사, 그리고 네덜란드 트웬테 대학교 고등교육정책연구센터의 선임연구원 안드레아 콧트만(Andrea Kottmann)이 공동 저술한 『사회학 이론(Soziologische Theorien)』의 2013년 제2판을 번역한 것이다(초판은 2007년에 출간되었다).

공동 저자의 한 사람인 로자 교수는 1965년에 출생한 비교적 젊은 사회학자로서 '근대적 가속'의 이론으로 유명하다. 그는 1992년에 프라이부르크 대학교에서 정치학 석사학위를 취득한 후 1997년에 베를린의 훔볼트 대학교 정치학과에서 박사학위를 받았다. 박사학위논문의 제목은 「동일성과 문화적 실천. 찰스 테일러 이후의 정치철학(Identität und kulturelle Praxis. Politische Philosophie nach Charles Taylor)」이었다. 2004년 예나 대학교 사회학과에서 「사회적 가속. 근대의 시간구조의 변화(Soziale Beschleunigung. Die Veränderung der Zeitstrukturen in der Moderne)」에 관한 연구로 교수 자격을 취득했고, 2005년에 예나 대학교의 사회학과 정교수가 되었다. 또한 그는 2013년 10월부터 에르푸르트 대학교의 「문화과학 및 사회과학 연구를 위한 막스 베버 콜레그(Max Weber Kolleg für kultur- und sozialwissenschaftliche Studien)」의 원장을 겸임하고 있다.

이 책은 여느 책과 달리 사회학 이론의 발전을 체계적인 시각에서 매우 흥미롭고 시의적이면서도 실감나게 서술하고 있다. 사회학 이론의 형성을 근대화 경험에 대한 반응으로 이해하여, 이론의 정원을 시대별로 초기 근대, 발전된 근대, 후기 근대의 세 개 구역으로 나누고, 각 구역을 '길들이기', '합리화', '분화', '개인화'의 네 가지 관점에서 안내한다. 주요 사회학자들을 시대별로 각 관점의 전형으로서 위치 짓고, 핵심 문제와 방법적 개념, 그리고 사회 상태의 분석과 진단을 제시한다.

이 책을 통해 사회학 이론의 정원을 산책하는 독자들은 시대의 변화와 함께 우리 자신이 새로운 사회적 열병에 걸려 있음을 깨닫게 될 것이다. 도구적 이성의 승리로 표현되는 자연 '길들이기'는 자연에 대한 파괴로 돌변하고 파괴된(외적 또는 내적) 자연은 도리어 인간에게 새로운 위험으로 다가오며, '합리화' 과정은 의미 상실과 자립화를 초래하고 사회의 전체적인 발전이 오히려 비합리적인 형태를 띠게 한다. '분화'는 사회를 '해체'의 위험에 봉착하게 만들며, '개인화' 과정은 개인들로 하여금 자신의 삶은 물론 가족 형태까지도 스스로 선택할 수 있게 만들지만 역설적으로 개인들을 오직 그들이 구입하는 상품의 선택을 통해서만 서로 구별되게 한다.

한 가지 흥미로운 사실은 이 책에서 논의되는 이론가가 마르크스(Karl Marx)부터 네그리(Antonio Negri)와 푸코(Michel Foucault)에 이르기까지 모두 13명인데, 그중 독일인이 절대적으로 많다는 점이다. 이는 단순히 이 책의 저자가 독일인이어서가 아니다. 최근 들어 프랑스와 미국의 사회학자의 비중이 늘긴 했지만, 사회학자 중에서 독일인의 비중이 절대적으로 많다는 것은 그 자체로 하나의 사회학적 연구 대상이라 할 수 있다.

사회학은 세계 어느 나라에서도 연구되고 가르치는 지구적 기초학문으로 자리 잡고 있으며, 이 학문에 매달리는 학자도 엄청나게 많다. 그러나 이 책에서 보는 것처럼 정작 이론가로서 주목받는 학자는 많지 않다. 이를 환언하면 세계 대부분의 사회학자들은 이들 13명의 뛰어난 이론을 소개하고 논의하는 '전파자' 또는 '보조자'에 머물고 있다고 할 것이다. 한국을 비롯한 동아시아에도 많은 사회학자가 있지만, 누구도 이론가로서 주목받지 못하고 있는 실정이다. 분발이 요구된다.

이론의 정원을 거닐면서 독자들의 자유로운 정신이 위축되지 않기를 바란다. 이 책에서 논의되는 이론들은 모두 뛰어난 통찰력에 기초해 정밀한 사회 분석과 진단을 제출하고 있기에 독자는 니체(Friedrich Nietzsche)가 말하는 '기념비적 고찰' 방식에 빠지기 쉽다. 이론들은 값진 골동품처럼, 오랫동안 개인과 세대로부터 경건과 존경을 누려왔기에 경탄과 찬미의 대상이 되기 쉽다. 더욱이 시대의 상이함을 뛰어넘는 매혹적인 유사함을 통해 감동은 광신으로 치달을 수 있다. 원인과 동기의 상이함을 무시한 채 오늘의 전범(典範)으로 내세우고 싶은 욕망도 일어난다. 우리 학계에 맹목적인 마르크스주의자나 베버주의자, 또는 뒤르켐주의자가 횡행하는 것은 바로 이 때문이다. 이러한 '기념비적 고찰' 방식은 일종의 종교적 태도이지, 연구자의 자세가 아니다. 연구자는 존경받는 이론도 비판적 법정에 세워 심문하고 마침내 유죄를 선고할 줄 아는 자유로운 영혼을 가져야 한다.

원래 이 책의 번역은 수년 전 이남복 교수의 제안에서 비롯되었다. 번역진이 구성되고 번역 초고가 만들어졌을 때, 개정판이 나와 다시 작업을 할 수밖에 없었다. 개정판에 의거해 원고를 다시 세밀하게 검토해 보니 고쳐야 할 부분이 한두 군데가 아니었다. 이 책을 내면서 우리는 일찍이 마르크스가 충고한 '학문하는 자세'를 견지하고자 애썼다. "학문에는 탄탄한 대로가 없습니다. 오직 학문의 가파른 오솔길을 기어오르는 노고를 두려워하지 않는 자만이 과학의 빛나는 절정에 도달할 가망이 있습니다"[『자본론(Das Kapital)』 1권 프랑스어판 서문]. 길고 힘든 번역 작업 동안 표현의 통일성을 기하고 원고의 세세한 부분에까지 눈길을 준 최영돈 박사의 헌신적인 기여가 없었다면 이 책은 아직도 빛을 보지 못하고 잠자고 있을 터이다.

이제 오랜 힘든 작업에서 벗어나 깊은 감사의 마음을 표하고 싶다. 오즈리서치의 오숙영 사장님이 강남 한복판에 편안한 공간을 마련해 주어 우리 학회가 전진의 결실을 거듭 맺을 수 있게 격려해 준 데 대해 깊은 감사의 말씀을 드린다. 또한 어려운 여건에서도 이 책의 출간을 흔쾌히 수락해 준 한울출판사의 김종수 사장님과 편집실의 직원들께 감사의 뜻을 표한다.

2015년 7월 16일

옮긴이를 대표하여

전태국

옮긴이의 말 [개정판]

사회학의 본고장 독일에서 현재 가장 널리 읽히는 '사회학 이론'의 역서가 2016년에 나온 이래 꾸준히 한국 독자들의 사랑을 받은 것은 분명 놀라운 일이었고, 함께 작업을 진행한 옮긴이들에게는 기대 밖의 기쁨이었다. 이는 복잡한 사회현상을 체계적이고 과학적으로 이해하려는 욕구가 그만큼 크다는 것에 대한 반증일 것이다.

현재 우리 사회에는 중요한 정치적 현안이 제기될 때마다 SNS에 퇴행적인 사고와 정신이 활개를 치고, 편파적이고 비과학적인 주장들이 거침없이 쏟아져 나온다. 온갖 가짜 뉴스와 편견이 난무하고 주술이 넘실거린다. 정신의 방랑자적 자유는 목적의 면에서는 상상적이고, 주장의 면에서는 무조건적이고, 적용의 면에서는 자의적이어서 과학적 사고와 양립할 수 없다. 이 책이 사회현상을 과학적으로 이해하는 데 도움이 되기를 기대한다.

이번에 전면 개정판을 작업하게 되었다. 이 책은 독일에서 2007년 초판이 출간된 이후 2013년 제2판이 출간되었고(2016년 한국에서 출판된 『사회학 이론』은 제2판을 번역한 것이었다), 2020년 제3판이 다시 출간되었는데 이 책은 제3판을 다시 번역한 것이다. 독자들의 과분한 사랑에 보답하는 길은 무엇보다 독자들이 이해하기 쉽도록 내용을 정확하고 명쾌하게 번역하는 것이라고 믿었기에 한여름의 무더위도 우리의 개정 작업을 방해하지 못했다. 어려운 여건에도 이 책의 개정판 번역을 독려한 한울출판사의 안목이 자랑스럽다. 사회학 이론이 제시하는 전망과 개념이 우리 사회의 기본교양으로 자리 잡을 날도 머지않아 보인다.

2023년 10월 6일

옮긴이를 대표하여

전태국

머 리 말

이 입문서가 2007년 가을에 처음 출간되었을 때, 물론 우리는 반응이 좋기를 바랐다. 그러나 몇 차례에 걸쳐 재인쇄판이 나온 후 지금까지의 변함없는 수요는 우리의 기대를 능가하는 것이었다. 우리는 이 책이 독자들의 긍정적인 반응을 얻었을 뿐 아니라 대학생들이 사회적 맥락들에 관한 이론적 성찰을 연습하는 데에도 도움이 된다는 사실에 기쁨을 감출 수가 없다. 5년 가까이 지나 아예 새롭게 개정된 『사회학 이론』 제2판을 작업하게 된 이유는 단지 시의성에 대한 요구를 충족시키기 위해서만은 아니었다.

우리는 신판을 위해 통상적인 교열을 수행하는 것 외에도 '찾아보기'와 '참고문헌'을 최신 상태로 보완했다. 또한 논쟁 내용이 변화하고 새로운 연구 결과 및 저작에 대한 토론이 한창 진행 중인 학자들[브루노 라투르(Bruno Latour)의 경우처럼]의 이론이 계속해서 발전하고 있다는 점을 고려하여 각 장을 수정했다. 무엇보다도 독자들의 피드백, 대학생들의 평가, 다른 동료들과의 토론 내용을 참작하려고 노력했다.

처음부터 이 책은 예나 대학교에서 우리의 강의를 수강하는 학생들이 사회학 이론을 최대한 흥미롭고 시의적이면서도 실감나고 쉽게 이해하도록 수년 이상 작업해 온 공동 노력의 소산이었다. 우리는 여러 대학생들과 동료들의 피드백과 문의를 바탕으로 이 책의 개념, 장, 논거를 여러 번에 걸쳐 보완하고 수정했다. 또한 최근 몇 년 동안 이 책에서 어느 부분이 더 명확하게 또는 더 상세하게 표현되어야 하는지에 귀를 기울여왔다. 이 책은 그 결과를 적절히 반영한 것이다.

그 밖에도 이번 증보판은 초판에서 거의 소홀했던 독일어 여성명사 사용 부분을 개선했다. 교정 작업을 하면서 의식적으로 특정한 문법적 관용 표현들을 사용하지 않았으며, 명사의 성에 민감한 표현들에 대해서는 다양한 가능성을 고려했다. 이번에도 제3세계 사회학자들의 목소리는 반영하지 않았으며, 여성 사회학자들을 위한 별도의 장도 포함하지 않았다. 이는 학문 영역에서 역사적으로 시민계급 백인 남성들이 두드러졌었다는 사실을 구실 삼아 부분적으로만 정당화할 수 있다. 물론 그들이 역사적으로 우세했다는 사실이 이 책을 구성하기 위한 다른 대안들이 없었다는 것을 의미하지는 않는다. 그럼에도 우리는 ― 학문적 '주류'에서의 일면성과 왜곡을 확인할 수 있도록 ― 고전 사회학을 학습하는 것이 더욱 절실하다고 확신했다. 사회학의 다른 접근법들을 수용해서 이 책을 보완하는 작업은 당분간 향후 과제로 남겨놓을 수밖에 없다.

우리가 이 책에서 변함없이 유지하려는 것은 우리의 입증된 기본 구상이다. 사회적 맥락들에 대한 사회학적 성찰은 각 학자들의 이론을 표본적으로 하나의 특정 관점에 대해 설명하는 체계적 접근을 통해 가장 쉽게 배양될 수 있고, 이를 통해 사회구조의 재생산과 변화를 이해할 수 있게 된다. 단순히 각 학자들에 대한 장(章)을 나열하는 것은 사회학 이론이 형성되기까지의 미로를 통과하는 길을 가르쳐주지 않는다. 반대로 각각의 이론에 대한 간결한 설명이 배제된 상태에서 단지 체계적으로만 접근할 경우 체계적 관점들을 명확히 학습할 수 있게 해주는 자료들이 결여된다. 체계적인 설명과 학자 중심의 설명을 조화시키는 것 외에, 우리는 사회이론에도 역점을 둔다. 물론 사회학 이론의 범위가 사회이론의 영역을 넘어서는 것이기는 하지만, 포괄적인 사회학 이론은 사회현상들이 그 (사회적) 전체 맥락 안에서 이해될 수 있도록 해야 한다. 따라서 우리가 바라는 것은 이 책에서 명시적으로 수용되지 않은 접근법들도 체계적으로 추론할 수 있도록 독자들에게 이론적·개념적·방법론적 장비를 제공하는 것이다. 여기에는 예컨대 피에르 부르디외(Pierre Bourdieu)가 해당되는데, 그는 조직화된 근대의 사회를 문화이론의 관점에서 탤컷 파슨스(Talcott Parsons)나 니클라스 루만(Niklas Luhmann)과는 전혀 다르게 서술하고 있다. 미셸 푸코(Michel Foucault)와 달리 후기 근대의 주체를 젠더 이론의 관점에서 명시적으로 분석함으로써 자연 지배(길들이기)의 차원에 대해서도 새로운 관점을 열어주는 주디스 버틀러(Judith Butler), 후기 근대에서 전형적으로 확립된 문화 형태가 제3세계 등의 관점에서는 어떻게 의문시되는지에 관심을 집중하는 포스트식민주의적 구상도 이에 해당된다.

초판 이후 이렇듯 증보판의 형태로 개정판이 나오기까지의 긴 여정에서 매우 많은 이들의 도움이 있었다. 이 자리에서 우리는 그들에게 감사를 표하고자 한다. 먼저 수많은 대학생들에게 감사한다. 이들은 이론 세미나와 강의에서 우리와 머리를 맞대고 열정적으로 토론에 임해주었다. 그다음으로는 예나 대학교의 옛 동료들, 가장 먼저 미하엘 베르, 미하엘 코르스텐, 랄프 슈라더, 디트마 베첼, 한스 요하힘 기겔에게 감사한다. 현재의 동료인 미하엘 비츠, 라스 게르텐바흐, 안야 그레고르, 요른 람라, 슈테판 로렌츠 그리고 요르그 오버투르, 앙드레 브로도츠, 하우케 브룬크호르스트, 마티아스 이제르, 마틴 자르 또한 이 책의 각 부분에 대해 값진 지적을 해주었다. 헤닝 라욱스는 브루노 라투르와 합리적 선택 접근법에 관한 장에서 중요한 몫을 해냈다. 다음으로는 오타 교정을 위해 원고를 여러 번 세심하게 읽어준 지그리트 엥엘하르트에게 감사한다. 끈기 있게 적극적으로 자료를 조사해 준 우리의 옛 '자원봉사자' 키르스텐 림베커, 책을 멋지게 디자인한 프랑크 바그너, 수정과 관련해 소중한 지적을 해준 로베르트 디트리히, 그리고 특히 초판에서는 보조 학생으로, 이제는 연구원으로 이 입문서에 특별히 기여한 앙드레 슈티글러에게도 감사의 마음을 전한다. '독일어 용어 정리'와 '찾아보기'도 이들 네 명의 수고 덕분이었다. 슈테판 랑엔한은 개정판의 '찾아보기'를 전문적으로 세심하게 보정해 주었다. 마지막으로, 출판사의 존야 로트랜더와 베레나 아르츠 또한 전문성과 너그러운 인내심으로 작업 지연과 과정상 우여곡절의 모든 상황을 함께해 주었다. 격려와 사랑으로 작업의 전 기간을 우리와 동행한 마리아 로자와 하인츠 로자, 아멜리, 요한네스, 펠릭스, 니콜라이, 그리고 크리스티네 슈트렉커와 한나에게는 아주 개인적인 감사의 마음을 전한다.

2012년 12월 예나에서

하르트무트 로자·다비드 슈트렉커

차 례

들어가기

1 ı 사회학 이론이란 무엇인가?

인간 공동생활의 법칙성, 인간 공동체의 혼란과 잘못된 발전, 정치 질서의 올바르거나 건강한 형태에 관한 숙고는 서양 역사에서 오랜 전통을 지닌다. 이 전통은 대개 정치사상사의 발전으로 이해되기 때문에 정치학 또는 실천철학으로 분류되기도 한다. 반면 사회에 관한 독자적 학설로서 사회학은 실로 역사가 짧은 분과 학문이다. 사회학은 19세기 말 무렵에야 형성된다. 사회학에서 가장 중요한 네 명의 '창시자' 가운데 세 사람인 막스 베버(Max Weber), 에밀 뒤르켐(Emile Durkheim), 게오르그 짐멜(Georg Simmel)은 19세기에서 20세기로 전환되는 시대에 저작 활동을 했다. 이보다 불과 몇십 년 전에는 넷째로 중요한 저자인 카를 마르크스(Karl Marx)가 자신의 주요 저작들을 집필했다.

분명히 이들은 모두 (이미 사망한) 백인 남성이다. 이는 그 자체로 사회학의 연구 대상이 되는 상황의 결과이다. 그 시대의 사회적 (권력)관계는 소수의 특권층에게만 새로운 학문 분야의 생성에 영향을 미칠 수 있도록 허용했는데, 그들은 원칙적으로 부유한 (서)유럽 남성이었다(얼마 후에는 유럽계 북미 남성도 여기에 해당되었다). 사회학이 불과 몇 세대 이전에 성립되었다는 것은 오늘날 사회과학에서 일반적으로 논란의 여지가 없는 사실이며, 이는 두 가지 중요한 결론을 시사한다.

1. 사회학 이론과 사회에 관한 과거의 정치적 또는 철학적 형태의 숙고 사이에는 분명 명백한 차이가 있을 것이다.
2. 어째서 19세기 말 무렵에 사회를 인식하고 이론적으로 성찰하는 방식이 돌연 변화했는지 확인할 수 있는 근거가 분명 있을 것이다.

사회학 이론은 근대화에 대한 반응이다

이 두 가지 물음에 대한 설득력 있는 대답은 앞서 언급한 세기 전환기를 둘러싸고 이루어진 사회학 이론의 형성을 부분적으로는 충격적으로 확산되는 근대화 경험에 대한 반응으로 이해해야만 찾을 수 있다. 그 시대에는 사회 자체가 물질적·사회적·제도적으로 격렬하게 변화했기 때문에 사회는 새로운 방식으로 문제가 되었다. 종교개혁과 계몽시대 이후 과학과 철학, 그리고 부분적으로는 정치와 법률 등 사회의 정신적 토대가 변화하기 시작했지만, 19세기의 강력한 산업화 물결과 그에 따른 도시화와 개인화, 그리고 도시와 시장경제의 익명화는 가족 구성원 간의 긴밀한 관계를 와해시키고 생활·노동·주거의 일상적인 전통을 파괴하여 처음에는 혼란을 불러일으키며 공동생활의 새로운 형태들이 나타나게 했다.

수백 년 동안 확고부동했던 사회생활의 질서와 신뢰할 수 있는 규범으로 작용해 왔던 것들이 돌연 의문시되었다. 변화는 취락 구조는 물론 교육제도, 가족형태, 고용관계, 정치조직, 익명적 시장을 지향하는 경제적 교환 과정에도 해당되었다. 동시에 사회의 오래된 신분제적 질서도 해체되었다. 수백 년 이상 명망과 부, 그리고 세도를 누렸던 직업과 가문은 돌연 몰락해서 무의미해진 반면, 신흥 계층은 돈과 권력을 장악했다.

사회학의 근본 물음

따라서 처음에는 매우 혼란스럽고 불확실해 보였던 이러한 상태에 직면한 모든 사회학의 근본 물음은 "사회질서는 어떻게 가능한가?"로 표현된다. 이 물음은 변화 이전에는 사회질서가 있는 그대로 주어진 것, 즉 우주 질서의 일부인 것 또는 자연적으로 형성된 것으로 널리 이해·경험되었다는 점에서 새로운 것이었다. 정치사상사의 고전 사상가들과 달리, 19세기의 사회를 관찰한 사회이론가들은 앞서 언급한 근대화 과정에 직면해 '사회'는 한순간에 최종적으로 주어진 것이 아니라, 그 자체로 역동적으로 변한 것이라는 인식에 도달했다. 사회적 조건들은 분명히 움직이고 있었고, 국가의 통제와 정치적 조정, 특히 인간의 계획된 행위와는 거의 무관한 논리를 따라 변화하고 있었다.

정치이론에도 포함되는 장 자크 루소(Jean-Jacques Rouseau, 1712~1778)와 알렉시스 드 토크빌(Alexis de Tocqueville, 1803~1859)의 사상, 그리고 또한 스코틀랜드의 도덕철학가들, 특히 애덤 스미스(Adam Smith, 1723~1790)의 사상에서 두드러졌던 것, 즉 사회의 역사적 발전 경향과 같은 무언가가 존재하는 듯하다는 발견은 사회학 이론이 형성되는 또 다른 출발점이다. 따라서 사회변화의 '본래적 동인(動因)' 또는 동력(動力)을 모색하는 것은 사회이론에서 중요성을 더해간다. 사회학자들은 다음의 문제들을 제기한다.

종합-동학-실천

1. 무엇이 사회를 결속시키며, 사회이론의 기본 구성 요소, 즉 사회이론의 기본 개념적 단위는 무엇인가?(종합)
2. 무엇이 사회를 움직이며, 사회 변화를 촉진하는 법칙성은 무엇인가?(동학)
3. 사회 발전은 (정치적으로) 통제되거나 심지어 조정될 수 있는가? 만약 그렇다면, 그것은 어떻게 가능한가?(실천)

| 요약 | **사회학 이론 형성의 차원들**

- **종합**: 사회 및 사회에 대한 사회학적 기술(記述)과 설명의 기본 단위
- **동학**: 사회학이 연구하는 사회변화와 변화의 원리 및 법칙성
- **실천**: 행위의 차원과 사회 또는 사회적 관계에 대한 영향의 차원

올바른 사회질서는 인간에 의해 계획된 행위의 산물 또는 결과일 것이며, 또 인간에 의해 계획될 수 있다는 확신은 초기 정치사상가들에게 대부분 당연한 것이었다. 그러나 새롭게 등장한 사회학자들이 변화를 관찰함에 따라 이러한 확신은 점점 의문시된다. 그들에게 사회란 국가와는 다른 무엇이며, 국가 그 이상을 의미한다. 사회학자들에게 사회질서는 국가 질서보다 포괄적인 것으로 인식되기 때문이다. 따라서 정치는 사회학의 관점에서 볼 때 사회의 부분 영역일 뿐 사회의 중심이 아니며, 반드시 정점이 아니다. 정치 발전은 적어도 사회 변화의 결과이며, 반대로 사회 변화는 정치적 행위의 결과이다. 그래서 예컨대 사회계약론은 정치사상사에서는 중요한 역할을 하지만, 적어도 사회학의 시각에서는 오해의 소지가 매우 많다. 사회란 결코 주권적 행위자들 간의 의지와 합의로 만들어낼 수 있는 것이 아니기 때문이다. 사회학의 이론 형성은 **종합-동학-실천**, 이 세 가지 차원에서 발전하며, 이러한 세 가지 측면 모두에서 몸소 체험된 근대화 과정에 대한 반응이자 성찰이다.

2 | 성찰로서의 사회학: 근대 분석과 진단

이 책에서 소개된 사회학적 접근법들은 관찰된 변화 과정들에 대한 이론적 반응으로 이해될 수 있다. 사회학 이론가들에게 중요한 것은 변화 과정들의 원인, 출현 형태, 영향을 이해 또는 설명하고, 그 사회적·문화적 결과

를 해석하는 것이다. 다음 장들에서 보겠지만, 관찰된 근대화 과정에 대한 사회학 이론가들의 관점은 거의 언제나 양가적이다. 그들은 놀라움과 경이로움 속에서 관찰하며, 기술적·사회적 발전에 직면해서는 진보에 대한 원대한 희망과 가속화하는 거대한 변혁의 기운들로 가득한 경우가 빈번하다. 마르크스와 엥겔스는 "신분제적인 모든 것과 정체되어 있는 모든 것은 증발해 버리고, 성스러운 모든 것은 모독되고 있다"라고 말한다(Marx/Engels, 1848: 465).

다른 한편으로 그러한 경탄 속에는 어느 정도의 우려가 섞여 있고, 이는 심지어 관찰의 대부분을 차지하기도 한다. 변화가 늘 높은 생활수준과 자유의 획득만을 의미하는 것은 아니며, 사회적 고통, 즉 사회의 총체적 상태에서 비롯되는 고통의 새로운 형태들을 만들어내는 측면도 있다는 것이다. 소외·고독·익명화의 과정, 또는 가치·의미 패턴·공동체 유대감의 점진적 붕괴에 대한 경험, 또는 독립적이 되어가는 상황적 강제에 대한 무력감의 증대는 궁핍화 과정이 저지되어야 할 곳에서까지 근대화를 동반한다(Rosa et al., 2010: 30~33, 54~56).

이러한 변화들은 몰락의 과정까지는 아니더라도 소중한 의미와 경험을 위한 가능성들이 상실·소멸되어 가는 과정으로 해석될 수 있다. 따라서 아래에서는 근대에 대한 사회학적 성찰의 양면성을 항상 고려할 것이다.

변화의 분석, 병리진단

- 앞서 언급한 세 가지 차원(종합, 동학, 실천)을 따르는 변화 과정 **분석**
- 이와 연관된 병리**진단**, 즉 근대화 과정에서 잘못된 발전과 위험을 인식하려는 시도

앞으로 보겠지만, 사회학적 분석이 일차적으로 불안과 우려를 이끌어내는 경우도 드물지 않다.

물론 사회 발전이 전개되는 과정에서 근대화 경험이 늘 같은 상태로 머

물러 있는 것은 아니다. 19세기 말의 근대화 경험은 20세기 중반의 근대화 경험과는 분명히 다르며, (긍정적이든 부정적이든) 1960년 전후의 근대화 경험은 21세기 초에 사회학 이론 형성을 주도하는 근대화 과정과 확연하게 구별된다. 즉, 사회학적 사고는 인식된 근대화에 대한 성찰이며, 근대화는 전적으로 모순적이고, 부분적으로는 양립 불가능한 발전 경향들이 드러나는 전형적인 단계들 속에서 진행된다. 그러므로 우리는 19세기 후반 이래의 사회학적 사고를 근대의 상이한 세 가지 단계를 통해 살펴봄으로써, 분석과 진단이 사회변동과 함께 어떻게 달라지는지 관찰할 것이다.

사회학적 사고의 변화

여기서는 상이한 접근법들 간의 역사적 차이가 나타날 뿐 아니라, 각각 관찰되는 것과 관련된 사회학자들의 구상, 즉 사회의 어떤 대상 영역이 어떤 관점에서 그들의 분석에서 중심을 이루는지, 그들이 자신들의 관찰과 탐구를 이론으로 구체화할 때 방법적으로 어떤 식으로 전개해 나가는지와 관련해서도 차이를 보인다. 따라서 아래에서 소개될 사회학 이론의 도안들에서는 **무엇이** 설명되는지, **언제**, 즉 근대 발달의 어느 단계에서 설명이 이루어지는지, **어떻게** 설명되는지 살펴볼 것이다.

차이: 관점, 단계, 방법론

다음 장에서는 사회학 이론이 근대화 과정을 분석적·진단적으로 탐구하는 네 가지 핵심 관점을 어떻게 구별할 수 있는지 상세히 논의한다. **방법론적 관점**에서는 (대상 영역, 사려 깊은 문제 제기, 설득력 있는 대답과 관련해) 사회학에 대한 어떤 이해가 특정한 접근법의 근간을 이루는지, 무엇이 사회의 기본 개념적 단위와 사회학적 설명의 기본 단위로 이해되는지(종합), 그리고 이와 함께 어떤 설명 모델이 개발되는지 살펴볼 것이다.

방법론적 개념의 문제

여기서는 먼저 구조이론과 행위이론의 설명 모델을 구별할 수 있다.

- **행위이론**은 개별 행위자들과 그들의 행위를 기반으로 하며, 행동의 논리와 행위의 집합(여러 행위의 공동 작용)으로부터 사회제도와 사회구조의 생성과 확장에 대한 추론을 시도한다. 행위이론의 모델에서는 행위자들의

구조이론과 행위이론

의도(의향)가 종종 사회의 형성과 기능에 결정적인 역할을 한다.

- **구조이론**의 접근법은 정반대의 길을 간다. 즉, 여기서는 개인들의 의지와 행위를 지배적인 사회구조적 여건으로부터 추론한다. 다른 한편으로 이러한 구조적인 여건의 발전과 변화는 그 자체의 법칙에 따라 전개되며, 그 구조적 여건 자체로부터 설명되어야 한다.

행위이론은 이를테면 '상향식'(행위 → 구조)으로 설명하는 반면, 구조이론은 '하향식'(구조 → 행위)으로 설명한다. 대부분의 경우 행위이론에 기반한 접근법들은 **방법론적 개인주의**의 원칙을 따르며, 반대로 구조이론적 접근법들은 대개 **방법론적 전체론**의 원칙과 연결된다.

방법론적 개인주의, 방법론적 전체론

| 정의 | **방법론적 개인주의 / 전체론**(Methodologischer Individualismus / Holismus)

방법론적 개인주의의 원칙은 모든 사회현상이 개별 행위자들의 행위로 소급될 수 있으며, 또 그래야 한다는 것을 의미한다. 반면에 **방법론적 전체론**의 원칙을 따르면 전체는 부분들의 총화 그 이상이므로, 사회현상은 다른 사회현상들을 고려해서 설명될 수 있다. 따라서 사회적 사실은 개인의 행위로 소급될 수 없으며, 고유한 원칙을 따른다.

이 책에서 다루는 특정한 학자가 사용한 설명 모델에서는 일반적으로 개인과 사회의 관계에 대한 그 학자의 이론적 구상을 도출해 낼 수 있다. 여기서는 이념형적으로 과장된 형태로 세 가지 가능성을 생각해 볼 수 있다.

1. 개인은 지배적인 사회적 관계의 산물이다.
2. 사회는 행위를 하는 개인들의 산물이다.
3. 개인과 사회는 서로 영향을 주고받으며 서로를 형성한다.

정치적 행위가 사회 발전에 어떤 영향을 미칠 수 있는지에 대한 물음은 당연히 그 학자가 세 가지 가능성 중 어느 것에 비중을 두느냐에 따라 크게 달라진다.

사회학 이론이 근대화 경험에 대한 반응으로서 형성된다는 점에서, 사회학자들은 점진적으로 형성되어 가는 근대사회와 이전에 존속했으나 이제는 몰락해 가는 전통사회 간의 극명한 차이를 그들의 분석에서 거의 항상 구분할 수 있다. 따라서 다음 장들에서는 사회학자들이 근대사회와 전통사회 간의 차이를 어떻게 추론하는지 살펴볼 것이다. 물론 이러한 구분의 본질은 근대화의 원동력, 즉 사회 변화의 원동력으로 파악되는 것과 밀접하게 연관되어 있기 때문에 사회학의 동학-문제에 대한 저자의 답변에 따라 달라진다. 물론 각각의 사고 및 접근 방식은 먼저 어떤 문제 또는 어떤 우려가 그 학자를 이끄는지 명확할 때만 제대로 이해되고 공감될 수 있으며, 그 학자가 어떤 문제를 숙고해서 답하려는지가 밝혀진 후에야 비로소 한 사상가의 접근법이 실제로 파악될 수 있다. 따라서 각각의 이론에서는 **방법·분석·진단**을 설명하기에 앞서, 항상 그 이론을 구상한 학자의 **핵심 문제**를 확인하는 작업이 선행된다. 표 1에는 이 책에 실린 접근법들을 소개하는 물음들이 요약되어 있다.

장(章)의 구성

표 1 **이 책에서 다룬 사회학 이론의 근본 물음**

	표제어	세부 설명
사회학	무엇에 관한 학문으로 이해되는가?	예컨대, 행위, 제도, 구조
핵심 문제	무엇이 학자들에게 동기를 부여하는가?	그의 관심
설명의 기본 단위	예컨대, 행위, 생산방식, 상호작용	종합
설명 모델	구조이론/행위이론, 방법론적 개인주의/방법론적 전체론	방법적 기본 구상(특히 상향식 설명 vs 하향식 설명)

개인과 사회의 관계	구성의 관계	무엇이 선행하는가?(실천)
근대사회와 전통사회	주요 차이	분석 (에컨대, 에토스, 생산방식, 구조)
근대화의 이해	합리화, 개인화 등	전망
변화의 원동력	예컨대, 관념, 이해 관심, 생산력	동학
근대의 병리	착취, 소외, 자유 상실, 의미 상실, 아노미, 대중화 등	진단

3 ı 근대화의 차원들

근대화는 의심할 바 없이 다채롭고 다의적인 개념이다. 이 개념을 사용하면 아주 상이한 현상들을 주시할 수 있다. 근대에 관한 모든 분석에서 근본적인 문제점은 근대의 변화 과정과 이를 관찰하는 분석적 관점이 이질적이며, 부분적으로는 모순적인 다양성을 보인다는 것이다. 따라서 아래에서는 탤컷 파슨스(Parsons, 1971: 4~28; Adriaansens, 1980)의 고찰에 기초하는 한스 반 더르 루(Hans van der loo)와 빌렘 반 레이엔(Willem van Reijen)의 제안에 따라, 사회**구조적** 관점이나 **문화적** 관점, 또는 **인성**구조에 지향된(또는 주체 중심적) 관점을 취하는지, 아니면 사회의 **자연관계**, 즉 자연에 대한 사회의 관계만을 고려하는 관점을 취하는지를 기준으로 접근법들을 구분할 것이다(van der Loo/van Reijen, 1997). 이 말은 이 책에 소개된 학자들이 근대화 과정에서 각각 한 가지 측면만을 인식한다는 의미는 아니다. 그러나 그들은 먼저 각각 한 가지 관점에 집중하고, 무엇보다 그 관점을 통해 다른 관점들을 인식한다.

구조적 관점에서 사회는 조직화 또는 구조화 방식에 따라, 즉 어떤 단위와 구분선을 순서대로 관찰할 수 있는지에 따라 구분할 수 있다. 반면에 문화 분석의 시각에서는 사회의 주도적인 가치관과 해석 패턴(또는 세계관)을 파악할 수 있으며, 자연과의 관계에 대한 관점에서는 사회가 어떤 방식으로 자연과의 교환 과정을 조직하는지를 탐구한다. 마지막으로 인성 유형 분석은 특정 사회에서 어떤 인성 패턴이나 특성이 나타나는지 묻는다. 이 네 가지 관점은 사회의 근대화에 따른 변화들을 각각 다른 시각에서 조명한다.

근대화의
네 가지 차원

1) 길들이기

카를 마르크스와 후대의 막스 호르크하이머(Max Horkheimer), 테오도르 아도르노(Theodor W. Adorno)가 수행했던 자연과의 관계에 대한 분석은 근대화 과정을 점점 완벽해져 가는 자연 지배 또는 자연 길들이기의 과정으로 보여준다. 자연의 힘과 자연적 과정은 점점 더 인간의 의지에 강하게 종속되어 인간에게 예속되도록 만들어진다(예컨대, 가축처럼 말이다. — 그래서 '길들이기'라고 표현한다). 또한 인간은 자연의 내적 원리와 힘을 자신을 위해 이용하는 방법을 터득함으로써 외적 자연관계에 더욱더 의존하게 된다. 예컨대 우리는 계절에 상관없이 실내 온도를 조절할 수 있고, 밤을 낮처럼 밝게 만들 수도 있다. 이러한 관점에서 근대는 특히 기술적 효용을 지향하는 도구적 이성의 승리를 의미한다. 그러나 자연 길들이기가 자연에 대한 파괴로 돌변하고, 파괴된 (외적 또는 내적) 자연이 도리어 인간에게 새로운 위험으로 다가오는 곳 어디에서나 근대화는 병리 현상이 된다.

도구적 이성의
승리

2) 합리화

반면에 문화적 관점에서 볼 때, 관찰 가능한 근대의 변화 과정들은 대부분 합리화로 나타난다. 간단히 말해서, 이는 세상이 모든 차원에서 예측·지배될 수 있으며, 효율성의 관점에서 새롭게 규정된다는 것을 의미한다. 학문에서는 예측될 수 있는 것만, 실험에서는 검증이 가능한 '합리적' 설명만이 타당한 것으로 인정된다. 경제에서는 효용극대화 원칙이 엄격하게 적용

그림 1 **근대화의 네 가지 차원**

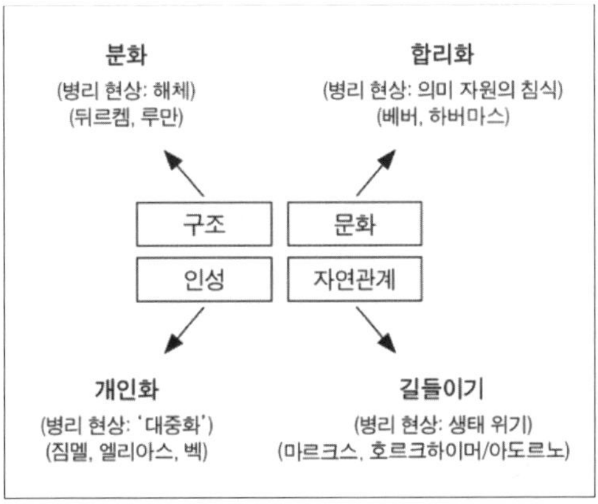

된다. 이는 모든 수단이 최소비용으로 최대 이익이 창출되도록 투입된다는 것을 의미한다. 정치에서는 법으로 규정된 민주적 질서에 상응할 때만 정당한 것으로 인정된다. 주체들이 삶을 영위하는 방식에서 합리화는 합리적으로 삶을 계획하기 시작한다는 사실에서, 즉 시간과 돈의 관점에서 통제된 방식으로 삶을 형성하고 목표를 효율적으로 실현하는 것에서 드러난다. 막스 베버나 위르겐 하버마스(Jürgen Habermas)처럼 이러한 관찰 형태를 사회학적 분석의 중심에 놓는 학자들은 의미 상실과 독립적이 되어가는 합리화 과정의 병리들을 통제 불가능한 상황적 강제로 동시에 진단하는 경우도 빈번하다. 이러한 상황적 강제는 사회의 전반적인 발전을 지극히 비합리적으로 보이게 한다.

의미 상실과 독립적이 되어가는 상황적 강제

3) 분화

에밀 뒤르켐이나 니클라스 루만처럼 구조적 관점을 취하는 학자들은 무엇보다 점증하는 분업 과정 또는 기능과 가치 영역들의 분화 과정을 관찰한다. 경제, 학문, 예술은 모두 분화된 영역으로서 명확한 정치적 또는 종교적 조정 기관에 의해 결속되지 않은 채 자체의 고유한 법칙과 논리를 따른다. 이 관점에서 근대화는 무엇보다도 (기능적) 분화 과정으로 나타난다. 이 과정을 주시한 관찰자들에게 근대의 병리적 특성으로 여겨지는 지점은 사회가 통일성과 전체성을 상실하고 있는 것처럼 보인다는 점이다. 사회는 그 집단과 영역들의 '분화'로 인해 '해체', 즉 와해될 위험에 봉착한다. 사회해체의 위험

4) 개인화

마지막으로, 게오르그 짐멜이나 그 이후의 노르베르트 엘리아스(Norbert Elias)와 울리히 벡(Ulrich Beck)처럼 인성 유형의 변화와 행위를 하는 인간에 초점을 맞추는 경우, 개인화 과정에서 일어나는 변화의 결정적인 특징들을 주시하지 않을 수 없다. 이제 개인들은 자신의 직업, 종교적 신념, 정치적 입장, 여가 활동, 배우자, 나아가 가족 형태까지 점점 더 스스로 선택할 수 있지만, 그 대신 그에 대한 책임도 져야 하기 때문에 이전보다 훨씬 더 많이 자신의 삶을 계획하고 형성해 가야만 한다. 적어도 이데올로기적으로 표현하자면, 전통과 관습은 의무적인 성격을 잃고, 모든 사람은 자신의 행복을 스스로 만들어간다고 할 수 있다. 이 표현은 모든 종류의 사회적 강압은 개인의 이익이나 욕구를 근거로 할 때에만 정당화될 수 있다는 것을 의미하기도 한다. 개인화가 고독을 의미하는 곳, 또는 개인들이 역설적으로 자신이 구입하는 상품의 선택에서만 서로 차이가 나는 수준 낮은 대중문화를 만들어내는 곳에서는 근대적 변화 과정의 이러한 차원이 병리적으로 나타난다. 고독

| 요약 | **근대화의 네 가지 차원**

- **길들이기**: 자연의 힘과 요소들에 대한 지배와 활용이 증가하고, 도구적 이성이 확산된다.
- **합리화**: 정당화 및 논증의 패턴은 지배와 지식(지식·법·학문)에서 객관적 또는 상호주관적 이해가 가능한 이성적 근거로 전환된다. 이로 인해 세상은 계산·지배·예측이 가능하게 만들어진다.
- **분화**: 사회의 가치 영역과 기능 영역이 분리된다. 그 결과, '진', '선', '미'는 더 이상 하나의 통일성을 형성하지 않으며, 학문, 경제, 예술, 종교는 각각 자체의 고유한 법칙을 따른다.
- **개인화**: 개인들은 강제와 지배의 정당화에 대한 최종 심판자가 된다(신, 자연, 집단 등이 아니다). 따라서 개인들에게는 직업, 가족, 정치적·종교적 지향, 주거지 등 그들의 생활태도를 결정할 자유와 책임이 부여된다.

4 | 근대의 단계들: 사회의 발전과 이론의 발전

네 가지 관점에서 관찰된 근대의 발전 경향들은 역사적 전개 과정에서 거듭 현저하게, 때로는 극적으로, 그 성격이 변화해 왔다. 산업화 단계인 19세기 초기 근대의 개인화 또는 합리화는 20세기 중반의 발전된 근대, 1989년의 정치혁명과 베를린 장벽의 붕괴, 인터넷과 이동통신에 의한 '디지털 혁명' 이후 단계인 후기 근대와는 다른 의미를 지닌다. 따라서 다른 근대화 경험들도 이 단계들에서 사회학 이론 형성의 토대가 되고 있으며, 사회이론적 관찰자들은 이에 상응해서 자신들의 개념 장비를 끊임없이 재정비해야 한다. 따라서 마지막으로 이 절에서는 근대의 세 단계 간의 차이를 간략하게 스케치할 것이다.

1) 초기 근대

19세기 후반에 사회의 모든 영역에 영향을 미쳤던 산업화 시대에는 사회의 근간을 이루며 개인 행위에 방향성을 부여해 온 거의 모든 전통과 제도가 동요한다. 여기서 근대화는 무엇보다도 전통과 관습, 그리고 사회제도들이 해체되는 과정으로 경험된다. 이 단계에서는 공간과 시간조차 새로운 방식으로 문제가 된다.

전통과 제도의 해체

- **공간**의 사회적 형성과 관련해서는, 자주 대규모 토목공사가 선행되는 거대한 공장단지가 생겨났을 뿐만 아니라, 동시에 도로, 철도, 전기 등 새로운 기반 시설을 구축해야 했고, 심지어는 노동자들을 위한 대규모의 새로운 취락까지도 그야말로 땅에서 솟아나도록 해야 했다. 이와 함께 거대한 이주 물결이 일어났다. 생업 종사자들은 변화하는 사회적·경제적 상황 속에서 가족을 따로 남겨둔 채 직장이 있는 곳으로 이사할 수밖에 없는 경우가 빈번했다.
- **시간적** 측면에서 볼 때, 산업적으로 반복되는 새로운 생활 리듬은 자연의 규율에서 점점 뚜렷하게 벗어났다. 생산라인에서의 작업은 밤낮과 계절에 상관없이 이루어졌다. 노동시간도 먼저 협상을 통해 결정되어야만 했다. 특히 마르크스가 관찰했던 산업화 초기 단계에서는 하루 12시간이나 14시간, 심지어 16시간까지 노동을 하는 것이 일반적이었다. 노동조건을 조정하는 법규들은 아직 없었다.

노동과 주거, 그리고 생활의 새로운 형태들은 나머지 모든 생활 영역에서의 관습까지 의문시하게 만들었다. 노인에게서 젊은이에게로 계승되는 지식의 문화적 전승은 더 이상 단절 없이 지속될 수 없었다. 그리고 시대가 요구하는 다양한 능력에 부합하는 새로운 교육체계의 필요성이 대두되었다. 그 밖에도 노인돌봄서비스 체계는 새롭게 정비되어야 했고, 질병·실업·고령으로 인한 생계 위험에 대비하는 사회적 조직화도 아직 걸음마 수준에 머물러 있었다. 이를 통해 극단적으로 변화된 생활과 노동 여건들이 사람들의 도덕적 지향까지 의문시하게 만들었음을 쉽게 짐작할 수 있다. 아버지가 자신의 가족을 부양하는 것, 건강한 사람이 병든 사람을 간호하는 것, 젊은이가 노인을 돌보는 것은 더 이상 그저 당연하게 여겨지지 않았다. 변혁을 동반한 세속화 과정은 여기서 본질적인 역할을 했는데, 이 과정에서 교회와 종교의 전통적인 기관들은 도덕적 권위와 지향의 기능을 상실했다.

또한 참담한 경험을 통해 지불된 임금을 바로 써버리지 않고 다음 임금이 지불될 때까지 신중하게 나눠 써야만 한다는 것을 깨달았다. 사회변화로 초래된 광범위한 계층의 궁핍화, 즉 빈곤화는 힘겹게 재조직되어 가는 사회에는 커다란 도전이자, 그 범위에 있어서 새로운 도전이었다. 그러나 생활 여건이 더 유리한 사회계층에게도 근대화 초기 단계의 불안감과 변화는 격렬한 것이었다. 교회와 귀족이 그 세력을 잃으면서 산업화 이전의 엘리트들은 새롭게 등장한 기업가와 산업자본가들에게 점차 자신들의 지위를 내어주었다. 전통적인 교육제도는 그 기능을 수행하지 못했고, 정치는 대중민주주의에 대한 요구, 즉 나머지 인구 집단으로 선거권을 확대하라는 요구를 점점 더 거부하기 어려워졌다. 귀족과의 투쟁에서 승리한 부르주아 시민계급에게 자명했던 원칙들, 특히 법적·정치적 평등과 사회참여 등은 상당 부분 노동자들을 향하게 되었다. 동시에 (유럽적) 국가 구조를 형성하고 새로운 질서를 수립하는 과정은 아직 안갯속이었고 불확실했다. 따라서 영토국가 사회들도 외부에 대해 전반적으로 무방비 상태였고 불안정했다. 따라서 이 시대의 사회 변화를 주시하는 관찰자들의 눈앞에는 행위에 대한 확신과 행위의 질서가 붕괴된 것과 마찬가지로 경제적·기술적·군사적·정치적 형성의 가능성과 기회 역시 급격하게 증가하는 광경이 펼쳐졌다. 앞서 보았듯이 사회는 새로운 방식으로 문제가 되었다.

사회는 문제가 된다

2) 발전된 근대

반면 1960년 무렵의 사회학적 관찰자들에게는 전혀 다른 광경이 펼쳐졌다. 적어도 '발전된' 세계에서 국가 질서는 안정적으로 확고하게 뿌리내렸을 뿐만 아니라, 전 세계적으로는 동방과 서방의 두 블록으로 사실상 '얼어붙은' 것처럼 보였다. 국민국가는 사회 통제 및 합법성 기관을 대표했다. 확립된 민주주의에서 사회 발전의 견고한 '골격'을 책임진 것은 주기적인 선거를 통해 정당화된 의회와 정부였다. 법치국가와 복지국가의 제도는 조직에서와 마찬가지로 개인들의 삶과 행위가 다시 예견·예측될 수 있게 했으며, 사회적 위험의 집합적 완충을 보장했다. 전면적인 의료보험·노령보험·실업보험은 개인들의 위험부담을 경감시켰다. 특히 국가가 직접 경제행위자(무엇보다 수요자와 고용주로서)가 되었던 케인스주의에 의해 개발된 경제정책 조종 프로그램은 적어도 경기변동의 사회적 결과만큼은 확실히 통제할 수 있을 것처럼 보였다. 또한 신뢰할 만한 새로운 교육 제도 및 보육 제도가 정착되면서 개인과 시장의 능력과 욕구는 서로 효과적으로 조화를 이루고 있었다.

안정성, 신뢰성, 예

근대의 산업화 단계가 사회의 제도와 전통을 의문시하고 그 기반을 흔들어 대부분을 파괴했다면, 이제는 거의 모든 생활 영역과 사회 영역에서 삶의 계산과 행위 예측을 가능하게 하는, 신뢰할 만한 새로운 제도와 전통이 생겨났다. 개인들은 혼란스러운 상황에 처하지 않고도 자력으로 살아갈 수 있게 되었을 뿐만 아니라, 직업과 가족이라는 견고한 '경로'를 따라 자신의 인생을 계획할 수도 있게 되었다. 또한 정치 민주주의, 법치국가, 복지국가의 제도들은 경제적·학문적 행위자들로 하여금 장기적인 발전 계획을 추구할 수 있게 했다.

경직성과 무력감 문제

이 새로운 제도적 구조는 실제로 너무 경직되어 자발성과 개성을 살릴 수 있는 기회를 거의 허용하지 않는 듯했다. 그래서 발전된 근대를 관찰한 사회학자들은 '총체적으로 관리되는' 그리고 완벽하게 조직된 세계에 직면한 개인들의 무력감을 지적한다. 이러한 세계에서는 한편으로는 포드 자동차, 북대서양조약기구(NATO), 대학교, 원자력발전소와 같은 산업·군사·학문·기술 분야의 대형 복합체가, 다른 한편으로는 정책 설계와 관료주의적 행정이 '생활세계'에서 사회적 과정의 통제권을 쥐고 있는 듯했다.

이전 단계들에서 나타난 위험과 불안은 생활의 모든 영역으로 스며드는 (교육과정과 노동계약, 법적 규정과 산업규격, 소비재와 오락 매체의) 표준화로 대체되었다. 이제 합리화, 분화, 개인화, 그리고 길들이기는 정확히 고정되어 예측 가능하지만, 궁극적으로 되돌릴 수 없거나 영향만 미칠 수 있는 발전 경로를 따라 전개된다. 사회는 여기서 또 다른 방식으로 문제가 된다.

3) 후기 근대

반면에 세계화 시대에 들어와 광경은 다시 한 번 급격하게 바뀌었다. 즉, 국민국가적 민주주의, 법치국가 및 복지국가, 그리고 산업 생산과 표준화된 대중 소비라는 외견상 확고부동해 보였던 제도적 조정이 또다시 유동적인 상태로 변했다. 동서로 양분된 군사·정치 블록은 해체되었으며, 전쟁이 재발될 수 있을 만큼 동맹이 불안정해진 국제정치에는 새로운 불안이 드리웠다. 그 결과, 국민국가의 힘은 약해져 가고 있는 것처럼 보인다. 왜냐하면 정보·상품·인력·자본의 초국적 교환이 진행되는 과정에서는 정부가 경제적·사회적 상황을 더 이상 통제할 수 없기 때문이다. 노령연금이나 실업수당과 같은 복지국가의 제도는 더 이상 신뢰하기 어려워 보이며, 엄청난 압력을 받는다. 고용관계와 가족관계도 그 어느 때보다 불안정해 보인다. 지금 다니고 있는 직장이나 현재 함께 살고 있는 배우자와의 관계가 얼마나 더 오래 지속될지는 누구도 알 수 없다.

지속적인 개방성과 불확실성 문제

새로운 디지털 정보통신기술의 등장과 운송비 인하로 공간과 시간의 질서는 다시 한 번 격렬하게 변화한다. 인터넷에서는 많은 과정이 이를테면 장소와 시간의 구애를 받지 않는다. 실업수당, 등록금 없는 대학교육, 심지어 전화 통화, 장보기, 기차 이용 등 일상적인 일에 이르기까지 익숙한 전통과 관습은 갑자기 그 타당성을 잃는다. 이제 관찰자들에게는 무엇보다 디지털 커뮤니케이션의 새로운 가능성에 의해 가속화된 조건들이 새로운 일상과 제도를 형성하기에는 너무 빠르게 변화하고 있는 것처럼 보인다. 새로운 교육과정, 컴퓨터 모델, 소프트웨어 프로그램, 통신기술, 직업 명칭, 소리 저장매체, 새로운 정당, 새로운 동맹, 심지어 새로운 국가에 익숙해지기도 전에 이는 다시 개혁되거나 재조직된다. 산업화가 진행되는 동안 충격과도 같았지만 전통적인 제도들의 유일무이한 해체로서 경험된 근대화가 이제는 마치 영원히 계속될 것처럼 보인다. 안정된 제도들은 정보, 이념, 화폐, 그리고 사람들의 예측할 수 없는 흐름으로 대체된다.

이는 개인의 생활양식과 조직의 행위 지평에도 강력한 영향을 미친다. 자신의 삶 또는 기관의 발전을 위한 장기적인 계획은 더 이상 가능해 보이지 않는다. 혼란스러운 개방성과 불확실성은 견고한 발전 경로를 대체하고, 삶은 '파도타기'가 된다. 사회는 여기서 지속적인 문제가 된다.

한편으로 후기 근대는 전래된 제도와 전통의 해체라는 측면에서 산업화의 근대와 유사한 특징을 지닌다. 그러나 다른 한편으로 많은 관찰자들에게 후기 근대는 네 가지 기본 과정이 계속 진행될 수 있을지 의문스러울 정도로 혼란스럽고 새로운 것처럼 보인다.

의문시되는 근대화 과정

- **길들이기**가 자연 지배를 의미한다면, 우리는 오늘날 예상하지 못했던 자연의 회귀 경향에 직면해 있다. 기후변화와 생태 재앙의 위협, 또한 뇌 연구, 인간 유전체 연구, 그리고 다른 발전들은 우리가 자연의 힘에 노출되어 있음을 보여준다.
- **합리화**가 세계를 예측할 수 있게 만드는 것을 의미한다면, 우리는 후기 근대에서 종교적 근본주의로의 회귀와 국제정치에서 강자 권리로의 회귀를 입증하는 것처럼 보이는 비합리화 과정을 체험하고 있다.

• **분화**가 기능 영역들의 뚜렷한 제도적 분리를 말하는 것이라면, 우리는 여러 측면에서 학문과 경제, 경제와 정치, 정치와 오락을 담당하는 영역들이 공간, 전문 영역, 인적 자원에서 다시 혼합되는 탈분화의 단계를 체험하고 있다.

• **개인화**가 개인들이 자신의 삶에 대한 통제력을 점증적으로 획득해 가는 과정을 일컫는 것이라면, 우리는 여러 측면에서 삶을 전혀 계획할 수 없게 만드는 지구화된 세계의 예측 불가능한 역동성을 전적으로 탈개인화 과정이라 부를 수 있을 것이다.

근대의 저편?

이러한 고찰의 이면에는 현재 우리가 하나의 **다른** 근대에 직면해 있거나, 어쩌면 근대를 지나왔을지도 모른다는(**포스트**근대라는 개념이 이를 암시한다) 견해가 있다. 따라서 이 책의 마지막 부분에서는 근대화의 네 가지 과정에서 명확성·불변성·정확성을 강하게 의문시하는 접근법들이 다루어질 것이다.

5 ı 이 책의 구성에 대해

아래에 소개된 사회학 이론의 접근법들은 근대의 세 단계에 대한 근대화의 네 가지 관점을 각각 한 명의 학자를 중심으로 설명하도록 선별한 것이다. 즉, 이 책에서 다루는 모든 학자는 사회의 근대화 과정에서 한 가지 이상의 측면에 관심을 두지만, 전형적으로 각각 하나의 관점이 중심을 이룬다. 예컨대 베버는 분화 현상도 주시하지만, 이를 합리화라는 특히 중요한 과정의 결과로 이해한다. 한편 짐멜은 개인화에 따른 사회분화를 관찰하는 반면, 뒤르켐은 이와 정반대의 관점을 취한다. 이런 의미에서 우리의 선택은 무엇보다 한 학자의 저작에 나타나 있는 근대화의 특정 측면과 관련해

표 2 **근대화의 단계, 차원, 저자 개괄**

변화의 차원 \ 역사적 단계	초기 근대	발전된 근대	후기 근대
길들이기	마르크스	아도르노/호르크하이머	라투르
합리화	베버	하버마스	합리적 선택이론
분화	뒤르켐	파슨스/루만	하트/네그리
개인화	짐멜	엘리아스	푸코

하나의 단계에 대한 특징적인 성찰을 구체적으로 설명하는 체계적 관점에 기반을 두고 있다. 그래서 우리가 이론을 선별할 때 이론의 중요도와 인지도만이 결정적인 기준은 아니었다. 그렇지 않았다면, 예컨대 (발전된 근대의 구조적 분화를 성찰하는) 피에르 부르디외와 (후기 근대로의 이행 단계에 있는 발전된 근대를 합리화의 관점에서 분석하는) 앤서니 기든스(Anthony Giddens)도 고려해야만 했을 것이다. 우리가 — 이제까지 — 유일한 예외로 했던 것은 탤컷 파슨스와 니클라스 루만에 국한된다. 파슨스와 루만의 이론은 현시대의 사회학 이론에서 근본적인 의미를 지니는 동시에 서로 현저한 차이를 나타내기 때문에, 이들은 두 명의 근대적 분화이론가로 소개된다. 또한 울리히 벡의 개인화 이론은 노르베르트 엘리아스에 관한 장에서 설명된다.

이러한 구성 방식의 장점은 독자들이 서로 다른 세 가지 방식으로 이 책에 접근할 수 있다는 것이다. 먼저 해당 장들을 차례대로 읽으면서 길들이기, 합리화, 분화, 개인화 이론의 역사적 발전을 상관적 맥락 안에서 추적할 수 있다. 또한 '고전'이든 가장 최근의 접근법이든 한 시대의 사회학적 사고를 체계적으로 개괄할 수 있다. 마지막으로 독자들은 이 책을 단순히 각각의 이론에 대한 입문서로 다루어 지식의 보고(寶庫)처럼 활용할 수 있을 것이다.

참고문헌

Adriaansens, Hans P.M. (1980): Talcott Parsons and the Conceptual Dilemma, London u. a.

Marx, Karl/Engels, Friedrich (1848): Manifest der Kommunistischen Partei, in: dies.: Marx-Engels-Werke 4, Berlin, 459-493.

Parsons, Talcott (1971): The System of Modern Societies, Englewood Cliffs, NJ.

Rosa, Hartmut/Gertenbach, Lars/Laux, Henning/Strecker, David (2010): Theorien der Gemeinschaft zur Einführung, Hamburg.

van der Loo, Hans/van Reijen, Willem (1997): Modernisierung. Projekt und Paradox, München.

심화문헌

Gertenbach, Lars u. a. (2009): Soziologische Theorien, Stuttgart.

Joas, Hans/Knöbl, Wolfgang (2004): Sozialtheorie. Zwanzig einführende Vorlesungen, Frankfurt a. M.

Kaesler, Dirk (1999): Klassiker der Soziologie, 2 Bde., München.

Kaesler, Dirk (2005): Aktuelle Theorien der Soziologie, München.

Layder, Derek (2006): Understanding Social Theory, 2. Aufl., London.

Münch, Richard (2004): Soziologische Theorie, 3 Bde., Frankfurt a. M./New York.

Ritzer, George (2010): Sociological Theory, 8. Aufl., New York.

Ritzer, George/Stepnisky, Jeffrey (Hg.) (2011): The Wiley-Blackwell Companion to Major Social Theorists, 2 Bde., Oxford.

Schimank, Uwe (2013): Gesellschaft, Bielefeld (i.E.).

Schneider, Wolfgang Ludwig (2002-2004): Grundlagen der soziologischen Theorie, 3 Bde., Wiesbaden.

Soziologische Theorien

1부

초기 근대

초기 근대	발전된 근대	후기 근대

길들이기	합리화	분화	개인화

1장 생산력의 발전 | 카를 마르크스

1 | 개관

카를 마르크스(Karl Marx)는 자신을 사회학자가 아니라 철학자이자 '정치경제학자', 즉 국민경제의 비판적 주창자로 보았지만, 그럼에도 불구하고 그는 오늘날 가장 중요하고 아마도 가장 영향력 있는 사회학자 중 한 명으로 간주될 수 있을 것이다. 마르크스가 자신의 친구인 프리드리히 엥겔스(Friedrich Engels)와 공동으로 수행한 사회관계 및 그 변화에 대한 분석은 사회학의 세 가지 근본 물음(종합, 동학, 실천 ⇨ '들어가기' 1절 참조)에 명확한 해답을 제공하고 있으며, 오늘날까지도 수많은 사회과학자들이 이 분석을 연구의 토대와 출발점으로 수용하고 있다.

유일무이한 영향력의 역사

그러나 마르크스는 학자로서뿐만 아니라, 그의 독특한 정치적 효과를 통해서도 강력한 영향력을 발휘했다. 마르크스의 사상은 블라디미르 레닌(Vladimir Lenin)과 그 이후의 이오시프 스탈린(Iosif Stalin)을 통해 구소련과 20세기 공산주의 국가의 이념적 기반이 되었으며, 19세기 말 무렵에 등장한 서구의 노동 및 노조 운동과 사회민주주의를 고무하기도 했다. 이를 통

| 생애와 저작 | 카를 마르크스(1818~1883)

트리어(Trier)에서 태어난 카를 마르크스는 직업적인 이유로 개신교로 개종한 유대계 법조인 집안 출신이었다. 아버지의 바람에 따라 마르크스는 본(Bonn) 대학교에서 법학 공부를 시작했지만, 얼마 후 베를린 대학교에서 헤겔 철학에 몰입했으며, "좌파 헤겔주의자들"과 교류했다. 그는 ≪라이니쉐 차이퉁≫ 신문사의 편집자로 활동하면서 산업화 초기 단계의 사회 상황과 노동자들의 빈곤에 민감하게 반응했다. 이 신문은 1843년에 금지되었고, 같은 해에 마르크스는 처음에는 파리로, 그다음에는 브뤼셀로 갔으며, 1849년에는 — 그가 『공산당 선언』으로 고무시켰던 1848년의 소요에서 정치혁명과 사회혁명에 대한 희망이 이루어지지 않자 — 런던으로 향했다. 이 시기부터 그는 노동자계급의 해방을 추구하는 정치적 선동으로부터 점점 거리를 두기 시작했고, 근대사회와 자본주의에 대한 엄밀한 과학적인 분석을 완성하는 데 전념했다. 이 같은 분석은 세 권으로 구성된 그의 주저 『자본: 정치경제학 비판』에서 절정에 달했다. 그는 다수의 책을 공장주 아들인 프리드리히 엥겔스(1820~1895)와 공동으로 집필했는데, 엥겔스는 마르크스의 추상적인 사상을 대중에게 어필하는 정식화된 표현들로 풀어냈다.

해 마르크스의 사상은 또한 20세기 유럽 복지국가 모델의 간접적인 초석을 이룬다. 다른 어떤 사회학적 저자도 이에 비견할 만한 영향사(影響史)를 보여주지 못한다.

이러한 배경에서 마르크스가 모든 사회학자 중 가장 논란이 많은 인물로 간주될 수 있다는 것 또한 그다지 놀라운 일이 아니다. 마르크스에 대한 학문적 의견은 항상 자본주의와 부르주아 국가에 맞서는 정치적 당파성과 다름없었다. 그러나 동서갈등이 끝난 지 25년이 지난 지금, — 사회학의 다른 창시자들의 경우 이미 오래전부터 그래왔듯이 — 마르크스주의에 대한 연구 또한 학문적·객관적으로 정치적 편견 없이 이루어져야 할 때가 왔다.

2 | 핵심 문제

카를 마르크스가 사회이론적 고찰을 시작했을 때, 독일과 영국은 그에게 이전에는 알려지지 않았던 방식으로 문제가 된 사회의 광경을 보여주고 있었다. 1850년경 영국에서, 그리고 얼마 지나지 않아 독일에서도 산업화는 사회적 조건들을 일격에 엄습해 변화시켰으며, 물질적·사회적·정신적 측면에서 사회질서를 뒤흔들었다. "생산의 지속적인 변혁, 모든 사회 상태의 끊임없는 동요, 영원한 불확실성과 격동은 부르주아 시대를 이전의 다른 모든 시대와 구별 짓는다"(Marx/Engels, 1848: 465).

출발점: 산업화와 사회문제

분명 원인은 사회적인 것이었지만, 계획되기는 고사하고 그 누구에 의해서도 유도되지도 않았던 엄청난 변혁에 대한 놀라움은 마르크스 사상의 출발점이다. 따라서 무엇이 이러한 사회 변화를 이끌었는지, 사회 변화는 어떤 비밀스러운 법칙을 따랐는지에 대한 물음은 마르크스의 핵심 문제로 간주될 수 있다. 그러나 그는 의심할 여지없이 사람들의 운명을 위해 이 문제에 관심을 가졌다. 이러한 변화 과정이 마침내 사람들이 처해 있는 상황을 개선시키는 방향으로 전개될 것인가? 이것이 궁극적으로 마르크스의 분석에 동기를 부여한 물음이었다.

마르크스는 핵심 문제에 대한 답을 자신이 이미 대학 시절 베를린에서 접했던 헤겔 철학에서 찾기 시작했다. 헤겔(Georg Wilhelm Friedrich Hegel)은 관념의 힘과 논리와 관련해서 사회 및 문화 변화의 원동력에 대한 물음에 답한다. 즉, 헤겔의 확신에 따르면 관념은 사회 발전의 근간이다. 이처럼 개념과 관념의 세계를 경제적·기술적 발전보다 우선시하는 입장을 **관념론적**이라 부른다. 마르크스는 **유물론적** 입장으로 헤겔의 관념론에 맞서며 단호하게 반대한다. 마르크스는 자신이 관찰할 수 있었던 현실의 격렬한 변화들은 정신과 관념의 세계에서 비롯되는 것이 아니라 물질적 노동과 경제의 영역, 그리고 이 영역들을 바탕으로 한 사회의 정치 및 군사 제도에 훨씬

유물론적 기본명제

그림 1-1 **관념론과 유물론**

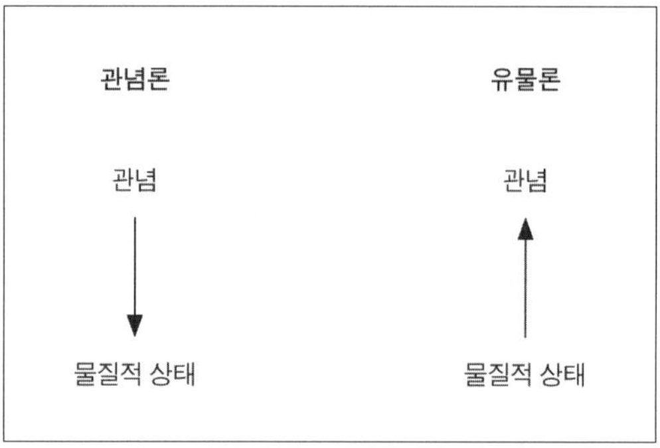

더 실제적인 기반을 둔다고 확신했다. 마르크스는 관념이 물질적 변화에 선행하는 것이 아니라, 물질적 변화를 따르며 그 변화에 대해 반응한다는 것을 증명할 수 있다고 생각했다. 왜냐하면 각각의 사회 구조적 상황과 이로 인해 주어진 자신의 욕구를 충족·발전시킬 수 있는(물질적 생활 조건) 가능성이 사람들이 생각하고 믿는 것(사상)을 형성하기 때문이다.

토대와 상부구조

마르크스는 이 유물론적 명제에서 출발하여 헤겔의 접근법을 "머리로 선 상태에서 두 발로" 바로 서게 하려고 했다. 그의 가정에 따르면 사회 상태를 결정하는 것은 경제·사회적 구조와 기술적 구조이며, 이 구조들이 사회 상태의 "토대"를 형성하는 반면, 정치적·종교적·문화적 질서 등 다른 모든 것은 "상부구조", 즉 경제·사회적 관계에 의해 결정되는 정당화 및 해석의 사례를 형성한다. "존재가 의식을 결정한다"라는 유명한 마르크스주의의 모토는 이러한 생각을 함축적으로 표현하고 있다.

3 | 방법적 기본 구상: 역사적 유물론의 사회학

이 기본명제를 정당화하고 어떤 방식 또는 어떤 방향으로 역사 발전이 전개되는가라는 문제에 답하기 위해 마르크스는 인류학적(즉, 인간 본성에 관한) 고찰에서 출발한다. 그는 인간을 자연과 교류하거나 신진대사를 하며, 자연에 대한 노동을 통해 발전하는 "자연적 존재"로 규정한다. 따라서 마르크스의 분석에서 **자연과의 관계**는 사회를 관찰할 수 있는 다른 세 가지 기본 관점보다 우선한다(⇨ '들어가기' 3절 참조).

마르크스에게 인류의 역사는 인간의 노동을 통한 자연 길들이기의 역사이다. 맨해튼 같은 도시나 인터넷처럼 실로 인위적인 인간의 산물조차 궁극적으로는 변형·지배되고 '조작된' 자연과 다르지 않다. 인간은 **노동**을 하면서, 그리고 **노동**을 수단으로 외적 자연만을 변화시키는 것이 아니라, 노동과정의 조건에 따라 사회 조건들도 끊임없이 변형시키고 개혁한다. 또한 인간은 노동의 재료를 다루면서 점진적이며 눈에 띄지 않게 자신의 존재를 발전시킨다. 이러한 존재는 한순간에 최종적으로 주어진 것이 아니라, "유적(類的) 존재"가 완전하게 실현될 때까지 역사의 흐름 속에서 비로소 발전한다. 이러한 확신은 '내가 노동을 하듯이, 그렇게 나는 존재한다'라고 요약할 수 있는데, 이에 대해 마르크스는 『자본론』 1장에서 자연을 인류의 어머니로, 그러나 노동은 인류의 아버지로 명명해 표현하고 있다(Marx, 1867: 58). 이로써 마르크스는 노동을 사회의 핵심, 즉 사회의 기본 개념적 단위로 규정한다. 사회가 무엇인가(**종합**)는 노동관계 또는 생산관계의 분석을 통해 알게 된다는 것이다.

자연적 존재'로서의 인간

마르크스는 사회의 **동학**, 즉 사회의 변화를 자연과의 신진대사, 다시 말해 노동 및 생산 과정이 역사의 진행 속에서 거듭 그 형태를 달리 한다는 사실에 입각해서 설명한다. 역사의 흐름 속에서 인간은 다양한 재화를 생산할 뿐만 아니라, 재화들을 변화하는 사회적 조건하에서 생산하기도 한다.

| 정의 | **생산력(Produktionskräfte)과 생산관계(Produktionsverhältnisse)**

- **생산력**: 자연 가공의 지식, 능력, 도구(기계). 생산력은 역사를 움직이는 요소이며, 역동적으로 증대된다.
- **생산관계**: 생산의 사회적 조직과 재화의 분배 및 소비. 무엇보다 결정적인 것은 누가 생산수단을 소유하고 있는가 하는 것이다.

마르크스는 이러한 변화가 생산력의 저지할 수 없는, 이를테면 자연적으로 주어진, 증대에 기인한다고 믿었다. 이 가정은 마르크스의 이론 전반에 걸쳐 근본적인 것이다. 생산력은 자연을 가공할 수 있는 인간의 지식, 능력, 기계들이다. 여기서 마르크스는 자연을 가공하는 도구를 생산수단이라고 부른다. 처음에 인간은 오직 손을 사용해 일했고 자연법칙에 관한 지식이 미미했지만, 시간이 지나면서 점점 더 많은 기술과 기계들을 개발하고 더 나은 지식과 더 정교한 조직 형태를 습득하여 점점 더 적은 노동력으로 더 많이 움직이고 생산할 수 있게 되었다.

생산력의 증대

그러나 이러한 생산력의 증대는 예컨대 새로운 분업 형태들의 필요성이 대두되면서 점점 더 복잡한 사회 조직을 필요로 한다. 마르크스는 생산과정의 사회적 조직과 이를 매개로 하는 재화·명망·권력의 분배를 생산관계로 명명하고, 생산력과 생산관계의 관계를 "역사적 변증법적"인 것으로 생각했다.

생산관계

생산력과 생산관계의 변증법이 역사적으로 전개된다는 의미는 다음과 같다. 특정한 역사적 시대에서 지배적인 생산관계는 한동안 생산력의 증대를 촉진한다. 그러나 생산관계 자체는 경직되어 있고 부동적이기 때문에 언젠가 생산력은 기존의 사회적 조건들을 능가할 정도로 증대된다. 예컨대 증기기관은 봉건사회에서 이미 개발되었지만, 증기기관의 완전한 생산력은 노동이 공장에서 조직된 후에야 비로소 발전될 수 있었다. 이러한 발전은 충분한 노동력(남녀 노동자에 의해서이든 아동에 의해서이든)이 준비된 상황을 전제로 하는 것이었다. 그렇기 때문에 누가, 어디서, 어떤 종류의 일을, 누구를 위해 하도록 허락되는지 결정했던 신분 질서와 길드 질서의 구속이 우선적으로 철폐되어야 했다. 이런 의미에서 마르크스는 어떻게 정치 사회적 혁명, 즉 기존 관계의 변혁이 일어나며, 그 결과로 새로운 질서, 다시 말해서 새로운 생산관계가 생성되는지 설명한다. 새로 형성된 관계들은 다시 추월당해 그 영향이 서서히 사라질 때까지 노동의 생산력 증대를 지속적으로 촉진한다.

생산관계의 변화

각 시대의 생산력이 지나치게 증대된 결과, 고대의 노예제사회는 어느 시점에서 중세의 신분제적 봉건 질서로 대체되었고, 이는 다시 근대의 부르주아 자본주의 질서로 대체되었다. 여기서도 마르크스는 자본주의에 의해 촉발된 생산력이 머지않아 해결할 수 없는 위기를 초래할 것으로 예견했다. 해결할 수 없는 것은 예컨대 '과잉생산의 위기'이다. 마르크스의 가정에 따르면, 자본주의 체제는 적은 노동이나 소수의 노동자들을 통해 엄청나게 많은 재화들을 생산할 수 있지만, 동시에 이러한 재화들에 대한 구매력을 감소시킨다. 자본주의적 질서는 노동과 사회적 부를 적절히 분배할 수 없기 때문에 공산주의적 사회질서의 새로운 혁명에 의해 소멸될 수밖에 없다는 것이다. 그러나 마르크스를 단순히 자본주의 비판가로만 이해해서는 안된다. 여기서 이미 분명해지듯이, 그는 자본주의가 일시적이기는 하지만 역사적으로나 생산적으로나 필요한 경제적 사회조직의 형태라고 보았다.

물론 마르크스는 이러한 역사 발전의 구체적인 역사적 매개체를 확인한다. 역사는 마치 행위하는 주체 그 자체인 것처럼 자동적으로 그리고 자력으로 발전하는 것이 아니라, 생산과정에서의 특권적 지위, 즉 생산수단의 소유 또는 통제를 위해 서로 싸우는 사회 계급들의 투쟁을 통해 발전한다. 마르크스의 고찰에 따르면, 경제 위기는 계급투쟁의 형태를 띠는 사회적 갈등을 야기한다. 그래서 『공산당 선언』의 도입부에서 "이제까지 모든 사회의 역사는 계급투쟁의 역사이다"(Marx/Engels, 1848: 462)라고 밝히고 있다.

| 요약 | **계급**

- 마르크스에 따르면 계급은 생산과정에서의 지위를 통해 정의된다. 무엇보다도 결정적인 것은 생산수단을 누가 소유·통제하는가 하는 것이다.
- 역사 과정에서는 항상 유산계급과 무산계급, 즉 억압자와 피억압자들이 대립한다.
- 마르크스는 '즉자(卽自)계급'(생산과정에서의 지위에 따라 객관적으로 동일한 상황에 놓인 사람들의 집단)과 '대자(對自)계급'(공유하는 상황에 대해 공통된 의식을 지니기 때문에 주관적으로 같은 편이라고 생각하는 사람들의 집단)을 구별한다. 피억압 계급이 대자계급이 되면, 이 계급은 정치적 주체로서 필연적인 혁명적 변화를 불러일으킬 만한 만반의 태세를 갖추게 된다.

이로써 마르크스 사상의 방법론적 기초가 결정되었다. 마르크스의 접근 방식은 다음과 같다.

- **역사적**이다. 마르크스에게 역사 발전의 분석은 사회를 이해하는 데 중심적이기 때문이다.
- **유물론적**이다. 마르크스는 경제적 토대를 사회적인 것과 문화적인 것의 모든 근간으로 파악하기 때문이다.
- **변증법적**이다. 마르크스는 역사의 움직임을 모순들의 발전과 상쇄에 의한 진보로 이해하기 때문이다.

사회학의 과업

이로부터 얻을 수 있는 방법론적 결과는 (지배계급과 피억압 계급, 토대와 상부구조, 생산력 발전과 생산관계 사이의) 모순들을 식별하는 것이 사회학의 임무라는 것이다.

역사의 진행은 대부분 "행위자들의 등 뒤에서" 일어난다. 즉, 행위를 하는 개개의 주체들은 대개 자신이 역사적으로 어느 지점에 자리 잡고 있는지 인식하지 못하며, 생산력 발전과 생산관계의 변증법과 관련하여 그들의 계획과 의도는 부차적이거나 도외시될 수 있다. 그러한 의도는 바로 역사적 관계의 효과이자 결과이다.

구조이론과 방법론적 전체론

따라서 이 접근법은 **구조이론**으로 분류될 수 있다. 구조이론은 인간의 행위를 사회적 조건들에 입각해서 설명하고, 이러한 구조들의 발전에 인간의 의지와 비교적 독립적인 고유 논리를 부여하는 경향이 있다. 이렇게 하여 구조이론적 접근법은 대개 방법론적 전체론의 입장을 취한다(⇨ '들어가기' 2절 참조). 방법론적 전체론은 방법론적 개인주의와 달리 사회현상 또는 사회적 사실이 개인의 행위로 환원되거나 그로부터 설명될 수 없다는 것을 의미한다. 전체론의 기본 신념은 "전체는 그 부분들의 총합 그 이상이다"로 표현된다. 이는 사회 발전의 논리가 개인들을 기준으로 해서는 이해될 수 없다는 의미이다. 오히려 개개인은 항상 사회적 조건들의 산물이다. 왜냐하면 사회적 조건들은 무엇보다 개인들이 차지할 수 있는 사회적 위치를 결정함으로써 그들의 행동 방식과 신념을 형성하기 때문이다.

> 인간은 그들 자신의 역사를 만든다. 그러나 인간은 역사를 자발적으로, 스스로 선택한 상황 아래에서 만드는 것이 아니라, 이미 존재하며 주어지고 전래된 상황 아래에서 만든다(Marx, 1852: 115).

| 정의 | **변증법(Dialektik)**

변증법은 세 단계로의 발전, 즉 설정(명제)에서 그 모순(반명제)을 거쳐 더 높은 수준에서 반대되는 것의 지양(止揚)에 이르는 것을 말한다. 예컨대 차가움과 뜨거움의 반대는 좀 더 높은 수준에서 '온도'라는 개념 안에 지양되어 있다. 이 개념은 모순 없이 반대의 것들을 포괄·함유한다. 헤겔은 이러한 모순과 그것의 지양을 관념과 개념의 세계 안에서 확인하려 했던 반면, 마르크스는 역사에서의 계급 대립을 확인하기 위한 변증법적 방법을 발전시키려 했다.

그러나 앞의 인용은 사회학의 **실천**-문제, 즉 사회 발전에 영향을 미치는 가능성에 대한 물음에서 마르크스의 대답이 매우 명확하지 않다는 것을 분명히 보여준다. 이 점에서 마르크스주의 대표자들 사이에 격렬한 논쟁이 일고 있다. 한편으로 보면, (철학적 또는 학문적 사상도 포함해) 한 시대의 지배적인 사상은 항상 지배계급의 이익을 정당화하고 표현하며, 어쩌면 심지어 계급 상황의 '반영'일 뿐인 반면, 역사의 진행은 생산력 발전의 논리에 의해 대체적으로 결정되어 있다는 관점이 있다. 이에 따르면, 혁명은 사실상 역사적 상황에서 자연법적으로 전개되어 피할 수 없는 사건이다.

사회학의 실천-문제

그러나 다른 한편으로 혁명은 만들어진다는 주장이 있는데, 이는 마르크스가 거듭 강조한 것이다. 혁명은 지금까지 억압받던 계급의 정치적 행동을 필요로 한다. 더 나아가 마르크스의 유명한 「포이어바흐에 관한 열한 번째 테제(Die 11. Feuerbachthese)」는 — 심지어 마르크스는 어느 전문저널[≪열한 번째 테제(Thesis Eleven)≫]의 제목도 이렇게 지었다 — 마르크스 자신도 자신의 철학적·학문적 연구를 사회 현실을 변화시키기 위한 도구로 이해했다는 것을 분명하게 보여준다. "철학가들은 세상을 서로 다르게 **해석**할 뿐이며, 중요한 것은 세상을 **변화**시키는 것이다"(Marx, 1845: 7).

4 | 분석: 자본주의의 개선 행렬

사회에 대한 마르크스의 관점은 일차적으로 자연 관계와 노동의 생산력 발전을 지향했다. 따라서 그가 근대 분석에서 무엇보다도 역사적으로 전례 없는 자연 길들이기와 변혁의 가속화로 이어진 생산력의 거대한 발산을 인식한 것은 놀라운 일이 아니다. "부르주아는 100년 남짓 되는 그들의 계급 지배에서 이전의 모든 세대를 합친 것보다 더 크고 더 거대한 생산력을 창출해 냈다"(Marx/Engels, 1848: 467).

생산력의 발산으로서 근대화

마르크스가 관찰하고 자신의 이론을 통해서도 설명했듯이, 변함없이 지속되는 생산력의 기하급수적 증대에는 생산관계, 즉 사회적·정치적 관계와 계급 상황의 변화가 수반되었다. 마르크스는 "땅에서 솟아오른 국민의 총체"(Marx/Engels, 1848: 467)를 관찰했는데, 이는 무엇보다 신흥 노동자계급을 말하는 것이었다. 그들은 새로운 종류의 노동과 생활 조건 아래에서 생산하고, 새롭게 형성된 노동자 거주지에서 살며, 과거 신분 사회의 모든 전통적 속박과 관습에서 떨어져 나왔다는 점에서 새로운 국민 유형과 일치했다. 예컨대 노동(공장)과 생활의 철저한 공간적·시간적 분리, 그리고 자연스럽던 모든 생활 리듬에서 분리된 추상적 시간관념은 역사적으로 새로운 것이었다. 마르크스는 비웃듯이 "이중적으로 자유로운 임금노동자"에 관해 말한다. 즉, 임금노동자들은 봉건사회의 농노와 길드의 시민들과는 대조적으로, 일자리를 구하는 자유만을 지닌 것이 아니라 "생산수단으로부터도 자유롭다"는 것이다. 임금노동자들은 자신의 노동이 가해지는 기계에 대해 전혀 어떠한 통제권도 갖지 않기 때문에, 기업가들에게 자신의 노동력을 노동시간의 형태로 판매하지 않으면 안 되었다(Marx, 1867: 183).

근대의 생산관계

마르크스에 따르면, 이런 이유로 근대 자본주의적 생산관계는 계급 상황의 과도한 단순화와 양극화라는 특징을 동시에 지닌다.

> 우리 시대, 부르주아 시대는 …… 계급 대립의 단순화로 특징지어진다. 사회 전체는 두 개의 거대한 적대 진영, 서로 직접적으로 대립하는 거대한 두 계급으로 점점 분열되고 있다. 이들은 부르주아와 프롤레타리아이다(Marx/Engels, 1848: 463).

두 계급의 구분은 지극히 간단하다. 두 계급은 생산수단의 사적 소유/비소유 또는 노동력의 구매와 판매에 따라 구분된다.

그러나 마르크스에 따르면, 사회와 역사를 움직이는 주체는 궁극적으로

사회의 주체로서의 자본

자본가라기보다 자본 그 자체이다. 일차적으로 자본은 상품 구입이 아닌 자기증식을 목적으로 투입되는 화폐를 가리킨다. 화폐(G)가 소비를 위한 재화 구입을 추구하며, 오직 일반적인 교환 수단으로 사용되는 상품(W)의 전통적인 교환 방식(W-G-W)과 달리, 이를 대신하는 자본주의적인 경제 방식에서는 화폐가 화폐의 투입을 통해 더 많은 화폐(G′), 즉 이윤을 창출할 목적으로 사용된다(G-W-G′). 이때 G′에서 G를 빼면 잉여가치 또는 추구된 이윤이 얻어진다. 기업가는 이러한 잉여가치를 실현하기 위해 원료와 기계를 구입하고 노동자들을 고용한다.

| 요약 | **상품 교환에서 자본의 자기운동으로**

- **전통적인 경제 방식**: W-G-W(**소비를 위한 구매**). 상품은 화폐를 매개로 구매자에게 더 높은 사용가치를 지닌 다른 상품으로 교환된다.
- **자본주의적인 경제 방식**: G-W-G′(**판매를 위한 구매**). 자본은 이윤 또는 잉여가치를 얻기 위해 투자된다. 이로부터 '자본의 끝없는 자기운동'이 전개된다. 자본가는 (그리고 정치인 또한) 이러한 운동을 추진할 뿐이며('캐릭터 가면'), 실제로 사회를 움직이는 것은 자본이다.

가치, 교환가치, 사용가치

그러나 마르크스는 인간의 노동력을 사용할 경우에만 진정한 가치가 창출될 수 있다고 가정한다. 따라서 그는 노동을 가치의 실체로, 노동시간을 가치의 척도로, 상품생산에 평균적으로 소요되는 노동시간을 가치의 크기로 규정한다. 모든 상품의 사용가치가 소비를 통한 욕구 충족에 있다면, 상품의 교환가치, 즉 다른 상품들과 비교되는 가치, 다시 말해 궁극적으로 상품의 가격은 상품을 제조하거나 (원료의 경우) 판매가 완료된 상태로 만들기 위해 사회에서 어느 정도의 노동시간이 평균적으로 소요되는지에 좌우된다. 새로운 기계와 기술의 발명으로 노동 생산력이 증가하면 제조된 상품의 가격은 그에 상응하게 하락한다. 이전보다 더 적은 노동력으로 생산이 가능해졌기 때문에 상품의 가치가 떨어진다. 우리는 전자 제품을 통해 실제로 이러한 과정을 끊임없이 관찰할 수 있다.

그러므로 기업가는 노동자들의 노동시간과 노동력을 구매해야만 잉여가치를 달성한다. 노동은 사용가치가 교환가치보다 더 높은 유일한 상품이다. 복잡하게 들리는 이 말에는 흔히 기업가에 의한 노동자 '착취'로 불리는 모든 것이 숨겨져 있다. 이는 사실 매우 간단하다. 시장의 여느 상품들의 가격과 마찬가지로, 노동이라는 상품의 가격도 상품을 (재)생산하는 데 어느 정도의 노동시간이 필요한가를 기준으로 산출된다. 따라서 기업가는 노동자에게 스스로 생존하고 체력을 유지하는 데(그리고 노동자 자신의 향후 노동력을 위해) 필요한 만큼을 지불해야 한다. 그러나 기업가는 자신이 지불한 금액의 가치를 생산하기 위해 노동자로 하여금 필요 이상으로 더 오래 작업하도록 만든다.

잉여가치와 착취

따라서 노동자는 자신의 재생산에 필요한 노동에 대해 **잉여노동**을 제공하게 된다. 노동이 종료되면 기업가는 이로부터 생산된 가치를 자신의 것으로 만드는데, 그것은 생산된 상품들이 기업가 자신의 소유이기 때문이다. 이렇게 하여 기업가는 이윤을 얻는다. 그러나 착취의 이러한 방식이 해당 기업가에게 도덕적으로 부당하다는 책임을 지우는 것은 아니다. 결국 기업가도 노동자와 마찬가지로 선택의 여지가 거의 없다. 왜냐하면 기업가가 높은 임금을 지불하면 경쟁에서 도태되고 아무것도 달라진 것 없는 상태로 다른 기업가에게 자리를 내어주게 되기 때문이다. 착취는 자본주의적 생산관계의 특징이지, 기업가와 노동자 사이의 개인적인 관계가 아니다.

이로부터 이제 한편으로 나타나는 결과는, 마르크스(Marx, 1867: 49)가 자신의 주요 저작인 『자본론』의 서두에서 언급했듯이, 총체적으로 생산된 사회의 부가 "거대한 상품더미"처럼 느껴진다는 것이다. 예컨대 대성당 주교와 성주의 호화로운 건축물에서나 물질적 풍요를 엿볼 수 있었던 봉건적 중세나 초기 근세 사회와 달리, 현대사회의 부는 사실상 백화점과 쇼핑몰에서 볼 수 있는 상품들의 엄청난 다양성 안에 묶여 있는 것처럼 보인다. 시장을 위해 생산된 재화인 상품은 과거의 사회질서에도 존재했다. 그러나 자본주의 사회로 접어들어서야 상품은 비로소 재화 생산의 표준이 되었다. 이러한 이유로 마르크스는 개별 상품을 자본주의 사회의 기본 형태라고 설명한다. 즉, 자본주의 사회에서는 인간(노동자, 환자 등으로서의), 사회적 관계 또는 시간 등 모든 것이 결국 상품이 된다. 이 과정은 마르크스주의 문헌에서 흔히 "상품화"(commodity = 상품)라고 불리기도 한다.

상품화

다른 한편으로 자본의 가치증식 법칙, 즉 항상 반복되는 이윤의 실현(G-W-G′)을 모색하는 것은 기술 변화와 사회 발전을 끊임없이 촉진한다. 더 저렴하게, 즉 경쟁자들보다 더 빨리 생산하고 가장 먼저 신기술과 신상품을 시장에 출시하는 것이 목표이고, 자본주의 사회에서 시간은 두말할 나위 없이 부족하기 때문에, 이러한 사회는 매우 역동적이다. 자본주의 사회는 생산관계의 근간, 즉 생산수단의 사적 소유, 그리고 부르주아와 프롤레타리아 사이의 계급 구분을 건드리지 않으면서 기계와 생산기술뿐만 아니라 사회조직도 지속적으로 변화시킨다.

이러한 통찰은 근대사회, 즉 자본주의 사회는 모든 전통적인 관계를 해체하고 더 이상의 새로운 고착화를 허용하지 않는 특징이 있다는 유명한 테제를 낳는다. 이런 의미에서 마르크스의 자본주의 이론은 사회적 가속화의 이론으로도 읽혀질 수 있다.

가속화 이론가로서의 마르크스

> 부르주아는 생산도구, 즉 생산관계와 전체적인 사회적 관계를 끊임없이 변혁하지 않고는 존재할 수 없다. 반면에 오래된 생산방식을 변화 없이 계속 유지하는 것은 과거의 모든 산업 계급에서 최우선의 생존 조건이었다. 생산의 지속적인 변혁, 모든 사회 상태의 끊임없는 동요, 영원한 불확실성과 격동은 부르주아 시대를 이전의 다른 모든 시대와 구별 짓는다. 전래된 관념과 관점의 결과였던 견고하게 굳어버린 모든 관계가 해체되고, 새롭게 형성된

모든 것은 습관으로 굳어지기 전에 시대에 뒤떨어지게 된다. 신분제적인 모든 것과 정체된 모든 것은 증발해 버리고, 성스러운 모든 것은 모독되고 있다. 그리고 인간은 마침내 자신들의 평생 직업, 자신들의 상호관계들을 냉정한 눈으로 보아야만 한다(Marx/Engels, 1848: 465).

지구화 이론가로서의 마르크스

기업가는 노동자에 의해 생산된 상품을 판매해야만 자신의 이윤을 실현할 수 있고, 노동자는 임금과 상품의 가격 차이로 인해 자신이 생산한 상품을 결코 구매할 수 없는 상황에 놓이기 때문에, 자본주의 사회는 다른 곳에서 새로운 판매 시장을 개척하는 경향이 있다. 이런 이유로 특히 『공산당 선언』은 오늘날 가장 시류에 맞는 세계화의 초기 이론처럼 읽히는 부분도 있다.

끊임없이 확대된 매출에 대한 욕구는 전 세계에 걸쳐 부르주아를 뒤쫓는다. 그들은 모든 곳에서 눌러앉아야 하고, 모든 곳에서 개척해야 하며, 모든 곳에서 관계들을 만들어내야 한다. 부르주아는 세계시장의 팽창을 통해 모든 나라의 생산과 소비를 세계주의적으로 만들었다. 매우 유감스럽게도 그들은 보수주의자들에게서 산업의 국내 기반을 빼앗아갔다. 아주 오래된 국내 산업은 제거되었고, 여전히 제거되는 중이다. 이러한 국내 산업은 새로운 산업에 의해 내몰리고 있으며, 새로운 산업의 도입은 문명화된 모든 국가의 생존 문제가 된다. 자국의 원료가 아닌 원거리 지역에 속한 원료를 가공하고, 그 생산물이 자국을 넘어 세계 도처에서 동시에 소비되는 산업에 의해서 말이다(Marx/Engels, 1848: 465~466).

따라서 마르크스와 엥겔스가 노동자들의 상황 개선과 자본주의 사회의 극복을 오직 전 세계적인 연합을 통해서만 가능한 것으로 간주했다면, 그것은 논리적인 귀결이다. 그래서 『공산당 선언』은 "모든 나라의 프롤레타리아여, 연합하라!"(Marx/Engels, 1848: 493)라는 구호로 끝난다.

5 | 진단: 경제 위기, 계급투쟁, 그리고 소외

이미 확인했듯이, 모든 사회학적 사상가가 근대사회를 이해할 필요에 의해서만 고무된 것은 아닌 것 같다. 동시에 그들의 분석은 이 사회에 무엇인가 잘못된 것이 있을 수 있다는 느낌, 이 사회가 심각하게 잘못된 방향으로 발전되고 있다는 느낌에 의해서도 이끌어지는 것 같다. 이러한 잘못된 발전에 대한 진단은 두 가지 상이한 형태로 나타날 수 있다.

- 근대화 자체가 잘못이거나 재앙으로 인식된다. 이는 급진적인 변형이다.
- 근대화는 그 자체로는 긍정적으로 평가되지만, 동시에 위태로운 것으로도 인식된다. 이 경우 근대화는 그 자체로 병리적인 것은 아니지만, 근대화 과정에서 수정되어야 할 '질병증상'으로 이어지기 쉽다.

마르크스는 아주 분명하게 두 번째 변형을 대표하는데, 그의 병리진단은 근대 분석에서 직접 도출되었다. 이제까지 근대의 핵심적 특징으로서 자본주의는 잘못된 발전이 아니라 역사 발전의 필연적인 단계로 이해되었다. 왜냐하면 생산관계를 조직하는 이러한 형태를 통해서라야 비로소 인간의 생산력이 기아와 궁핍을 극복할 수 있을 정도로 증대하기 때문이다. 그러나 자본주의에서 생산력이 획기적으로 증대한 것은, 발전이 계속 진행되면서 사회체계의 커다란 위기를 불가피하게 가중시키는 결과를 낳는다. 마르크스에 따르면 이러한 위기는 저지될 수 없으며, 결코 저지되어서도 안 된다. 오히려 위기는 마침내 자본주의적 착취에 종지부를 찍을 것이다. 이러한 위기의 불가피성은 자본주의 사회의 계급 구조가 지니는 '모순들', 즉 노동과 자본의, 더 정확히는 집합적·공동체적 생산과 생산된 것의 사적 소유 사이에서 나타나는 '모순들'로부터 비롯된 결과이다. 마르크스는 자본주의에서 나타나는 위기 경향의 근거를 세 가지 방식으로 설명한다.

자본주의 위기 경향

1. 『자본론』에서 마르크스는 자본주의 발전 과정에서는 이윤율이 필연적으로 떨어질 수밖에 없고, 따라서 자본 가치화의 요건은 실현 불가능해진다는 것을 학문적인 방식으로 설명하려고 했다. 마르크스(Marx, 1858: 641)가 "근대 경제학의 가장 중요한 법칙"으로 이해하는 "이윤율의 경향적 하락"은 오직 인간의 노동만이 잉여가치를 창출할 수 있다는 가정에서 비롯된다. 따라서 이윤 창출을 위해 기업가들은 노동의 생산성을 높일 수밖에 없다. 이러한 목적으로 기업가들은 기계에 투자하며, 생산과정을 '합리화'한다. 이렇게 하여 동일한 노동으로 더 많은 생산이 가능해진다. 즉, 기업가들이 노동을 좀 더 효과적으로 착취할 수 있게 된다. 그러나 (마르크스가 생산과 관련해 고정자본이라고 부르는) 기계는 (가변자본인) 인간의 노동력과 달리 잉여가치를 창출하지 못하므로, 기업가들에게는 근대적 생산과정에서 기계의 생산력에 비해 노동의 비중이 점점 감소하면서 — 즉, 기업가들은 기계에 점점 더 많이 투자하고, 임금노동에는 투자를 줄여간다 — 이윤을 창출하거나 수익성 있는 투자 기회를 찾기가 더 어려워지며 더 많은 비용이 요구된다.

이윤율의 하락

2. 마르크스의 분석에 따르면, 생산에서 노동의 비중이 감소하고 있을 뿐만 아니라, 생산된 상품을 판매하는 것, 즉 이윤을 실현하는 것이 점점 더 어려워지고 있다. 따라서 자본주의는 필연적으로 과잉생산의 위기를 거듭하여 만들어낸다. 그 이유는 자본주의적 조건 아래에서 서로 경쟁하는 기업가들이 이윤을 창출하기 위해 임금을 되도록 낮은 수준에서 유지하려고 노력하고, 동시에 노동의 기계화 과정이 진행되면서 자본에서 임금으로 지출하는 비중이 점점 더 줄어들기 때문이다. 따라서 노동자들의 구매

과잉생산의 위기

력은 더 이상 이윤을 남기고 상품을 판매할 수 없을 만큼 하락한다. 불평등한 계급 관계가 존재하는 한 과잉생산의 위기는 피할 수 없다. 이러한 위기는 생산이 이윤이 아닌 모든 사회 구성원의 욕구에 지향된 공산주의의 계급 없는 사회에서 비로소 극복될 것이다. 따라서 생산력의 증대는 노동의 생산력 증가를 정당화하기 위해 언젠가 반드시 역사적으로 주어진 생산관계를 혁명적으로 변화시켜야 한다는 사실로 이어진다.

3. 자본은 건잡을 수 없이 독점을 형성하는 경향이 있기 때문에 점점 더 소수에게 집중되는 반면, 중소기업가들은 경쟁력을 잃고 빈곤에 빠져 프롤레타리아가 되기 때문에 계급관계는 더욱 분명한 형태를 띠게 된다. 또한 노동자들은 생산과정의 기술적·조직적 측면을 점점 더 효과적으로 지배하는 방법을 배운다. 따라서 노동자계급의 자신감은 시간이 지나면서 계속해서 높아진다. 노동자계급은 객관적인 기준에 따라 확인할 수 있는 "즉자계급"에서 정치적 계급의식으로 무장한 투쟁적인 "대자계급"이 되고, 자본주의적 착취의 "체계적인 불의"에 적극적으로 저항하기 시작함으로써 이제까지 잠재적이었던 위기 경향을 뚜렷하게 드러낸다.

노동자계급의 자의식 증가

따라서 마르크스와 엥겔스는 그들이 살던 시대의 자본주의 사회가 더 이상 오래 유지되지 못할 것이며, 생산관계를 다시 새롭게 하는 마지막 혁명적 변혁, 즉 프롤레타리아 혁명이 일어날 것이라고 믿었다. 따라서 프롤레타리아가 통치권을 넘겨받는 짧은 사회주의 단계 이후에는 계급이 없는 공산주의 사회가 형성된다. 이로써 인류의 "전사(前史)"가 끝난다는 것이다. 변화하는 억압 관계의 역사를 통한 변증법적·역동적 과정이 완성되며 유적 존재인 인간은 더 이상 인간에 대한 인간의 지배가 존재하지 않는 새로운 "자유의 왕국"에서 자신들의 가능성을 완전히 실현하게 된다는 것이다. 그러나 널리 가정된 바와 달리, 이 미래상은 마르크스의 고찰에서 중요하지 않고 부차적인 역할만을 할 뿐이다. 마르크스는 결코 그런 미래상을 실제

계급 없는 공산주의 사회

로 정교하게 작업한 적이 없으며, 다만 지극히 피상적으로 초안을 잡았을 뿐이다. 이와 관련해 그는 사적 기업가들의 이익 중심적 결정의 혼란스러운 결과를 극복하고, 모든 사회 구성원이 공동으로 생산과정을 통제하는 것이 중요하다고 강조했다. 그러나 마르크스의 학문적 연구는 공산주의 사회를 서술하기 위한 것이 아니라, 자본주의의 기능 및 발전 논리에 대한 분석을 지향한 것이었다.

물론 마르크스의 저작에는 특히 자신의 초기 저술(예컨대, 1844년의 『파리 수고』)에 동기를 부여한 것으로 보이는 병리진단의 두 번째 형태가 있다. 근대에서는 인간이 자기 자신으로부터, 타인들로부터, 그리고 자연으로부터 근본적으로 '소외'되었다는 진단이 바로 그것이다.

마르크스의 시각에서 보면 근대 세계에서 인간의 소외는 자본주의적 노동과정의 형태에서 비롯되는 논리적 결과이다. 우리가 이미 보았듯이, 마르크스에 따르면 인간은 노동을 하면서 그리고 노동을 통해, 즉 자연과의 물질적 또는 정신적 활동을 통해 자신의 존재를 스스로 형성한다. 즉, 인간은 자신의 활동에 의한 산물 안에서 자신을 표현한다는 것이다. 자본주의적으로 조직된 사회에서 이 과정은 다섯 가지 방식으로 방해를 받는다.

소외의 다섯 형태

1. 노동자는 생산수단과 생산목표를 통제할 권리가 없고, 노동을 하는 동안 사실상 타인에 의해 규정되기 때문에(노동자는 자신의 노동력을 판매한다), **노동과정으로부터** 소외된다. 노동자의 일은 자신에게 자기 자신의 존재에 대한 표현으로 나타나지 않는다. 즉, 노동자는 노동을 통해 자신을 발견하는 것이 아니라, 타인의 (이윤) 목적을 실현한다.
2. 제조된 생산물은 생산자가 아니라 기업가의 소유이고, 노동자는 노동과정이 끝날 때 이를테면 소유권을 박탈당하기 때문에, 그는 자신이 한 일의 **결과물**로부터도 소외된다. 노동자는 (예컨대, 생산라인에서 이루어지는) 자신의 노동 행위가 어떤 목적으로 사용되는지조차 조망하지 못하는 경

우가 빈번하며, 대개는 생산된 것에서도 개인적인 것은 아무것도 표현할 수 없다.

3. 동시에 산업적 생산방식과 타인에 의해 규정된 노동은 인간을 **자연**과 자연에 의미를 부여하는 원천으로부터 소외되게 한다. 이러한 관점에서 자연 길들이기는 오늘날 자연에 대한 폭력, 때로는 파괴로 나타나기도 한다. 따라서 자본주의는 인간으로 하여금 자신들의 '어머니'인 자연과 '아버지'인 노동을 이중적으로 배반하도록 강제한다.
4. 따라서 마르크스가 **자기소외**가 진전되는 과정을 진단한 것은 놀라운 일이 아니다. 인간은 노동을 하면서 자신을 표현할 수도 없고, 자신을 창의적으로 형성할 수도 없기 때문에, 자기 자신으로부터도 낯설게 된다. 마르크스가 말했듯이, 인간은 자신의 본성이 자신의 생존수단이 되고, 삶의 계획과 표현방식에서 자신을 스스로 이윤 법칙에 판매할 수밖에 없는 상황에 처하게 된다.
5. 그러나 자기 자신에게서 이런 식으로 소외된 인간은 타인들로부터도 소외된다. 인간의 상호 **소외**는 자본주의적 소외의 마지막 형태이다. 사회적 관계마저 상품의 성격을 취하게 된다. 따라서 개인들은 역사적 과정의 주체가 아니라 무력한 객체가 된다.

상품의 물신성

모든 것은 똑같이 자본 가치화의 논리에 예속된다. 인간은 기업, 요양 산업, 의료 산업, 교육 산업, 포르노 산업 및 소비 산업의 객체가 되는 반면, 상품은 사회에서 실제로 가치가 있는 것으로 나타난다. 따라서 마르크스는 『자본론』 1장에서 이미 상품의 물신성(物神性)에 대해 이야기한다. 즉, 주체(인간)와 객체(상품)는 자본주의 사회에서 서로의 지위를 맞바꾼다는 것이다. 여기서 마르크스의 견해는 다음과 같다. 인간에게 상품의 가치는 사물의 속성처럼 여겨지고, 인간은 자신들이 생산자로서 사회적으로 조직된 노동 과정 속에서 스스로 이 가치를 창출하고 생산했다는 사실을 인식하지

| 정보 | **마르크스와 20세기의 사회학**

자본주의 사회에 대한 마르크스의 분석은 사회학의 지속적인 발전에 커다란 영향을 미쳤다.

- **레닌**을 통해 마르크스는 서구 마르크스-레닌주의의 이데올로기와 정치 조류에 영향을 미쳤다.
- 아도르노, 호르크하이머, 마르쿠제(Herbert Marcuse), 그리고 다른 학자들을 중심으로 하는 **비판이론**은 마르크스의 접근법을 경험적·철학적·사회심리학적으로 계속 발전시켰다.
- 마르크스에 대한 연구는 오늘날까지 다수의 신마르크스주의(neo-marxism) 학자들[예컨대, **알튀세르**(Louis Althusser), **월러스틴**(Immanuel Wallerstein), **포스톤**(Moishe Postone), **하비**(David Harvey), **하트**(Michael Hardt)와 **네그리**(Antonio Negri) 등]의 사상뿐 아니라, 이와 대비를 이루는 비마르크스주의자들[**베버**(Max Weber), **기든스**(Anthony Giddens), **테일러**(Charles Taylor) 등]에게도 영향을 미쳤다.

못한 채, 제조된 생산물을 시장가격에 의한 고유의 삶을 지닌 자신들과는 완전히 독립적인 대상들로 감탄하고 열망한다. 간단히 설명하자면, 자본주의에서는 집합적 생산과 상품으로 판매된 제품 사이의 연관성이 보이지 않게 만들어진다. 이것은 집합적 생산과정이 끝난 후에 제품을 사적으로 소유하기 위한 전제 조건이다. 사회적 맥락에 대한 이러한 맹목성은 자본주의 사회를 서술·설명하는 이론과 개념의 특징이기도 하다. 마르크스에 따르면, 고전 정치경제학[애덤 스미스, 데이비드 리카도(David Ricardo) 등]은 노동을 상품 가치의 원천으로 확인하는 데 공헌하기는 했지만, 생산은 반드시 상품생산, 즉 이윤 창출을 목적으로 하는 익명의 시장을 위한 것이라고 전제한다. 마르크스의 정치경제학 비판은 역사적으로 특수한 생산방식을 사실상 불변적이고 자연적인 것으로 오해하는 자본주의 사회의 바로 이러한 이데올로기를 반대하는 데 초점을 맞추고 있다.

이러한 비판은 20세기에 다양한 방식으로 수용되어 이어져 왔다. 소외, 사물화, 상품화는 오늘날까지 신마르크스주의적 사회비판만을 고무하며 방향을 제시하는 핵심어는 아니다.

6 ı 요약

마르크스주의적 시각에서 볼 때, 사회학은 사회현상을 경제적 토대로부터, 즉 생산관계와 그 안에 내재된 긴장관계로부터 설명하는 것을 의미한다. 이러한 생산관계는 생산력의 역동적인 증가로 인해 혁명적 저항 속에서 거듭 변화하며, 사회 계급들은 이러한 역사적 발전의 주체로 등장한다. 궁극적으로는 행위자들의 의도가 아닌 생산력 발전의 상태와 사회적 생산의 형태가 사회적 행위와 역사가 진행되는 원인이기 때문에, 마르크스의 접근법은 인간의 행위를 구조적 조건들로부터 도출하려는 사회학적 구조이론에 포함된다.

마르크스는 자본주의 사회에 대한 이론가이지, 공산주의 또는 사회주의 사회에 대한 이론가는 아니다. 자본주의 사회의 발전 논리·성장·가속화 및 지구화 경향에 대한 분석과 이해, 그리고 아마도 이를 통해 초래된 위기 현상들을 이해하는 데 있어서도, 마르크스의 이론은 — 과잉생산의 위기 또는 소외 현상의 형태로 — 지극히 고무적이며 많은 시사점을 지닌다. 마르크스는 자본주의 비판가로 등장하지만, 그럼에도 불구하고 그는 자본주의 경제방식은 매우 생산적이어서, 심지어 생산력의 발전과 사회 발전에 필수 불가결한 역할을 한다는 데 의심의 여지를 남겨놓지 않는다. 반면 공산주의 또는 사회주의 대안 사회에 대해 매우 막연하게 스케치된 그의 비전은 20세기에 현실사회주의 국가들의 실패로 인해 대부분 설득력을 잃었다.

표 1-1 **한눈에 보는 카를 마르크스의 사회학 이론**

구분	표제어	세부 설명
사회학	경제적 토대로부터 사회적 조건들을 설명하는 학문	목적은 생산관계로부터 사회현상을 설명하는 것이다.
핵심 문제	무엇이 사회 변화를 촉진하며, 발전은 인간 상황을 개선하는 방향으로 이어지는가?	마르크스는 사회의 물질적 관계에서 답을 모색한다.
설명 모델	구조이론, 방법론적 전체론, 역사유물론적·변증법적	사회적 사실은 생산력과 생산관계의 관계로부터 도출된다.
설명의 기본 단위	노동(의 관계)	모순들의 분석에 관해 설명한다.
개인과 사회의 관계	사회는 개인에 선행한다.	존재가 의식을 규정한다.
근대사회와 전통사회 (분석)	경제의 자본주의적 조직 vs 봉건적 조직	계급 대립의 극단화 (부르주아 vs 프롤레타리아)
근대화의 이해	길들이기	또한 상품화: 자연, 재화, 인간관계는 상품의 성격을 띤다.
변화의 원동력	생산력의 발달	생산관계의 시대적 변화로 귀결된다.
근대의 병리 (진단)	소외, 상품 물신, 착취, 자본주의의 위기 경향, 계급 분열	인간의 다섯 가지 소외, 착오, 사회의 모순들

📖 **학습 점검 질문**

1. 마르크스의 사회 분석의 개념을 설명하시오. 분석의 출발점은 무엇이며, 분석은 어떤 법칙과 연관 관계를 가정하는가?
2. 사회는 시대의 흐름 속에서 어떻게 그리고 왜 변화하는가? 이 과정에서 정치와 철학은 어떤 역할을 하는가?
3. 사회 '계급'이란 무엇인가? 이 개념을 정의하는 기준은 무엇이며, 이 개념은 사회적으로 어떤 역할을 하는가?
4. 자본주의적 근대의 특징은 무엇인가? 근대 이전과 이후의 사회형태는 어떻게 구별되는가?
5. 마르크스의 이론에서 '길들이기'는 무엇을 의미하는가? 그는 인간, 사회, 자연의 관계를 어떻게 이해하는가?
6. 마르크스에 따르면 진전되는 근대화의 문제점과 위험은 무엇인가? 답변에 소외와 과잉생산 개념을 포함시키시오.

참고문헌

1차

Marx, Karl (1844): Ökonomisch-philosophische Manuskripte aus dem Jahre 1844 (Pariser Manuskripte), in: Marx-Engels-Werke (MEW) Ergänzungsband 1, Berlin 1968, 465-588.

Marx, Karl (1845): Thesen über Feuerbach, in: MEW 3, Berlin 1962, 5-7.

Marx, Karl (1852): Der achtzehnte Brumaire des Louis Bonaparte, in: MEW 8, Berlin 1960, 111-207.

Marx, Karl (1858): Grundrisse der Kritik der politischen Ökonomie, in: MEW 42, Berlin 1953, 47-768.

Marx, Karl (1867): Das Kapital. Kritik der politischen Ökonomie, Bd. 1, in: MEW 23, Berlin 1962, 11-802.

Marx, Karl/Engels, Friedrich (1845/46): Die deutsche Ideologie, in: MEW 3, Berlin: 1962, 9-530.

Marx, Karl/Engels, Friedrich (1848): Manifest der kommunistischen Partei, in: MEW 4, Berlin 1959, 459-493.

2차

Althusser, Louis (2011): Für Marx, Berlin.

Althusser, Louis/Balibar, Etienne (1972): Das Kapital lesen, 2 Bde., Hamburg.

Altvater, Elmar u. a. (1999): Kapital.doc. Das Kapital (Bd. 1) von Marx in Schaubildern mit Kommentaren, Münster.

Callinicos, Alex (2011): Die revolutionären Ideen von Karl Marx, 3. Aufl., Hamburg.

Hardt, Michael/Negri, Antonio (2002): Empire. Die neue Weltordnung, Frankfurt a. M./New York.

Harvey, David (2011): Marx »Kapital« lesen. Ein Begleiter für Fortgeschrittene und Einsteiger, Hamburg.

Heinrich, Michael (2006): Die Wissenschaft vom Wert. Die Marxsche Kritik der politischen Ökonomie zwischen wissenschaftlicher Ravolution und klassischer Tradition, 4. Aufl., Münster.

Heinrich, Michael (2007): Kritik der politischen Ökonomie. Eine Einführung, 5. Aufl., Stuttgart.

Postone, Moishe (1998): Rethinking Marx in a Postmarxist World, in: Camic, Charles (Hg.), Reclaiming the Sociological Classics, Cambridge, Mass, 11-44.

Wallerstein, Immanuel (1976): The Modern World-System. Capitalist Agriculture and the Origins of the European World-Economy in the Sixteenth Century, New York.

Wright, Erik Olin/Levin, Andrew/Sober, Elliot (1992): Reconstructing Marxism. Essays on Explanation and the Theory of History, London/New York.

초기 근대	발전된 근대	후기 근대

길들이기	합리화	분화	개인화

2장 세계의 탈주술화 | 막스 베버

1 | 개관

막스 베버(Max Weber)는 사회학의 창시자 중 한 명으로 꼽히며, 사회학이 연구 방법과 주제에서 독자적인 분과 학문으로 발전하는 데서 에밀 뒤르켐과 더불어 가장 중요한 역할을 한 고전적 저자이다. 사회과학에 미친 베버의 영향은 여전히 막강하다. 그래서 오늘날까지도 베버의 학설에 대한 해석을 통제할 수 있는 사람은 사회학적 연구에 전반적으로 정통하다는 주장을 접하게 된다. 카를 마르크스와 마찬가지로 베버도 전통사회에서 근대사회로의 이행에서 나타난 가장 중요한 변화가 자본주의적 사회경제 체제의 형성이라고 보았다. 그러나 마르크스와 달리 베버에게 결정적인 변화는 생산 영역이나 자연과의 신진대사 영역이 아니라 사람들의 생활태도에 있었다.

베버는 사회학 이론이 세계 안에서 사람들이 행위하는 방식, 사람들이 '세계 안으로 놓여진' 것처럼 느끼는 방식을 분석하는 데 전념해야 한다고 보았다. 즉, 베버는 사회적·문화적으로 각인된 **세계관**을 기술·설명하는 것

| 생애와 저작 | **막스 베버(1864~1920)**

막스 베버는 독일 튀링겐(Thüringen)주의 에르푸르트(Erfurt)에서 태어났다. 유복한 상인 집안 출신인 그는 폭넓은 교육을 받았다. 그는 하이델베르크 대학교, 슈트라스부르크 대학교, 베를린 대학교, 괴팅겐 대학교에서 법학, 국민경제학, 역사학을 공부했으며, 1889년에는 법학 박사가 되었고, 1891년에 이미 교수 자격을 취득했다. 그 후 베버는 프라이부르크 대학교와 하이델베르크 대학교에서 국민경제학 교수를 지냈으며, 사망 직전에는 뮌헨 대학교의 교수였다. 그러나 심각한 신경쇠약 때문에 수년 동안 교수직을 수행할 수 없었다. 그는 이 시기에 많은 학자들과 활발한 교류를 통해 저작 활동을 펼쳤으며 재야학자로 활동했다. 베버는 독일사회학회(Deutsche Gesellschaft für Soziologie: DGS)의 공동 창립자로서, 그리고 오늘날까지 존속하는 사회정책학회(Verein für Socialpolitik)에서의 활동을 통해 본질적으로 독일어권 사회학의 전문화에 기여했다. 베버의 대표작 『경제와 사회』는 다른 텍스트 모음집과 마찬가지로 그의 부인 마리안네(Marinanne Weber)가 베버의 유고에서 편찬하여 유작으로 출판되었다.

세계관에 대한 질문으로서의 사회학

을 중요하게 생각했다. 이는 근대사회에 대한 그의 분석에도 반영되어 있다. 베버는 근대사회의 결정적인 특징을 사람들의 생활양식과 경제 형식, 학문 영역, 국가조직, 그리고 심지어는 근대의 예술적 생산에서 표출되는 근대사회의 특수한 에토스(Ethos), 즉 근대사회의 세계관에서 발견한다.

2 | 핵심 문제

베버가 자신의 유명한 연설 『직업으로서의 학문(Wissenschaft als Beruf)』에서 명시하듯, 그는 '우리는 어떻게 살아야 하는가?'를 인간의 가장 중요한 물음으로 간주한다(Weber, 1919: 598). 또한 그가 이 연설에서 명백히 밝혔듯이, 학문은 바로 이 문제에 답할 수 없다. 학문은 사실적 연관 관계를 조사하고 세계가 어떤지 분석하지만, 세계가 어떤 상태여야 하며 우리가 무엇을 해야 하는지에 대한 진술은 오직 종교, 예언자, 또는 (정치) 지도자만이 할 수 있는 것이다. 학문에는 이러한 과업이 부여되지 않아야 한다. 학문은 인간이 세계를 분석, 즉 기술·설명할 수 있는 도구로서, 가장 먼저 사실적이며 경험적인, 다시 말해 직접적으로 경험할 수 있는 연관 관계들을 탐구한다. 여기서 학문이 기여할 수 있는 것은 다음의 물음에 대해 명료하게 답할 수 있다는 점이다. 우리의 삶과 행위의 기본 조건들은 무엇인가? 우리의 일상 행위에서 흔히 의문시되지 않는 근본 신념과 가치 체계는 무엇이며, 그것은 어디에서 비롯되는가? 우리에게는 어떤 대안들이 있으며, 우리의 결정은 우리 자신과 타인들에게 각각 어떤 결과를 가져오게 되는가?

사회적 행위의 규정 근거들

사회학자로서 베버는 특히 사회적 행위의 규정 근거들에 관심을 둔다. 그는 근대사회에서 인간의 행위가 경제의 자본주의적 조직과 이와 관련된 사회생활의 엄격한 관료주의적 규제에 의해 매우 결정적으로 규정된다고 본다. 따라서 그의 연구 전반에 걸친 주요 관심은 다음의 물음에 집중된다.

> 어떤 상황들의 연쇄작용이 …… 바로 서양의 땅에서, 그리고 오직 여기서만 — 적어도 우리가 기꺼이 가정하는 것처럼 — **보편적** 의미와 타당성을 지닌 발전 방향에 속했던 문화 현상들이 나타나도록 이끌었는가?(Weber, 1920: 1)

베버는 본래 서양에서, 즉 '서구' 또는 '서방'에서 생겨났으며, 오늘날 전 세계를 특징짓는 자본주의를 이러한 문화 현상들 중 가장 의미 있는 것, 다시 말해 "우리의 근대적 삶의 가장 숙명적인 힘"으로 간주한다(Weber, 1920: 4). 결과적으로 베버의 핵심 문제는 왜 우리가 서양 근대사회의 구성원으로서 지금의 모습으로 살고 있으며, 어떤 사회적 힘들이 우리의 '인간적 존재' 방식에 책임이 있는지에 대한 물음이었다. 마르크스와 달리 베버는 이에 대한 해답을 주로 우리의 생활 형식의 근간을 이루는 이념적·역사적·종교적 토대에서 모색했다. 베버에게 종교는 사람들의 세계관과 에토스를 결정하고, 그들이 어떻게 살아야 하는지를 제시하는 가장 중요한 원천 중 하나였다. 따라서 그는 수년 동안의 연구생활을 유교, 도교, 힌두교, 불교, 고대 유대교와 같은 종교체계를 연구하면서 보냈다.

3 ı 방법적 기본 구상: 의미이해적 사회학과 가치판단 자유적 사회학

"사회적 행위를 해석적으로 이해함으로써 사회적 행위의 경과와 효과를 인과적으로 설명하려는 학문"(Weber, 1922: 1)이라는 베버의 사회학 정의는 그의 중심적인 연구 대상과 동시에 그의 방법론적 접근법을 뚜렷하게 부각시킨다. 베버의 시각에 따르면, 사회 발전은 행위자들이 지향하는 것, 즉 개인들의 세계 해석과 행위 목표를 설명의 단초에 포함시킬 경우에만 파악·설명될 수 있다. 베버의 접근법은 행위의 동기에 중심 역할을 부여하기 때문에, 예컨대 마르크스나 뒤르켐에게서 발견되는 구조이론적 또는 체계이론적 접근 방식과는 대조를 이루는 사회학의 행위이론적 개념에 포함된다.

사회학의 행위이론적 개념

행위이론에서 행위자들의 사회적 행위는 사회학적 설명의 출발점 또는 기본 단위를 이룬다. 베버에게는 사회현상들이 개인들의 행위와 행위 지향에 기인했을 경우에 비로소 설명된 것으로 간주된다는 점에서 그의 접근 방식은 방법론적 개인주의로도 분류될 수 있다. 방법론적 개인주의는 개별 행위자들의 행위 결과로부터 사회 변화를 설명할 수 있다는 것을 원칙으로 한다(⇨ '들어가기' 2절 참조). 바로 이런 의미에서 베버는 자신의 방법적 고찰에서 먼저 사회적 행위의 개념을 설명하고, 그다음에는 사회적 관계의 개념을, 그리고 그다음에야 사회질서, 즉 사회학적 관심의 중심을 이루는 더 포괄적인 사회적 구성물의 개념을 설명한다.

방법론적 개인주의

| 요약 | 사회적 행위

사회적 행위는 베버에게 중심적인 사회학적 연구 대상이다. 인간의 행위는 그 자체로 사회적 행위로 파악되지 않는다. 베버는 정도에 따라 점차적으로 구축되는 세 가지 범주를 구별한다(Weber, 1922: 1).

- 행동: 단순한 (신체적 또는 반사적) 반응
- 의미를 지니는 행위: 행위자의 주관적 의미와 결부된다.
- 사회적 행위: 주관적 의미와 결부되며, 동시에 다른 사람(들)의 행동에 연관된다.

행위자가 자신의 행위를 타인(들)의 행동에 지향함으로써 그 행위는 비로소 사회적 행위가 된다. 더 나아가 행위는 의미를 지닌다는 점에서, 즉 행위자가 자신의 행위에 의미를 결부시킴으로써 단순한 행동과 구별된다. 이 **주관적으로 생각된 의미**에는 상이한 것들이 포함될 수 있는데, 무엇보다 가장 중요한 것은 행위자가 추구하는 의도이다. 또한 주관적으로 생각된 의미는 행위자의 중심적인 확신이나 기대를 나타내기도 하는데, 이를테면 (사회적) 과정들이 보통 어떻게 전개되는지(예컨대, 인사할 때 어떻게 행동해야 하는지와 같은), 어떤 규범적 요구와 권리가 정당화되어 있는지에 대한 견해를 표현한다.

의미이해적 사회학

또한 베버는 '의미이해적 사회학'의 창시자로도 간주될 수 있다. 이 방법론으로 그는 응용 연구 방법의 전체 분야, 즉 질적 사회연구에 대한 구상의 초석을 놓는다. 사회학적 설명에서 결정적인 것은 베버에게 있어서 궁극적으로 행위의 동기이다. 방법적으로 그에게는 행위의 주관적 의미를 이해하는 것이 사회학자들이 제공해야만 하는 본질적인 해석의 성과이다. 예컨대 근대의 직업인들이 어째서 자신의 생계활동을 그토록 중요하게 생각하는지, 또 어째서 특정 지배관계들에 순응할 용의를 지니게 되었는지에 대한 물음에, 베버는 그들이 지닌 동기와의 연관성에서 답을 모색한다. 여기서 동기는 한편으로는 직접적인 의향(의도)과, 다른 한편으로는 단순한 심리적 충동과 구별된다. 예컨대 근대인들이 자신의 정체성이 온통 자신의 직업적 능력에서 비롯되는 것이라는 생각을 자주 하는 것은 그들의 의도와 지

| 요약 | **행위의 규정 근거들**

베버는 네 가지의 중심적인 '규정 근거'를 구별한다(Weber, 1922: 12~13).

1. **목적합리적**: 행위자는 자신의 행위를 성찰할 때 수단, 목적, 부작용들을 서로 비교해서 신중하게 검토한다. 행위자는 되도록 성공적으로 실현될 수 있도록 행위 수단과 자신의 목표를 선정한다. 베버는 목적합리적 행위를 근대사회의 중심적인 행위 방식으로 간주한다. 이 행위로 인해 다른 행위 형태들은 부차적인 것으로 밀려난다.
2. **가치합리적**: 행위자는 자기 자신을 위해 추구되는 특성 가치의 척도에 따라 행위 방식을 선정한다. 이러한 가치는 윤리적, 종교적, 또는 미학적으로도 정당화된 것일 수 있다.
3. **감정적**: 행위자는 자신의 현재 감정에 자신을 맞추고, 자신의 행동으로 이 감정을 표현한다.
4. **전통적**: 행위자는 자신의 행위를 '익숙한 습관'에 맞춘다. 이러한 습관은 무엇보다도 전통이나 관습일 수 있다.

전통적 결정 요인과 감정적 결정 요인의 특징은, 행위에 대한 개별적 성찰이 합리적으로 결정된 행위 유형의 경우보다 더 미미하다는 것이다.

적 세계관에 원인이 있다고 할 수 없다. 그들이 그것을 의식조차 하지 못하는 경우가 많기 때문이다. 그럼에도 불구하고 그러한 감정은, 말하자면 이미 주어져 있는 충동에도 근거하지 않는다. 그러한 감정은 자연적으로 생겨난 것이 아니라, 각각 자기 자신과 세계에 대한 특수한 관계의 결과이기 때문이다. 이러한 관계는 최근의 사회학에서 종종 '아비투스(Habitus)'라고 불리기도 한다.

'(의미)이해적 사회학'에 대한 베버의 구상은 인간의 행위와 생활태도를 부분적으로는 의식으로부터, 부분적으로는 무의식적이지만 습관화된 개인의 문화적 세계 해석의 구조들로부터 도출해 내는 목적을 지닌다. 따라서 사회학자들은 원칙적으로 자연과학자들보다 더 많은 것을 수행해야 한다. 말하자면 자연과학자들은 과정들을 '외부로부터' 관찰함으로써 인과적 연관성, 즉 원인과 효과를 확인하는 방식으로 설명한다. 반면 사회과학자들은 설명을 하기 위해 자신들이 관찰하는 행위의 연관성을 이른바 '내부로부터' 분석해야만 한다. 그들은 누군가가 어떤 행위를 하는 이유나 동기를 이해하지 않으면 안 되기 때문이다. 이러한 해석이 성공하고, 그 해석이 관찰을 통해서도 입증되면, 행위의 동기는 행위를 설명하는 행위의 원인으로 간주될 수 있다. 여기서는 17세기 칼뱅주의 프로테스탄트들의 맹렬한 노동 의욕에 대한 베버의 설명을 예로 들 수 있을 것이다. 칼뱅주의 프로테스탄트들은 신의 무한한 의지에 따라 영원한 저주에 빠져드는 것을 두려워했다. 그러나 직업에서의 성공이 영혼 구원과 선택됨의 징표일 것이라고 추측했기 때문에, 그들은 다름 아닌 노동으로 도피했다. 이를테면 두려움에서 비롯된 이러한 출구는 비록 칼뱅주의의 교리와 사상에 미리 정해져 있었던 것은 아니었지만, 그것은 이러한 특수한 세계 해석의 결과였으며, ― 베버가 믿는 것처럼 ― 근대의 에토스에 결정적인 영향을 미쳤다.

베버는 방법론적 절차를 위해 두 가지 원칙을 정식화하는데, 이는 오늘날에도 경험적 사회연구에 본질적인 영향을 미치고 있다.

- 가치판단 자유의 원칙, 그리고
- 이념형 구성의 도구

가치판단의 자유

가치판단의 자유에 대한 베버의 요청은 정치적 또는 세계관적 입장, 즉 당위 판단은 학문적 연구로부터 논리적으로 도출될 수 없고 따라서 학문적 연구를 통해 정당화될 수 없다는 것을 의미한다. 세계의 특정한 존재 상태로부터 희망하는 당위 상태를 도출하는 것은 베버에게 있어서도 허용될 수 없는 **자연주의적 오류**이다. 반면에 학문적 사실 규명은 그것이 자신의 규범적 신념을 강화하는지 여부와 무관하게 모든 사람들에 의해, 그리고 무조건 인정될 수 있다. 베버는 이로써 학문을 특정 정치적 또는 이데올로기적 신념에 이용하려는 시도에 반대했던 것이다.

그러나 베버의 요청은 그가 학문을 완전히 가치 판단이 배제된 것으로 여긴다는, 즉 특정한 따라서 항상 일면적인 문화적·세계관적 전제들로부터 완전히 자유롭게 세계의 전형적인 개관적 상태를 탐구하려는 시도로 여긴다는 것으로 자주 오해되어 왔다. 그러나 베버는 자신의 학문론에서 그러한 '실증주의적' 입장을 또한 단호히 거부한다. 베버에게 사회현상의 문화적 의미는 학문적 연구의 대상을 결정한다. 특정한 연관 관계들이 특정 시대에 대한 특정 관점에서 학문적 연구의 관심 대상이 됨으로써 사회학은 비로소 연구 대상을 얻는다. 베버는 이를 "가치관계"라고 부른다. 사회적 현실의 개별적 특징이 연구자나 연구공동체의 문화와 가치에 의해 규정된 입장에서 중요한 것으로 선택되어 개념화되었다는 이유만으로 경험적 연구가 진행되고 가치 있는 것으로 간주된 연구 대상을 얻는다. 그러나 이러한 연구 대상, 즉 사회현상을 위해 조사된 인과관계는 절대적 타당성을 지니며, 다른 연구 프로그램을 추구하는 사람들도 이 타당성을 인정해야 한다(Weber, 1904).

사회적 현실의 특정 측면들을 선택적·사유적(思惟的)으로 부각시켜 질서정연하게 묶는 작업은 이제 경험적 연구에 방향을 제시하는 이념형의 구성 원칙이기도 하다. 베버는 이념형을 사회현상들 중 현실에서는 결코 묘사된 그대로 나타나지 않는 "순수 유형들"에 대한 이론적 정의로 이해한다(Weber, 1922: 9~10). 따라서 이러한 이론적 정의를 — 이 정의가 다른 정의들보다 선호되기 때문이 아니다 — **이념**형이라 부른다.

이념형

이에 대한 예로는 지배에 대한 베버의 세 가지 이념형을 들 수 있을 것이다. 베버는 지배를 "특정 명령이나 모든 명령에 대해 특정 집단의 사람들에게서 복종을 발견할 …… 기회"(Weber, 1922: 28)라고 정의하고, 지배의 카리스마적 형태, 전통적 형태, 합리적·합법적 형태를 구별한다(Weber, 1922:

1부 3장). 지배의 이러한 형태들은 이를테면 복종 의지의 세 가지 동기 복합체를 가리킨다.

복종 의지의 동기 복합체

이에 따르면 **카리스마적 지배**는 지배에 대한 요구가 비범한(카리스마적) 설득력과 결부되어 있기 때문에 그 요구에 따르는 경우에 존재한다. 즉, 카리스마적 지배의 정당성은 지배자 또는 지배자들의 특별하고 비상한 능력이나 선택됨에 대한 복종자의 믿음에 기인한다.

이와 반대로 **전통적 지배**는 복종의 동기가 말하자면 전통에 있는 경우로, 지배의 타당성은 역사적 모범의 구속력, 즉 일이 '이미 항상' 그렇게 되어 왔거나 그렇게 행해져 왔다는 것에서 비롯된다고 말할 수 있다.

반면에 근대사회에서는 **지배의 합리적·합법적 형태**가 우세하게 나타난다. 이 형태에 따르면 지배에 대한 요구는 규정된, 즉 명문화된 실정법에 근거한 경우에 정당한 것이며, 이때 사람들은 그 요구를 따른다.

이 세 가지 지배형태는 사회적 현실에서는 결코 순수한 형태로 발견되지 않기 때문에 **이념**형을 구성한다. 실제로 발견될 수 있는 지배관계, 즉 지배의 **실제**형은 혼합 비율과 우세 관계는 다르지만 일반적으로 세 가지 이념형의 흔적이나 요소들을 모두 보여준다. 이념형의 유용성은 실제 존재하는 지배 형태들을 이념형들과 비교하여 측정하고, 그 발전 방향을 규정할 수 있다는 것이다. 베버에게 근대적 지배관계의 발전은 관료제적 행정을 특징으로 하는 합리적·합법적 지배의 방향으로 점점 더 강하게 진행되고 있으며, 따라서 근대 분석과 그의 사회학적 사고의 중심에 있던 서양의 위대한 합리화 과정의 한 요소로 간주될 수 있다는 데는 의심의 여지가 없었다.

| 정의 | **이념형(Idealtypen)**

- 이념형은 한 사회현상(예컨대, 살인)의 특징적인 출현 형태들을 명확한 범주들로 분류하고, 이 범주들 간의 차이들(예컨대, 충동 범죄, 정치적 테러 행위, 살인강도

등)을 가능한 한 뚜렷하게 부각시킨다.

- 이념형은 사회학자들이 사회적 현실의 복잡성을 줄이는, 즉 다룰 수 있게 만드는 개념적 도구이다. 이념형은 이러한 사회적 현실에 대한 일반적 추상화이며, 이를 통해 규칙적으로 나타나는 과정이나 특성이 재현된다.
- 이념형은 일반화이다. 따라서 그 서술에서 하나의 구체적인 경우에만 관련된 특징들은 발견되지 않는다. 이념형은 추상적인 정식화로 인해 오히려 때로는 매우 다양하고 특수한 현실들에 적용될 수 있다.

4 ㅣ 분석: 합리화 과정으로서의 근대

베버의 확신에 따르면, 기존의 것을 보존하고 알려진 것을 재생산하는 것을 목표로 하는 전통주의적 지향으로부터 지배하고, 계산하고, 갱신하고, 증대하는 합리주의적 에토스로의 변화는 이제 지배의 근대적 형태뿐만 아니라, 서양의 근대적 방식의 학문적 사고, 생활태도, 그리고 무엇보다 경제활동의 특징이 되고 있다. '우리의 근대적 삶의 가장 운명적인 힘', 즉 서양 자본주의는 신성한 모든 원칙을 깨고 생산과 생산성의 부단하고 무제한적인 증대를 위해 설계되었다는 점에서 이전의, 그리고 거의 모든 다른 문화권에서 지배적인 전통주의적 형태의 경제활동과 구분된다.

생산과 생산력의 증대

ㅣ요약ㅣ 자본주의

베버는 근대 자본주의적 경제행위를 "**교환** 기회의 이용을 통한 이익의 기대에 기인하는 행위, 즉 (형식적으로는) **평화로운** 생업 기회에 기인하는 행위"(Weber, 1920: 4)로 정의한다. 이와 관련해 그는 자본주의적 경제활동의 (외적) 형태와 (내적) 정신을 구별한다.

- **형태**는 가계와 경영의 분리, 복식 부기 또는 노동의 경영적 조직과 같은 조직상의 특징들을 통해 두드러진다.

• 반면에 베버가 더 근본적인 것으로 간주하는 **정신**은 금욕적이고 체계적으로 계산하는 노동 의욕, 무조건적인 직업적 의무와 엄격한 비용-수익-계산에 대한 믿음이 특징이다.

수요 충족에서 이윤 증식으로

전통주의적 경제활동의 목표가 수요 충족에, 즉 전통적으로 필요하다고 간주된 것의 생산과 재생산에 있다면, 자본주의적 경제활동의 동기는 이윤 증식에 있다. 이러한 발전의 시작점에 서 있는 자본주의 기업가는 기업의 수익성과 이윤의 끊임없는 증대를 꾀하며, 얻은 수익은 소비해 버리지 않고 재투자함으로써 자신의 목표를 추구한다. 베버는 이러한 이윤가치화의 형태에서 자본주의적 경제활동의 뿌리를 파악하며, 동시에 그가 직접적으로 비합리적이라고 분류하지는 않았지만, 사회학적으로는 비개연적으로 분류하는 세계관을 파악한다.

베버에게 비합리적이고 비개연적인 것으로 보였던 것은 경제적 풍요가 증가함에도 불구하고 기업가의 행위는 모든 지적·도덕적 힘을 다하여 체계적인 금욕적 절약에 대한 강박과 부단한 노동 열정에 맞추어져 있었다는 점이다. 베버는 소비와 사치를 위한 이윤 추구를 당연한, 말하자면 '자연스러운' 인간의 행동 방식으로 간주했다. 하지만 소비되지 않고 재투자되는 이윤의 체계적인 축적은 행위를 이끄는 특히 강력한 동기를 요구했다.

프로테스탄트 윤리와 자본주의 정신

베버는 그 동기들을 찾았고, 마침내 그것을 프로테스탄티즘, 특히 칼뱅주의의 **능동적-세계거부적** 태도에서 발견했다. 베버는 가톨릭이나 비기독교 인구 집단에 비해 프로테스탄트 인구집단의 교육 수준과 직업적 성공률이 상대적으로 더 높다는 경험적 연구 결과를 바탕으로 자신의 유명한 종교사회학적 "프로테스탄티즘 테제"를 발전시켰는데, 이 테제에 따르면 프로테스탄트 윤리와 초기 자본주의의 특수한 기업가적·금욕적 정신 사이에는 특수한 "선택적 친화성"이 존재한다. 베버에 따르면 근대 기업가들의 부단한 활동, 이들의 체계적인 지출 절약과 성과의 부단한 증대에 맞추어진 생활태도, 단 1분도 허비하지 않으며 게으름이나 낭비를 가장 경멸하는 엄격한 시간 원칙, 이 모든 것은 "세계 내적 금욕"이라는 프로테스탄트 에토스에 그 뿌리를 두고 있었다. 이러한 금욕, 즉 절제는 가톨릭 수도사들의 금욕과는 반대로 수도원이라는 세계 안에 갇혀 있는 것이 아니라, 인간의 일상에 스며들어 있다.

이 에토스는 루터와 특히 칼뱅의 뒤를 이어 인간은 수도원 안에서가 아니라 세계 내에서 부단하고 생산적인 직업 활동을 통해 자신을 증명해 보여야 하며, 그렇게 함으로써 지상에서의 신의 영광과 인류의 안녕을 증진해야 한다는 관념에 의해 각인되어 있다. 여기서 결정적인 것은 일상적인 생활태도를 끊임없이 체계화하고 점검하게 하는 종교적으로 생성된 압력이다. 프로테스탄트 기독교인들은 고해와 회개를 통해 한 번 저지른 죄의 짐에서 벗어날 수 없었기 때문에, 그들에게는 모든 삶의 상황에서 자신을 증명하고 모든 유혹에 저항하는 것이 매우 중요했다. 베버에 따르면, 칼뱅주의의 예정설, 즉 구원이나 저주는 예정되어 있다는 교리를 믿었던 청교도 종파들에게는, "너희는 그들의 열매로 그들을 알게 되리라"라는 성경 구절의 의미에서, 개인의 선택됨은 이미 지상에서의 직업적 성공에서 드러난다는 생각이 심리적으로 명백한 것이었다. 따라서 프로테스탄트 지역에서는 새로 성취된 부가 더 이상 도덕적으로 평판이 나쁜 것이 아니라, 오히려 추구할 만한 가치가 있는 것이자 신의 은총의 표시로 간주되었다. 반면에 가난은 타락의 징표로 여겨졌다.

생산방식의 합리화

베버는 이 새롭고 체계적인 방식의 생활태도가 형성되면서 여러 측면에서 엄청난 합리화 단계가 이루어졌다고 본다. 먼저 프로테스탄트 기업가들은 전통적인 노동과 상거래 방식에서 벗어나 보다 효율적인 목적-수단 관계를 추구함으로써 자신들의 생산 형식을 합리화했다. 이는 모든 측면에서 기술과 조직의 혁신에 유리하게 작용했다. 동시에 프로테스탄트 기업가들은 예컨대 새로 도입된 복식부기의 도구를 통해 장기적인 예측과 수익 기대치 측면에서 자신들의 수입 및 지출 정책을 체계화했다. 베버에 따르면, 새로운 경제 방식에 결정적인 것은 경영과 가계의 엄격한 분리, 자유로운 노동의 기업적 조직화 또는 생산수단과 노동자의 분리와 같은 생산 형태의 변화가 아니라 경제적 행위와 결부된 새로운 정신이었다.

세계상의 합리화

또한 베버에게 프로테스탄티즘은 세계상이나 세계관의 합리화와 관련해 결정적인 도약을 의미한다. 여기서 신은 더 이상 인간의 영향을 받을 수 없으며, 고해성사나 십자가 고행과 같은 세계내적인 주술적 수단을 통해서도 더 이상 도달할 수 없는 순전히 초월적이고 타계적인 위대함이 된다. 동시에 프로테스탄트 세계상에서는 가톨릭에서 지상 세계와 신성한 세계를 연결해 주는 거룩한 인물, 시간과 장소가 사라진다. 목사, 교회, 수도원, 예배 시간은 더 이상 일과 가정생활이라는 일상 세계의 영역에서 근본적으로 제거되지 않는다. 이를 통해 기술적 숙달에 지향된 지상 세계에 대한 엄격한 (자연)과학적 연구가 가능해지고 장려된다.

생활태도의 합리화

이와 결부된 것은 마지막으로, 베버에게 아마도 가장 중요한 합리화의 형태이다. 즉, 엄격한 시간 규율과 사용된 자원과 달성된 수확 사이의 최적의 비용-효용 관계를 부단히 지향한다는 의미에서 이미 언급한 일상적 **생활태도**의 체계적인 합리화이다. 따라서 합리화는 목적합리적 행동 방식이 중요해지는 반면, 전통적·감정적 행동 방식이 밀려나는 데 기여한다.

그러나 베버의 분석에 따르면, 자본주의가 계속 발전하는 과정에서 그 종교적 '뿌리'는 점차 소멸한다. 부단한 직업 활동과 체계적으로 이윤 극대화에 맞춰진 경제 활동의 종교적 의미는 약해지고 약해져서 마침내 근대의 관념 세계에서 사라지는 반면, 동시에 경제적 경쟁 원칙의 냉혹한 확산으로 인해 교육 및 직업 사업의 체계적인 필요성이 첨예화되고 모든 계층으로 확산되어 사람들의 의지와는 무관한 독립적 성격을 띠게 된다. 종교적으로 장려되던 시작단계 이후 자본주의는 적합한 생활태도를 체계적으로 강요

| 정의 | **합리화(Rationalisierung)**

합리화는 세계와 삶의 예측과 지배를 지향하는 방식으로 자원, 행동 원칙, 축적된 지식이 체계적으로 정리·적용되는 사회적 과정을 말한다. 베버는 목적-수단 관계를 개선하려는 노력에 대해 **목적합리성**의 개념을 만들어낸다. 동시에 합리화는 규범과 지식 판단의 근거가 전통주의적 정당화 패턴 또는 계시에 기반한 정당화 패턴에서 이성의 원칙 또는 절차의 원칙으로 전환되는 것을 말한다. 베버는 한번 설정된 행동원칙들의 일관성 있는 추구와 관련하여 **가치합리성**을 말한다.

하면서 "자본주의가 필요로 하는 경제주체들"을 직접 "길러내고 만들어낸다"(Weber, 1904/05: 37). 즉, 베버는 자본주의의 생성과 관철은 사람들의 관념적 동기를 고려해서만 설명될 수 있다고 주장하지만, 마르크스와 마찬가지로 정착된 자본주의 체제의 기존 조건 아래에서는 상황의 강요가 사람들로 하여금 삶을 자신의 노동력 판매에 지향하도록 만든다고 믿는다.

베버의 확신에 따르면 근대의 특수한 경제 에토스는 수백 년 이상 지속되면서 오늘날까지 아직 완료되지 않은 서양의 합리화 과정의 한 요소일 뿐이다. 합리화 과정은 사회적 관계의 성격도 새롭게 변화시킨다. 근대사회에서는 **사회화하는** 특징을 지닌 관계의 형태들이 우세하게 나타난다. 반면에 전통사회에서는 **공동체화하는** 관계들이 더 빈번했다. 베버는 공동체화를 "사회적 행위의 관점이 …… 관련자들이 주관적으로 느끼는 (감정적 또는 전통적) 공속성(共屬性)에 기인할 경우에 …… 이루어지는 사회적 관계"(Weber, 1922: 21)라고 일컫는다. 이와는 대조적으로, 그는 사회화를 "사회적 행위의 관점이 합리적으로(가치합리적 또는 목적합리적으로) 동기화된 이해관계의 **조정** 또는 동기화된 이해관계의 **결합**에 기인할 때, 그리고 이 경우에 한해서 이루어지는 사회적 관계"(Weber, 1922: 21)라고 부른다.

공동체화와 사회화

따라서 근대사회는 그 자본주의적 경제체계에 의해서뿐만 아니라, 전통에 얽매이지 않는 경험적 학문, 세계에 대한 기술적 계산과 지배, 그리고 합리적인 법체계와 무엇보다 공직 원리에 기인하는 관료제적 행정체계에 의해서도 특징지어진다. 학문에서 합리화는 무엇보다도 합리적으로 이해할 수 있고 경험적으로 검증 가능한 진술만이 타당성을 획득한다는 것을 의미하며, 정치와 법률제도에서는 합법적인 방식으로 이루어진 통치권 요구만이 정당한 것으로 간주된다는 것을 의미한다. 이 모든 기능체계는 지속적인 합리화를 통해 끊임없이 혁신하고 변화하기 때문에 매우 역동적이지만, 동시에 매우 안정적이고 신뢰할 수 있는 것으로 입증된다. 이 기능체계들은 근대 세계가 일상적인 운영에서 더욱 더 예측될 수 있고 통제될 수 있게 한다.

서양의 합리화 과정

베버에 따르면, 사회학의 다른 접근법들에서 근대사회에 결정적인 것으로 확인된 산업화·지성화(知性化)·세속화·법제화 과정 또는 기능적 관점에 따라 이루어진 전문화 과정은 모두 서양의 합리화 과정의 동반 현상 또는 요소들이다. 베버는 이 과정들이 되돌릴 수 없으며 보편적이라고 믿는다. 그는 장기적으로 어떤 세계종교나 문화 형태도 합리화의 압력에서 벗어날 수 없을 것이라고 본다. 그러나 그는 서양의 합리화 과정에서 괄목할 만한 병리의 가능성도 찾아낸다는 점에서, 이 과정을 전적으로 양가적인 것으로 서술한다.

표 2-1 **베버에게 있어 근대화 과정의 중심적인 변화들**

우세 형태	전통사회	근대사회
사회적 행위	감정적·전통적	목적합리적·가치합리적
사회적 관계	공동체화	사회화
사회적 구성물	공동체, 가족	지역협력연맹, 관료제, 정당

합리화 →

5 | 진단: 탈주술화, 자유 상실과 의미 상실

합리화의 진전 과정에 대한 베버의 비관주의는 근대의 조건 아래에서 인간의 세계관과 생활태도에 대한 그의 핵심 문제를 다시 한 번 되새겨보면 이해할 수 있다. 여기서 이내 분명해지는 것은 과학이나 경제, 법체계나 정치 등 근대의 어떤 기능적 체계도 우리가 어떻게 살아야 하는지에 대한 물음에 답할 수 없다는 것이다. 오히려 합리화 과정은 우리로 하여금 세계를 예측할 수 있고 통제할 수 있게 만들었을 뿐만 아니라, 베버에 따르면 합리화 과정은 세계를 마법적이고 불가사의하며 신비롭고 비일상적인 모든 순간으로부터 벗어나게 함으로써 세계를 "탈주술화"하기도 했다(Weber, 1919: 594). 탈주술화

| 정의 | **탈주술화(Entzauberung)**

세계의 탈주술화에서 베버는 합리화 과정의 하나의 중요한 동반 현상을 관찰한다. 세계와 삶이 체계화와 계산을 통해 점점 더 냉정해지고 통제할 수 있게 됨에 따라 마법적이고 불가사의하며 비일상적이고 신비로운 모든 순간도 사라진다. 이로써 세계와 삶의 의미의 토대가 고갈될 위협을 받는다.

그 대신 학문, 경제, 기술뿐만 아니라, 관료제적 행정의 논리에서도 거침없이 전개되는 합리화 과정들은 피할 수 없는 상황적 강제로 독립·응축되어 근대인에게 "강철처럼 단단한 예속의 껍질"이 되어버렸다. 이에 대해 근대인은 개인적·정치적 행위의 자유를 잃게 될 위험에 처해 있다. 오늘날 합리화와 진보의 논리는 경제와 학문에서뿐만 아니라 관료제적 행정과 규제에서도 피할 수 없는 것처럼 보인다. 자유 상실과 비합리성

베버의 우려가 후기 근대적 세계에서 정당성을 얻는 경우는, 현대사회의 핵심 사회문제가 노동조직의 비효율성이나 재화의 희소성인 것이 아니라 노동력 부족인 것으로 보이는데도 기업과 국가의 합리화가 끊임없이 노동

력을 해고하는 경우, 또는 유전자 기술의 혁신이 도덕적 논증이 아니라 과학 발전의 멈출 수 없는 자가 동력에 대한 언급으로 정당화되는 경우이다. 동시에 여기서 분명해지는 것은, 수많은 국지적 합리화 또는 기능적 합리화 과정에 의해 각인된 근대사회의 전반적인 발전이 매우 비합리적인 특성들을 가질 수 있다는 것이다.

베버가 합리화 과정의 진행과 결부되어 있다고 보는 두 가지 위험은 자유의 상실, 그리고 진척되는 근대화 과정 자체의 비합리성 증가이다. 그러나 베버의 진단에 따르면, 이에 못지않게 심각한 문제는 근대의 의미 자원마저 고갈되는 것처럼 보인다는 점이다. 자본주의적 이윤 논리, 관료제적 행정, 기술적 혁신의 "강철처럼 단단한 껍질"은 "무의미한" 만큼이나 폐쇄적이고 강력한 우주가 되었다. 왜냐하면 본래 근대의 금욕적·합리주의적 에토스에 근간을 두는 기독교적 프로테스탄트 세계관이 무력해졌기 때문이다. 프로테스탄트 기업가들은 자신이 왜 그렇게 살았는지 자신과 다른 사람들에게 매우 정확하게 설명할 수 있었고, 자신의 행동에서 주관적으로 생각된 의미를 세계관적으로 정당화할 수 있었다.

베버는 다음과 같이 써내려 간다.

의미 상실

청교도들은 직업인이길 **원했다**. — 우리는 직업인**이어야만 한다**. 왜냐하면 금욕이 수도승들의 작은 골방에서 직업 생활로 옮겨져 세계 내적 도덕을 지배하기 시작하면서, 금욕은 무의식적인 기계적 생산의 기술적·경제적 전제들에 묶여 근대적 경제 질서의 강력한 세계를 구축하는 데 일조했기 때문이다. 이 근대적 경제 질서의 세계는 이러한 연동기 안에서 태어나는 모든 개인의 생활양식을 …… 압도적인 강박으로, 아마도 마지막 100파운드의 화석연료가 타버릴 때까지 규정할 것이다(Weber, 1904/05: 203).

베버는 글을 이어간다.

> 오늘날 정신은 이러한 껍질에서 벗어났다. 이것이 마지막인지 누가 알겠는가? 아무튼 승리한 자본주의는 기계적인 기반 위에 놓이게 되면서부터 더 이상 이러한 지원을 필요로 하지 않는다. …… 누가 미래에 그 껍질 안에서 살게 될지, 또 이 발전의 끝에서 완전히 새로운 예언자들이 등장할지, 아니면 오래된 생각과 이상이 강력하게 부활할지, 아니면 …… 기계화된 화석화가 일종의 경련적 우쭐댐으로 위장하게 될지, 아직은 아무도 모른다. 그러나 이러한 문화 발전의 '마지막 사람들'에게는 이 말이 진실이 될지도 모른다. 즉, '영혼 없는 전문가, 마음 없는 쾌락주의자, 이 보잘것없는 사람들은 인류가 이전에 단 한 번도 이르지 못했던 단계에 올라갔다고 착각한다'(Weber, 1904/05: 204).

이러한 우려 때문에 베버는 의회 선출 과정에서 등장하여 강력하고 자유롭게 선택된 정치적 비전을 갖고 총체적으로 관리된 세계의 합리주의적·관료주의적 경직성을 상쇄할 카리스마적 정치 지도자상의 사상을 자신의 정치사상에서 강화하고자 했다(Weber, 1921). 예컨대 후대의 아도르노나 하버마스처럼 이미 베버는 삶에 대해 더욱 완벽해지는 경제적·과학적·행정적 통제에 대해 개인과 집단의 행동 자유를 확보할 수 있는 가능성을 모색했다. 그가 "가치의 재평가"와 새로운 시작을 주도할 카리스마적 능력을 지닌 정치 지도자 인물의 사상에서 이러한 가능성을 모색했다는 것은 그 후의 20세기의 운명을 돌이켜볼 때 치명적인 오류인 것으로 보인다. 그러나 동시에 베버는 자신의 견해에 따르면 정치적 행위는 **심정윤리적**이 아니라 **책임윤리적**으로 지향되어 있어야 한다고 강조했다. 정치적 행위는 가능한 결과와 부작용을 염두에 두어야 하며, 심정(心情)의 순수성을 주요 관점으로 삼아서는 안 된다는 것이다.

베버의 정치사상

| 정의 | **심정윤리(Gesinnungsethik)와 책임윤리(Verantwortungsethik)**

- **심정윤리적**이란 결과를 고려하지 않고 엄격하게 가치관점(예컨대, 평등)이나 추상적 원칙(예컨대, 평화주의)을 지향하는 행위를 말한다.
- **책임윤리적**이란 최선의 행동 전략을 계산할 때 가능한 한 모든 당사자에게 미치는 모든 결과와 부작용을 고려하는 행위 방식을 말한다.

그 밖에 베버의 접근법에서 주목할 만한 점은 특히 베버에 관한 방대한 문헌에서 이제까지 거의 고려되지 않았던 그의 확신, 즉 근대적 생활태도의 근저에는 ─ 또한 근대적 생활태도가 무제한적 쾌락주의를 따르는 것처럼 보이는 경우에도 ─ 적극적인 세계 부정의 태도가 있다는 점이다. 여기서부터 환경파괴라는 후기 근대적 문제에 대한 연관성을 찾는 것이 합리적일 것이다.

| 정보 | **베버와 20세기의 사회학**

베버의 사회학적 사고는 이후 사회학의 발전에 큰 영향을 미쳤다.

- **탤컷 파슨스**는 베버를 미국 사회학에 소개하고, 베버의 행위 개념을 자신의 구조기능주의적 접근법의 근간으로 삼았다.
- **막스 호르크하이머**와 **테오도르 W. 아도르노**는 『계몽의 변증법(Dialektik der Aufklärung)』에서 목적합리적(도구적) 이성의 총체적 지배를 기술하면서, 베버가 그려낸 "강철처럼 단단한 껍질"의 비관적인 측면을 추적했다.
- **위르겐 하버마스**는 『의사소통 행위이론(Theorie des kommunikativen Handelns)』에서 마찬가지로 베버의 합리화 개념을 차용했지만, 이 개념을 총체적 목적합리성의 부정적인 결과들이 어떻게 예방될 수 있는지를 보여주는 의사소통적 합리성의 개념으로 보완했다.
- 반면에 **합리적 선택이론**에서는 목적합리적 행위라는 보다 정제된 개념이 모든 사회적 행위를 설명하기 위한 토대가 된다.
- **뤽 볼탕스키**(Luc Boltanski)와 **이브 치아펠로**(Ève Chiapello)는 자기결정에 대한 욕구가 경영방식에 어떻게 반영되어 노동관계의 탈경계화와 불안정화를 가능하게 하는 '새로운 자본주의 정신'이 등장했는지 조사했다.

6 | 요약

막스 베버에게 사회학은 사회적 행위의 원인과 결과에 관한 학문이다. 따라서 그는 사회학의 행위이론적 개념을 추구하는데, 이에 따르면 모든 사회현상은 행위자들의 개별 행위의 주관적으로 생각된 의미와 관련하여 설명될 수 있고, 또 설명되어야 한다. 경험적 사회과학 연구는 상호주관적으로 검증할 수 있는 발견된 원인-효과의 관계가 특정한 정치적·세계관적 입장을 정당화하는 데 이용되어서는 안 된다는 점에서 의미이해적인 동시에 가치판단이 배제되어야 한다.

베버의 주된 관심은 근대적 생활태도의 역사적·문화적 결정요인들에 대한 문제에 있다. 그는 이러한 요인들이 오래 지속·유지되는 합리화의 역사적 과정을 통해 형성·규정되었다고 파악했다. 합리화 과정은 서구 문화권에서 시작되어 전 세계적 효력을 갖게 되었다. 이 과정은 아래의 요인들을 통해 점점 더 정확해지는 세계를 계산하고 지배하는 것을 목표로 한다.

- 근대 과학을 형성하는 데 있어서 사회적 지식의 합리화,
- 수요 충족적 경제활동으로부터 자본주의적 이윤 극대화로 전환하는 과정에서의 경제적 행위의 합리화,
- 개인들의 생활태도의 규율화 및
- 사회생활의 법률적·관료제적 관리에 의한 사회적 통제의 증가.

베버는 세계의 탈주술화와 통제가 진전되는 과정의 이면을 이와 동반하여 나타나는 근대적 삶의 의미 상실과 자유의 상실에서 파악한다. 이러한 상실은 맹목적으로 독립적으로 만들어지며 통제할 수 없는 합리화 과정에 의해 야기된다. 합리화 과정은 점차 피할 수 없는 상황적 강제의 성격을 띤다.

표 2-2 **한눈에 보는 막스 베버의 사회학 이론**

구분	표제어	세부 설명
사회학	사회적 행위의 원인과 결과에 관한 학문	목표는 인과적 관계를 의미 있게 이해하는 것이다.
핵심 문제	무엇에 의해 근대의 특수한 에토스가 규정되어 있는가? 그것은 경제·학문·문화에 어떻게 반영되는가?	베버는 서양을 비유럽 문화와 비교하여 답을 모색한다.
설명 모델	행위이론, 방법론적 개인주의, 이해의 사회학	사회적 현상들은 행위자의 행위로 소급된다.
설명의 기본 단위	사회적 행위자, 사회적 행위	설명은 주관적 의미의 공감을 통해 이루어진다.
개인과 사회의 관계	개인은 사회에 선행한다.	사회는 사회적 행위의 결과와 부차적 결과의 합(집합)으로 생성된다.
근대사회와 전통사회(분석)	주술적 세계 vs 합리화되고 탈주술화된 세계	베버는 에토스와 삶의 영위방식에서 차이를 찾는다.
근대화의 이해	합리화	경제, 학문, 지배 등에서의 다차원적 과정
변화의 원동력	종교, 이념	베버는 이해관계와 이념의 상호작용을 주장한다.
근대의 병리(진단)	자유 상실(강철처럼 단단한 껍데기), 의미 상실(탈주술화의 결과)	합리화 과정의 불가피한 이면

📖 학습 점검 질문

1. 베버의 이해 사회학 개념을 설명하시오. 방법론적 측면에서 이해 사회학의 결정적인 구성요소와 특징은 무엇인가?
2. 베버에 따르면 전통사회와 근대사회의 차이는 무엇인가? 학문, 지배, 경제의 영역에서 논하시오.
3. 막스 베버의 '프로테스탄티즘 테제'란 무엇을 의미하는가? 방법론적 측면과 내용적 측면에서 논하시오.
4. 합리화란 무엇을 의미하는가? 베버는 서양의 합리화 과정을 어떤 것으로 이해하는가?
5. 합리화는 인간의 공동생활에 어떤 영향을 미치는가? 어떤 행위 형태들이 중요해지는가? 중심적인 발전에 대한 보기를 들어보시오.
6. 베버에 따르면 근대화 진전의 문제와 위험은 어디에 있는가? 답안에 탈주술화, 의미 상실, 자유 상실의 개념을 포함시키시오.

참고문헌

1차

Weber, Max (1904): Die »Objektivität« sozialwissenschaftlicher und sozialpolitischer Erkenntnis, in: ders.: Gesammelte Aufsätze zur Wissenschaftslehre, hg. von Johannes Winckelmann, Tübingen 1988: 146-214.

Weber, Max (1904/05): Die protestantische Ethik und der Geist des Kapitalismus, in: ders.: Gesammelte Aufsätze zur Religionssoziologie I, Tübingen 1988: 17-206.

Weber, Max (1919): Wissenschaft als Beruf, in: ders.: Gesammelte Aufsätze zur Wissenschaftslehre, hg. von Johannes Winckelmann, Tübingen 1988: 582-613.

Weber, Max (1920): Vorbemerkung, in: ders.: Gesammelte Aufsätze zur Religionssoziologie I, Tübingen 1988: 1-16.

Weber, Max (1921): Gesammelte Politische Schriften, hg. von Johannes Winckelmann, Tübingen 1988.

Weber, Max (1922): Wirtschaft und Gesellschaft. Grundriss der verstehenden Soziologie, besorgt von Johannes Winckelmann, Tübingen 1972.

2차

Boltanski, Luc/Chiapello, Ève (2003): Der neue Geist des Kapitalismus, Konstanz.

Hennis, Wilhelm (1987): Max Webers Fragestellung. Studien zur Biographie des Werks, Tübingen.

Müller, Hans-Peter (2007): Max Weber. Eine Einführung in sein Werk, Köln u. a.

Radkau, Joachim (2005): Max Weber. Die Leidenschaft des Denkens, München.

Schluchter, Wolfgang (1979): Die Entwicklung des okzidentalen Rationalismus. Eine Analyse von Max Webers Gesellschaftsgeschichte, Tübingen,

Weber, Marianne (1926): Max Weber. Eine Lebensbild, Tübingen (auch München 1984).

Weiß, Johannes (1975): Max Webers Grundlegung der Soziologie. Eine Einführung, München.

초기 근대	발전된 근대	후기 근대

길들이기	합리화	분화	개인화

3장 분절적 사회에서 분업적 사회로 | 에밀 뒤르켐

1 | 개관

에밀 뒤르켐(Emile Durkheim)은 탤컷 파슨스에 수용되면서 알려졌으며, 사회학의 자기이해에 이 분과 학문의 다른 어떤 고전 거장들보다 큰 영향을 미쳤다. 뒤르켐은 막스 베버가 독일에서 그랬던 것보다 더 많이 프랑스에서 사회학의 제도화를 촉진시켰다. 그러나 뒤르켐이 사회학 시조의 초상화 진열관에서 부각되는 것은 사회에 관한 학문을 확립한 그의 업적 때문만은 아니다. 그는 근대화 과정을 직접적으로 사회적 분화의 과정으로 연구하여, 이 과정을 오늘날까지 사회학 전통에서 지배적인 관점 아래에서 주시했던 인물이기도 하다.

사회적 분화의 의의

그러나 뒤르켐은 이러한 변화에 주목한 최초의 인물도 아니었으며, 이 주제에 대한 그의 접근 방법, 즉 분업의 증가에 따른 분화 과정을 분석하는 그의 접근 방법도 사실 독창적인 것은 아니었다. 그러한 연구는 뒤르켐 이전에 이미 카를 마르크스와 허버트 스펜서(Herbert Spencer)에 의해서도 행해진 바 있다. 사회학의 시조 중 한 사람인 스펜서는 당대에 상당한 영향력

| 생애와 저작 | **에밀 뒤르켐(1858~1917)**

로렌에서 랍비의 아들로 태어난 뒤르켐은 종교에 등을 돌리고 파리로 갔다. 그는 그곳의 고등사범학교(École Normale Supérieure)에서 1879년부터 1882년까지 철학을 전공했으며, 그 후 몇 년 동안 중등학교 교사로 일하며 박사학위논문을 준비했고, 1885/86년에 독일에서 형성되는 사회과학적 접근 방법들을 연구했다. 1887년, 그는 보르도에서 사회과학과 교육학 강사직을 얻었고, 나중에는 사회과학 교수직을 얻었다. 그보다 앞서 1893년에 그는 소르본에서 분업에 관한 연구로 박사학위를 받았고, 이 과정에서 사회학의 성립에 기여했다. 1895년에는 『사회학적 방법의 규칙들』이, 1897년에는 자살에 관한 그의 저작이 출판되었다. 1898년에 그는 저널 ≪사회학 연보(Anée Sociologicue)≫를 창간했다. 이 학술지를 중심으로 뒤르켐 학파가 형성되었다. 뒤르켐 학파에는 마르셀 모스(Marcel Mauss)와 모리스 알박스(Maurice Halbwachs) 등이 속해 있었다. 1902년에 뒤르켐은 소르본 대학교로 자리를 옮겼으며, 1912년에는 종교에 관한 그의 저술이 출판되었다. 쉬지 않는 연구와 제1차 세계대전에서의 아들의 죽음으로 인한 고통으로 뒤르켐은 일찍 세상을 떠났다. 전쟁이 끝난 후 뒤르켐 학파를 부활시키려던 시도는 실패했지만, 저널은 여러 차례 재건되어 현재까지 발행되고 있다.

이 있었지만 곧 시대에 뒤떨어진 것으로 간주되었다. 이보다 한 세대 전, 콩트(Auguste Comte)는 사회의 구조적 분화에서 분업의 역할에 주목했다(콩트는 사회학에 이름을 붙이고 경험적 사회과학의 프로그램을 설명했기 때문에 종종 사회학의 창시자라고 불린다). 콩트의 스승인 클로드 앙리 드 생시몽(Claude Henri de Saint-Simon)도 실로 사변적(思辨的)인 방식이기는 했으나 그러한 구상을 정식화했었다.

19세기에 사회를 관찰한 그 누구도 낡은 신분제적 봉건 질서가 복잡한 산업적 시장 사회로 바뀌는 엄청난 변혁을 놓칠 수 없었다. 따라서 뒤르켐과 동시대의 사회학 거장들 역시 이 과정에 주목하고 유사한 관찰을 했다. 그러므로 막스 베버와 게오르그 짐멜 역시 분화이론가라는 주장은 전적으로 옳다. 그러나 이 두 사람의 경우, 분화의 측면이 중심인 것은 아니었다. 베버는 가치 영역들의 분화를 자신의 분석에서 중심에 있는 합리화 과정의 결과라고 본다. 그리고 짐멜은 분업적 분화 과정을 집중적으로 연구하기는 했지만, 이 과정을 주로 자신의 주요 관심사였던 개인화 과정의 원인으로 간주했다.

사회통합의 문제

뒤르켐은 달랐다. 산업혁명에서 절정에 달한 사회적인 모든 것의 근본적인 동요와 역동화, 그리고 프랑스 혁명 이후 명백하게 불안정한 정치 상황에 직면하여 뒤르켐이 초점을 맞춘 문제는 위기적 구조 변동이 개개인에게 미치는 영향이 아니라, 사회적 분화 과정에서 나타난 사회통합의 문제, 즉 근대적 조건 아래에서 어떻게 사회질서와 사회적 결속이 여전히 가능한가에 대한 문제였다. 뒤르켐은 사회 전체의 수준에 초점을 맞추었기 때문에 동시대 사람들보다 일관되게 사회적 분화의 측면을 자신의 근대화 이론적 고찰의 중심에 놓았다. 앞서 언급한 선배 저자들에 비해 뒤르켐은 독립적인 경험과학으로서 사회학의 자기이해에 부합하는 방법론적 엄격성에 의해 구별된다.

2 ı 핵심 문제

근대화의 부정적 측면

뒤르켐이 보르도에 정착해서 사회학의 확립을 추진하기 전 100년 남짓 동안, 프랑스는 부르주아혁명에 의한 절대왕정의 붕괴, 테러 단계의 제1공화국, 제1제국, 왕정복고, 7월 왕정, 제2공화국, 제2제국, 파리코뮌의 노동자 봉기, 제3공화국을 경험했다. 근대화의 소용돌이에 휩쓸린 나라는 안정을 찾지 못했으며, 외견상으로는 끊임없는 헌법 교체를 겪었다. 기존의 질서는 무너졌으며, 그 자리에 들어설 어떤 것도 지속될 것 같지 않았다. 오히려 이해관계의 대립은 더욱 악화되어 갔으며, '사회적 문제'는 사회적 결속을 최종적으로 갈기갈기 찢어버릴 수도 있을 것처럼 보였다. 지난 시대의 경직된 봉건 질서의 족쇄에서 풀려난 프랑스는 정치적으로는 불안정하고 사회적으로는 해체되는 모습을 보였다.

동시에 근대화는 외견상 의심할 여지가 없는 경제와 과학의 진보를 가져왔다. 산업화는 성공에 이르렀고, 과학에 대한 믿음은 깊이 뿌리내렸다. 콩트의 유명한 3단계 법칙에 따르면, 신학적이고 형이상학적인 시대를 지나 이제 실증적 시대, 즉 과학의 시대가 열렸다. 지식의 발전은 더 이상 전래된 편견의 계몽주의적 파괴에 국한되지 않았다. 이제부터 과학은 오히려 (실증적으로) 사회를 합리적으로 형성할 수 있어야 했다.

인류의 희망으로서 근대 과학

이 정신은 당시 프랑스에 널리 확산되어 있었다. 뒤르켐은 과학을 종교의 대체물로까지 지나치게 끌어올리는 사조에 휩쓸리지 않았지만, 그가 보기에도 과학에는 국가 프로젝트를 위한 중심적인 임무가 주어져 있었다. 1870~1871년 전쟁에서 프랑스가 독일에 패한 후 그는 많은 사람들과 마찬가지로 제3공화국이 비이성적인 위협에 굴복할 위험에 처해 있다는 확신을 공유했다. 특히 교육체계에서 가톨릭교회의 압도적인 영향에 맞서 제3공화국은 반드시 방어되어야 한다고 여겼다. 과학을 통해서만 제3공화국이 확고한 기반을 찾을 수 있다는 것이었다.

사회질서는 어떻게 가능한가?

따라서 뒤르켐은 사람들이 신분제적 구속에서 불가역적으로 해방되는 진보적 조건 아래에서 사회질서가 어떻게 가능한지에 대한 과학적 해답을 찾는 것을 최우선 과제로 여겼다. 사람들이 점점 더 개인화되면 어떻게 사회통합과 연대를 만들어낼 수 있는가? 뒤르켐은 다음과 같이 자신의 과업 설정을 정식화했다.

> 개인은 점점 더 자율적이 되면서도 어떻게 점점 더 사회에 의존하게 되는가? 어떻게 하면 개인이 더 개인적이면서 동시에 더 연대적일 수 있는가? 왜냐하면 이 두 가지 운동이 아무리 모순적으로 보인다고 해도 평행선을 달리고 있

다는 것은 반박할 수 없기 때문이다. 이것이 우리가 스스로 제기한 문제이다. 우리는 점점 더 강화되는 분업에 기인하는 사회적 연대의 변화로 인해 이 명백한 모순이 해결된 것이라고 보았다(Durkheim, 1893: 82).

뒤르켐은 이 문제를 분업에 관한 연구의 서두에서 제기했다. 이 문제는 그의 저작에 계속 영향을 미친다. 점점 더 개인화되고 구조적으로 분화된 근대사회의 여건 아래에서 사회통합의 문제는 뒤르켐이 평생 동안 몰두한 문제이다. 그의 우려는 사회구조적 분화 과정이 경과함에 따라 자신의 눈앞에 드러난 근대 개인주의의 해방과 사회의 계급 분열의 해체 잠재력에 근거한다. 뒤르켐은 마르크스와 마찬가지로 노동과 자본 사이의 갈등을 예리하게 주시했지만, 이 대립의 화해는 혁명을 필요로 하는 것이 아니라 생성되고 있는 사회 형성의 조건 아래에서 가능하다고 확신했다는 점에서 마르크스와 다르다.

사회학과 자유, 평등, 박애

뒤르켐은 프랑스 제3공화국이 **자유**(liberté), **평등**(egalité), **박애**(fraternité)를 실현할 수 있는 잠재력을 가지고 있다고 굳게 믿었다. 그러나 그의 견해에 따르면 이것은 사회통합의 문제에 대한 과학적 분석에 기초할 때만 성공할 수 있다. 뒤르켐은 이 문제의 과학적 해법이 세속적이고 공화주의적 토대 위에 세워진 새로운 프랑스가 성공하는 데 도움이 될 수 있다고 확신하는 만큼, 사회에 관한 과학이 먼저 체계적으로 발전해야만 한다는 것도 잘 알고 있었다.

3 ı 방법적 기본 구상: 도덕의 물리학으로서의 실증주의 사회학

사회학적 숙고에 대한 초기 접근법들은 여전히 그 기원인 철학의 마법에 완전히 사로잡혀 있었다. 따라서 사회문제에 대한 고찰은 매우 사변적이었다. 뒤르켐의 눈에 이것은 진정한 의미의 과학이 아니었다. 그는 과학을 자연과학이 구현했던 것, 즉 법칙성의 탐구로 이해했다. 사회학이 과학이기 위해서는 물리학이 물체의 규칙성을, 화학이 원소의 규칙성을, 생물학이 유기체의 규칙성을 연구하는 것과 마찬가지로 사회학은 사회적 삶의 규칙성을 분석해야 한다.

사회적인 것의 규칙성에 관한 과학

먼저 뒤르켐은 사회학이 규명할 수 있는 규칙성을 가진 대상 영역들이 존재한다는 것을 확실히 보여주어야 한다. 그래서 그는 사회현상이 다른 과학의 대상으로 환원될 수 없다는 것을 증명하기 위해 노력한다. 인간을 세포들의 집적으로 충분히 설명할 수 없듯이 사회도 단순히 사람들의 집합으로 이해할 수 없다. 물론 세포 없는 인간이 존재할 수 없는 것처럼, 사람 없는 사회는 존재할 수 없다. 그러나 전체는 부분들의 합보다 더 클 뿐만 아니라 질적으로도 다른 무엇이다. 즉, 사회는 창발적 현상이다.

사회학의 독특한 대상 영역

| 정의 | **창발(Emergenz)**

전체를 구성하는 부분들에 결여된 속성을 가진 사물이나 전체 또는 개체를 창발적이라고 부른다. 예컨대 단어는 그 의미가 단어를 구성하는 글자에서 유추할 수 없기 때문에 창발적 현상이다. 마찬가지로 문장은 단어와는 다른 창발 차원에 있다. 뒤르켐은 사회나 사회현상도 그 자체의 창발 수준에 속한다는 것을 증명하기 위해 노력한다.

뒤르켐 시대에 이미 사회현상을 과학적으로 분석하는 접근 방법들이 존재했지만, 그 접근 방법들은 사회학의 대상들을 예컨대 생물학적 요인이나 기후 등 비사회적 요인들로 환원시켰다. 지배적이었던 것은 사회제도를 그 유용성이나 개인들의 동기에서 도출하는 설명이었다. 여기서 대부(大父)는, 행위자들이 자신의 이익을 지향한다고 가정하는 기존의 경제학 이론 및 방법적으로 이미 비교적 진보한 심리학이었다.

따라서 뒤르켐이 사회학을 정립하려는 노력에서 이러한 접근법들과 특히 심리학을 날카롭게 비판했던 것은 놀라운 일이 아니다. 물론 뒤르켐이 염두에 두었던 것은 당시의 (원자론적) 개인심리학이었으며, 뒤르켐 자신의 고찰은 사회심리학에 근접해 있었다. 이러한 논증 전략은 뒤르켐에게 전형적인 것이었다. 먼저, 사회적 현상들에 대한 비사회학적 설명들을 비판하고, 그다음으로 사회적 현상들이 사회학적으로 설명될 수 있다는 것을 보여준다.

비사회학적 설명 비판

물론 이를 위해 뒤르켐은 자신이 무엇을 (더 이상 환원할 수 없는) 사회현상으로 이해하는지, 또 그가 일반적으로 쓰듯이 무엇을 사회적 사실로 이해하는지 설명해야만 한다. 아울러 그는 사회의 법칙성을 분석한다는 것이 무엇을 의미하는지도 밝혀야 한다. 그의 접근방식에서 중요한 것은 그의 인간상이다. 뒤르켐의 근본적인 확신에 따르면 인간은 "이중적 존재"(Durkheim, 1897: 237), 즉 **호모 듀플렉스**(homo duplex)이다. 인간은 다음과 같이 구성된다.

'호모 듀플렉스'

- **자연적** 부분: 원칙적으로 억제되지 않는 인간의 충동과 무한한 욕구
- **사회적** 부분: 제한적인 문화적 규범 및 개인적 요구의 적절성에 관한 내재화된, 즉 내면화된 사회적 관념들

뒤르켐에 따르면 개인들의 이러한 사회적 각인 때문에 비판을 받은 심리학적·경제학적 접근법들처럼 인간의 일반적인 동기에 근거한 모든 설명은 불충분할 수밖에 없다.

모든 사회가 반드시 해결해야 하는 문제는 두 부분, 즉 인간의 자연적 부분과 사회적 부분이 균형을 맞추는 것이다. 앞서 언급했듯이 뒤르켐은 근대화의 소용돌이에 휘말려 이 문제를 인간의 개인적인 부분과 상호 의존성이 동시에 증가하는 당대의 프랑스 사회와 연관시킨다. 따라서 사회학은

매우 실천적인 학문이다. 새로운 사회 과학의 **실천**-차원(⇨ '들어가기' 1절 참조)은, 사회구조의 변화를 고려할 때, 사회 구성원들의 노력에 "가능한 것과 조화를 이루고 만족을 찾을 수 있도록"(Durkheim, 1897: 282) 한계를 설정하기 위해 필요한 사회제도들을 규명하는 데 있다. 뒤르켐은 이 생각을 장자크 루소(Joan-Jacques Rousseau)에 이어 발전시키는데, 이는 무엇보다도 프랑스 공화국 시민들의 사회화를 위한 교육체계의 중요성에 대한 성찰에서 비롯된 것이다.

사회학의 실천-차원

개인과 사회의 관계

뒤르켐의 인간 개념은 그가 사회학의 (더 이상 환원할 수 없는) 대상 영역 및 개인과 사회의 관계를 어떻게 이해하고 있는지에 대하여 두 가지 결정적인 징후를 제공한다.

1. 사회는 인간보다 앞서 있고 인간 외부에 있는 어떤 것으로서 인간을 만난다. 왜냐하면 이는 인간이 욕구를 가진 자연적 존재로서 만나는 것이지, 인간의 충동과 욕구에서 먼저 생겨나는 것이 아니기 때문이다.
2. 사회는 개인들에게 강제력을 행사한다. 왜냐하면 개인들이 마주치는 것은 인간의 자연적인 성향을 제한하는 집단적 규범과 관념의 형태를 띠기 때문이다.

사회가 개인들에게 행사하는 행위 규제적 강제는 개인들이 자신을 사회적으로 적용되는 의무와 동일시하는 것에 전혀 좌우되지 않는다. 예컨대 페터라는 남성은 도둑질을 하면 비난받을 것이라고 확신하기 때문에 도둑질을 하지 않을 수 있지만, 타인의 재산을 존중해야 한다는 사회적 규범은 페터가 주어진 재산 질서가 매우 부당하다고 생각하더라도 (대부분은) 그가 원하는 것을 취하지 못하게 막을 것이다. 이와 동일한 메커니즘은 마리아라는 여성으로 하여금 페터가 자신에게 호의적이지 않더라도 페터와 인사로 악수를 하게 만든다. 사회적 기대는 우리가 그것에 대한 확신이 없더라도 우리의 행위를 규제하게 만든다. 이 점이 바로 뒤르켐이 사회적 사실이 창발적 현상이라는 논지를 정당화하기 위해 사회학의 대상 영역인 사회를 개인의 외부에서 개인을 강제하는 어떤 것으로 묘사할 때 말하려는 것이다.

사회적 사실의 또 다른 특징은 (외재성과 강제성 이외에) 일반성에 있다. 일반성은 사회적 사실이 집단적이라는 것에서 비롯된 결과일 뿐이다. 한 사회에서 일반적으로 나타나는 모든 현상이 사회적 사실인 것은 아니지만, 모든 사회적 사실은 일반적이다. 사회적 사실의 일반성은 예컨대 인사 의식으로 악수를 하는 것과 같이 사회적으로 인정된 제도가 사회의 집단적 힘을 구현한다는 사실에서, 그리고 이러한 힘은 개인들의 행위를 강요하여 예컨대 마리아가 악수를 하기 위해 페터에게 손을 내밀도록 동기를 부여한다는 사실에서 비롯된다. 그러므로 일반성은 사회적 사실의 경우 사회적 기대에 대한 지식과 이러한 기대를 저버렸을 때 예상되는 제재에 대한 지식에서 비롯되는 강제의 결과이다.

사회적 사실: 집합적이기에 일반적이다

행동 방식은 원칙적으로 그에 상응하는 기대 없이도 널리 퍼질 수 있지만, 이 경우 결여되는 것은 바로 사회적 사실을 특징짓는 강제의 성격일 것이다. 이러한 조건에서는 — 위의 보기로 돌아가 말하자면 — 악수를 하지 않을 수도 있지만, 마리아는 악수 때문에 불친절한 사람으로 여겨지는 것을 걱정할 필요가 없을 것이다. 반면에 사회적 사실은 개인들이 원하는 것에 직접적으로 좌우되지 않으며, 이런 의미에서 자신을 표현하는 개인들의 행동에 대해 독립적으로 존재한다.

사회적 사실은 독립적으로 존재한다

이러한 고찰을 바탕으로 뒤르켐(Durkheim, 1895: 114)은 다음과 같이 정의한다.

> 사회적 사실은 개인에게 외재적 강제를 행사할 수 있는 다소 고정된 모든 행위방식으로서, 주어진 사회의 영역에서 일반적으로 나타나며, 개인들의 표

| 정의 | **사회적 사실(Soziale Tatsache)**

사회적 사실은 일반적으로 존재하는 행위방식이다. 왜냐하면 집합적으로, 즉 개인들의 의지와 무관하게 존재하며, 개인들을 강요하기 때문이다. 이에 대한 예로는 인사 의식, 법률체계, 종교적 제식 등을 들 수 있다. 뒤르켐에게서는 세 가지 수준의 사회적 사실이 발견되며, 이 세 가지는 구조화된 상태가 감소하는 정도에 따라 구별된다(Thompson, 2002: 60).

1. **형태론**은 사회의 물질적 기초를 말한다(예컨대, 인구 분포).
2. **제도**(규범 영역)는 형식적 규칙(예컨대, 법과 도덕)의 형태나 비형식적 규칙(예컨대, 집합적 습관이나 신념)의 형태를 취할 수 있다.
3. **집합적 표상**(상징 영역)은 사회의 가치나 신화 등으로 고착되어 있거나, (아직은) 정신적 흐름으로서 유동적이다(예컨대, 시대정신).

현과는 무관하게 독립적으로 존재한다.

뒤르켐(Durkheim, 1895: 100)은 사회적 사실을 제도로 일컫기도 한다.

> 우리는 실로 이 표현의 의미를 왜곡하지 않고, 모든 신념과 사회에 의해 결정된 행동양식들을 제도라고 부를 수 있다. 따라서 사회학은 제도, 그 생성과 작용방식에 관한 과학으로 정의될 수 있다.

뒤르켐이 사회적 사실이 창발적 현상인 이유에 대해 설명하면서 사회학의 대상 영역을 부각시킨 후에, 그의 관심은 이 대상 영역의 개요를 체계적으로 설명하는 데로 이동한다. 뒤르켐은 첫 번째 단계에서는 사회적 사실을 어떻게 파악할 수 있는지 논하고, 두 번째 단계에서는 사회적 사실을 어떻게 설명할 수 있는지 묻는다. 이는 증거를 제시하기 위한 원칙과 비교 방법을 통해, 특히 상관관계 분석에 대한 견해를 통해 보완·구체화된다.

사회적 사실을 **파악**하는 데 대한 설명은 사회학이 대상을 관찰하는 관

사회학적 방법의 첫 번째 규칙

점에 대한 설명으로 시작된다. 유명한 기본 규칙은 다음과 같다. "첫 번째, 그리고 가장 근본적인 규칙은 사회적 사실을 사물처럼 관찰하는 것이다" (Durkheim, 1895: 115). 이 규칙은 사회적 사실의 정의, 즉 사회학이 개인들의 의지로부터 독립적이며 개인들에게 저항하여 맞서는 현상들을 분석한다는 견해에 따른 것이다.

물론 가족, 법, 돈, 또는 바로 악수와 같은 사회적 사실들은 우리의 길을 막는 돌담이나 우리가 새처럼 날지 못하게 하는 인간의 해부학적 구조와 동일한 것이 아니다. 사회적 사실은 물질적인 것의 문제가 아니다. 오히려 사회적 사실의 내용은 관념과 기대이지만, 집합적이기 때문에 물질과 유사한 방식으로 우리에게 영향을 미칠 수 있는 바로 그런 관념과 기대이다. 그러므로 사회학은 자연과학이 그 대상을 바라보는 것과 동일한 관점, 즉 (문법적) 3인칭의 거리를 둔 관점에서 자기의 대상을 원인을 갖고 있으며 그 자체가 결과를 유발(또는 강요)하는 어떤 것으로서 바라보아야 한다. 내 의지(1인칭)의 결과나 근거를 들어 설득할 수 있는 상대방(2인칭)의 관점에서 연구 대상을 바라보면 안 된다는 것이다. 뒤르켐은 사회에 대해 이러한 자연과학적 관점을 주장하며, 사회의 구성요소는 확신과 기대에 관한 한 도덕적이기 때문에, 그의 사회학 개념은 도덕물리학으로도 특징지을 수 있다.

뒤르켐이 사회적 사실을 파악하기 위해 설정한 다른 모든 규칙은 앞에서 언급한 기본 규칙에서 비롯된다. 뒤르켐은 먼저 다음의 세 가지 규칙을 설정한다.

사회적 사실을 관찰하기 위한 세 가지 규칙

1. 연구 과정을 위해서 연구 대상에 대한 모든 전통적인 관념과 그에 의해 형성된 개념은 제거되어야 한다(그렇지 않으면 분석은 이데올로기적일 것이며 과학적이지 않을 것이다).
2. 연구 대상은 (객관적 정의를 가능하게 하는) 관찰 가능한 특성을 통해 파악되어야 한다. 주관적인 왜곡을 배제하기 위해서는 연구 대상을 개별 사

례에 근거하여 연구해서는 안 되며, 예컨대 법규나 통계 결과처럼 일반적인 결정화(結晶化)에 근거하여 연구해야 한다. 따라서 뒤르켐은 범죄라는 사회적 사실을 처벌 가능한 모든 행위라는 법률적 정의를 통해 이해해야 하며, 자살은 개별 사례를 기준으로 분석할 것이 아니라 자살률을 기준으로 분석해야 한다고 권고한다. 또한 연구 대상의 결정은 비전형적인 차이에 의해 그 정의가 왜곡되지 않는다는 것을 전제로 하기 때문에, 현상들은 평균적 또는 일반적으로 발생하는 유형들을 기준으로 결정되어야 한다. 특히 사회변화의 시기에는 그 일반성이 근본적인 집합적 관념에서 비롯된다는 것을 보여주어야 한다.

3. 유형들, 즉 그때그때의 사회적 사실의 정상적 형태들은 역사적으로 변화하기 때문에, 뒤르켐이 사회의 **종합**(⇨ '들어가기' 1절 참조)을 식별하는 발전 상태에 따른 구조를 기준으로 사회를 분류할 필요가 있다.

사회적인 것은 오직 사회적인 것을 통해서만 설명할 수 있다

뒤르켐은 사회학적 연구의 대상들을 어떻게 파악해야 하는지 설명하고 나서야 사회적 규칙성을 밝혀내는 데 몰두할 수 있다. 사회적 사실을 **설명**할 때 중심이 되는 규칙은 사회적인 것은 오직 사회적인 것을 통해서만 설명할 수 있다는 것이다. 앞서 보았듯이, 뒤르켐은 사회적 현상들을 심리학적 또는 생물학적 원인으로 환원시키는 접근법에 반대한다. 무엇보다 그는 예컨대 경제학에서 전형적인 것처럼 사회제도를 그 효용을 기준으로 설명하는 것은 기능주의적 오류로 인해 실패한다고 주장한다. 즉, 제도의 효용은 제도를 인과적으로 설명할 수 없다. 왜냐하면 효용은 제도가 형성된 다음에야 비로소 존재하기 때문이다. 또한 효용의 예측은 그 자체로는 아무것도 만들어내지 못할뿐더러, 기껏해야 사람들이 필요한 원인을 밝혀내도록 동기를 부여할 수 있다.

원인과 기능의 구별

사회적 사실성을 심리학적으로 환원하는 데 대한 이러한 비판은 뒤르켐으로 하여금 사회학적 설명에서 사회적 사실의 기능과 원인을 정확하게 구분하도록 이끌었다.

- **인과적 분석**은 사회적 사실을 시간적으로 선행하는 다른 사회적 사실을 통해 설명하는 것을 목표로 한다. 여기서, 그리고 결과적으로 사회의 **동학**(⇨ '들어가기' 1절 참조)에 결정적인 영향을 미치는 요인은 뒤르켐이 "내적 환경"이라 부르는 것이며, "외적 환경"으로서의 사회들 간의 관계(예컨대, 국제적 맥락)와 구분된다. 뒤르켐은 사회의 부피(인구 크기)와 밀도(인구 집중)를 내적 환경이라고 부른다. 그는 후자를 다시 물질적 밀도(상호작용의 밀도)와 그가 중심적으로 다루는 도덕적(또는 역동적) 밀도(집합적 관념과 기대의 밀도 또는 순전히 경제적 동기에 의한 상호작용이 아닌 공동체적 상호작용)로 세분한다.
- **기능적 분석**은 사회적 사실의 사회적 목적을 확인하는 것이다. 예컨대 범죄를 살펴보면, 범죄가 집단적 분노를 불러일으켜 관계 법규에 대한 의식을 고취시키고 사회의 통합을 강화하는 한 범죄의 기능은 사회질서에 모순되지 않는다는 것을 알 수 있다.

대체로 뒤르켐은 이러한 방법론적 개념을 고려할 때 실증주의 사회학의 고전적 거장으로 간주된다.

| 정의 | **실증주의(Positivismus)**

이 개념은 오귀스트 콩트(Auguste Comte)가 임박해 있다고 확신한 시대의 명칭으로 거슬러 올라간다. 이 시대에 사회는 더 이상 종교가 아닌 과학에 기반을 두게 된다. 이제 과학은 더 이상 이데올로기적 관념을 해체하는 부정적인 임무가 아니라, 사회를 합리적으로 형성하는 긍정적인 임무를 갖는다. 오늘날 '실증주의'는 오직 객관적인, 즉 일반적으로 검증 가능하거나 관찰 가능한 사실만을 인식 과정의 데이터로 인정하는 과학이론적 입장을 말한다. 1961년 독일사회학회(DGS) 학술대회에서

는 사회학이 자연과학과 똑같이 관찰과 기술에 국한될 수 있는가라는, 이른바 실증주의 논쟁이 시작되었다. 여기서는 사회학 자체가 사회의 일부이며 사회현상들은 항상 이미 이전에 해석되어 있다는 것이 문제였다. 따라서 사회학이 본질적으로 규범적이며 해석적 절차를 필요로 하는지에 대한 논쟁이었다. 이 논쟁은 실증주의가 보수주의라는 비난을 받고 비판적 반대입장은 비과학적이라는 비판이 제기되면서 더욱 첨예화되었다.

4 ı 분석: 분업의 원인과 기능

사회학의 고전적 단계의 다른 저자들과 마찬가지로 뒤르켐은 전통사회가 근대사회로 대체되는 시대적 변혁을 목격하고 있다고 믿었다. 그의 분석은 방법론 저서에 제시된 기본원칙들을 놀라울 정도로 일관되게 따른다. 이는 이미 분업이론의 명실상부한 거장이라는 명성을 얻은 뒤르켐의 분업에 대한 저서에 해당된다. 이 저서에서 그는 전통사회를 분절적으로 분화된 사회로 특징짓는다. 왜냐하면 전통사회는 "환형동물의 고리와 유사한"(Durkheim, 1893: 230) 무리, 가족, 또는 씨족이라는 동종의 단위들로 구성되어 있기 때문에 분절적으로 분화된 반면, 근대사회는 구조적으로 직업 역할에 따라 분화되어 그 본질에서 분업적이기 때문이라는 것이다.

분절적 분화와 분업적 분화

뒤르켐은 자신의 방법론적 원칙에 따라 인과적 분석과 기능적 분석을 구별한다. **인과적 분석**은 어떤 원인들이 전통사회에서 근대사회로의 구조적 변화를 야기했는지 설명해야 한다. 뒤르켐은 위에서 설명한 부피와 밀도의 개념을 사용하여 이러한 변화를 설명한다. 근본적으로 그는 다음과 같이 논증한다. 인구성장은 경쟁압력으로 이어지고, 사람들은 직업 전문화를 통해 경쟁압력에서 벗어나려고 한다는 것이다. 따라서 뒤르켐은 사회적 원인, 특히 상호작용의 밀도에서 사회구조의 사회적 사실과 분화 형태의 변화

인과적 분석

를 설명하는데, 이 분화 형태가 변화한 결과가 근대적 분업사회이다.

기능적 분석

분업에 대한 그의 논의는 **기능적 분석**에 초점을 맞춘다. 근대사회의 핵심적 특징인 분업은 어떤 기능을 수행하는가? 분업은 사회적 재생산의 어떤 조건들, 즉 시대적 변화 속에서 사회질서를 유지하기 위해 어떤 조건들 또는 "유기체의 어떤 욕구들"(Durkheim, 1893: 95)을 충족시키는가? 뒤르켐은 자신이 사회학의 핵심이라고 이해한 근대사회의 통합 문제를 해결하기 위한 열쇠를 분업에서 찾아낼 것으로 믿었다. 동시에 그는 분업이라는 구조적 분화의 형태가 개별성과 통합을 동시에 증대시킬 수 있다는 가정을 따랐다. 이 가정을 입증하기 위해 그는 먼저 분업이 문명적 진보를 가져오는 기능을 한다는 종래의 설명을 거부한다. 이것은 결코 그에게 예견된 결과가 아니다. 어쨌든 분업의 경제적 효과보다 더 중요한 것은 사람들의 상호작용 관계를 결정하고 그들 사이의 연대관계를 구축하는 분업의 기능이라는 것이다.

연대의 예에서 보는 사회학적 방법

뒤르켐의 증명 과정은 법, 연대, 분화 형태의 각각 두 가지 유형을 서로 연관시키는 방식으로 진행된다. 뒤르켐의 출발점에 따르면, 분업에 기반한 근대사회의 분화가 근대사회에서 만연한 연대 형태의 원천이라면, 이러한 연대 형태는 과거의 분절적으로 분화된 사회에서의 전형적인 연대 형태와 구별할 수 있어야 한다. 그러나 이 가정을 입증하려면 일단 먼저 연대라는 파악하기 어려운 사회적 사실이 사회학적으로 연구될 수 있도록 규정되어야 한다. 뒤르켐은 온전히 자신의 방법론적 규칙의 노선에 따라 법을 연대의 객관적 결정체로서 연구한다. 따라서 다양한 유형의 연대는 다양한 유형의 법에 반드시 상응해야 할 것이다.

그렇다면 법의 유형들은 어떻게 구분할 수 있는가? 뒤르켐의 대답은 서로 다른 제재들을 근거로 한다는 것이다. 왜냐하면 법이 연대관계의 표현으로 이해될 수 있다면, 이는 각각의 제재에서 분명하게 드러나야 할 것이기 때문이다. 즉, 이 조건 아래에서 법률을 위반하는 것은 사회적 연대의 위반을 의미하므로 이러한 연대의 성격은 그러한 법률 위반에 대한 사회적 반응에서 반드시 읽어낼 수 있어야 한다는 것이다. 실제로 뒤르켐은 논증의 다음 단계에서 제재의 분류에 따라 두 가지 유형의 법을 구별한다.

법의 유형

- 억압적 법(또는 형법)
- 보상적 법(또는 계약법)

억압적 제재는 범죄자에게 해를 입혀 법률 위반 이전의 상황보다 그를 더 나쁜 처지에 놓이게 하는 것으로 구성되며, 종종 투옥, 채찍질, 사형의 형태 또는 신체적 고통을 가하는 형태와 결부되어 있다. 뒤르켐은 형벌의 성격을 범죄가 집합적 감정을 상하게 한다는 것에 기인한다고 보았으며, 이 고찰을 설명하기 위해 집합의식이라는 개념을 도입한다.

| 정의 | **집합의식(Kollektivbewusstsein)**

뒤르켐은 집합의식(conscience collective)을 "특정 사회의 구성원들의 평균적으로 공통된 종교적 신념과 감정의 총체"라고 부른다. 집합의식은 "자체적 삶을 지니는 하나의 한정된 체계를 형성한다"는 것이다(Durkheim, 1893: 128). 따라서 그것은 행위자들이 사회적 권력에 맞서는 집합적 신념과 기대이며, 사회적 사실로서 사회학의 대상이다. 뒤르켐은 그의 자살 연구서 이후 집합표상(représentation collective)이라는 개념을 사용하여 이 개념이 사회적 사실의 상징적 수준[표상(表象)]만을 포함하지만 규범적 수준(제도)은 포함하지 않는다는 점을 분명히 했다. 뒤르켐은 마르셀 모스와 공동으로 집필한 유명한 논문 「분류의 몇 가지 원초적 형태들」(Durkheim/Mauss, 1903)과 그의 종교 연구서에서 우리들의 표상의 사회적 기원을 부각시킨다. 그의 논증에 따르면, 우리의 기본적인 표상들이 유래하는 종교에서 분명하게 드러나는 것은 다름 아닌 사회의 권력이다.

뒤르켐에 따르면 범죄는 집합의식에 대한 공격이며, 이에 대한 반응으로 집합의식은 속죄를 요구한다. 이 견해에 따르면 형법에는 보복에 대한 집합적 요구와 같은 무언가가 표현된다. 즉, 형벌은 "적어도 부분적으로는, 복수의 작업"(Durkheim, 1893: 137)인데, 이는 "공적 분노"(Durkheim, 1893: 153)에 기초하며 국민의회와 같은 특수 기관 또는 국민의 지지를 받는 지도자들에 의해 행사된다. 역학에서 한 물체가 다른 물체에 부딪히면 후자가 움직이기 시작하거나 또는 움직임이 바뀌는 것처럼 범죄는 처벌을 야기하기 때문에, 뒤르켐은 집합의식이 우세할 때 지배적으로 나타나는 연대를 기계적 연대라고 부른다. 집합의식이 우세하다는 것은 사회 구성원들이 대체로 같은 신념과 기대를 공유한다는 것을 의미한다. 물론 이것은 개인들이 그들의 삶에서 서로 비슷한 방식으로만 사회가 분화되어 있다는 것을 전제한다. 따라서 기계적 연대는 유사한 단위들로 구성된 사회, 즉 분절적으로 구성된 사회에 전형적이다. 억압적 법, 기계적 연대, 분절적 분화는 전통사회의 독특한 특징이다.

기계적 연대

뒤르켐은 전통사회와 구별되는 근대사회에서는 보상적 법, 유기적 연대, 분업에 기반한 분화가 전형적이라고 말한다. 논증은 평행적으로 진행된다. 계약법은 법 위반 이전 상태로 회복하는 것을 목표로 하는(그리고 더 이상의 피해에 대한 보상은 제공하지 않는) 제재들에 의해 형법과 구별된다. 따라서 계약법은 집합의식이 개인의식에 비해 더 약해진 상태를 표현한 것이다. 이는 적어도 집합의식이 강력하고 구체적인 상태를 위반하는 것보다 더 온건한 반응을 결과로 하는 연대에 해당한다.

유기적 연대

뒤르켐은 사회 구성원들 간의 규범적 관계가 사회의 몸 안에서 그들이 차지하는 상대적 지위에 상응하기 때문에 이러한 유형을 유기적 연대라고 부른다. 따라서 기계적 연대의 경우와 달리 유기적 연대는 모든 사람에게 동일하다기보다는 복잡한 유기체의 기관들의 관계처럼 이해해야 한다. 그러나 이러한 전문화는 사람들이 수행하는 역할의 분화, 즉 분업에 따라 조직된 사회를 전제로 한다. 보상적 법, 유기적 연대, 분업에 기반한 분화는 근대사회

표 3-1 **전통적 사회형태와 근대적 사회형태의 비교**

구분	전통사회	근대사회
분화의 형태	분절적	분업적(기능적)
집합체의 상호관계	유사성, 평등	차이, 상호의존성, 교환
지배적인 의식 유형	강력한 집합의식	분업의 결과로서 개인의식
개인들의 상호관계	평등을 통한 연대	의존성과 상호 보완에 의한 연대
사회통합/도덕	기계적 연대: 평등에 기인	유기적 연대: 상호 보완성에 기인
개인의 사회 참여	직접적	간접적 (직업 집단을 통해 촉진된다)
법의 형태	억압적 (형)법은 집합의식을 보호한다.	보상적 (계약)법은 사회적 상호작용을 규제한다.

의 독특한 특징이다. 표 3-1은 이러한 개념적 고찰을 요약한 것이다.

분업의 기능

뒤르켐은 이러한 방식으로 법·연대·분화의 유형을 서로 연관시킴으로써 분업의 기능에 대한 자신의 가설을 증명하기 위한 개념적인 수단을 개발한다. 그는 법률들을 비교 분석하는 과정에서 형법이 계약법에 비해 중요성을 잃었다는 것을 증명한다. 오늘날의 사회는 주로 계약법에 의해 특징지어지는데, 이는 기계적 연대가 약해졌기 때문일 수 있다. 따라서 오늘날의 사회에서는 유기적 연대가 압도적이며, 유기적 연대의 생성은 분업의 중심기능으로 간주될 수 있다.

근대사회의 집합의식

물론 뒤르켐이 집합의식을 근대사회에서 중요하지 않은 것으로 보는 것은 아니다. 집합의식은 근대화 과정에서 사라지지 않는다. 개인들에 대한 사회의 힘은 지속되지만, 다른 방식으로 개인들에게 대응한다. 이는 첫째, 근대 개인주의 현상에서 드러난다. 근대 개인주의는 집합의식을 구성하는 사회적 기대의 구조가 삶의 더 적은 영역에 이르러 더 약해지고 더 추상적인 형태를 취함으로써 (그 결과, 개별적 해석과 비판적 문제제기의 가능성이 열린다) 가능해진다. 그러나 근대적 개인주의는 특히 자유와 평등 같은 근대적 가치들이 근대 문화에 스며들어 근대사회의 집합의식에 들어왔다는 데 근거한다. 이러한 맥락에서 뒤르켐은 "개인의 숭배"(Durkheim, 1902/03: 153)와 "개인의 존엄에 대한 공통의 믿음"(Durkheim, 1893: 227)에 대해 이야기한다.

둘째, 집합의식의 지속적인 중요성은 사회의 통합이 자기 자신의 이해관계를 바탕으로 하는 개인들의 계약관계로만 설명될 수 있다는 견해에 반대하는 뒤르켐의 주장에서 볼 수 있다. 이러한 관계는 너무 불안정하다는 것이다. 뒤르켐은 행정법과 헌법, 그리고 지배적 관습의 역할과 관련하여, 계약은 계약 이전의 사회적 토대에 근거하며 이 토대로부터 비로소 안정성을 얻는다고 설명한다.

근대사회의 통합은 공유되는 가치 토대를 포기할 수 없다는 견해는 탤컷 파슨스가 체계이론적으로 이어가고 있는 분화이론을 여전히 특징짓는다. 파슨스의 분화이론은 니클라스 루만이 직업적 역할에 따라 구조기능적으로 분화된 사회의 개념을 부분체계들로 기능적으로 분화된 사회의 개념으로 변형하고 나서야 비로소 작별을 고한다. 루만의 개념에 따르면 (규범적) 사회통합의 메커니즘은 (기능적) 체계 통합의 메커니즘으로 완전히 대체되었다.

5 ı 진단: 불균형 속의 개인과 사회

뒤르켐에 따르면, 근대사회의 유기적 연대는 기계적 연대보다 더 자유로울 뿐만 아니라 더 강력하다. 개인들을 서로 엮어주는 결속의 끈이 더 신축적이기 때문에 그렇게 쉽게 끊어지지도 않는다. 그럼에도 불구하고 뒤르켐은 19세기의 '사회적 질문'과 관련해서도 근대사회의 심각한 문제를 확인한다. 그는 사회 병리를 진단하기 위한 개념적 수단을 자신의 자살 연구서에서 가장 상세하게 전개한다. 이 연구는 그의 방법론 연구서에 명시된 기본 원칙들을 경험적 자료를 통해 입증하는 데 목적이 있다. 이 과정에서 뒤르켐은 연구의 주제를 신중하게 선택했는데, 그것은 일반적으로 자살이 개인적 현상으로 이해되기 때문이었다. 자신의 삶을 끝내기로 결정하는 것보다 더 개인적인 일이 무엇이겠는가?

자살 연구

그러나 자살조차도 사회적 힘에 의해 유발되고 사회적 원인으로 설명되어야 한다는 것을 보여줄 수 있다면, 그의 방법적 개념의 정확성은 의심의 여지가 없을 것이다. 물론 그는 직접적으로 자살에 주목하지 않고 자살률에 몰두한다. 유사한 발전 상태와 유사한 구조의 사회들을 비교하면서 그는 이 데이터들이 괄목할 만한 일관성을 지니고 있다는 것뿐만 아니라, 자살률이 얼마 전부터 현저하게 올라갔다는 것도 발견했다.

뒤르켐은 자신의 방법적 규칙에 따라 첫 번째 단계에서 대상에 대해 가능한 한 객관적인 정의를 제시한다. 그는 자살을 "자신의 행위의 결과를 미리 알고 있었던 희생자 자신이 저지른 행위 또는 부작위(不作爲)와 직접적 또는 간접적으로 결부되어 있는 모든 사망"(Durkheim, 1897: 27)으로 특징짓는다. 이 정의에서 유념할 점은 동기가 행위에 대해 아무런 역할을 하지 않는다는 것이다.

이 책의 핵심은 인과적 분석에 있다. 뒤르켐은 먼저 설명을 위해 언급되는 생물학적·심리적 요인과 같은 비사회학적 원인들을 논박한다. 그런 다음 그는 사회적 요인들을 파악하고, 이를 근거로 하여 이기적·이타적·아노미적·숙명적 자살이라는 네 가지 상이한 유형을 이념형적으로 구분하면서 자신의 대안적 설명을 발전시킨다. 이 네 가지 유형은 개인 또는 개개인들의 사회적 통합의 정도와 개인 또는 개개인들이 사회를 규제된 것으로 경험하는 정도, 즉 사회적 규칙의 밀도라는 두 가지 차원에 따라 서로 구별된다 (⇨ 그림 3-1 참조).

자살의 네 가지 유형

그림 3-1 **사회병리의 차원**

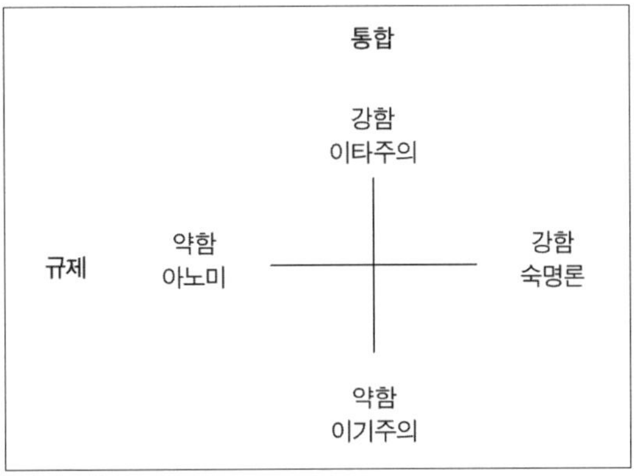

자료: Thompson(2002: 110)

이기적 자살은 사회적 관계들이 부족한 조건 아래에서 나타난다. 예컨대 프로테스탄트 신자들은 그들의 종교가 개인주의적으로 조직되었기 때문에 가톨릭 신자들보다 자살을 범할 가능성이 더 높으며, 마찬가지로 평균적으로 가정이 있는 사람들이 더 안전하게 살고 있다. 반대로 **이타적 자살**은 개인 또는 개인들이 자신의 사회적 관계들에 완전히 흡수된 조건 아래에서 특징적으로 나타난다. 이 유형은 전통사회에서 전형적으로 나타나며, 현대에서는 거의 군대에서만 나타난다. **아노미적 자살**은 사회적 규제가 부족할 때, 즉 위기와 격변의 시기, 인간의 원칙적으로 무제한적 욕구들을 제한하거나 욕구들에 방향을 제시하는 규범과 지향적 가치가 부족할 때 발견된다. 이것이 이 유형이 경제 위기에서뿐만 아니라 예상치 못한 부(富)를 얻게 된 경우에도 나타나는 이유이다. 마지막으로 부차적으로만 뒤르켐이 언급한 것은 **숙명적 자살**인데, 이는 개인 또는 개개인들에게 행동의 여지가 없는 과잉규제의 조건 아래에서 나타난다. 뒤르켐은 예컨대 노예들 사이에서 빈번하게 발생했을 것이며 그 "근거를 물질적 또는 [원문 그대로임] 도덕적 전제주의의 무절제함에서 찾아야 하는"(Durkheim, 1897: 318) 이 유형은 근대사회에는 아무런 의미가 없다고 믿는다.

병리의 차원들: 통합과 규제

뒤르켐이 개발한 범주적 수단을 통해 어떤 사회병리를 식별할 수 있는가라는 물음에 대해서는 자살을 분류하는 데 근간이 되는 도식이 중심적이다. 근대사회의 잘못된 발전과 폐해를 진단하는 데서 뒤르켐이 근본적으로 기여한 것은 이러한 잘못된 발전과 폐해가 과잉 또는 과소 통합 그리고 과잉 또는 과소 규제의 결과라고 가정한 것이다.

뒤르켐은 사회병리의 진단을 이미 분업에 관한 연구에서도 수행했었다. 이 연구에서 그는 분업의 세 가지 비정상적인 형태를 구별한다.

분업의 세 가지 비정상적 형태

1. **아노미적 분업**: 사회의 부분들의 조정이 부족할 때, 분업에 기반한 사회의 구성원들이 자신의 틈새시장에 집중할 때, 다른 사람들을 위해 자신이 수행한 역할의 기능을 인식하지 못할 때 나타나는 형태이다. 예컨대 사회의 전반적인 수요와 공급 구조를 고려하지 않고 사업을 운영하는 사람은 시장에서 성공할 수 없다. 뒤르켐은 대량 파산의 형태로 나타나는 경제 위기 이외에 노동자들과 기업가들 사이의 양극화를 지적한다. 분명한 것은 아노미적 분업이 사회병리라는 것이며, 그 원인은 사회구조의 변화가 너무 빠르게 일어나서 그에 적합한 새로운 규칙들이 미처 생성될 수 없었던 것에 기인하는 과소규제에 있다.
2. **강요된 분업**: 사회 구성원들이 외부 환경에 의해 강요된 불평등한 출발 조건 아래에서 상호작용하는 형태이다. 여기서도 뒤르켐은 계급투쟁을 지적한다. 불평등한 사람들 사이의 연대적 관계는 행위자들이 (그들의 계급 상황에 의해서) 비대칭적인 지위에 묶여 있지 않을 경우에만 발생할 수 있다. 어떤 의미에서 여기에는 과잉 규제가 존재하며, 행위자들은 그들의 지위에 갇혀 있다. 이는 뒤르켐이 (노예와 관련하여) 자살 분석에서 실제로 과거 사회들에 전형적인 것으로 간주했던 사례에 해당된다.
3. **부적절하게 조직된 분업**: 개인들이 (강요된 분업에서와 같이) 사회경제적

구조의 규제로 인해서가 아니라 직업적 역할의 공식적인 규칙들로 인해 "행동의 여지를 충분하게 갖지 못하는"(Durkheim, 1893: 459) 형태이다. 원인은 다시금 과잉 규제이다.

뒤르켐은 『사회분업론』에서는 병리 도식(과잉 통합/과소 통합, 과잉 규제/과소 규제)을 체계적으로 작업하지 않았으며, 후기에 가서야 병리 도식을 발전시킨다. 그러나 이 연구에서는 인간의 개인적인 부분과 사회적인 부분의 관계, 그리고 개성과 통합의 관계가 과학적 수단에 의해 어떻게 균형을 이룰 수 있는지에 대한 인식론적 관심을 불러일으키는 그의 물음의 열쇠를 발견할 수 있다. 사회학의 과업은 그의 병리 개념의 두 가지 차원이 교차하는 축에 해당하는 사회질서의 형태를 발견해 내는 데 있다. 물론 『사회분업론』에서 뒤르켐은 자신이 관찰한 병리와 위기 현상은 일시적인 현상이라는 견해를 여전히 고수했다. 즉, 아직은 새로운 근대사회의 구조가 더욱 공고해지면서 유기적 연대가 발전한다는 것이다. 그러나 『자살론』과 『사회분업론』 2판에서는 이러한 확신을 더 이상 찾아볼 수 없다. 이제 그는 분업적으로 분화된 사회를 안정시키기 위해 직업 집단의 조직, 즉 분절적 분화의 순간에 전념한다. 전문가 협회에서 경제 부문 노동자들의 연합은 자신의 활동이 갖는 전반적인 사회적 중요성에 대한 의식을 불러일으켜 유기적 연대의 원천이 되고, 또 개인과 (근대)사회 일반, 더 정확하게는 특히 제3공화국과 그 시민들을 서로 화해시킬 것이다.

| 정보 | **뒤르켐과 20세기의 사회학**

- 뒤르켐은 '뒤르켐 학파'(누구보다도 **마르셀 모스, 모리스 알박스**)를 통해 프랑스 사회학의 계속적인 발전, 특히 구조주의[레비스트로스(Claude Levi Strauss), 바르트(Roland Barthes), 푸코(Michel Foucault)]의 발전에 영향을 미쳤다.

- 뒤르켐은 우리들의 표상의 사회적 기원에 관한 자신의 논문으로 인해 **지식사회학**의 고전적 거장으로 간주된다.
- 뒤르켐의 연구 『종교 생활의 원초적 형태들』은 **민족학**에 그 흔적을 남겼다.
- **탤컷 파슨스**와 **니클라스 루만**은 뒤르켐의 기능적 분화 개념을 계속 발전시켰다.
- '사회적 결속' 또는 사회의 사회적 통합에 대한 뒤르켐의 관심은 '**공동체주의**'의 사회이론적 흐름에서 되풀이되고 있으며, **악셀 호네트**(Axel Honneth)는 최근 뒤르켐의 연대적 분업에 대한 사상을 현시대에 맞게 작업했다.
- **피에르 부르디외**(Pierre Bourdieu)의 '아비투스(Habitus)' 개념은 뒤르켐의 '집합 유형'에 대한 사상을 지속적으로 발전시킨 것으로 이해할 수 있다.
- 아노미 개념은 **로버트 K. 머튼**(Robert K. Merton)에 의해 (특히 일탈 비율을 설명하기 위해) 다시 수용되었다.

6 | 요약

에밀 뒤르켐에게 사회학은 사회적 사실에 관한 학문이다. 학문으로서 사회학은 사회적 사실의 법칙성을 규명하고자 시도하며, 이 과정에서 자연과학과 같은 방식으로 진행된다. 사회학은 그 대상에 대해 거리를 둔 중립적인 관찰자의 관점을 취한다. 사회적 사실을 사물처럼 고찰한다는 방법적 기본 규칙은 실증주의 사회학의 기본 원칙이다. 또한 뒤르켐에게 중심적인 것은 사회가 다른 어떤 것으로도 환원될 수 없는 유일무이한 현실 차원이라는 가정이다. 따라서 그의 두 번째 근본적인 방법적 규칙은 사회적인 것은 오직 사회적인 것에서만 설명될 수 있다는 것이다. 이와 관련해 뒤르켐은 사회적 사실의 독립성을 방법적 원리로서 이해할 뿐만 아니라 사회가 개인들의 의지에 대해 독립적인 힘이라는 의미에서도 이해한다.

따라서 뒤르켐의 사회학 개념은 숨겨져 있어서 사람들이 즉각적으로 이해할 수 없는 사회적 현상들의 원인을 밝혀내는 것을 목표로 한다. 뒤르켐

표 3-2 **한눈에 보는 에밀 뒤르켐의 사회학 이론**

구분	표제어	세부 설명
사회학	사회적 사실에 관한 학문	목적은 사실에 대한 인과적 설명과 기능적 설명이다.
핵심 문제	개인주의 증가와 사회적 통합은 어떻게 조화를 이룰 수 있는가? 근대사회의 '사회적 결속'은 어디에 있는가?	뒤르켐은 사회적 분화와 연대의 양립 가능성을 모색한다.
설명 모델	구조이론, 방법론적 전체론, 기능적(그리고 인과적) 설명	사회적 사실은 다른 사회적 사실들을 통해서만 설명될 수 있다.
설명의 기본 단위	사회구조, 분화 형태	기능적 연관관계를 통해 설명된다.
개인과 사회의 관계	사회는 개인에 선행한다.	사회는 개인 안에 이미 항상 존재하고 있다.
근대사회와 전통사회 (분석)	분절적 사회 vs 분업적으로(=기능적으로) 분화된 사회	이와 관련하여: 기계적 연대 vs 유기적 연대
근대화의 이해	분화	분업은 사회 '밀도'(인구 성장)의 진화적 산물이다.
변화의 원동력	분업	(유기체에서 이미 나타나는) 자연적·진화론적 원칙
근대의 병리 (진단)	아노미: '사회적 구속'의 상실	유기적 연대의 불완전한 형성은 사회적 힘들의 균형에서 장애를 가져온다.

에 따르면 설명의 기본 단위는 사회의 분화 형태에 있다. 그는 근대사회를 무엇보다 분업에 기반한 사회로 특징짓는다. 이러한 고찰을 통해 뒤르켐은 명실공히 분화이론의 고전적 거장으로 올라섰다. 또한 뒤르켐은 사회학의 전문화를 다른 누구도 따라올 수 없을 정도로 촉진시켰다는 공로도 인정받고 있다. 오늘날 뒤르켐의 사상은 여러 측면이 시대에 뒤떨어진 것으로 여겨지기는 해도 그는 사회학에 거의 전례 없는 영향을 미쳤다.

📖 학습 점검 질문

1. 뒤르켐의 사회적 사실의 개념을 설명하시오. 사회적 사실은 어떻게 이해되고 설명될 수 있는가?
2. 사회적 사실에 대한 기능적 설명과 인과적 설명의 차이는 무엇인가?
3. 뒤르켐에 따르면 근대사회는 어떤 점에서 전통사회와 구별되는가?
4. 분화란 무엇을 의미하는가? 또한 분화는 연대와 법의 근대적 형태에 어떤 영향을 미치는가?
5. 뒤르켐이 보기에 근대화의 진전에 따른 문제와 위험은 무엇인가?
6. 자살률은 1989/90년에 — 전환의 해에 — 동독에서 최저치로 떨어졌다. 이는 뒤르켐의 사회적 힘의 모델을 통해 어떻게 설명될 수 있는가?

참고문헌

1차

Durkheim, Emile (1893): Über soziale Arbeitsteilung. Studie über die Organisation höherer Gesellschaften, Frankfurt a. M. 1992.

Durkheim, Emile (1895): Die Regeln der soziologischen Methode, hg. von René König, Frankfurt a. M. 2002.

Durkheim, Emile (1897): Der Selbstmord, Frankfurt a. M. 2006.

Durkheim, Emile (1902/03): Erziehung, Moral und Gesellschaft, Frankfurt a. M. 1973.

Durkheim, Emile/Mauss, Marcel (1903): Über einige primitive Formen von Klassifikation, in: Durkheim, Emile: Schriften zur Soziologie der Erkenntnis hg. von Hans Joas, Frankfurt a. M. 1993, 169-256.

Durkheim, Emile (1912): Die elementaren Formen des religiösen Lebens, Frankfurt a. M. 2005.

2차

Alexander, Jeffrey C. (Hg.) (1992): Durkheimian Sociology. Cultural Studies, Cambridge u. a.

Habermas, Jürgen (1981): Theorie des kommunikativen Handelns, Bd. 2: Zur Kritik der funktionalistischen Vernunft, Frankfurt a. M., 69-169.

Honneth, Axel (2011): Das Recht der Freiheit, Frankfurt a. M., 317ff.

König, René (2002): Einleitung, in: Durkheim, Emile: Die Regeln der soziologischen Methode, hg. von René König, Frankfurt a. M., 21-82.

Luhmann, Niklas (1992): Arbeitsteilung und Moral. Durkheims Theorie in: Durkheim, Emile: Über soziale Arbeitsteilung. Studie über die Organisation höherer Gesellschaften, Frankfurt a. M., 19-38.

Lukes, Steven (1985): Emile Durkheim. His Life and Work. A Historical and Critical Study, Stanford.

Moebius, Stephan (2006): Die Zauberlehrlinge. Soziologiegeschichte des Collège de Sociologie (1937-1939), Konstanz.

Müller, Hans-Peter/Schmidt, Michael (1992): Arbeitsteilung, Solidarität und Moral. Eine werkgeschichtliche und systematische Einführung in die »Arbeitsteilung« von Emile Durkheim, in: Durkehim Emile: Über soziale Arbeitsteilung. Studie über die Organisation höherer Gesellschaften, Frankfurt a. M., 481-521.

Parsons, Talcott (1967): Durkheim's Contribution to the Theory of Integration of Social Systems, in: ders.: Sociological Theory and Modern Society, New York u. a., 3-34.

Šuber, Daniel (2012): Émile Durkheim, Konstanz.

Thompson, Ken (2002): Emile Durkheim, London/New York.

초기 근대	발전된 근대	후기 근대

길들이기	합리화	분화	개인화

4장 촌락 주민에서 대도시인으로 | 게오르그 짐멜

1 | 개관

사람들이 사회에 통합되는 방식, 즉 사회에 소속감을 느끼고 그 안에서 움직이며 서로를 만나는 방식은 근대에 들어와 지속적으로 변화하고 있다. 다른 사회학자들과 달리 게오르그 짐멜(Georg Simmel)은 사회통합의 이러한 변화를 자신의 연구 주제로 삼았으며, 그의 저서 『돈의 철학』(1900)의 제목에서 알 수 있듯이, 그는 근대 화폐경제의 다양한 영향에 특별한 관심을 보였다. 짐멜은 근대 메트로폴리탄 대도시와 시골마을 소도시를 비교 고찰하면서 행위와 체험의 빠른 속도와 익명의 사회적 관계, 그리고 개인들 간의 큰 차이를 특징으로 하는 근대적 삶과, 개인적 관계와 대체로 동질적인 공동체를 기반으로 하는 전근대의 여유로운 세계 사이의 대비를 인상적으로 그려냈다. 그는 이러한 비교 고찰에서 추론이 가능해지는 변화의 과정을 개인화의 지속적인 과정으로 규정했다.

짐멜은 비록 평생 동안 저명한 대학교의 교수직을 맡지는 못했지만, 그럼에도 불구하고 그는 사회학의 가장 영향력 있는 창시자 중 한 명으로 꼽

| 생애와 저작 | **게오르그 짐멜(1858~1918)**

게오르그 짐멜은 기독교로 개종한 유대인 상인 집안에서 **펠릭스와 사로티**라는 초콜릿공장 설립자의 아들로 베를린에서 태어났다. 철학과 역사학을 공부한 후에 그는 몇몇 난관을 거쳐 1881년에 칸트(Immanuel Kant)에 관한 논문으로 박사학위를 받았고, 1885년에는 대학교수 자격을 취득했다. 그는 탁월한 연설가이자 교사로 인정받으며 1900년 전후 베를린 지성의 중심인물이 되었지만, 그에게 정교수직은 오랫동안 허락되지 않았다. 그는 처음에는 개인 강사로, 나중에는 베를린 대학교에서 부교수로 가르쳤다. 1914년이 되어서야 그는 슈트라스부르크 대학교의 정교수로 임용되었다. 짐멜은 철학, 역사학, 심리학, 사회학, 민족학, 예술학을 주제로 하는 많은 저술을 남겼지만, 오히려 수필적인 사고 및 집필 방식을 지향했기 때문에 체계적으로 일관된 사회이론은 남기지 않았다. 사망 후에 그는 사람들의 기억 속에서 — 미국에서보다 독일에서 더욱 — 거의 잊혀졌다. 오트하인 람스테트(Otthein Rammstedt)와 그의 동료 학자들이 1980년부터 추진한 짐멜 전집의 출판은 비로소 그의 귀환에 교두보가 되었으며, 그를 마침내 사회학 고전의 반열에 올려놓았다.

혀야 한다. 교육을 받은 철학자이자 역사가, 심리학자로서 짐멜은 처음에는 『사회분화론』(1890)에서, 그다음에는 기념비적 논문 「사회학의 문제」(1894)와 이른바 대사회학으로 불리는 그의 저서 『사회학』(1908)에서, 그리고 마지막으로 이른바 소사회학으로 불리는 『사회학의 근본 물음』(1917)의 개정판에서 사회학의 학문적·방법적 토대를 마련하는 데 탁월하게 공헌했다. 막스 베버와 마찬가지로 짐멜도 1909년에 설립되어 오늘날까지 존재하는 독일사회학회의 공동 설립자 중 한 명이다.

2 | 핵심 문제

짐멜은 패션과 알프스를 연구했고, 싸움과 이방인을 분석했으며, 대도시, 식사, 군국주의, 여성의 지위에 관심이 있었고, 신의와 감사, 수치심, 보석, 비밀에 관한 글을 썼으며, 심지어 장미에 대한 사회적 가설, 도자기 손잡이에 대한 미학적 시도, 거짓말의 사회학에 대한 연구까지 과감하게 시도했다. 짐멜이 연구한 문제제기와 주제영역의 다양성을 고려하면, 짐멜에게는 진정한 주제나 핵심 문제가 없었다는 인상을 받는다. 짐멜의 저작은 에세이적이며 다양한 개별 현상에 대한 뛰어난 통찰로 가득하지만, 체계성은 떨어진다고 평가되어 왔다. 그러나 이러한 인상은 잘못된 것이다. 마르크스와 베버, 또는 뒤르켐처럼 짐멜도 자신이 살던 시대의 격렬한 사회적 변화에 관심을 두고 있었고, 짐멜은 이러한 변화가 개인에게뿐만 아니라 사회구조에, 그리고 물질적 토대와 마찬가지로 관념적 또는 정신적 토대에도 영향을 미친다고 확신했다.

물질적인 것과 정신적인 것의 상호작용

짐멜은 근대화 과정의 원인을 일방적으로만 찾는 대신, 개인과 구조의 발전, 정신적·물질적 발전 사이의 상호작용을 변화의 실제 원동력으로 파악했다. 그래서 그는 자신의 저서 『돈의 철학』의 '저자의 책 소개' 부분에서 "역사의 진행 과정을 물질적 요소와 정신적 요소 사이의 상호작용으로 이해하며 …… 이 상호작용에 선후 관계는 없다"라고 밝혔다. 이로써 그는 이를테면 마르크스의 유물론적 근대 해석과 오히려 문화주의적인 베버의 해석 사이에서 중간적인 입장을 취했다.

> 나는 경제적 가치와 움직임이 결국 개인과 사회가 지닌 정신의 더 깊은 흐름을 표현하는 것임을 증명함으로써 문화의 모든 형태와 내용이 경제의 각 상황으로부터 나타날 수 있다는 역사적 유물론의 주장을 보완한다(Simmel, 1900: 719).

짐멜은 사회적 삶의 이러한 '심층흐름'을 규정하는 핵심 요소로서 사회화의 형식들, 즉 개인들과 전체로서의 사회가 서로 관계를 맺고 상호적으로 영향을 주고받으며 서로를 형성하는 방식을 확인한다. 이러한 맥락에서 그는 근대 사회에서 행동 범위의 확장에 따른 개인들의 자유와 다양성의 증가, 그리고 사회적 세계의 객관적 구조와 구성물에 개인들이 압도당한다는 의미에서 점증하는 사회화를 동시에 관찰한다. 짐멜은 근대 화폐경제를 두 과정의 핵심 요소로 본다. 즉, 화폐유통의 활성화는 한편으로는 인과적으로, 즉 원인으로서 우리와 세계의 관계에 많은 변화를 촉진시키는 반면, 다른 한편으로는 — 화폐가 근대적 상호작용 형식의 중심매체가 되었기 때문에 — 어차피 일어나는 다른 발전과 행위의 새로운 가능성을 위해 기능적이라는 것이다.

근대적 상호작용 형식의 중심 매체로서의 화폐

따라서 짐멜의 핵심 문제로는 다음의 주제들을 설정해 볼 수 있다. 사회화의 형식들이 변화함에 따라 우리와 세계와의 관계 및 우리의 생활양식은 어떻게 달라지고 있는가? 여기서 '세계'는 세계가 겉으로 드러나는 일체의 다양함을 말한다. 즉, 짐멜은 공간, 시간, 낯선 사람, 이웃, 그리고 심지어 가구와 의복, 예술 또는 우리와 자연과의 관계가 어떻게 변화하는지 묻는다. 따라서 그의 연구 대상의 다양성은 일관성 있는 인지적 관심이라는 가정에 모순되지 않는다. 오히려 정반대이다. 짐멜은 각각의 이러한 초기 현상이 이를테면 그에게 근대적 삶의 깊은 곳으로 '측연'을 던져서 그 '심층흐름'을 인식할 수 있는 가능성을 열어준다는 점을 분명히 한다. 이 맥락에서 그는 "삶의 가장 무관심하고, 가장 이상적이지 않은 표면의 어느 지점에서든 삶의 가장 깊은 곳으로 측연을 던질 수 있고, 각각의 삶의 사건은 그 의미의 전체성을 지탱하고 이 전체성에 의해 지탱된다"(Simmel, 1900: 719)는 확신을 표현한다. 따라서 개별 현상을 지향하는 그의 연구의 빈번한 에세이적 특성은 그의 저술에서 일관된 사회학적 접근법을 개발하려는 시도와도 결코 상충되지 않는다.

| 요약 | **사회화의 형식들**

짐멜의 주된 관심은 사회화의 형식들에 있었다(Simmel, 1908). 이 형식들은 물질적, 즉 경제적·기술적 요소에 의해서뿐만 아니라, 문화적 또는 관념적 요소(사상)에 의해서도 결정되며, 이 요소들은 서로 상호작용을 한다. 변화하지만, 식별 가능한 규칙성을 따르는 사회화의 형식들 안에서 개인과 사회는 서로 관련되어 있을 뿐만 아니라, 일반적으로 사회화의 형식들 안에서 형성·결정된다. 따라서 사회학은 "사람들이 사회화하는, 즉 …… '사회'를 구성하는 힘·관계·형식을 연구 대상으로 한다"(Simmel, 1908: 23). 이러한 형식들로는 상하관계, 경쟁, 모방, 분업, 정당 형성, 대표성 등이 있으며, 이는 "종교 공동체에서와 마찬가지로 국가 사회에서, 경제협동조합에서와 마찬가지로 음모적 범죄 집단에서, 가족에서와 마찬가지로 예술학교에서"(Simmel, 1908: 21) 발견할 수 있다. 사회화 과정의 내용은 무한히 다양하지만, 사회화가 이루어진 형식들은 여전히 제한적이며 조망이 가능하다.

3 | 방법적 기본 구상: 사회적 상호작용의 과학으로서의 사회학

짐멜 사회학의 출발점은 거시 사회적 거대 구조로서의 사회도 아니고 미시 사회적 단위로서의 행위하는 개인도 아닌, 상호작용이다. 상호작용은 개인들 사이에서 관찰할 수 있지만, 개인과 사회집단 사이에서, 집단들 사이에서, 개인들 또는 집단들과 사회구조들 사이에서도 관찰할 수 있다. 상호작용은 개인들이 그들의 본능적 욕구, 필요, 관심, 또는 욕망으로 인해 서로 관련될 때 항상 발생한다. '사이에 놓여 있는 것', 상호-행위(inter-action)는 예컨대 공유되는 것, 즉 사회화된 것이기 때문에 개인들로 환원될 수 없다. 그보다 상호작용은 개인들을 내적으로 형성하고 개인들과 사회를 두 개의 극으로 하여 구체적인 형태로 만들어낸다. 짐멜은 이러한 주안점을 바탕으로 사회 제도와 구조가 개인과 그들의 행동에 선행한다고 가정하는 구조이론과 행위이론 사이의 엄격한 이원론을 극복한다. 사회적 상호작용

행위이론도, 조이론도 아니다

그림 4-1 **상호작용의 형식들**

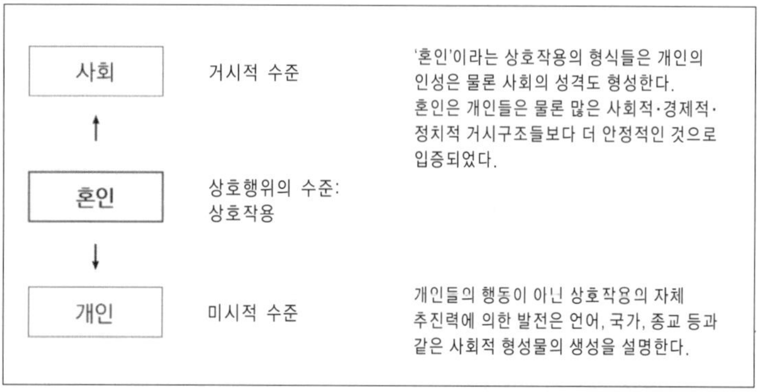

• 객관화된 상호작용의 다른 관계들로는 예컨대 정당, 재판 과정, 또는 노동관계, 즉 고용인과 피고용인의 관계가 있다.

또는 상호 행위에서 개인들과 사회의 사회적 구조들은 서로를 형성하고 상호 침투하는데, 사회학의 과업은 가능하고 관찰 가능한 상호작용의 형식들을 규명하는 것이다.

상호작용의 형식들은 사람들이 능동적으로 행하거나 행동하는 것뿐만 아니라 수동적인 결정 또는 고통도 지칭하며, 전적으로 독립적이 될 수 있으며 개인들의 힘을 능가하는 견고함과 안정성을 취하는 동시에 사회적 거시구조들의 중심적인 변화보다 오래 지속될 수 있다. 예를 들어, 결혼 제도는 이러한 상호작용의 한 형태로 이해될 수 있다. 결혼은 두 개인 사이의 안정적인 상호작용의 한 형태로, 그들의 인격과 행동방식을 결정적으로 형성할 뿐만 아니라 동시에 전체로서의 사회의 '기본단위'도 형성한다. 결혼은 예를 들어 군주제, 파시즘, 민주주의 정치 체제에서뿐만 아니라 사회주의 및 자본주의 경제 체제에서도 마찬가지로 살아남았다. 또한 개개인들은 한 명의 개인이 결혼 제도를 바꿀 수 있는 것보다 훨씬 더 강하게 결혼 제도로부터 영향을 받는다. 따라서 짐멜의 사회학은 방법론적 개인주의와도, 방법론적 전체론과도 연관되지 않는다(⇨ '들어가기' 2절 참조). 오히려 짐멜의 사회학은 방법론적 상호작용주의를 중간적인 입장으로 삼아 두 가지 모두에 반대한다. 예를 들어 국가나 종교의 생성과 같은 포괄적인 사회적 사실의 형성은 개인들의 행동이나 초개인적 주체로서의 사회의 기능에 원인이 있다고 볼 필요는 없다. 오히려 방법론적 상호작용주의는 자체 추진력을 통한 상호작용의 형식들의 발전을 설명에 사용할 수 있게 해준다. 그러므로 짐멜에게 사회는 독립적 사실이 아니며, 고정된 대상은 더더욱 아니다. 그는 사회를 사람들 사이의 과정으로 이해한다. 사회는 상호작용 관계에 있는 사람들의 집단이나 범위로 정의할 수 있으며, 또는 더 정확하게는 그들의 상호작용 또는 사회화 과정의 총체로 정의할 수 있다.

사회는 사실이 아니라 과정이다

이러한 상호작용의 관계들이 점차적으로 발전되어 사회가 성립할 수 있으려면 세 가지의 "사회학적 아프리오리"가 충족되어야 하는데, 짐멜은 그의 "거대 사회학"의 유명한 「문제에 관한 소고: 사회는 어떻게 가능한가?」에서 이 개념을 정의한다(Simmel, 1908: 42~61; Gerhardt, 1971).

아프리오리는 절대적이며 범주적으로 필요한 기본 조건으로서, (사회학적 아프리오리의 경우) 사회는 이러한 기본 조건 없이는 실제로 생각할 수도 없다. 짐멜은 '사회질서는 어떻게 가능한가?'라는 모든 사회학 이론의 근본 물음에 아프리오리의 개념으로 답한다. 사회질서는 다음의 아프리오리 조건들이 충족될 경우에 또는 충족되었기 때문에 가능하다.

사회학적 아프리오리

1. **역할-아프리오리**: 사람들은 다른 사람들을 결코 순수한 개인들(개개인)로 보는 것이 아니라, 특정 타입이나 단체를 대표하는 사람, 예컨대 목사나 시장, 교사나 의사 등 그들의 역할 안에서 만나게 된다. 그리고 우리가 길거리에서 어떤 사람을 보면, 바로 그 사람을 남성 또는 여성, 백인 또는 흑인, 그리고 어쩌면 연금 수급자 아니면 여학생 등으로 인지할 것이다.
2. **개성-아프리오리**: 사람들은 이러한 역할과 타입에 단순히 동화되는 것이

아니라, 항상 그 역할과 타입을 수행하는 개별적 특성과 성격상의 특징을 지닌다. 따라서 사람들은 늘 사회 '안'에 있으면서 사회를 '마주보며' 있는 것이기도 하다.

3. **구조-아프리오리**: 사회적 역할 및 관계의 패턴들은 사람들의 모든 구체적인 개성과는 무관하게 이미 고정되어 있거나, 적어도 존재한다. 즉, 미리 구조화되어 있다. 예컨대 한 마을에서 목사, 시장, 교사, 의사의 역할은 구체적인 직책을 맡은 사람들과는 무관하게 미리 정해져 있으며 각자의 개성은 그 역할을 채울 뿐이다. 그러므로 사회적 삶은 개인들의 내적 본성과 — 베버와 뒤르켐의 표현으로는 '직업'이라고 말할 수도 있는 — 그들의 사회적 장소가 일반적으로 서로 어울리는 것처럼 보이는 한, "개인과 사회적 전체 사이의 근본적인 조화"에 의해 결정된다(Simmel, 1908: 59).

| 요약 | 사회학적 아프리오리의 세 가지 요소

짐멜에 따르면 사회는 사회적인 것의 세 가지 근본 조건이 충족되어 있을 때, 그리고 충족된 결과로 성립한다(Simmel, 1908: 42~61; Gerhardt, 1971).

- **역할-아프리오리**: 타인을 인지하고 상호작용하는 것은 언제나 그들을 역할수행자, 즉 특정한 유형(예컨대, 여성, 여의사, 백인, 외국인 여성 등)이나 집단의 대표자로 만드는 일반화의 '안경'을 통해 이루어진다.
- **개성-아프리오리**: 실제로 개인들은 그들의 고유한 특징과 특성에서 항상 사회적 역할과 기능을 넘어선다. 즉, 그들은 사회 '안'에 존재하는 동시에 사회의 '맞은편'에 서 있다.
- **구조-아프리오리**: 사회적 역할 모델과 관계 구조는 항상 구체적인 개성에 선행한다. 즉, 사회적 역할 모델과 사회적 관계의 구조는 행위의 결과가 아니며, 정반대로 개인들과 그들의 행동을 각인한다. 따라서 개인들은 언제나 '자신의 자리'를 발견해서 받아들이도록 요구받는다.

짐멜은 분과 학문으로서의 사회학에 세 가지 중심적인 과업 범위의 구분을 제안한다(Simmel, 1917). 동시에 그는 — 예컨대 에밀 뒤르켐과는 달리 — 사회학은 사회학에 고유한 연구 대상만을 갖는 것이 아니라, 유일하게 특수한 관점에 의해서만 특징지어진다고 가정한다. 사람들로 하여금 서로 관계를 맺게 하는 동기와 관심사는 이미 다른 학문들의 **내용**을 형성하고 있으며, 사회학만의 독특한 점은 이러한 상호작용과 그 형식들에 초점을 맞추는 것이다. 이러한 이유로 짐멜에게 **순수 사회학** 또는 **형식 사회학**은 사회학에서 최고의 분야이다. 형식 사회학은 구체적인 역사적 내용에서 일반적인 특징들을 간추려내 사회적 상호작용의 형식들을 파악하고, 그 형식들의 발전 논리를 분석하는 과업을 지닌다. 여기에 해당하는 것은 예컨대 로베르트 미헬스(Robert Michels)가 "과두제의 철칙"이라고 설명한 상황, 즉 집단이 기능하려면 먼저 동질적인 대규모 집단(특히 정당, 협회, 또는 교파와 같은)에서 일반적으로 몇몇 소수의 개인이 신속히 주도권을 잡는다는, 또한 잡아야만 한다는 집단 내 위계형성의 메커니즘이다.

형식 사회학과 집단 분석

그러나 여기에는 외부 경계 설정과 내부 통합 및 분화도 해당된다. 이것이 의미하는 바는 새로 형성되는 사회집단(여기서도 정당, 교파 또는 협회, 학생들의 또래 모임 등을 생각해 볼 수 있다)이 처음에는 외부 세계로부터, 즉 소속되지 않은 사람들로부터 스스로를 차단하고 경계를 만드는 경향이 있지만, 내부에서는 긴밀하고 동질적인 공동체를 형성한다는 것이다. 이후의 발전 단계들에서는 내부 분화가 일어나며, 주변부에서는 집단 소속이 모호해진다.

짐멜은 집단 발전의 이러한 법칙성을 다소 보편적인 것으로 간주했으며, 법칙성 분석을 사회학의 중심 주제로 선언함으로써 형식 사회학의 창시자가 되었다. 짐멜은 사회화 형식들의 발전 법칙에 대한 탐색에 특별한 관심을 보였다. 이 측면은 근대화 과정에 대한 그의 분석에서 중심을 이룬다.

경험 사회학과 현상

이와는 대조적으로 **일반 사회학** 또는 **경험 사회학**은 역사의 일반적인 발전 과정에서 나타나는 한 사회의 구체적인 역사적 상호작용의 형식, 즉 상호작용 형식(예컨대, 가족구조, 시장구조, 정치적 권력구조 또는 종교제도)의 내용을 탐구한다. 따라서 짐멜이 형식 사회학과 일반 사회학을 구분한 것을 오늘날 일반적으로 통용되는 일반 사회학과 특수 사회학의 구분과 혼동해서는 안 된다. 짐멜에게 형식과 내용을 구분하는 것은 근본적이기 문에, 여기서 그는 오늘날 이음표 사회학(예컨대, 가족-사회학, 스포츠-사회학, 정치-사회학, 교육-사회학 등)이라고 불리기도 하는 사회학 분야도 포함하여 역사적으로 구체적인 경험적 내용을 연구하는 모든 사회학적 연구를 가리켜서 말하고 있다. 이 모든 경우에서 짐멜은 사회학에 현상들을 체계적으로 정리하고 역사적으로 도출한 다음, 그 현상들의 상호작용(즉, 개인과 전체로서의 사회를 각인하는 영향들)을 심리학적으로 입증하는 근거를 진술하는 과업을 부여한다.

가족사회학을 예로 들면, 이는 핵가족, 대가족, 자녀 없이 배우자로 이루어진 가족, 자녀와 편부모로 이루어진 가족, '패치워크 가족' 등 다양한 가족형태를 먼저 파악해야 한다는 것을 의미한다. 가족형태를 파악한 다음 이 형식들을 역사적으로 도출해야 하고(부르주아 핵가족의 발전, 자유화·개인화 과정의 결과로 나타나는 가족 형태의 확대 등), 마지막으로는 다양한 가족 구조가 관련된 사람들에게 미치는 심리적 영향을 분석해야 한다.

철학적 사회학:
의미

반면에 **철학적 사회학**은 이미 순수 사회과학의 영역을 벗어났다. 첫째, 인식론으로서의 철학적 사회학은 모든 사회학적 지식의 전제 조건, 가능성, 한계를 탐구하기 때문에 경험적 사회학의 '하부'에 위치한다. 둘째, 경험적 연구의 결과에 대한 (역사)철학적인 의미 해석으로서의 철학적 사회학은 경험적 과학의 '상부'에 위치한다. 따라서 철학적 사회학은 경험적으로 증명할 수 있는 것의 한계를 넘어 형이상학과의 경계 지점에 위치해 있는 해석 패턴으로서 근대의 진보 또는 쇠퇴의 역사에 대해 이야기함으로써 역사적 사건의 의미와 결과를 의미 있는 방식으로 해석하려고 시도한다.

| 요약 | **사회학의 세 가지 분야**

1. **순수 사회학** 또는 **형식 사회학**은 추상적이고 보편적인 상호작용의 형식들(예컨대, 로베르트 미헬스의 "과두제의 철칙")과 그 역사적 발전 법칙(예컨대, 집단들의 확장·분화·중첩의 법칙 등)을 규정한다.
2. **일반 사회학** 또는 **경험 사회학**은 예컨대 가족관계, 노동관계, 또는 법률관계 등 구체적인 경험적 상호작용의 형식들을 체계적으로 정리하고 역사적으로 도출하여 그 효과를 심리학적으로 정당화하면서 분석한다.
3. **철학적 사회학**은 인식론으로서는 경험과학의 '하부'에, 역사적 사건(또는 형이상학)에 대한 문화적(사변적) 해석으로서는 경험과학의 '상부'에 위치한다.

4 | 분석: 개인화와 사회적 관계권의 변화

사회적 관계권의 확대와 분화

앞서 설명했듯이, 짐멜에게 사회학의 근본 과제는 사회화 형식들의 역사적 발전법칙을 탐구하는 것이다. 그는 사회적 관계권(關係圈) — 또는 사회 집단 — 의 규모와 구조의 변화에서 한 가지 중심적인 발전 경향을 파악하고, 이를 토대로 근대화 과정의 성격을 규정한다. 짐멜이 이해한 바에 따르면, 사회 집단은 확장·확대하는 경향이 있다. 실제로 짐멜은 그러한 집단들이 처음에는 대부분 작고 동질적이며 고도로 통합되고 엄격하게 규제되며 외부와 뚜렷하게 구분되는 통일성을 형성하다가 점차 규모가 커지고 내적으로 분화되는 것을 바로 '역사의 법칙'이라고 간주했다.

역사적 발전에서뿐만 아니라 현재의 발전에서도 발견되는 사회적 형성의 가장 초기 단계는 상대적으로 작은 집단이다. 이 집단은 이웃 집단, 낯선 집단, 또는 어떤 식으로든 적대적인 집단에 대해서 강한 폐쇄성을 지니지만, 그 대신 내부적으로는 그만큼 더 긴밀하게 결속하여 개개의 구성원들에게 자신의 고유한 특성들과 스스로 책임을 지는 자유로운 활동을 실현할 여지를 조금 밖에 허용하지 않는다(Simmel, 1903: 124).

짐멜에 따르면, 이러한 집단은 성장과 확장을 통해 내부적으로는 규제가 느슨해지고, 외부적으로는 가장자리에서 확산되기 시작하여 실제로 누가 아직 집단에 속해 있고 누가 속해 있지 않은지 불분명해지며, 다른 집단들과의 상호작용 및 상호관계가 점점 더 많아진다.

이러한 '발전 법칙'은 예컨대 서서히 확장된 종교 공동체가 되는 종파에 적용되지만, 정당이나 사회운동에도 적용된다. 특히 개인들의 자유와 다양성의 정도는 점점 더 높아진다.

개인화와 자유

생긴 지 얼마 되지 않은 조직의 자기 보존은 엄격한 경계 설정과 구심력 있는 통일성을 요구하며, 따라서 개인에게 내적·외적 발전을 위한 자유와 특수성을 허용할 수 없다. 집단이 — 수적·공간적으로 그리고 의미와 삶의 내용들에 있어서— 성장하는 정도에 따라 직접적인 내적 통일은 느슨해지고, 다른 집단들에 대한 원래 경계선의 날카로움은 상호관계와 결합에 의해 완화된다. 이와 동시에 개인은 질투심에 의한 최초의 경계를 훨씬 넘어서는 행동의 자유와 더 커져가는 집단 안에서 분업이 기회와 강제성을 부여하는 독자성과 특수성을 획득한다(Simmel, 1903: 124).

짐멜은 바로 이러한 발전과정을 근대의 사회적 발전에 대해서도 전체적으로 확인한다. 즉, 근대의 사회적 발전은 고도로 이동성이 높고, 규모가 크며, 공간적으로 광범위하고 강하게 분화된 사회의 생성을 특징으로 하는데, 이러한 사회는 사회적 발전의 후기 단계에 해당하며, 따라서 개개인에 대한 자유의 범위와 개인화의 정도가 크게 증가했고 여전히 계속 증가하고 있다. 또한 개인들이 사회로 통합되는 방식, 즉 그들의 사회화 형식들도 변화했다. 일반적으로 개인은 하나의 사회집단에만 속하는 것이 아니라 가족, 마을, 종교 공동체 등 여러 사회집단에도 속한다.

사회적 관계권의 중심점에서 교차점으로

전근대의 전통사회는 그 구성원들을 이를테면 동심원들 안으로 편입시키는 경향이 있었으며, 따라서 구성원들은 어떤 의미에서는 서로 중첩된 상태로 점점 확대되어 가는 사회적 관계권의 중심점에 있다는 느낌을 받을 수 있었다. 예컨대 그들은 처음에는 자신의 가족의 구성원이었고, 그다음에는 자신이 살고 있는 마을(다른 가족들과 더불어 자신의 가족을 포괄하는)의 구성원이었으며, 더 나아가 자신이 살던 제후국(자신이 살고 있는 마을과 다른 마을들로 구성되는)의 구성원이었고, 그리고 마지막으로는 기독교 국가(앞서 언급한 모든 집단을 포괄하는)의 구성원이었다. 반면, 근대에 들어와 사회 집단들이 분화되면서 개인들은 더 이상 중심점에 있지 않고 중첩되고 분산된 사회적 관계권의 교차점에서만 자신을 발견할 수 있게 되었다. 예컨대 개인은 정당, 전문협회, 스포츠클럽, 교회 공동체의 회원일 수 있다. 이렇게 지정된 사회적 원들은 서로 중첩되지 않고 교차될 뿐이다. 특정 집단이나 조직에 소속되어 있다는 사실은 또 다른 집단에 소속되어 있는 것과 관련해 아무런 의미도 지니지 않는다. 개인은 이 모든 관계권이 교차하는 지점에 있다(⇨ 그림 4-2 참조).

교차점의 위치가 규정된 결과로서의 개성

따라서 근대화의 핵심 과정으로서의 개인화는 사람들이 친밀하고 제한적이며 운명적으로 미리 결정된 관계들에서 벗어나, 수·유형·범위에 따라 일반적으로 선택된 사회적 관계들을 새롭게 맺게 된다는 것을 의미한다(Simmel, 1908: 456). 개성은 한 개인을 규정하는 사회적 관계권들이 교차하는 유일한 지점에서 그리고 그 지점을 통해 형성된다. 이는 한 가지 예를 들어 쉽게 설명할 수 있다. 개신교 기독교민주당(CDU) 당원이고, 베를린에 거주하면서 특정 회사에서 근무하고 테니스를 즐기며, 여가 시간에는 헤비메탈 팬클럽에서 활동하고, 더 나아가 특정 시민이니셔티브에 가입한 사람을 상상해 보자. 물론 많은 사람들이 기독교민주당 당원이고, 많은 기독교

그림 4-2 **중심점에서 교차점으로: 개인들의 사회통합**

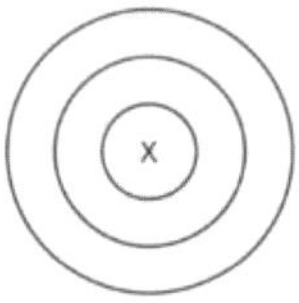

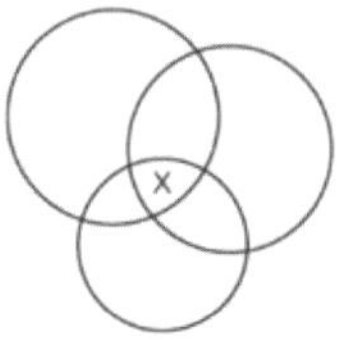

전통사회: 동일한 중심의 관계권

개인은 동심원적으로 겹치는 여러
관계권의 중심에 위치한다.
예컨대, 가족, 마을, 제후국, 기독교 등

근대사회: 교차하는 관계권

개인은 자신의 정체성을 정의하는 겹쳐진
여러 사회적 관계권의 교차점에 위치한다.
예컨대, 가족, 직장, 스포츠클럽, 정당, 종교
공동체 등

민주당 당원이 개신교 신자일 수도 있지만, 이와 동시에 베를린의 특정 회사에서 근무하는 개신교 신자인 기독교민주당 당원은 한정된 수로만 존재하고, 특정 테니스클럽과 바로 그 시민이니셔티브에서 활동하면서 자신을 헤비메탈 팬으로 규정하는 개신교 신자인 기독교민주당 당원 및 회사원의 경우는 아마도 이 모든 집단 소속에서 정의된 개인 이외에는 더 이상 존재하지 않을 것이다. 이는 이러한 사회적 관계권들의 교차점에서 전적으로 유일무이하다.

양적 개성과 경쟁

짐멜은 이를 **양적** 개성의 증가라고 부른다. 이는 근대에서 개인의 행동의 자유와 사회이동의 증가를 수반한다. 실제로 사람들은 근대에 들어와 한층 자유로워진 동시에, 교차하는 역할과 집단의 그물망 안에서 의사 결정을 하고 특정한 지위를 지니며, 경쟁에서 자신의 독창성을 증명해 보여야만 한다. 또한 개인들은 이 과정에서 추상적이고 보편적인 집단의 일원으로 자신을 동일시함으로써 사회적 관계를 공간적으로 확장하는 경향을 보인다. 예컨대 누군가는 여성이자 동성애자·레이버·여호와의 증인 또는 환경운동가로서 전 세계의 다른 여성들·동성애자들·레이버들·여호와의 증인

표 4-1 **근대적 대도시와 전통주의적 소도시 생활의 비교**

촌락적 소도시	대도시
생활의 속도가 느림	생활의 속도가 빠름
좁은 생활 영역, 감정 지배적	넓은 생활 영역, 이성 지배적
개인적인 관계와 생산	익명적·형식적 관계(시장, 돈)
짧은 행동사슬	행동사슬의 연장
동질적 공동체, 개별적 자유가 미미함	이질적 사회, 개별적 자유가 많음
대상 세계와의 개인적·질적 관계	대상 세계와의 계산적·양적 관계
형식적 불평등(법률적, 정치적 등의 측면에서), 본질적으로 개인들의 유사성이 큼	형식적 평등(법, 시장, 정치), 본질적 불평등이 증가함

들 또는 환경운동가들과 연대하고 동일시하며, 그들과 집중적으로 접촉함으로써 자신의 이웃이나 부모와의 밀접한 접촉을 소홀히 할 수 있다. 따라서 근대화는 사회적 관계권의 확장 및 분화, 사람들 사이의 상호작용 강화, 그리고 지역적이고 구체적인 사회적 유대감의 완화를 동시에 의미한다.

이 모든 것을 짐멜은 대도시의 삶과 시골마을의 삶을 서로 대비해서 설명하는데(Simmel, 1903; 표 4-1 참조), 여기서 대도시는 무엇보다 근대를 상징하는 암호인 반면, 시골 도시와 마을은 전근대적 전통사회를 상징한다. 짐멜의 고찰은 대도시에서 이루어지는 개인들 사이의 상호작용이 시골과 상당히 다르다는 관찰에서 출발한다. 짐멜은 먼저, 사람들이 훨씬 더 많은 수와 변화하는 맥락에서 끊임없이 서로를 만나고 단순한 마을 생활과는 비교할 수 없는 풍부하고 다양한 인상에 노출되는 도시에서는 상호작용의 밀도가 높다는 점에 주목한다. "대도시적 개체성의 유형이 발생하는 심리적 기반은 외부 인상과 내부 인상이 급속도로 끊임없이 번갈아 바뀌는 데 기인하는 **신경자극의 고조**이다"라고 짐멜은 서술한다(Simmel, 1903: 116).

대도시: 신경자극'의 고조

따라서 사회적 삶의 빠른 속도는 근대의 주된 특징 중 하나가 된다. 즉, 대도시는 경제생활, 직업 생활, 사회생활의 빠른 속도와 다양성이 특징이며, 바로 이 점에서 대도시는 "시골 도시 및 시골 생활과 깊은 대조를 이루며, 더 느리고 더 친숙하며 더 고르게 흐르는 관능적·영적 삶의 리듬"(Simmel, 1903: 117)을 만들어낸다는 것이다.

이로부터 짐멜은 감정과 정서는 서서히 변하므로 행동과 체험의 촘촘한 흐름을 따라갈 수 없기 때문에, 대도시인들은 자신이 경험하고 자신에게 일어나는 일들에 대해 처음에는 지성으로 반응할 수밖에 없는 상황에 처하게 된다는 주장을 도출한다. 이와는 대조적으로 시골 주민들(또는 전통사회의 구성원들)은 경험에 대해 주로 처음에는 감성적으로 반응하는 "인정미 있는 사람"이라는 것이다. 이 말은 언뜻 이상하게 들릴 수 있지만, 근대화 과정에서 감정적 행위가 합리적 행위로 변화한다는 막스 베버의 테제와 놀랍게도 유사하다.

익명성과 '중간 목적'

동시에 도시에서 이루어지는 근대적 상호작용 관계들의 특징은 대부분 익명성에 있다. 상품 생산자들은 누가 자신의 고객이 될지 알지 못하며, 익명적 시장을 위해 생산한다. 그리고 의사, 교사, 공무원, 경찰관이 상담을 할 때 그들의 관심 대상은 상호작용 상대방의 성격이 아니라 그 사람의 직책, 역할, 기능뿐이다. 이와 대조적으로 시골마을에서의 생활은 직접적인 개인적 관계가 특징이며, 상호작용 상대방은 특정 역할이나 직책의 소유자로서뿐만 아니라 생활 전반에 걸쳐서도 서로를 알고 있다. 이는 행동사슬이 눈에 띄게 길어지는 결과를 수반한다. 단순사회에서는 욕망이나 필요의 발생과 그 실현 사이에 몇몇 행위의 단계만 존재하지만, 근대에 들어와 욕구와 그 충족 사이에는 조망할 수 없을 만큼 많은 중간단계들 또는 '중간 목적들'이 존재한다.

가령 전근대의 마을에서 무두장이가 되고 싶었던 사람은 무두질 기능장을 찾아가 그곳에서 자신의 기술을 거의 완벽하게 배웠지만, 오늘날 구직자들은 자신이 추구하는 직업과 매우 먼 거리에 있는 여러 교육기관(학교, 대학교)을 거쳐야 한다. 또한 예전에는 연료가 필요한 사람들은 숲 속으로 가서 나무를 채취한 다음 불을 피웠지만, 오늘날에는 먼저 돈을 벌어야 하고 난방장치를 설치한 다음 먼 거리에서 여러 중간 기지를 거쳐 구입할 수 있는 석유를 주문해야 한다.

그 결과, 이러한 본래의 중간 목적들(교육, 돈벌이) 중 다수가 오늘날에는 최종 목적 자체가 되어버렸으며, 그 반대의 경우도 마찬가지이다(Simmel, 1900: 254~ 292). 짐멜에 따르면, 이를 통해 심지어 대상 세계에 대한 우리의 관계, 즉 우리를 둘러싸고 있는 물질적인 것들에 대한 우리의 관계도 변화한다. 시골도시 주민들은 자신의 소유물과 개인적이고 추억이 담긴 **질적** 관계를 쌓아가는 경향을 보였다면(마르타 고모의 목각상자, 할아버지의 주말농장, 여러 번 직접 수리한 자가용 등), 근대 대도시인들은 자신의 소유물에 대해 계산적이고 정량적인 태도를 취한다(이 장롱은 세일 가격에 구입했다, 소규모 주말농장은 더 이상 가치가 없다, 자가용은 2년마다 바꾼다 등).

대상과의 질적 관계에서 양적 관계로

생계형 농업(시골에서는 오늘날에도 이웃과 지인들 간의 서비스에 대해 물질적 대가를 지불한다)에서 화폐경제로의 전환은 이러한 모든 변화와 근대화 과정의 결정적인 전제 조건이자 추동 요인이다. 비로소 화폐경제는 행동의 사슬을 엄청나게 확장하고 교환관계의 익명화를 가져왔다. 돈을 지불하는 사람은 자신의 행동을 윤리적으로(또는 어떤 식으로든) 정당화할 필요 없이 구입한 상품이나 서비스에 대해 권리를 갖는다. 바로 이것이 대도시인의 포괄적인 자유를 보장한다. 대도시인은 자신의 행동을 누구에게도 정당화할 필요가 없으며, 호기심 많은 이웃이나 지인들의 사회적 감시도 받지 않는다. 따라서 짐멜에 따르면 대도시 중심지가 은행과 돈, 그리고 오성(悟性), 즉 지식인과 대학교의 자리이기도 한 것은 우연이 아니다. 돈과 오성은 근대의 원동력이다.

근대의 원동력: 돈과 오성

짐멜에 따르면 대도시와 시골 사이의, 또는 근대사회와 전통사회 사이의 최종적이고 현저한 차이는 평등과 불평등의 관계에 있다. 전근대 사회는 **형식적 불평등**으로 각인되었다. 사람들은 출생과 신분에 따라 권리·지위·특권·교육의 기회가 서로 다르게 결정되었다. 그러나 귀족은 여러 면에서 평민처럼 살았기 때문에, 실질적으로 볼 때 사람들 사이의 차이는 그다지 크지 않은 경우가 많았다. 반면에 근대에는 엄격한 **형식적** (접근의) **평등**이 지배한다. 누구나 정치적·법적으로 동등한 권리를 가지며, 공직·직위·직업·교육기관에 동등하게 접근할 수 있다. 그러나 이러한 형식적 평등의 이면에서는 여전히 증가하고 있는 커다란 **실질적 불평등**이 축적되었다. 억만장자와 거지 사이의 재산 차이는 엄청나며, 교육 수준과 그에 따른 문화적 차이도 마찬가지이다.

형식적 평등과 실질적 불평등

5 | 진단: 대중화, 고독, 그리고 문화의 비극

사회학의 다른 창시자들과 마찬가지로 짐멜은 근대화 과정이 개인들에게 가져다주는 자유와 개성의 획득을 강조했을 뿐만 아니라, 이 과정이 수반하는 병리현상의 잠재력도 상당히 크다고 보았다. 근대화의 그늘에 대한 짐멜의 진단을 요약하면, 근본적으로 사회집단의 교차 및 분화를 통해 달성된 양적 개체성의 획득은 진정한 개체성 또는 질적 개체성의 피할 수 없는 상실과 비실체적인 평준화(사람들 간의 차이가 제거되는 것)의 확산과 함께 일어난다는 것이다(Dahme/Rammstedt, 1983).

근대화의 양면성

이는 무엇보다도 대상 세계뿐만 아니라 사회적 세계에 대한 사람들의 관계도 문제가 된다는 것을 의미한다. 짐멜은 근대 대도시인은 잠재적 반감이 지배하는 분위기 속에서 다른 사람들을 만나는 경우가 많으며, 대도시인의 주된 우려는 다른 사람들이 자신에게 개인적으로 너무 가깝게 다가오는 것이라고 언급한다. 반대로 대도시인은 시골 사람보다 고립되고 외로워질

잠재적 반감

위험에 훨씬 더 노출되어 있다. 실제로 대도시인은 자신의 개성을 표현하고 관심 끌기와 차별화 투쟁에서 살아남기 위해 과장된 방식으로 자신을 눈에 띄게 하도록 강요된다. 대도시 인파 속에서는 시내 중심에서 이루어지는 스쳐가는 짧은 만남에서도 뚜렷하게 알아볼 수 있는 (외부) 표시로 자신을 부각시키는 사람만이 눈에 띈다. 따라서 짐멜의 시각에서 볼 때, 예컨대 화려하게 옷을 입거나 화장을 한 사람, 피어싱이나 문신을 한 사람들이 무엇보다 도시적 현상이라는 것은 우연이 아니다.

둔감성

반면에 종종 가격으로 측정되는, 일어나는 일에 대한 근대인의 계산적이고 합리적인 관계는, 짐멜의 말처럼, 우리가 그러한 일들과 우리의 경험에 대해 일종의 대도시적 "둔감성"을 발전시키는 결과를 낳는다(Simmel, 1903: 121~123). 짐멜이 말하는 둔감성이란 오늘날 구어체의 **쿨(cool)하다**라는 말과 다르지 않다. 즉, 쿨한 사람은 어떤 것에도 감동받지 않는 사람, 아무리 어처구니없는 일이 일어나도 평정심을 유지하는 사람이다. 그러나 반대로 이것은 더 이상 어떤 것도 그에게 어떤 감정을 불러일으키거나 그를 정말로 감동시키지 못하며, 더 이상 어떤 것도 그에게 정말로 가치 있는 것으로 보이지 않게 되는 결과를 초래할 수 있다. 모든 것은 가격의 문제가 되고, 근대인은 마침내 한 번은 자신의 쿨함이나 둔감성을 떨쳐버리기 위해 항상 (번지점프와 같은) 극단적인 자극을 찾게 된다. 그러나 그 어떤 것도 더 이상 가치 있게 보지 않는 사람은 자기 자신까지도 소중히 여기지 않을 위험이 있다. 따라서 근대화는 사람들로 하여금 세계, 다른 사람들, 그리고 자기 자신과의 관계를 점차 무디게 만드는 결과를 초래할 수 있다.

질적 개성의 상실

따라서 경쟁, 돈의 지배, 이성의 지배에 의해 각인된 근대사회는 사람들이 자신들의 멤버십과 소속에 따라 점점 더 차별화된다는 점에서 양적 개성을 증가시킬 수 있지만, 실제로는 '진짜' (질적) 개성을 없애는 결과를 낳기도 한다. 여기서 짐멜은 시골생활에서 흔히 볼 수 있는 특이한 사람들이 근대 도시에서는 점점 드물어지고 있다는 사실을 지적할 수 있다. 근대의

(직업적) 삶에서, 그리고 계속해서 높아지는 경쟁 압력 속에서 살아남으려는 사람들은 사회적으로 결정된 개성이 아닌, — 짐멜의 견해에 따르면 니체(Friedrich Nietzsche)나 괴테(Johann Wolfgang von Goethe)와 같은 천재들이 따랐던 '개인 법칙'처럼 — 진정으로 개인적이고 내면적인 개성의 흔적들을 모두 지워버릴 정도로 너무나 많은 적응을 강요받고 있다.

동시에 근대의 대도시적 자유도 그 가치를 상실해 가는 경향을 보인다. "우리가 우리 자신의 본성의 법칙을 따르는 것, …… 이것이 바로 자유이다"(Simmel, 1903: 127). 그러나 관찰할 수 있는 것은 영혼의 평준화가 증가한다는 점, 즉 근대의 대중문화에서 사람들이 단조로워진다는 점이다. 개인들은 자신만의 독특한 개인 법칙을 따르는 것이 아니라, 그들이 선택하는 소비재에 의해 서로 구별된다. 그러나 이것은 진정한 개성이 아니다. 이 관점에 따르면 짐멜은 근대 대중문화에 대한 최초의 비평가 중 한 명이다.

근대 대중문화 비판

그러나 근대의 양면성에는 대중문화가 단지 하나의 증상일 뿐인, 피할 수 없는 문화의 비극이라는 더 심오한 이유가 있다. 대중문화에 있어 근대의 양면성은 단지 하나의 증상일 뿐이다. 짐멜에 따르면 문화는 "영혼이 자기 자신에게서 자기 자신에게로 이르는 길"이다(Simmel, 1911: 395). 이처럼 다소 이상한 표현으로 짐멜은 인간이 문화를 창조할 때 자신을 표현하는, 즉 자신의 활동으로 기여하는 물질적·정신적 질료들에 대한 작업을 통해 비로소 자신의 개성을 형성하고 이끌어낸다는 점을 표현한다. 카를 마르크스가 인간의 본성이 외부 자연에 대한 건설적인 작업을 통해 비로소 형성된다고 가정한다면, 짐멜도 이와 매우 유사한 생각을 자신의 접근법의 기초로 삼고 있는 것이다.

예술, 음악, 문학뿐만 아니라 정치적 조건, 법률 제도, 과학 등 문화적 성과에 적극적으로 참여하는 과정에서 비로소 인격('영혼')이 점진적으로 형성된다. 이는 모든 개인에게서 관찰할 수 있다. 어떤 학생은 선호하는 음악 장르를 발견하고, 책을 읽고, 정치 등에 관심을 기울임으로써 자신의 성격

주관적 문화와 객관적 문화

과 정체성을 발전시킨다. 따라서 "주관적 문화", 즉 자기도야와 객관화된 문화적 성취(문학, 음악, 예술, 과학 등)라는 의미에서의 "객관적 문화"는 상호적인 증대 과정 속에서 이상적으로 발전한다.

그러므로 짐멜에 따르면, **문화의 비극**은 근대에 이르러서 문화의 객관화된 형태들이 주관적인 능력을 훨씬 뒤처지게 하고 그 격차가 지속적으로 확대되고 있다는 데 있다. 문화의 객관화된 형태들은 독립적이 되었고, 오래전부터 고유한 법칙에 따라 발전해 왔다. 그 결과 아무도 더 이상 과학, 문학, 음악, 기술, 법 등의 업적과 내적 법칙을 전체적으로 이해·조망할 수 없게 된다. 따라서 이러한 문화 형태들은 이제 딱딱하고 견고하며 대체로 이해할 수 없는 실체로서 주체들과 마주하게 된다. 개인들은 더 이상 이러한 문화 형태들의 발전을 따라갈 수 없으며, 더 이상 문화 형태들에 영향력을 행사할 수 없다.

이러한 정황은 예컨대 근대 사회의 주체들이 더 이상 어디에도 개별적인 흔적을 남기지 않는 것에서 직접적으로 알 수 있다. 근대 사회의 주체들은 일반적으로 과학의 과정도, 예술, 문학, 음악, 경제, 또는 법의 과정도 결정적으로 형성하지 않는다. 어떤 대학교수가 과학의 과정과 현재 수준에 자신이 근본적으로 영향을 미쳤다고 말할 수는 없을 것이며, 정치인이나 기업의 리더는 창출과 변화를 이루기보다 주어진 형식과 게임규칙을 통달하는 것으로 자신을 차별화한다.

그 결과, 대부분의 사람은 객관적 문화의 최고·최저 성과물에 몰두함으로써 더 이상 자신의 인성이나 주관적 문화를 발전시키려고 시도하지 않는다. 그 대신 그들은 대중문화의 대리물로 눈을 돌리는데, 이것이 바로 '깊이 없는' 대중문화가 양산되는 실제 원인이다. 따라서 근대 문화는 양쪽으로부터 몰락의 위협을 받는다. 즉, 개인들의 주관적 문화는 쇠퇴하고, 그들의 '영혼'은 위축된다. 왜냐하면 개인들은 위대한 문화적 성취를 통해 개성을 개발하는 대신 획일화된 문화와 오락 산업의 유혹에 만족하기 때문이다.

문화의 양면적 몰락

이렇게 하여 개인들은 객관적 문화에서도 점차 창조적 에너지를 빼앗긴다. 그 결과, 예술, 문학, 음악, 철학은 근대에서 더 이상 실제적인 발전을 이어가지 못한다. 따라서 짐멜은 자신의 병리진단에서 궁극적으로는 문화 쇠퇴라는 테제를 지향하는 경향이 있다.

| 정보 | **짐멜과 20세기의 사회학**

짐멜은 좁은 의미에서의 학파를 남기지 않았으며, 자신만의 독특한 접근법도 확립하지 않았다. 그러나 그의 사상과 개별 분석들은 매우 다양한 맥락에서 수용되었다. 그의 저술이 독일어 전집으로 출판된 이후 짐멜은 사회학에서 지속적인 부흥을 경험하고 있다.

- 짐멜은 형식 사회학의 창시자로 꼽히는 동시에, 갈등사회학[**루이스 코저**(Lewis Coser)], 경쟁사회학, 공간사회학, 도시사회학[**사회학의 시카고학파**, 특히 **로버트 파크**(Robert Park)]의 창시자로도 꼽힌다.
- 또한 짐멜은 돈의 사회학[**크리스토프 도이치만**(Christoph Deutschmann)], 일상과 가속의 사회학[**하르트무트 로자**(Hartmut Rosa)]의 시조라고 할 수 있다.
- 짐멜 연구의 에세이적·인상주의적 문체, 개인들은 그들 자신의 상호작용을 통해 비로소 '만들어진다'는 생각, 피상적으로 보이는 개별 현상들에서 출발하는 그의 '측연 방법'은 **포스트모더니즘 사회학**에서 수용되어 찬사를 받았다(Moebius, 2002).

6 | 요약

게오르그 짐멜에게 사회학의 과업은 개인들과 사회를 동일한 정도로 형성하는 사회적 상호작용과 그로 인해 형성된 사회화의 형식들을 탐구하는 것이다. 사회는 독립적인 구성물이 아니라 개인과 사회적 사실 및 구조가 서로 영향을 주고받으며 형성되어 계속 발전해 가는 지속적인 과정이다. 짐멜은 상호작용을 사회학적 설명의 출발점으로 삼음으로써 방법론적 개인주의뿐만 아니라 방법론적 전체론과도 거리를 두었다. 그는 이 두 접근법을 방법론적 상호작용주의라는 독립적인 접근법으로 반대한다. 방법론적 상호작용주의에서 행위자들은 상호작용에 의해 규정되고 형성되는 것만큼 마찬가지로 상호작용을 규정하기도 하기 때문에, 이 접근법은 구조이론과 행위이론 사이에 위치한다. 또한 짐멜은 형식 사회학의 창시자로 꼽힌다. 형식 사회학은 매우 다양한 사회집단 및 문화적 맥락에서 관찰할 수 있는 경쟁, 위계 형성, 분업 등과 같은 시대를 초월하는 보편적인 사회화 형식들에 대한 규명을 시도한다.

짐멜은 근대 사회의 가장 중요한 발전 법칙으로 사회적 관계권의 확장과 중첩을 꼽는다. 그는 이를 통해 시작된 근대화의 과정을 개인들의 행동 가능성과 자유가 뚜렷하게 확대되는 개인화 과정으로 규정한다. 그는 근대 화폐경제를 이러한 발전의 원동력으로 간주하고, 근대 대도시와 시골 마을에서의 삶을 대비하여 상징화했다. 전자는 더 빠른 삶의 속도, 이성과 돈의 지배, 형식화된 익명적 사회적 관계와 형식적 평등을 특징으로 한다.

근대화의 그늘에서 짐멜은 개인들의 고독과 대중화의 위험을 진단한다. 짐멜에 따르면 고독과 대중화의 결과로 개인들은 자신들의 소비 습관이 점점 더 다채로워짐에도 불구하고 궁극적으로는 질적 개성을 잃고 단조로워진다. 따라서 근대의 운명은 문화의 비극으로 이어진다. 문화의 비극은 주체들이 객관적 문화 산물(예컨대, 근대 과학, 법률, 또는 예술 등)의 복잡성과 견고함에 압도되어 그러한 산물에서 더 이상 스스로를 도야하고 발전시킬 수 없으며 더 이상 그러한 산물에 대항할 수도 없고 정신적으로 시들어버리는 것을 말한다.

표 4-2 **한눈에 보는 게오르그 짐멜의 사회학 이론**

구분	표제어	세부 설명
사회학	사회적 상호작용과 이를 통해 규정된 사회화의 형식에 관한 학문	목적은 상호작용의 형식이 지닌 질서 형성 기능을 설명하는 것이다.
핵심 문제	근대에서 주관적·객관적·사회적 세계에 대한 주체들의 관계는 어떻게 변화하는가?	이러한 변화의 원인은 사회화의 형식들이 변화하는 데 있다.
설명 모델	방법론적 상호작용주의	미시 현상과 거시 현상은 사회적 상호작용으로 소급될 수 있다.
설명의 기본 단위	상호작용의 형식	고착된 상호작용의 형식
개인과 사회의 관계	사회와 개인은 '동시 근원적'이다.	사회와 개인은 상호작용을 통해 형성된다.
근대사회와 전통사회 (분석)	집중된 사회통합 vs 부분적 집단 통합	돈, 이성, 법, 대도시는 근대를 상징한다.
근대화의 이해	개인화	사회적 관계권의 확장은 사람들을 개인화한다. 즉, 그들의 개성을 양적으로 형성한다.
변화의 원동력	돈	화폐는 사회적 관계와 객체관계를 변화시킨다.
근대의 병리 (진단)	"문화의 비극", 대중화	고립화된 개개인은 고착되는 문화 구조들에 대해 무기력하게 존재한다.

📖 학습 점검 질문

1. 짐멜은 사회학의 어떤 형식들을 구분하는가?
2. 짐멜의 사회적 상호작용의 개념을 설명하시오. 이 개념은 사회적 행동과 사회 발전을 설명하는 데 어떤 역할을 하는가?
3. 짐멜에 따르면 근대사회와 전통사회를 구별하는 것은 무엇인가?
4. 개인화는 무엇을 의미하는가? 개인화의 원인은 무엇이며, 개인화는 어떤 결과로 이어지는가?
5. 짐멜에 따르면 (전근대적 소도시와 대조되는) 근대 대도시에서의 삶은 무엇에 의해 특징지어지는가?
6. 짐멜이 말하는 "문화의 비극"이란 무엇을 의미하는가? 그는 점진적 근대화의 문제점과 위험이 어디에 있다고 보는가?

참고문헌

1차

Simmel, Georg (1890): Über soziale Differenzierung, in: ders.: Aufsätze 1887-1890, Frankfurt a. M. 1989, 109-295.

Simmel, Georg (1894): Das Problem der Soziologie, in: ders.: Das individuelle Gesetz, Frankfurt a. M. 1987, 41-49.

Simmel, Georg (1900): Philosophie des Geldes, hg. von David P. Frisby und Otthein Rammstedt, Frankfurt a. M. 1989.

Simmel, Georg (1903): Die Großstädte und das Geistesleben, in: ders.: Aufsätze und Abhandlungen 1901-1908, Bd. 1, hg. von Heinz-Jürgen Dahme und Otthein Rammstedt, Franfurt a. M. 1983, 116-131.

Simmel, Georg (1908): Soziologie. Untersuchungen über die Formen der Vergesellschaftung, hg. von Otthein Rammstedt, Frankfurt a. M. 1992.

Simmel, Georg (1911): Der Begriff und die Tragödie der Kultur, in: ders.: Hauptprobleme der Philosophie/Philosophische Kultur. Gesammelte Essais, Frankfurt a. M. 1996, 385-416.

Simmel, Georg (1917): Grundfragen der Soziologie. Individuum und Gesellschaft, Berlin 1984.

2차

Dahme, Heinz-Jürgen/Rammstedt, Otthein (1983): Einleitung, in: Simmel, Georg: Schriften zur Soziologie, hg. von Heinz-Jürgen Dahme und Otthein Rammstedt, Frankfurt a. M., 7-34.

Deutschmann, Christoph (Hg.) (2002): Die gesellschaftliche Macht des Geldes, Leviathan-Sonderheft 21, Wiesbaden.

Ebers, Nicola (1995): Individualisierung. Georg Simmel, Norbert Elias, Ulrich Beck, Würzburg.

Gerhardt, Uta (1971): Immanenz und Widerspruch. Die philosophischen Grundlagen der Soziologie Georg Simmels und ihr Verhältnis zur Lebensphiosophie Wilhelm Diltheys, in: Zeitschrift für philosophische Forschung 25, 276-292.

Junge, Matthias (2009): Georg Simmel kompakt, Bielefeld.

Lichtblau, Klaus (1994): Kausalität oder Wechselwirkung? Max Weber und Georg Simmel im Vergleich, in: Wagner, Gerhard/Zipprian, Heinz (Hg.): Max Webers Wissenschaftslehre, Frankfurt a. M., 224-238.

Lichtblau, Klaus (1997): Georg Simmel, Frankfurt a. M./New York.

Moebius, Stephan (2002): Simmel lesen. Moderne, dekonstruktive und postmoderne Lektüren der Soziologie Georg Simmels, Stuttgart.

Soziologische Theorien

2부

발전된 근대

초기 근대	발전된 근대	후기 근대

길들이기	합리화	분화	개인화

5장 총체적으로 관리된 세계 | 테오도르 W. 아도르노

1 | 개관

테오도르 W. 아도르노(Theodor W. Adorno)는 막스 호르크하이머와 함께 프랑크푸르트학파의 이른바 비판이론을 대표하는 가장 중요한 인물로 꼽힌다. 프랑크푸르트학파란 호르크하이머가 1930년에 프랑크푸르트 사회연구소의 소장을 맡아 마르크스주의로부터 영향을 받은 선진 자본주의 이론의 프로젝트를 설계한 후, 이 연구소에서 생겨난 연구 맥락을 가리킨다. 호르크하이머와 마찬가지로 아도르노도 마르크스주의에서는 일반적으로 상부구조 또는 경제적 관계의 반영으로만 간주되던 문화의 역할로부터 포스트자유주의 사회를 분석하기 위한 해법을 발견할 것으로 확신했다. 포스트자유주의 사회는 – 마르크스의 시대와는 달리 – 더 이상 독립적인 기업가 부르주아층에 의해서가 아니라, 국가 규제와 대기업에 의해 주로 각인되는 사회를 말한다. 호르크하이머에게 문화 영역에 대한 관심은 이러한 사회이론적 의도의 결과였던 반면, 아도르노의 경우에는 사정이 전혀 달랐다. 그는 음악가 또는 음악 비평가가 되려는 희망이 좌절되자 최종적으로

| 생애와 저작 | 테오도르 W. 아도르노(1903~1969)

아도르노는 개신교로 개종한 유대인 기업가와 전직 성악가의 아들로 프랑크푸르트 암마인(Frankfurt am Main)에서 성장했으며, 17세에 대학 입학 자격시험 아비투어(Abitur)를 수석으로 마쳤다. 그는 프랑크푸르트 대학교에서 철학, 심리학, 음악학을 공부한 후, 20세에 최고 성적으로 박사학위를 받았다. 그 후에는 한동안 비엔나로 가서 아르놀트 쇤베르크(Arnold Schönberg)를 중심으로 하는 사교계에 들어가고자 했으며, 알반 베르크(Alban Berg)의 강의를 수강했다. 음악가 또는 음악 비평가로 경력을 쌓으려던 그의 희망은 이루어지지 않았다. 1931년의 두 번째 시도에서 그는 교수 자격을 취득했지만, 아리안 혈통이 아니라는 이유로 1933년에 교수 자격을 박탈 당했다. 1938년에 옛 동창생 막스 호르크하이머가 그를 뉴욕에 불러들였다. 뉴욕에는 프랑크푸르트 사회연구소가 망명해 있었다. 1941년부터 두 사람은 로스앤젤레스에서 『계몽의 변증법』을 집필했다. 아도르노는 1943년에 미국 국적을 취득했고, 1944년부터 반유대주의 연구 프로젝트에 참가했다. 1949년에는 호르크하이머가 다시 교수로 초빙되어 프랑크푸르트로 돌아왔다. 아도르노 자신은 몇 년이 지난 후에야 정교수가 되었다. 이 시기에 그는 수많은 책을 집필했으며, 공개적으로는 사회 비판가로 활동했다. 이전에 프랑크푸르트 사회연구소 연구원이었던 허버트 마르쿠제와 달리 아도르노는 정치 현안에 대해 입장을 직접 표명한 적이 거의 없었으며, 학생운동의 권위주의적 경향에 분노해 1969년 초에 경찰로 하여금 점거된 연구소 건물에서 학생들을 철수하게 했다.

학자의 길로 들어섰다.

아도르노를 사회이론으로 이끈 것은 현대에서의 (미학적) 경험의 운명에 대한 물음이었다. 그는 근대화 과정에서 개인의 자발성과 자율적 발전의 여지가 절멸된 것을 우려했다. 마르크스가 초기 근대를 고찰하며 주장했던 것과 달리, 그는 산업적 자연 지배의 과정에서 발생한 광범위한 인구층의 궁핍화와 위축을 계급 대립이 극복·화해되는 공산주의 사회의 전 단계로 해석하지 않았기 때문이다. 오히려 아도르노는 발전된 근대에서 자연 길들이기가 총체적 지배의 체계를 만들어낸 것을 관찰했다. 이러한 고찰을 통

자유주의 사회에서 포스트자유주의 사회로

해 호르크하이머와 아도르노는 발전된 근대를 그들의 시각에서 초기 근대와 구별 짓는 일련의 변화에 반응했다. 그 변화들이란 서로 더욱 착종된 경제와 정치의 관계에서 나타난 구조 변동, 사회의 철저한 관료제적 조직화의 증가, 그리고 무엇보다 그들이 살던 시대의 전체주의적 체계들, 특히 호르크하이머와 아도르노로 하여금 망명의 길을 떠날 수밖에 없게 했던 민족사회주의를 가리킨다.

무엇보다 『계몽의 변증법』에서 발전된 이 진단은 처음 발행된 지 20년이 지난 후에야 학생운동의 와중에 처음으로 광범위하게 수용되었다. 또한 1970년대에 기독교민주당(CDU)의 지도적 정치가들이 비판이론의 사회철학적 전통과 적군파(赤軍派) 테러 간의 연관성을 주장할 정도로 터무니없는 극단에 이르자, 비판이론은 독일연방공화국에서 공적 관심사가 되었다. 아도르노는 오늘날 주로 철학에서 수용되지만, 독일에서 그가 사회학에 미친 영향은 결코 과소평가될 수 없다. 제2차 세계대전 이후 아도르노는 호르크하이머의 주선으로 호르크하이머와 마찬가지로 프랑크푸르트로 돌아와 철학 및 사회학 교수직을 맡았다. 그곳에서 아도르노는 재개된 프랑크푸르트 사회연구소를 수년 동안 이끌었고, 1963년부터 4년 이상 두 차례에 걸쳐 독일사회학회 회장을 역임했다.

2 | 핵심 문제

쇠망의 역사로 해석되는 근대화 과정

아도르노와 호르크하이머의 비판이론은 근대화 과정을 무엇보다 자연지배의 증대로 이해해야 한다는 확신을 마르크스와 공유한다. 그러나 마르크스와 달리 프랑크푸르트학파는 이 과정을 진보의 역사로 해석하는 것이 아니라 쇠망의 역사로 해석한다. 마르크스가 자본주의의 생성을 관찰하고 이전에는 상상할 수 없었던 산업화된 사회의 생산성에 매혹되어 사람들 사이의 빈곤과 지배가 결국에는 불필요해진다고 보았던 반면, 비판이론의 저자들은 자본주의가 의외로 생존력이 있음을 확인한다. 1930년대의 대공황으로 경제 과정의 위기 상황이 세계경제의 근간을 요동치게 했음에도 프롤레타리아 혁명은 일어나지 않았다. 그러나 그뿐만이 아니었다. 더욱 심각한 문제는 사람에 대한 사람의 지배가 갈수록 증가하여 마침내 총체적이 되어버렸다는 것이었다. 경제적으로는 기업 연합과 기업 합동의 형태로 거대 독점 기업들이 생겨났고, 정치적으로는 파시즘과 볼셰비즘이 겉으로는 걷잡을 수 없이 확산되었다.

이로부터 비판이론의 핵심 문제가 생겨난다. 호르크하이머와 아도르노가 『계몽의 변증법』에서 간결하게 정식화했듯이, 그들은 "인류가 진실로 인간적인 상태로 들어서지 않고, 그 대신 새로운 종류의 야만 속으로 침몰하는 이유"(Horkheimer/Adorno, 1944: 16)를 설명하는 데 관심이 있었다. 착취당하고 억압받는 사람들이 들고 일어나서, 마르크스와 엥겔스(Marx/Engels, 1845/46: 70)가 말했듯이, "낡은 오물을 모두 …… 털어내고 새로운 사회를 건설할 능력을 …… 갖추는 것을" 막는 것은 무엇인가? 마르크스는 산업화가 진전되는 과정에서 노동자들은 사회가 혁명적으로 변혁되어야 한다는 확신에 필연적으로 도달할 것이라고 가정했다. 반면에 프랑크푸르트학파의 중심 가정은 이와는 정반대였다. 자본주의적 교환관계의 허위는, 즉 그들의 사회에서 나쁜 것이기 때문에 바뀌어야만 하는 것은 사람들의 의식 속에서 점점 더 파악할 수 없게 된다는 것이다.

따라서 비판이론의 핵심 문제는 다음과 같이 구체화할 수 있다. 즉, 사람들이 자신의 고통이 사회의 발전 상태를 고려할 때 불필요하다는 것을 깨닫지 못하는 것이 어떻게 가능한가? 호르크하이머와 아도르노의 대답은 다음과 같다. 착취를 당하는 사람들이 그들의 물질적 궁핍에도 불구하고 어떠한 혁명적 의식도 발전시키지 못하는 것은 발전된 근대에서 사람들이 — 피부와 머리카락, 그들의 신체와 행동뿐만 아니라 의식까지도 — 사회적 재생산 과정에, 즉 시대적 변화 속에서 사회질서가 유지되는 과정에 완전히 통합되어 있기 때문이다. 특히 문화산업의 산물들은 사회가 바로 그래야만 하는 것처럼 정확히 그렇게 존재해야 한다는 그들의 믿음을 강화한다는 것이다. 물론 이 대답은 의식의 현상과 문화의 영역이 마르크스, 특히 마르크스주의에서 받아들여졌던 것보다 더 진지하게 받아들여져야 한다는 것을 전제로 한다. 이른바 사회적 상부구조가 사회통합의 역할, 즉 개인들을 사회질서 안으로 편입시키는 그토록 중심적인 역할을 하려면 마르크스의 방법적 기본 구상은 수정되어야만 한다(⇨ 그림 5-1과 1장 참조).

3 ı 방법적 기본 구상: 성좌적 사유

마르크스는 생산력이 발전하면 궁핍화(빈곤화)된 프롤레타리아를 착취하는 것이 불필요해질 것이라고 가정했다. 여기서 결정적인 것은 산업적 생산기술을 접함에 따라 훈련된 노동자들도 자신의 불행을 극복할 수 있다는 것을 깨닫게 될 것이라는, 마르크스의 또 다른 가정이다. 생산된 재화의 과잉과 노동자들의 삶의 결핍 사이의 모순, 사회적 부와 개인적 궁핍 사이의 모순은 노동자들에게 이데올로기적 허구로서의 지배적인 정당화 패턴(예컨대, 평등한 자유에 대한 부르주아적 개념)을 폭로할 것이다. 점진적인 물질적 궁핍화가 진행되면서 노동자들은 이를테면 모든 사회 구성원의 법적 평등이 결정적인 경제적 불평등을 은폐하고 있다는 사실을 깨닫게 될 것이다. 따라서 노동자들은 부르주아 질서가 정의롭다는 생각이 이데올로기임을 꿰뚫어보고 부르주아의 착취에 저항하게 되리라는 것이다. 마르크스에 따르면, 이런 의미에서 사람들이 사회에 대해 갖는 관념(의식)을 포함한 문화의 전체 영역은 경제관계와 그 안에서 사회 구성원들이 갖는 위치(존재)에 좌우된다.

비판이론은 바로 이러한 가정과 단절한다. 호르크하이머와 아도르노에 따르면, 사회적 상부구조(문화, 법, 국가, 철학)는 마르크스주의 저자들이 흔히 가정하듯 무조건적으로 경제관계에 소급될 수 있는 것이 결코 아니다. 오히려 의식의 현상에는 그 자체의 역동성이 있다. 호르크하이머와 아도르노가 관찰한 포스트자유주의 사회유형, 즉 이전에는 (경제와 가족처럼) 정치 이전의 것으로 여겨졌던 사회 영역들에 국가가 점점 더 많이 개입함으로써 특징지어지는 사회들의 재생산을 설명하려는 사회 분석은 이러한 자체 동력에 집중해야 한다.

"상부구조"의 자체 동력에 대한 인정

비판이론에서 처음부터 결정적이었던 것은 사회의 경제적 토대와 문화적 상부구조 사이에는 제3의 중재적 요소로서 인성구조가 고려되어야만 한다는 것이며, 인성구조는 사회심리학의 방법을 통해 탐구될 수 있다는 확신이었다. 이런 이유로 프랑크푸르트학파의 시각은 '프로이트마르크스주의'라고 일컬어지기도 한다. 따라서 경제적 상태가 문화적으로 어느 정도까지 표출되는가 하는 것은 개인들이 어떻게 전형적인 방식으로 사회화되는지에 달려 있다. 예컨대 종속과 두려움의 상태에서 성장하는 사람은 자아 강도를 발전시킬 수 없으며, 생산력의 발전과는 전혀 무관하게 저항과 반란 대신 적응과 복종의 경향을 지니게 된다는 것이다.

사회심리학의 역할

호르크하이머는 이러한 고찰을 먼저 "학제적 유물론"이라고 일컬어지는 개념 안에서 수행했다.

학제적 유물론

> 오늘날 중요한 것은 …… 현실적인 철학적 문제 제기를 기초로 연구를 조직하는 일이다. 이러한 연구를 위해 철학자, 사회학자, 국민경제학자, 역사학자, 심리학자들이 지속적인 연구 공동체 안에서 결합한다. 그리고 …… 원대한 것을 목표로 하는 철학적 문제를 가장 정련한 과학적 방법들을 사용해 추구하며, 대상에 대한 연구 과정에서 문제 제기를 수정하고 정밀화해 새로운 방법을 고안해 내면서도 일반적인 것을 시야에서 잃지 않는 것이 중요하다

(Horkheimer 1931: 29~30).

여기서 호르크하이머가 중심 문제라고 일컫는 것은 다음과 같다.

> 사회의 경제적 삶, 개인들의 정신적 발전, 그리고 좀 더 좁은 의미로 문화 영역에서 일어나는 변화들 사이의 연관성에 관한 문제이다. 이 문화 영역에는 과학, 예술, 종교 등 이른바 정신적 내용들뿐 아니라 법, 윤리, 유행, 여론, 스포츠, 오락 양식, 생활양식 등도 포함된다(Horkheimer, 1931: 32).

이러한 개념이 유물론적인 이유는, 마르크스와 마찬가지로 여기서도 생산관계가 사회의 토대, 즉 사회의 **종합**(⇨ '들어가기' 1절 참조)으로 이해된다는 점에 있다. 그러나 마르크스의 믿음과 달리 사회 구성원들의 의식과 행동은 생산관계에서 간단히 추론될 수 없기 때문에, 사회이론은 정치경제학 비판보다 더 많은 것들에 의존한다. 경제 외에 사회의 다른 두 가지 차원인 인성과 문화도 파악해야 하는 것이다. 따라서 연구는 학제적으로 조직되어 있어야 한다.

| 정의 | **학제적 유물론(Interdisziplinärer Materialismus)**

학제적 유물론은 막스 호르크하이머가 1930년대 초에 프랑크푸르트 사회연구소의 연구 강령으로 정식화한 사회철학적 개념이다. 이 개념은 마르크스의 토대-상부구조 모델과 연계되는데, 이 모델에 따르면 정치, 법, 도덕, 그리고 문화 사상의 전체 분야(사회의 상부구조)는 경제적 관계(물질적 토대)에 의해 규정된다. 공산주의 혁명이 일어나지 않은 것에 대한 반응으로 호르크하이머는 제3의 영역으로서 사회 구성원들의 인성구조를 도입함으로써 이 모델을 수정한다. 이 착상에 따르면, 경제관계가 행위자의 생각을 결정하는 것은 아니다. 경제구조가 개인들의 사고와 행동으로 옮겨지는 방식은 오히려 사회화 과정에서 형성된 인성 패턴에 따라 달라진다. 경

제, 인성, 문화의 연관관계는 모든 관련 분과 학문의 공동작용에 의해서만 탐구할 수 있다.

학제적 유물론의 프로그램은 프랑크푸르트 연구소에서 광범위하게 추진된 적이 없다. 이는 한편으로는 연구자들로 하여금 망명을 할 수밖에 없게 만들고 체계적인 경험적 연구를 전적으로 불가능하게 만들었던 정치적 상황 때문이기도 했지만, 다른 한편으로는 경험적 사회 연구에 대한 회의감이 커졌기 때문이기도 했다. 경제 위기와 파시즘적 경향에 의해 각인된 현실이 명백히 잘못된 것이라면, 경험적 현실에 대한 데이터 수집은 어떤 목적을 성취해야 하는가?

이 물음과 함께 마르크스의 방법적 기본 구상을 추가적으로 변형해야 했다. 처음에는 생산력 발전의 상태가 (허위적인) 관계를 분석하기 위한 하나의 (올바른) 잣대를 제시했다면, 이제 문제는 정확히 자연 길들이기에 있다는 생각이 점점 더 결정적인 것으로 되어갔다. 이 과정을 이해하기 위해 비판이론은 주체와 자연의 관계도 규명했다. 그러나 관심의 초점은 생산관계에서 사회 분석(**종합**)의 기본 단위로서의 교환관계로 옮겨졌다. 교환의 개념에서 호르크하이머와 아도르노는 주체가 (내적 그리고 외적) 자연을 자신의 통제에 굴복시킴으로써 어떻게 자신의 강대한 힘을 최초로 얻게 되는지 기술한다. 주체는 주권을 획득하기 위해 억제되지 않는 자연의 열망과 유혹을 스스로 떨쳐버려야만 하는 대가를 치른다.

생산관계에서 교환관계로

이러한 최초의 관계까지 포함하여, 모든 교환관계는 사물들에서 특수한 것을 무시하여 사물들을 동일하게 보이게 하는 동일성 원리를 구현한다. 따라서 동일성 사고는 사물들을 오직 자신의 주관적인 목적의 수단으로만 고려하여 사물들의 특수성을 사실상 지워버리는 도구적 행동이 지배적으로 나타나게 만든다. 구체적으로 말해서 모든 교환은 비교 가능성을 전제

교환관계와 동일성 원리

로 하며, 비교 가능성은 비교 대상의 질적 속성을 무시함으로써 성립된다. 인류의 역사는 정량화하는 합리성, 즉 계산하는 합리성이 전개되는 역사이다. 즉, 동일하지 않은 것은 등가적인 것이 되고, 이를 통해 교환할 수 있게 만들어진다.

자연에 대한 도구적 관계와 이윤 법칙

자본주의 사회에서 교환은 상품 교환의 형태를 취한다. 이러한 교환은 근대사회에서 변화의 원동력인 이윤 법칙과 근대사회의 **동학**(⇨ '들어가기' 1절 참조)을 위한 토대로 작용하며, 이러한 이윤 법칙은 자연에 대한 도구적인 관계만을 계속해서 확장하고 강화한다. 교환의 자본주의적 가치화라는 관점에서 보면, 비인간적 자연과 인간적 자연 사이에는 어떤 차이도 없다. 지하자원이든 인간의 신체이든 간에 모든 것이 이윤 증대를 위한 자원이 된다. 문화도 결국에는 이 과정에 휘말려 모든 것을 포괄하는 지배의 폐쇄적 체계의 구성요소가 된다(⇨ 그림 5-1 참조).

그림 5-1 **비판이론의 방법론적 개념의 비교**

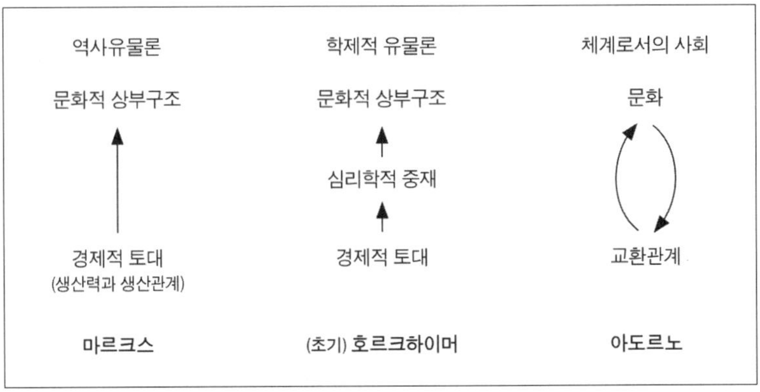

아도르노에 따르면, 동일성 원리와 지배의 이러한 연관관계는 과학적 사고에도 영향을 미친다. 이는 실증주의에서 특징적인 방식으로 드러나는데,

실증주의는 오직 관찰 가능한 경험적 사실만을 지향하는 학문으로서, 그 자체의 자기이해와는 달리 결코 가치판단이 배제된 것이 아니라 현상 유지를 정당화하는 데 기여한다. 아도르노에 따르면, 실증주의적으로 접근하는 사회학은 바로 '허위적' 현실을 배가·강화하는데, 그 이유는 실증주의적 사회학이 **첫째**, 명확하게 분류된 과학적 질서의 범주로 현실을 분석하기 때문이다. 이 과정에서 사회의 모순적이고 비이성적인 것은 시야에서 벗어난다. **둘째**, 사회적 현상들을 식별하는 데 사용되는 개념들 자체가 사회적 과정들의 결과라는 점이 고려되지 않기 때문이다. 이런 식으로 권력관계가 은폐된다. 이는 예컨대 '역할'이라는 개념이 역할에 따라 분화된 사회가 역사적으로 우연적인 권력질서, 즉 자연스러운 것이 아니라 다를 수도 있는 권력질서를 나타낸다는 점을 주제로 다루지 않는 한, 지배관계들을 안정화한다는 것을 의미한다. **셋째**, 따라서 실증주의적 사회학은 그 개념들, 즉 그 도구들이 조건부적인 무엇이라는 점, 다시 말해서 (권력관계를 포함해) 기존의 사회질서에 대한 실증주의적 사회학의 기능에 의해 형성되었을 뿐 아니라, 이러한 정황이 실증주의적 사회학의 대상에도(예컨대, 사회 구성원 개개인의 상황이라는 사실에도) 해당된다는 점을 제대로 인식하지 못하고 은폐하기 때문이다.

이런 이유로 아도르노는 사회적 "현상들"을 실증주의적으로 파악하는 것에 반대해 "사회의 객관적 운동 법칙"으로 구성된다는 그 현상들의 "본질"을 밝혀낼 것을 요구한다(Adorno, 2003: 42). 따라서 아도르노는 사회에 대한 **구조이론적** 이해를 주장한다. 그에 따르면 모든 현상은 전체 맥락에 대한 자신의 기능에 의존하기 때문에, 사회는 총체성으로 분석되어야 하는 체계이다. 물론 아도르노는 사회학이 사회의 '운동 법칙'을 추상적인 것으로 재구성하고 그로부터 예컨대 사회집단의 행동과 같은 구체적인 것을 도출함으로써 사회의 본질을 파악할 수 있다고 생각하지 않는다. 이것 역시 아도르노가 비판한 동일성 사고의 한 예일 것이다. 그보다 아도르노는 "성좌적(星座的) 사유"에 몰두한다. 즉, 그는 다양한 관점에 기반한 다채로운 서술을 통해 현상을 규명하려 한다. 이 방법의 개방성은 한편으로는 현상들에서 특수성이 부각되도록 해야 하며, 다른 한편으로는 추상화하는 서술 도구로서의 개념을 고수하여 이성적 인식에 대한 요구를 이행해야 한다는 것이다. 이러한 방법으로 동일성 원리에 빠져들지 않고 총체성으로서의 사회를 판독할 수 있다는 것이다.

총체성으로서의 사회를 생각한다

아도르노의 대안은 사회의 본질이 오직 현상들 안에만 존재하기 때문에 사회의 본질은 현상들을 분석함으로써만 파악될 수 있다는 확신에 기인한다. 따라서 사회는 그 영역들이나 집단들의 총체로서 부가적으로 설명될 수 없으며, 사회의 운동 법칙이 인간과 사회적 관계를 규정하는 과정으로만 설명될 수 있다. 사람들은 상호작용을 하면서 어떻게 자신이 통제하지도 이해하지도 못하는 사회적 관계를 유지하는가? 즉, 우리가 말하고 있는 것은 구조이론적 접근법이면서도 이해의 요소 및 행위자의 관점이라는 주체적인 것을 고려하는 접근법이기도 하다. 사회학은 "(사회의) 이해 불가능한 것을 이해해야 하며, 사람들이 꿰뚫어볼 수 없을 정도로 독립된 관계들을 사람들 사이의 관계들로부터 도출해 내야 한다"(Adorno, 1972: 12).

사회학은 (이)해 불가능한 것을 이해해야 한다

이 점은 아도르노가 이해하는 사회학의 **실천** 차원(⇨ '들어가기' 1절 참조)으로 우리를 안내한다. 분명 문제는 사회가 문명의 가능성들에 미치지 못하는 이유를 규명하는 것이다. 이로써 비판이론은 계몽주의의 전통 속에 놓여 있다. 그러나 비판이론은 두 가지 중심적인 관점에서 고전적 계몽주의와 구별된다.

1. 계몽주의 개념들의 **역사적 성격**에 대한 통찰은 아도르노 사회학의 방법론적 근본 이해에 속하며, 개념들은 특정한 역사적 시대의 전반적인 사회적 맥락의 일부이다. 그 본질은 사회에서 흉하게 변형된 것, 즉 사회의 '비동일적인 것'을 인식하게 하는 성좌적 사유를 통해 파악된다. 이러한 이유

로 아도르노는 사회학이 필연적으로 비판적이기는 하지만 사회학적 인식에는 시대를 초월하는 타당성이 부여되지 않으므로 사회학은 고전적 계몽주의와 구별된다고 주장한다. 호르크하이머와 아도르노는 1969년에 발행된 『계몽의 변증법』 개정판의 서문에서 진리는 "시간의 핵"을 지닌다고 서술한다(Horkheimer/Adorno, 1944: 13).

시대 초월적 타당성이 없는 비판

2. 고전적 계몽주의나 마르크스와 달리, 비판이론의 특징은 **비관주의적 근본색조**에 있다. 비판이론은 비판이론 자체가 자신이 분석하는 사회의 일부라는 점을 고려하기 때문에 실증주의처럼 기존의 지배 구조를 정당화하는 데 직접적으로 기여하지 않는다. 그러나 이 구조는 현재에는 너무 총체적으로 되어 있기 때문에, 혁명적 주체에 대한 희망이 쓸모없어졌을 뿐만 아니라 실제로 지배구조를 더 이상 전혀 꿰뚫어 볼 수 없게 되었다. 기껏해야 개개인은 특히 예술에서 드물게 성공적인 미학적 경험의 순간에 갑자기 깨달을지도 모른다.

마지막 기회로서의 미학적 경험

물론 아도르노의 비판이론이 과연 **사회학적 설명**에 입각해 이해될 수 있는가 하는 것은 논란의 여지가 있다. 대안적으로 그의 비판이론은 설명적 고찰을 포기하고 과대 묘사와 과장의 수단을 통해 비판을 목표로 하는 **사회철학적 시대 진단**의 접근법으로서 수용된다. 따라서 이 문제에서 모든 것은 프랑크푸르트학파의 사회학 이론 분석을 어떻게 평가할 수 있느냐에 달려 있다.

4 | 분석: 국가자본주의와 권위주의 국가

아도르노도 마르크스와 마찬가지로 현대사회를 그 이전 역사의 배경에서 이해하려고 노력한다. 마르크스는 고대 노예경제, 봉건주의, 부르주아 사회를 생산관계의 연속 단계로 풀어내는데, 이는 마르크스가 역사를 생산력 발전의 관점에서 분석하기 때문이다. 따라서 아도르노가 보기에 마르크스도 어느 정도는 사회의 '현상들'에 현혹될 수 있는 것이다. 마르크스는 인류 역사가 진전되어 가는 자연 지배의 역사라고 정확하게 인식하기는 했지만, 자연 길들이기가 생산력의 증대로 협소하게 이해되어서는 안 된다는 것이다. 즉, '본질적인 것'은 오히려 도구적 합리성의 전개라고 아도르노는 역설한다.

길들이기와 도구적 합리성

마르크스에 있어서 역사적 전개 과정의 재구성은 인간이 어떻게 자연을 욕구 충족을 위한 재료로 전유하는가라는 질료적 관점 아래에서 시작되는 반면, 아도르노는 말하자면 한 걸음 물러나서 주체가 자연과의 교환에서 어떻게 욕구 충족을 위한 재료로 자연을 전유하는 주체가 되는지를 묻는다. 아도르노에 따르면, 도구적 자연관계의 이러한 형태도 이전의 역사를 지니며, 현재 사회의 성격을 알기 위해서는 이 역사를 이야기해야 한다.

호르크하이머와 아도르노에 따르면, 처음에 자연은 인간에게 혼란스럽고 압도적이며 위협적으로 다가온다. 자연에 대한 두려움은 자연을 통제하고 길들이려는 동기를 불러일으킨다. 이는 계몽주의를 통해 성취된다. "예로부터 진보적 사고의 가장 포괄적인 의미에서 계몽은 사람들로부터 두려움을 몰아내고 그들을 주인으로 세운다는 목표를 추구해 왔다"(Horkheimer/Adorno, 1944: 25). 인간이 자연을 객체화·사물화함으로써, 즉 인간이 자연에 영향을 미치고 자연을 이용할 수 있는 대상으로 만듦으로써, 자연은 인간의 지배에 예속되고 인간의 통제 아래 놓인다. 역사의 초기 단계에서 이는 신화적 구성을 통해 일어난다. 따라서 신화는 계몽에 대립되는 것이 아니라 그 자체가 이미 계몽이다. 비판이론에 따르면, 계몽의 과정은 자기 유지를 목표로 하는 자연과 인간의 이러한 본래적 관계에 의해 규정된다. 호르크하이머와 아도르노에 따르면, 이는 마르크스가 역사를 인간 존재를 위한 자연의 점진적 도구화로 보는 관점의 근거가 된다. 그러므로 도구적 합리성의 지

| 정의 | 도구적 합리성(Instrumentelle Rationalität)

도구적 합리성은 목표 달성을 위해 수단을 효율적으로 투입하는 것을 결정할 수 있는 능력이다. 그러나 도구적 합리성은 어떤 목표가 이성적인 방식으로 추구되어야 하는가에 대한 정보는 제공하지 않는다. 이 점에서 도구적 합리성은 베버의 목적합리성 개념에 일치한다. 그러나 호르크하이머와 아도르노가 도구적 합리성이라고 말하는 것은 목적합리성과 달리 수단의 효율성이 마침내 목적 자체로 나타나게 하는 합리성의 형태이다. 합리성의 이러한 형태에서는 특정한 목표나 이해 관심을 위해서 효율성이 추구되는 것이 아니라 합리성 자체의 증대와 효율성이 추구된다.

배는 자본주의가 비로소 뿌리내릴 수 있게 하는 온상이다.

자본주의는 도구적 합리성에 기인한다

따라서 프랑크푸르트학파는 마르크스가 생산력의 증대를 인식한 곳에서 도구적 합리성이 확산되는 데 주목한다. 그 결과, 마르크스와 달리 프랑크푸르트학파는 부르주아 사회를 공산주의의 전(前) 단계로 이해하지 않는다. 마르크스가 자본주의의 피할 수 없는 사형선고라고 보았던 (축적과 현실화 또는 과잉생산의) 위기들을 프랑크푸르트학파는 극복할 수 있는 것으로 여긴다. 프랑크푸르트학파에 따르면, 사회는 마르크스가 믿었던 것처럼 혁명적 변혁을 통해 자본과 노동의 근본적인 모순과 사회의 계급적 성격을 지양함으로써 자본주의 위기의 징조에서 벗어나는 것이 아니라, 도구적 합리성의 총체화를 통해 이를 달성한다. 따라서 위기적 자본주의에 뒤따르는 것은 공산주의적 자유 왕국이 아니라 전체주의적 지배이다. 이러한 숙고에 따르면, 자연 길들이기는 부르주아 시민사회의 도래와 함께 자본주의적 형태를 취하게 되었지만, 아직 최고의 형태를 취한 것은 아니었다. 따라서 자본주의의 상이한 단계들이 사회이론적으로 구분되어야 한다.

자본주의 위기의 극복 가능성

고전적 자유주의 단계, 더 정확히 말해서 경쟁자본주의 단계는 마르크스가 주로 분석한 단계이다. 이 단계에서 기업가들은 원칙적으로 언제든지 새로운 공급자가 나타날 수 있는 시장에서 경쟁한다. 이러한 경쟁이 독점

자유주의 단계에 독점자본주의 단

형성의 경향을 초래한다는 것을 마르크스는 이미 파악하고 있었다. 특히 엥겔스는 카르텔과 트러스트가 점점 더 많이 형성된다는 사실에 여전히 반응하고 있었다. 이 두 번째 독점자본주의 단계에서는 시장은 더 이상 전적으로 정치 이전의 사회적 영역으로 이해될 수 없다. 이제는 경제 자체가 협약과 정치적 간섭에 의해 구조화되기 때문에 경제는 더 이상 국가 지배 등을 분석할 수 있게 하는 독립변수가 아니다. 그럼에도 불구하고 20세기의 첫 10년 동안 마르크스주의에서 지배적이었던 견해는 경제와 정치의 관계에서 궁극적으로는 경제가 여전히 결정적이고 정치는 결국에는 실패할 수밖에 없는 수동적 활동으로 제한된다는 것이었다.

프랑크푸르트학파는, 아무튼 그 중추적인 대표자들은, 이러한 견해와 단절한다. 그들은 "국가자본주의"라는 세 번째 단계가 형성되고 있다고 확신했다. 국가자본주의라는 개념은 프랑크푸르트 사회연구소에서 정치경제 분석을 담당하던 프리드리히 폴록(Friedrich Pollock)이 정립했다. 폴록 역시 마르크스와 마찬가지로 자본주의 경제의 위기 취약성은 오직 계획을 통해서만 극복될 수 있다고 믿었다. 그러나 이것이 다른 사람의 노동력 착취에 기반한 체계인 자본주의가 처음부터 실패할 운명이었다는 의미는 결코 아니다. 즉, 계획경제는 사회주의와 동의어가 아니라는 것이다. 국가자본주의 이론의 근본 가정에 따르면 자본주의적 계획경제도 가능하다. 자본주의적 계획경제에서 소유주는 순수한 연금수급자이거나, 정치적 (그리고 군사적) 엘리트들과 함께 지배계급으로 융합될 것이다. 또한 폴록에 따르면, 국가자본주의에서는 사회의 계급 분열이 극복되거나, 이윤 동기가 효력을 상실하지 않은 채 경제가 국가에 의해 조종된다. 국가자본주의는 민주적 개혁주의 형태 또는 전체주의적 형태를 취할 수 있다는 것이다.

국가자본주의

권위주의 국가

이 견해에 따르면 "권위주의 국가"는 정치적 측면에서 국가자본주의에 일치하며, 그 본질은 사회에 대한 완전한 관료제적 침투이다. 따라서 전체주의적 지배는 경제적 필요성에서 비롯된다. 전체주의적 지배는 자본주의의 근원적인 위기 징조를 극복하고 자본주의를 영구적으로 안정시킬 수 있다. 그러나 국가자본주의가 도래하면서 정치와 경제의 관계는 전자가 주도권을 잡을 경우 변화한다. 이러한 관계의 역전은 사회 분석이 마르크스의 경우에서처럼 생산력 발전에 집중되면 잘못 해석된다. 이는 자본주의의 종말이 다가오고 있음을 의미하는 것이 아니며, 공산주의 전 단계인 사회주의를 예고하지도 않는다. 전체주의는 — 나치즘의 형태이든 볼셰비즘의 형태이든 간에 — 도구적 합리성의 점진적 지배로서 오히려 매끄럽게 인류 역시에 연결된다. 이는 비인간적 자연과 인간적 자연을 근본적으로 구분하지 않는 도구적 자연 지배의 전개를 의미한다.

분석의 이 대목에서 호르크하이머와 아도르노는 이제 비판이론의 핵심 문제에 대한 답을 개발해야 한다. 설령 국가의 규제 수단으로 위기에 처한 자본주의 경제를 통제하는 데 성공했다 하더라도 억압받는 사람들은 왜 저항하지 않는가라는 문제는 여전히 제기된다. 왜 사회적 갈등은 남아 있고, 왜 혁명은 일어나지 않는가? 이에 대한 설명의 일부는 (파시즘적) 폭정에서 찾을 수 있다. 폭정은 저항을 어렵고 위험스럽게 만들 뿐만 아니라, 공포정치로서의 폭정은 개인들을 고립시키고 두려움에 떨게 한다. 개인들은 특히 유대인들을 그동안 쌓인 공격성을 발산할 수 있는 '대상'으로 동일시함으로써 안정화되는 지배관계 안으로 자신을 스스로 '편입'시키고 이를 통해 자기 보존에 대한 충동을 충족시키려 한다. 고도의 근대사회, 즉 발전된 근대의 사회는 자신의 구조 안에 '위로는 굽실거리고, 아래로는 짓밟는' 원리를 고정시킴으로써 개인들로 하여금 심리적으로 안정을 취할 수 있게 한다. 오늘날에도 사회학자들은 이 원리를 사용하여 예컨대 외국인 혐오증이 발생하는 데 대한 설명을 시도한다.

공포정치는 개인들을 두렵게 한다

그러나 이러한 설명이 전체주의적 계급 지배가 어째서 착취를 당하는 사람들 사이에서도 지지를 받는지를 이해하는 데 충분한가? 적어도 사람들은 왜 자신의 고통이 불필요하다는 의식조차 발전시키지 못하는지는 여전히 수수께끼로 남는다. 물론 이러한 깨달음은 사회 구성원들이 적어도 자신들의 고통을 의식하고 있다는 것을, 즉 실제로는 기존의 조건들과 다른 어떤 것을 원한다는 것을 적어도 막연하게나마 감지하고 있음을 전제로 한다. 그런데 어째서 이런 일이 일어날 수 없는가? 적어도 미학적 경험을 통해 사람들은 심란해져야 하고 일깨워져야 한다.

문화산업

비판이론의 사회 분석을 구성하는 마지막 요소는 "문화산업"의 개념에 있다. 호르크하이머와 아도르노에 따르면, 문화가 전적으로 이윤 극대화와 지배 안정에 지향된 사회질서의 기능적 연관관계에 통합되어 있음에 따라 완전한 미학적 경험은 불가능하게 되었다. 예술은 자본주의적 가치화 과정에서 하나의 상품일 뿐만 아니라, 도구적 합리성의 지배 아래에서 기존의 것의 재생산에 관계되지 않는 모든 내용도 비웠다. "문화는 오늘날 모든 것을 유사하게 만든다. 영화, 라디오, 잡지는 하나의 체계를 이룬다. 각 부문은 한 목소리이고, 모든 것이 그 안에 함께 어우러져 있다"(Horkheimer/Adorno, 1944: 128). 발전된 근대에서 문화를 향유하는 것은 여가 시간의 오락으로 저하되며, 노동능력의 재생에 기여한다. 이로써 체계는 닫힌다. 현대사회를 총체적 체계로서 특징짓는 것은 단연 아도르노의 시대 진단의 핵심이다.

5 ı 진단: 총체적으로 통합된 사회

비판이론에서 분석과 진단은 분리하기가 매우 어렵다. 분석의 상당한 부분이 이미 진단이기 때문이다. 앞서 언급했듯이 아도르노는 현상을 서술할 때 지배적인 사회적 관계에 의해 강제된 상실을 분명하게 드러내는 방법을 추구한다. 근대화 과정에 대한 분석은 동시에 진단이기도 하다. 왜냐하면 인류가 걸어온 자연 길들이기의 길 자체가 병리적이기 때문이다. 주체는 자기 자신을 스스로 훼손함으로써, 즉 경험 능력을 없게 만듦으로써 자연을 지배하는 법을 배운다. 도구적 자연관계는 지배의 도구를 증가시키고, 이는 결국 인간에게 반격을 가한다. 따라서 호르크하이머와 아도르노는 신화가 이미 계몽이라고 주장할 뿐만 아니라, "계몽은 신화로 되돌아간다"(Horkheimer/Adorno, 1944: 21)라는 테제도 그들의 주장에 포함되어 있다. 왜냐하면 "완전히 계몽된 지구는 승리에 찬 재앙의 징후에서 빛나기"(Horkheimer/Adorno, 1944: 25) 때문이다.

자연 길들이기 자체가 병리적이다

파시즘은 비판이론에서 병리진단의 기준점을 이룬다. 여기서 결정적인 것은 아우슈비츠를 근대화 과정에서 일어난 '사고'로도, 근대 이전의 고대 시대로 돌아가는 '회귀'로도 이해해서는 안 된다는 확신이다. 관료제적으로 조직되고 산업적으로 집행된 유럽 유대인들의 학살은 오히려 그것이 지닌 고도의 근대적 성격을 통해서만 이해될 수 있다. 따라서 파시즘이 지극히 근대적인 현상이라는 테제는 근대가 전체주의 지배가 이용하는 수단을 처음으로 만들어냈다는 의미에서만 주장된 것이 아니다. 그보다는 계몽이 총체적 지배를 만들어낸다는 의미에서 주장된 것이다. 따라서 강제수용소는 근대화의 정점이다.

계몽이 총체적 지배를 만들어낸다

호르크하이머와 아도르노는 이러한 견해를 베버와 마르크스의 병리진단을 어느 정도 결합하여 발전시킨다. 이런 이유로 문헌에서는 비판이론의 특성을 나타내기 위해 "베버-마르크스주의"라는 용어가 사용되는 것을 볼 수 있다. 베버는 원래 주술적으로 파악된 세계의 탈주술화라는 관점 아래에서 합리화 과정을 재구성했다. 그러나 원래는 자율성의 증대를 의미하는 이 과정은 역설적이게도 관료제적 경직성과 사람들이 삶의 방향을 제시할 수 있게 만드는 이유들의 평가절하를 초래한다. 자유 상실과 의미 상실, 성공적인 삶의 영위에 대한 객관적 가능성들과 내적 행위 근거들의 상실, 이것이 베버가 다가오는 근대사회를 진단하는 두 가지 요소이다.

호르크하이머와 아도르노는 이러한 베버의 가정들을 받아들이면서도

무제한적 물상화의 역사

이를 마르크스의 개념 틀 안에서 바꾼다. 따라서 유물론적 징조 아래에서 탈주술화 과정은 다음과 같이 읽힌다. 도구적 합리성의 전개로서 계몽이 진보하는 것은 무제한적인 물상화(物像化)의 역사, 즉 사회적 관계의 사물화의 역사이다. 왜냐하면 이 계몽은 사회의 마지막 숨구멍까지 파고드는 관료제적 통제의 형태로 지배 수단들을 헤아릴 수 없을 정도로 증가시키기 때문이다. 계몽은 냉정한 비판의 갉아먹는 의심을 통해 지배를 제한하는 모든 이유를 동시에 파괴한다. 자연환경을 무자비하게 착취하는 것은 영리하고 진보적이며, 경쟁에서 살아남으려면 어차피 피할 수 없는 것 아닌가? 더불어 살아가는 사람들과의 관계에서 바로 그렇게 행동하는 것에 반대하는 이유는 무엇인가? 사람을 오직 행정 활동의 재료로만 이해하고 그 어떤 '감상벽'에도 흥분하지 않는 지배가 합리성의 최고 단계를 나타내는 것은 아닌가? 호르크하이머와 아도르노가 보여주고자 하는 것은 자신의 자연을 스스로 보존하기 위한 외적 자연의 대상화에서 인간 본성의 대상화로 직행하는 길이다. 계몽된 사회에서 지배권 행사는 더 이상 목표가 주어지지 않기 때문에 오로지 현재 상태의 재생산만을 지향한다. 결국에는 인간을 희생시키면서 체계 자체만이 스스로를 재생산한다는 것이다.

발전된 근대의 사회는 피할 수 없는 체계로 스스로를 폐쇄했다는 것이 아도르노의 시대 진단의 중심적인 논지이다.

| 요약 | 체계로서의 사회

사회는 발전된 근대에서 하나의 체계를 이룬다. 왜냐하면 모든 사회적 현상은 전적으로 이윤 극대화와 지배력 확보를 지향하는 사회질서의 기능적 연관관계를 유지하는 과정에서 수행하는 역할에 의해 존재하기 때문이다. 국가자본주의적 여건 아래에서 영구적으로 안정화되어 있는 이러한 가치화 과정에 포함되지 않는 것은 아무것도 없기 때문에, 아도르노 역시 사회가 "총체적으로 통합"되어 있다고 말한다.

체계로 닫힌 사회는 개인들이 포괄적인 물상화를 인식하는 것조차 방해한다. 아도르노는 이러한 맥락에서 "보편적" 또는 "총체적 현혹관계"를 말한다. 마르크스는 사람들이 자신의 처참한 상황을 올바로 인식하지 못하는 것은 그들이 자신이 처한 상황들에 대해 가지는 "허위의식"에 기인한다고 보았는데, 아도르노는 상황이 더 심각하다고 믿었다.

초기 근대: 이데올로기와 허위의식

허위의식이라는 의미에서 이데올로기에는 적어도 무언가 '올바른 것', 즉 실현된 것으로 잘못 생각되는 규범적 척도가 포함되어 있다. 따라서 허위의식조차 사회적 폭발력을 지닌다. 마르크스는 예컨대 노동계약에서 등가물이 교환된다는 관념을 이데올로기로 간주한다. 여기서 '허위적인 것'은 노동력도 다른 모든 상품과 마찬가지로 하나의 상품이므로 다른 모든 상품들과 마찬가지로 돈으로 교환할 수 있다는 생각이다. 그러나 이 생각은 비판적인 척도를 포함하고 있다는 점에서 '옳은 것'이다. 계약은 당사자들이 동일한 것은 동일한 것과 교환될 것이라고 믿기 때문에 이루어진다. 착취를 당하는 사람들이 자신들의 사회가 전혀 공정하지도, 기회 평등적이지도 않다는 것을 깨닫는 순간, 허위의식은 혁명적 의식으로 바뀐다.

발전된 근대: 제한된 의식

그러나 아도르노에 따르면 발전된 근대에서 이러한 종류의 허위의식은 사라졌다. 총체적으로 통합된 사회에서는 그 대신 상황이 다를 수도 있다는 의식이 전혀 존재하지 않는다. 여기서 허위적인 것은 사회가 실제로는 불공정한데도 정의롭다고 믿는 신념이 아니다. 오히려 허위적인 것은 사회가 현재 상태와 다른 것일 수 없고, 결과적으로 지배의 연관관계는 자기 보존 이외의 다른 목적을 지향할 수 없다는 확신이다. 허위의식과 구별하여 여기서는 제한된 의식 또는 편협한 의식에 대해 말할 수 있을 것이다.

아도르노에 따르면, 사회가 정확히 현재 상태 그대로여야 한다는 생각은 두 가지 요인에서 비롯된다.

1. 사회적 재생산은 아도르노가 "심급"이라고 부르는 **문화산업**을 통해서만

연금술적으로 완결될 수 있다. 심급은 "의식을 기존의 형태 그대로, 즉 현재의 지적 상태에 고정시키고 강화한다. 늘 같은 상태인 것을 칭송하는 경우와는 달리, 존재하는 것을 그것이 존재한다는 사실로 정당화하려는 노력이 줄어들 경우 사람들은 결국 존재하는 것을 떨쳐버리고 만다. 이러한 이유로 사회는 이미 존재하는 것의 끊임없는 복제를 필요로 한다"(Adorno, 1972: 18).

2. 이러한 "심급"의 효과는 의식에 국한되지 않고 인간의 본성까지 깊이 파고든다. 문화산업은 사람들로 하여금 사회에 완전히 통합되었다고 느끼도록 하는데, 이는 경쟁하는 집단들 간의 이익 균형을 맞추는 기본의 방식을 정당한 것으로 간주하기 때문이 아니라 사회질서의 개혁을 통해서만 충족될 수 있는 어떤 요구들도 개발하지 않기 때문이다. 문화산업은 개인들의 동기와 충동을 이런 식으로 조정하고 제한함으로써, 현재 존재하는 것을 재생산하는 데 하나의 **신체적 토대**를 제공한다. 체계로서의 사회는 개인들을 통해 스스로를 재생산한다.

전후 사회의 전체주의적 잠재성

아노르노의 확신에 따르면 사회의 전체주의적 성격은 제2차 세계대전 이후의 사회들에서도 존속한다. 서구 세계의 자유민주주의적 제도들은 "총체적으로 관리된 세계"의 외형에 불과하다. 이러한 견해의 이면에는 국가 자본주의 체계가 존속되는 한 파시즘이 다시 권력을 장악할지도 모른다는 우려가 자리한다. 언젠가 비판이론은 이러한 연관성을 다음과 같이 자주 인용되어 온 공식으로 표현했다. "자본주의에 대해 말하려 하지 않는 자는 파시즘에 대해서도 침묵해야 할 것이다"(Horkheimer, 1939: 308~309). 제2차 세계대전 이후에도 프랑크푸르트학파는 자본주의와 파시즘, 이 양자의 상호 보충성에 대해 확신했다. 국가는 현재 명백하게 전체주의적이지 않을 수 있지만, 사회는 본질적으로 전체주의적이다. 따라서 발전된 국민국가의 관료제는 인간다운 조건들을 형성하기 위한 도구로서의 역할을 하는 것이

| 정의 | **문화산업(Kulturindustrie)**

이 개념은 비판이론에서 문화적 재화의 산업화된 생산체계를 가리킨다. 문화산업은 다음과 같은 방식으로 사람들을 만족시키기 때문에 지배의 수단이다.

1. 문화산업은 사람들이 추구하는 것을 소비로 향하게 하고, 소비에 국한시킨다.
2. 문화산업은 상품 성격으로 환원된 문화적 생산물과 함께 소비 욕구의 충족을 위한 수단을 동시에 제공한다.

이와 동시에 문화산업은 영화, 텔레비전 쇼, 음악, 그리고 오늘날에는 컴퓨터게임 등 자신의 생산물을 통해 스스로 비판적인 것처럼 보이는 경우에도 기존 관계들을 간접적으로 정당화하고 강화한다. 사람들이 이러한 욕구들을 자율적으로 만들어내지 않는다는 것을 분명히 하기 위해 호르크하이머와 아도르노는 대중문화라는 표현을 사용하지 않는다.

아니라, 자본주의적 가치화의 맥락에 통합된 사람들을 통제하는 역할을 한다. 이런 조건들 아래에서 성공적 삶을 영위하려는 시도는 실패할 수밖에 없다. "허위적인 삶에는 올바른 삶이 없다"(Adorno, 1951: 43).

모방 행동, 비도구적 이성

물론 문화산업의 강화는 자신의 삶이 일그러져 있다는 의식을 갖지 못하게 한다. 그럼에도 불구하고 아도르노는 도구적 자연관계에 대한 하나의 대안이 존재하기를 희망한다. 그는 이 대안을 "모방 행동"이라고 부르는데, 이는 자연을 사물화하지 않고 상대방으로 이해하는 태도를 말한다. 미메시스(Mimesis), 즉 모방은 아도르노 및 이 단어의 의미에 따르면 자연에 완전히 점령당하거나 자연 안에서 자신을 포기하지 않고 인식 대상에 신중하게 밀착하는 태도이다. 따라서 비판이론의 이성 비판은 이성의 요구를 거부하는 것이 아니라 비도구적인 다른 이성을 목표로 한다. 앞서 언급한 성좌적 사유의 모델은 대상을 '공개해서' 완전한 인식에 접근할 수 있도록 하는 이 대안을 보증한다.

미학적 경험의 의의

아도르노는 예술에서 그러한 왜곡되지 않은 인식을 위한 일종의 은신처를 확인한다. 미학적 경험에서 주체는 성공적인 자연관계가 어떤 것인지,

표 5-1 **한눈에 보는 테오도르 W. 아도르노의 사회학 이론**

구분	표제어	세부 설명
사회학	사회의 "객관적 운동 법칙"의 분석으로서의 사회학	목적은 "현상"의 이면에 있는 "본질"을 인식하는 것이다.
핵심 문제	사회가 모든 계몽에 반(反)해 점점 더 비인간적으로 되어가는 것처럼 보이는 이유는 무엇인가?	아도르노는 "보편적 현혹관계"를 추측한다.
설명 모델	헤겔과 마르크스에 지향된 전체론, 변증법적 유물론	그러나 문화는 독립적으로 설명되는 요인이 된다.
설명의 기본 단위	(자본주의적) 교환관계	교환관계는 동일성 원리를 구현한다.
개인과 사회의 관계	사회의 근본 구조는 개인화 형태와 인성 발달을 규정한다.	자본주의와 문화산업은 실제적인 개인화를 방해한다.
근대사회와 전통사회(분석)	'모방적' 자연 감각 대신 도구적·물상화적 이성의 확산	계몽은 문명적 파국으로 이끄는 양가적 과정이 된다.
근대화의 이해	증대된 길들이기	자연 지배는 탈인간화로 돌변한다. 자연 지배가 외적 자연뿐 아니라 인간적 자연도 포괄하기 때문이다.
변화의 원동력	도구적 자연 지배, 자본주의의 이윤 법칙	문화적 발전은 도구적 자연 지배의 도구가 된다.
근대의 병리(진단)	체계로서의 사회, 근대의 귀결로서의 아우슈비츠 강제수용소	아도르노는 야만의 새로운 시대를 진단한다.

적어도 자연에 대한 도구적 지배가 야만적이라는 것을 어렴풋이나마 알 수 있다. 따라서 미학적 경험의 가능성은 사람들이 과연 자신의 고통에 대한 직감과 사회적 대안들에 대한 감각을 어느 정도 갖는지를 결정한다.

6 | 요약

아도르노와 비판이론은 사회학의 창시자들과는 달리 사회를 주로 역동화가 아니라 경직화의 관점에서 파악한다. 전체주의적 체제는 자유로운 발달을 위한 가능성들을 절멸시켰다. 또한 관료제적으로 통제된 제2차 세계대전 이후의 사회들도 자발성을 막는다. 사회를 하나의 체계로 진단하는 것은 근본적으로 구조기능주의적 설명 모델과 직접적으로 연관되어 있다. 사회적 현상들은 관료제적으로 형성된 발전된 근대의 사회를 재생산하기 위해 수행하는 기능을 근거로 분석된다. 따라서 사회학은 사회적 사실을 고립시켜 고찰하는 것(실증주의)을 경계해야 하며, 그 대신 사회적 사실을 사람들이 인식하지 못하는 비인격적 권력관계 또는 '객관적 운동 법칙'의 표현으로 이해해야 한다.

발전된 근대에서는 이러한 권력관계로 인해 사회가 어떤 의미에서는 변화 없이 제자리만 맴돌게 된다. 그러나 비판이론은 사회가 어떻게 개선의 전망이 없는 불행한 상황에 처하게 되었는지를 보여준다. 비판이론은 근대화 과정을 무한해진 점진적 자연 지배로 재구성한다. 점증하는 자연 길들이기의 원리는 마르크스의 분석에 비해 헤아릴 수 없을 정도로 증가했다. 왜냐하면 이제 외적 자연뿐 아니라 인간의 본성까지도 도구적 통제의 대상이 되었으며, 결국에는 지배를 통해 영구히 안정화된 자본주의적 가치화의 맥락에서 단순한 수단에 불과해졌기 때문이다. 그러나 근대화 과정에 대한 이 이야기가 엄격한 의미에서 인과적 설명으로 받아들여질 필요는 없다. 우리는 이 이야기를 우리가 살고 있는 사회의 결정적인 특징들을 특히 명확하게 부각시켜 주는 표현 수단으로도 이해할 수 있다.

📖 학습 점검 질문

1. 비판이론은 어떤 문제에 대한 답을 모색하며, 어떻게 문제에 접근하는가?
2. 아도르노의 사회 개념에서 문화는 어떤 역할을 하는가?
3. 문화산업의 기능 방식과 작용 메커니즘을 설명하시오.
4. 계몽의 변증법의 본질은 무엇인가?
5. 아도르노에 따르면 파시즘의 등장은 어떻게 설명될 수 있는가?
6. 아도르노의 근대 분석은 마르크스의 근대 분석과 어떤 점에서 구별되는가?

참고문헌

1차

Adorno, Theodor W. (1951): Minima Moralia. Reflexionen zu einem beschädigten Leben (Gesammelte Schriften, Bd. 4), Frankfurt a. M. 1980.

Adorno, Theodor W. (1966): Negative Dialektik, in: ders.: Gesammelte Schriften, Bd. 6, hg. von Rolf Tiedemann, Frankfurt a. M. 1970, 7-412.

Adorno, Theodor W. (1972): Gesellschaft (I) (Vortrag 1966), in: ders.: Gesammelte Schriften, Bd. 8: Soziologische Schriften I, hg. von Rolf Tiedemann, Frankfurt a. M. 1970, 9-19.

Adorno, Theodor W. (2003): Einleitung in die Soziologie (Vorlesung 1968), hg. von Christoph Gödde, Frankfurt a. M.

Horkheimer, Max (1931): Die gegenwärtige Lage der Sozialphilosophie und die Aufgaben eines Instituts für Sozialforschung, in: ders.: Gesammelte Schriften, Bd. 3, hg. von Alfred Schmidt, Frankfurt a. M. 1988, 20-35.

Horkheimer, Max (1939): Die Juden und Europa, in: ders.: Gesammelte Schriften, Bd. 4: Schriften 1936-1941, hg. von Alfred Schmidt und Gunzelin Schmid Noerr, Frankfurt a. M. 1988, 308-331.

Horkheimer, Max (1940/42): Autoritärer Staat, in: ders.: Gesammelte Schriften, Bd. 5, hg. von Gunzelin Schmid Noerr, Frankfurt a. M. 1987, 293-319.

Horkheimer, Max/Adorno, Theodor W. (1944): Dialektik der Aufklärung. Philosophische Fragmente, in: Adorno, Theodor W.: Gesammelte Schriften, Bd. 3, Frankfurt a. M. 1981.

2차

Auer, Dirk/Bonacker, Thorsten/Müller-Doohm, Stefan (Hg.) (1998): Die Gesellschafstheorie Adornos. Themen und Grundbegriffe, Darmstadt.

Braunstein, Dirk (2011): Adorno's Kritik der politischen Ökonomie, Bielefeld.

Brunkhorst, Hauke (1990): Theodor W. Adorno. Dialektik der Moderne, München.

Cook, Deborah (Hg.) (2008): Theodor Adorno. Key Concepts, Stocksfield.

Delanty, Gerard (Hg.) (2004): Theodor W. Adorno, 4 Bde., London u. a.

Honneth, Axel (Hg.) (2006): Dialektik der Freiheit. Frankfurter Adorno-Konferenz 2003, Frankfurt a. M.

Jameson, Fredric (1992): Adorno oder Die Beharrlichkeit der Dialektik, Berlin.

Jay, Martin (1976): Dialektische Phantasie. Die Geschichte der Frankfurter Schule und des Instituts für Sozialforschung 1923-1950, Frankfurt a. M.

Klein, Richard/Kreuzer, Johann/Müller-Doohm, Stefan (Hg.) (2011): Adorno-Handbuch.

Leben-Werk-Wirkung, Stuttgart.
Marx, Karl/Engels, Friedrich (1845/46): Die Deutsche Ideologie, in: Marx-Engels-Werke Bd. 3, Berlin 1958, 9-530.
Müller-Doohm, Stefan (1996): Die Soziologie Theodor W. Adornos. Eine Einführung, Frankfurt a. M. u. a.
Schweppenhäuser, Gerhard (Hg.) (1995): Soziologie im Spätkapitalismus. Zur Gesellschaftstheorie Theodor W. Adornos, Darmstadt.
Schweppenhäuser, Gerhard (1996): Theodor W. Adorno zur Einführung, Hamburg.
Strecker, David (2012): Logik der Macht. Zum Ort der Kritik zwischen Theorie und Praxis, Weilerswist.
Wiggershaus, Rolf (1988): Die Frankfurter Schule. Geschichte, theoretische Entwicklung, politische Bedeutung, München.
Wiggershaus, Rolf (2006): Theodor W. Adorno, München.

초기 근대	발전된 근대	후기 근대

길들이기	합리화	분화	개인화

6장 상호이해 관계의 비판 | 위르겐 하버마스

1 | 개관

위르겐 하버마스(Jürgen Habermas)는 오늘날 가장 영향력 있는 독일 지식인 중 한 명으로 꼽힌다. 또한 그는 탁월한 철학자이기도 하다. 반면 그가 사회학자로 불리는 경우는 거의 없다. 그럼에도 불구하고 그는 오늘날 사회학의 규준으로 꼽힌다. 두 권으로 된 그의 대표작 『의사소통행위이론』은 1981년에 발행되자마자 사회이론의 현대적 고전이라는 명성을 얻었다. 하버마스는 자신의 사상이 지니는 사회학적 중요성과 공공 영역에서의 비판적 목소리의 역할을 자신에게 결정적인 영향을 미친 (사회)철학적 전통의 다른 대표자들, 특히 호르크하이머와 아도르노가 발전시킨 프랑크푸르트 학파의 비판이론과 공유한다. 이 접근법은 인류 역사를 길들이기 또는 자연 지배의 증가로 본 마르크스의 분석을 발전된 근대의 시대에 유용하게 만들고자 했다. 이와 달리 하버마스는 고도로 근대적인 사회의 위험과 기회를 설득력 있게 해석할 수 있는 빈틈없는 진단을 내리려면 사회적 진화를 합리화의 관점에서 주시해야 한다고 이미 일찍부터 확신했다.

비판이론의 새로운 접근법

| 생애와 저작 | **위르겐 하버마스(1929~)**

위르겐 하버마스는 괴팅겐과 취리히, 본에서 독일 문학, 경제학, 심리학, 역사학, 철학을 공부했다. 그는 박사학위 취득(1954)에 이어서 아도르노의 조교가 되어 프랑크푸르트 대학교의 사회연구소(1956~1959)에서 일했다. 그러나 막스 호르크하이머는 하버마스가 재계로부터 연구 계약을 따내려는 연구소의 노력과 관련해서 마르크스를 명시적으로 인용했다고 의심했고, 하버마스는 호르크하이머의 반대에 따라 대학교수 자격을 취득할 수 없었다. 하버마스는 마르부르크 대학교의 볼프강 아벤트로트(Wolfgang Abendroth)에게 가서 1961년에 '공론장의 구조 변동'에 관한 논문으로 정치학과에서 대학교수 자격을 취득했고, 한스 게오르그 가다머(Hans-Georg Gadamer)의 추천으로 논문 심사 절차가 끝나기 전에 하이델베르크 대학교의 철학 교수로 임명되었다. 1964년에 그는 (호르크하이머의 후임으로) 프랑크푸르트 대학교의 철학 및 사회학 교수로 자리를 옮겼다. 1971년부터 1981년까지 카를 프리드리히 폰 바이체커(Carl Friedrich von Weizsäcker)와 함께 과학기술 세계의 생활 조건 연구를 위한 막스 플랑크 연구소(슈타른베르크 소재)의 소장을 지냈으며, 1983년부터 1994년 은퇴할 때까지 다시 프랑크푸르트 대학교에서 철학 교수로 재직했다. 현재까지도 하버마스는 학술 논문을 발표하고 공개 토론에서 목소리를 내고 있다.

하버마스는 이러한 견해를 매우 구체적인 자신의 생애사적 경험들에 비추어 발전시킨다. 즉, 민족사회주의적 문명 파괴는 자유를 보증하는 민주적 법치국가의 성격만큼이나 그에게 큰 영향을 미친다. 그는 많은 부분에서 초기 비판이론의 저자들과 견해를 같이한다. 비판이론의 대표자들이 주목했던 것은 당시 사회가 초기 근대에 비해 근본적으로 변화했다는 점이었다. 하버마스 역시 발전된 근대의 광범위하게 조직된 사회의 이론가이다. 그러나 그는 사회구조의 변화를 달리 해석한다. 아도르노와 달리 하버마스는 발전된 근대가 그 자체로 전체주의적이지 않다고 믿는다. 그에게 파시즘과 제2차 세계대전 이후의 자유민주주의적 체제는 완전히 다른 것이다. 하버마스가 프랑크푸르트학파의 급진적인 사회 비판에서 환상을 제거하고 국가주의 이데올로기로 변질시켰다는 주장이 반복적으로 제기되는 이유는 궁극적으로 고도로 근대화된 사회의 자유주의적 성격에 대한 물음 때문이다.

2 | 핵심 문제

자기위태적 프로젝트로서의 근대

1945년 제2차 세계대전 종전 후 하버마스가 청소년으로 겪은 경험들은 그의 저작 전체를 관통하는 하나의 동기로 응축된다. 즉, 근대는 스스로를 위태롭게 하는 프로젝트라는 것이다. 근대에서 사람들이 자신의 삶을 자율적으로, 즉 독립적으로 자신의 생각에 따라 형성해 간다는 해방적 약속을 근대가 내포하는 한, 근대는 하나의 프로젝트이다. 그러나 근대화 과정은 문명의 진보를 위협하고 파괴할 수 있는 위험들을 야기한다. 아우슈비츠 강제수용소는 근대적 기술과 근대적 조직 없이는 이해할 수 없다. 이는 원자폭탄과 냉전, 근본주의적 테러 및 인간의 유전적 본성에 대한 개입과 관련해서도 동일하게 적용된다. 이러한 기본적인 동기에서 하버마스의 핵심 문제가 비롯된다. 근대라는 프로젝트는 자기위태화로부터 어떻게 방어될 수 있는가? 이를 위해 하버마스는 우선 두 가지 과제를 시급한 것으로 간주한다.

근대의 프로젝트는 어떻게 방어될 수 있는가?

- 근대사회가 사람들이 그들의 삶을 스스로 결정할 것이라는 약속을 가지고 있는 한, 한편으로는 합법적인 지배관계의 정당성에 대한 의문이 제기된다.
- 그러나 근대사회가 또한 사람들이 속수무책으로 마주하는 조건들을 만들어내는 한, 다른 한편으로는 근대화 과정이 근대의 프로젝트에 일부 역행하는 이유들에 대한 의문이 제기된다.

근대화를 직관적인 진보의 과정으로 이해하지 않는다는 점에서 2세대 비판이론의 주요 인물로 꼽히는 위르겐 하버마스는 앞선 저자들, 즉 『계몽의 변증법』의 저자들과 다르지 않다. 그러나 그들과 달리 하버마스는 근대화 과정이 반드시 파멸적으로 전개될 수밖에 없는 것은 아니라는 입장이다. 아도르노는 근대의 양가적 성격을 시간적 연속으로 설명한 반면(근대는 초기에는 진보였지만 처음부터 병리적이었기 때문에 파국으로 끝났다), 하버마스는 근대가 항상 기회와 위험을 동시에 만들어낸다고 믿는다. 하버마스의 근본적인 개념은, 근대화는 여러 궤도에서 병행적으로 진행되는 과정이며, 이 과정 중 하나가 작동하지 않으면 근대화는 일면적이 되고, 그러면 근대화는 자율성에 대한 약속을 스스로 파괴한다는 가정에 기반을 두고 있다. 하버마스는 근대의 문제들을 근대가 지닌 잠재력의 일면적 고갈이라는 의미에서 설명한다. 따라서 초기 비판이론과 달리 그는 전후 시대의 민주적 법치국가의 핵심으로부터 전체주의적인 체제의 겉모습뿐 아니라 그 이상을 파악할 수 있었다. 민주적 법치국가는 항상 위험에 처해 있으며, 특히 자본주의와 긴장관계에 있지만, 그럼에도 불구하고 진정한 자유의 획득을 의미한다. 또한 기존의 관계들에 대한 대안으로서 인간의 존엄에 부합하는 사회상도 더욱 뚜렷한 윤곽을 드러낸다. 아도르노는 다른 근대를 원했지만 인간과 비인간, 생물과 무생물 등 모든 자연에 대한 연대적 접근이 무엇을 의미하는지 정확히 설명하지 못했다. 반면에 하버마스는 기술의 발전이 문명적 진보의 일부로만 여겨지는 완전한 근대를 원한다.

다른 근대가 아니라 완전한 근대

하버마스에 따르면 근대에 대한 이러한 이해는 정치적으로도 압력을 받는다. 즉, 한편으로는 근대화가 경제성장으로 축소될 위험에 처해 있다. 다른 한편으로는 하버마스가 1981년에 당대의 대안적 집단들과 관련해 언급했듯이, 좌파 진영에서는 근대에 대한 이러한 축소된 이해에 대한 반작용으로 근대 전체에 반대하는 사회적 낭만주의 관념이 확산된다. 두 입장은 삶의 조건들을 자율적으로 형성한다는 근대의 약속을 파괴하는데, 전자의 입

정치적 맥락

장은 잘못된 목표를 추구하기 때문이며, 후자의 입장은 좌파 진영의 정당한 비판이 스스로를 잘못된 길로 인도하기 때문이다.

하버마스에 따르면 자본주의를 신봉하는 입장과 성장에 비판적인 입장, 두 입장의 오류는 근대화 과정을 자연에 대한 점진적인 지배로 이해하는 데서 비롯된 결과이다. 반면 근대화 과정에 대한 편견 없는 접근은 — 하버마스가 증명해 보이려는 것처럼 — 근대화 과정을 그 핵심에서 합리화의 과정으로 이해할 경우에만 가능하다. 아도르노가 설명했듯이, 일면적 근대화의 위험은 총체적이 되어버린 도구적 자연관계에서, 즉 자연은 착취 가능한 자원에 불과하다는 생각에서 나타날 수 있지만, 그 원인은 일면적인 합리화일 뿐이다. 따라서 근대의 프로젝트를 어떻게 옹호할 수 있는지에 대한 하버마스의 핵심 문제에서 비롯되는 두 가지 과제는 다음과 같이 구체화할 수 있다.

하버마스의 이중적 과제 설정

1. 전제된 목표를 실현하기 위한 효율적인 수단의 선택뿐만 아니라 목표에 대한 평가까지 가능하게 하는 이성 개념은 어떻게 정당화될 수 있는가?
2. 역사의 흐름 속에서 수단선택의 합리성이 행위목표의 타당성을 대가로 하여 이성의 잠재력 가운데 일부만 실현되는 이유는 무엇인가?

3 ı 방법적 기본 구상: 상호이해 관계의 비판으로서의 재구성적 사회과학

하버마스의 이중적 과제 설정을 분과 학문들의 전문 영역 분리라는 의미로 이해할 경우, 포괄적인 이성 개념의 정당화는 철학의 고유 영역에 해당하는 반면, 사회학적 권력 분석은 사회적 현실이 이성 개념에 뒤처진 원인을 설명하는 것이라고 생각하기 쉽다. 그러나 이는 착오이다. 하버마스의 작업에서 철학적 숙고와 사회학적 숙고는 명확하게 분리될 수 없다. 오히려 그는 철학이 이유와 관련되고 사회학이 원인과 관련된다고 확신하지 않는다. 사회적 사실을 사물처럼 다루어야 한다고 주장한 뒤르켐과 달리, 하버마스는 사회적 과정을 자연의 과정처럼 설명할 수 없다고 믿는다. 베버와 마찬가지로 하버마스는 사회 구조와 그 재생산은 행위자들이 어떻게 행동하는지에 대해 상세한 설명이 먼저 이루어진 다음에야 설명될 수 있으며, 이를 위해서는 왜 행위자들이 그들이 행동하는 것처럼 그렇게 행동하는지를 이해해야 한다고 확신한다. 베버는 이러한 목적으로 '의미이해적 사회학'의 개념을 발전시켰다. 사회학자의 핵심 과업은 행위자들의 동기를 이해하는 것이며, 그다음으로 동기와 관련하여 그들의 행동을 설명한다. 하버마스는 베버와 마찬가지로 사회학은 (뒤르켐처럼 구조이론적이 아닌) 행위이론적으로 접근해야 할 뿐만 아니라 그에 대한 설명도 이해를 전제로 한다고 가정한다.

이해 사회학과 합리성의 문제

그러나 하버마스에 따르면, 베버의 '이해 사회학' 접근법은 연구자가 합리적 행동에 대한 자신의 고유한 관점을 자신의 사회학적 해석에 투영할 위험에 처하게 되는 문제를 과소평가한다. 이러한 문제는 연구자가 해석을 수행할 때 합리성에 대한 이해에서 자신이 관찰하는 행위자들과 동일한 것을 이해하고 있을 때 예방될 수 있다. 따라서 하버마스의 방법적 개념은 보편주의적 이성을, 즉 원칙적으로 모든 사회에 존재하고 모든 행위자가 접근할 수 있는 합리성의 구조를 식별할 수 있도록 설계되어 있어야 한다. 따라서 하버마스는 이러한 이성이 항상 사회적으로 유효하다는 것을 가정해야 하기 때문에, 이성 개념의 '정당화'는 순전히 철학에만 해당하는 문제는 아니다.

이에 상응하는 이성의 구조들을 파악할 수 있다면, 비판적 사회이론을 발전시키려는 하버마스의 주장과 관련된 또 하나의 문제가 해결된다. 하버마스의 관심은 단순히 사회를 기술·설명하는 것을 넘어 사회의 잘못된 발전을 비판하는 데 있다. 포괄적인 이성 개념에 비추어 근대사회가 일면적 합리화로 고통 받는다는 사실을 규명해야 하는 것이다. 이론은 근대의 프로젝트에 역행하는 사회적 조건들을 확인하는 것을 목표로 하며, 이러한 위협과 근대의 자기 교정 가능성을 확인하는 것에 사회이론적 접근법의 **실천** 차원(⇨ '들어가기' 1절 참조)이 있다. 그러나 그러한 비판은 근대의 프로젝트가 다른 상태의 사회를 원하는 어떤 철학자의 이상(理想)으로 그치는 것을 전제로 하는 것이 아니라, 비판된 사회 자체에서 인정받는 것을 전제로 한다. 사회 비판은 비판의 기준을 사회 구성원들이 적어도 암묵적으로나마 공유하고 있을 경우에만 근거가 충분한 것이다. 따라서 이 점에서도 하버마스의 사회이론적 노력은 단순히 도구적이지 않은, 즉 수단의 효율적 사용에만 지향되어 있지 않은 이성을 보편적인 사회적 구조에서 확인할 수 있는가에 모든 것이 달려 있다. 하버마스에 따르면 이 과제에 맞춰져 있는 것이 재구성적 사회과학이다.

| 정의 | 재구성적 사회과학(Rekonstruktive Sozialwissenschaften)

하버마스는 합리적 재구성의 방법을 사용하는 접근법들을 재구성적 사회과학이라고 부른다. 합리적 재구성은 일반적·기본적 역량들에 대한 해석으로, 인간의 근본적인 기량이 어떻게 발휘되는지에 대한 암묵적 지식(know how)을 명시적·이론적 지식(know that)으로 옮기는 것이다. 순전히 경험과학적인 접근법들(예컨대, 행동주의)에 비해, 재구성적 사회과학은 이미 사회가 의미들로 구조화되어 있기 때문에 한 명의 관찰자가 객관화하는 관점, 즉 사물화하는 관점만으로는 분석할 수 없다고 주장한다. 우선적으로 필요한 것은 (이러한 의미들에 대한) 의미이해적 접근이며, 이는 사회적 관행을 실천하는 사람들의 관점에서만 발생한다. 해석학적 접근법, 즉 해석을 하는 접근법들의 상대주의에 비해 재구성적 사회과학은 객관적 지식과 이론적 설명에 대한 요구를 완강하게 고수한다. 재구성적 사회과학의 예로는 노암 촘스키(Noam Chomsky)의 보편문법, 장 피아제(Jean Piaget)의 인지발달심리학, 로렌스 콜버그(Lawrence Kohlberg)의 도덕성 발달이론을 들 수 있다.

근대화를 무엇보다 합리화로 이해할 수 있는 것이라면, 추구하는 합리적 순간은 사회의 기초 구조 안에서 찾을 수 있어야 한다. 초기 비판이론에서는 마르크스처럼 사회의 토대가 생산관계(또는 자연에 대한 인간의 관계를 규정하는 관계)로 간주된다. 하버마스는 이러한 견해와 단절함으로써 비판이론에서 패러다임의 전환을 이끌어낸다. 그에 따르면 사회구조는 일차적으로 경제적 관계에 의해 규정되는 것이 아니라 사회적 권력관계가 어떻게 정당화되는지에 따라 결정된다. 이렇게 생산관계보다 정당성 문제를 우위에 두는 것은 마르크스의 분석이 이루어진 시대에 쉽게 간과될 수 있었다. 이제 막 발전하기 시작한 근대의 초기 단계에서는 시장에서 여전히 민간 기업들의 경쟁이 주를 이루었다. 따라서 기업연합과 독점이 형성되기 이전에는 경제 영역이 무력한 영역으로 보일 수 있었다. 그러나 발전된 근대에 들어와 시장이 국가권력에 의해 규제되기 시작하면서 상황은 달라진다.

비판이론의 패러다임 전환

물론 자유주의-자본주의적 체제는 이미 정당성에 대한 믿음, 즉 시장이 등가물의 교환을 규제하므로 공정하다는 생각에 기인한다. 따라서 생산관계 역시 권력관계이며, 이는 정당하다고 널리 인정되는 한 안정화될 수 있다. 그러나 각 사례에서 정당한 것으로 인정되는 것은 정당화의 패턴과 사회적으로 타당한 근거들의 유형에 좌우된다. 그러므로 사회의 상태에서 근본적인 것은 그 사회의 의사소통 관계 또는 상호이해 관계이다(**종합** ⇨ '들어가기' 1절 참조). 그 결과, 근대화 과정은 사회적 상호이해 관계의 합리화로서 진행된다. 하버마스는 이 과정을 분석하기 위한 개념적 기초를 합리화 이론에서 행위이론을 거쳐 사회이론으로 이어지는 방법론적 3단계 안에서 발전시킨다.

생산관계를 대체하는 상호이해의 관계

먼저 하버마스는 자신이 형식화용론(또는 초기에는 보편 어용론)이라 부르는 재구성적 과학을 통해 사회의 기초 구조 안에 뿌리내린 합리성을 파악한다. 형식화용론은 사람들이 서로 의사소통할 때 하는 행동(형식적 구조와 보편적 구조)을 분석하여 의사소통의 행위자 또는 화자의 암묵적인 규칙 지식

합리성 이론

을 명시적으로 드러낸다. 이 과정에서 형식화용론은 '무엇'을 말하는가를 넘어 '어떻게' 말하는가, 즉 발화의 내용뿐만 아니라 발화 행위에 대해서도 타당성 조건들을 지정할 수 있다는 언어행위이론에서 발전된 고찰을 따르고 있다.

사람들은 세상의 어떤 것에 관해 서로 의사소통할 때, 화자들이 각자 자신의 말이 사실이고, 자신은 그런 말을 할 자격이 있으며, 자신이 진실하다고, 즉 대화 상대방을 속이지 말 것을 주장한다고 가정한다. 이와 관련해 하버마스는 발화의 (명제적 내용의) 진실성, 정확성, 진정성에 대한 타당성 요구에 대해 말한다. 이는 우리의 실천을 구성적으로 이상화(理想化)하는 것이며, 이러한 이상화 없이는 우리는 서로 이해할 수 없을 것이다. 상호이해는 관련자들이 자신이 제기한 타당성 요구에 대해 필요할 경우 화자들이 그 근거를 댈 수 있을 것이라고 믿는 데서 기인한다.

세 가지 타당성 요구

따라서 사람이 하는 말의 보편적 구조에서는 객관적 진리의 문제에만 국한되지 않고, 정확성과 진실성이라는 두 가지 다른 차원을 포괄하는 이성을 추구하는 순간이 발견된다. 경우에 따라서 화자는 자신의 진술이 받아들여질 수 있도록 비판에 대해 자신의 진술을 방어할 수 있어야 한다. 이러한 생각을 토대로 하버마스는 상호이해적 실천의 형식적 구조 안에서, 즉 근거들의 교환 또는 주고받기를 규제하는 절차에서 그가 의사소통적 이성이라고 명명한 개념을 밝혀냈다.

결과적으로 사회적 합리화는 의사소통적 합리성의 전개에 의해 규정된 사회 발전(**동학** ⇨ '들어가기' 1절 참조)의 방향을 말한다. 그렇다면 어떻게 의사소통적 이성이 사회적 진화의 과정을 규정할 수 있는가? 사회는 무엇보다 사람들이 사회의 구조를 유지하는 것 및 그 방법에 대해 명시적으로 동의한다고 해서 재생산되는 경우는 거의 없다. 따라서 이제까지의 합리성 이론적 고찰들은 사회적 합리화가 무엇을 의미하는지를(각각 세 가지 합리성 차원에서) 설명하기에는 너무 추상적이었다. 이를 위해서는 먼저 합리성 이론에서 행위이론으로 옮겨가는 하나의 중간 단계가 필요하다. 이러한 전환은 상호이해적 실천에 내재된 의무, 즉 부득이할 경우 발언의 근거를 제시해야 하는 의무가 행동을 조정하는 기능을 수행한다는 사실에서 비롯된다.

합리성 이론에서 행위이론으로

따라서 하버마스가 사람들이 하는 말의 구조 안에서 들추어내는 사회적으로 효과적인 합리성의 잠재력은 사회 구성원들의 행위에도 스며든다. 물론 의사소통적 행위가 행위자들이 그들의 각각의 목표를 추구하는 상호작용의 형식만을 나타내는 것은 아니다. 의사소통적 행위는 사회의 재생산을 위한 기능도 충족시킨다[그래서 사회 이전의 개인이나 개인에 선행하는 사회가 존재하는 것이 아니라 주체들이 사회화를 통해서 자신의 개성을 형성하거나 개별화됨으로써 개인과 사회가 "동근원적(同根源的)"으로 존재한다].

행위이론에서 사회이론으로

| 요약 | 의사소통적 행위

하버마스에 따르면 일체의 사회적 행위는 정확히 두 범주들 중 하나에 각각 포함시킬 수 있다.

- 의사소통적(또는 상호이해에 지향된) 행위
- 전략적(또는 성공에 지향된) 행위

두 유형 간의 차이는 행위 조정의 메커니즘에 있다.

- 의사소통적 행위는 참여자들이 행위 목표에 동의하기 때문에 서로 연계되는 상호작용을 말한다.
- 전략적 행위는 비대칭적 권력관계의 기초 위에서 외적 영향력의 행사를 통해 조정되는 상호작용을 말한다.

의사소통적 행위에 목적이 없는 것은 아니다. 즉, 모든 행위는 행위 목표를 지향한다. 의사소통적 행위는 말하기, 토론, 또는 논증적 주장과 혼동되어서도 안 된다. 상호작용의 당사자들이 거의 '말을 교환'할 필요 없이 '서로를 맹목적으로 이해하는' 경우도 드물지 않기 때문이다. 불명확성과 갈등의 경우, 합의는 우선 타당성 요구를 명시적으로 검토함으로써 도출되어야 한다. 의사소통적 행위는 두 경우에서 모두 나타나며, 둘째 경우에서는 의사소통적 행위의 성찰적 형태인 담론도 나타난다.

> 상호작용의 참여자들은 자신들의 상황에 관해 서로 의사소통을 함으로써 자신들이 활용하면서도 갱신하는 문화적 전통 안에 놓이게 된다. 상호작용의 참여자들은 비판 가능한 타당성 주장을 상호주관적으로 인정함으로써 자신들의 행위를 조정하며, 이를 통해 그들은 사회집단에의 소속성에 근거하는 동시에 사회집단의 통합을 강화한다. 청소년들은 능숙하게 행동하는 준거인물들과의 상호작용에 참여함으로써 자신이 속한 사회집단들의 가치 지향을 내면화하고 일반화된 행동 능력을 습득한다(Habermas, 1981b: 208).

따라서 하버마스는 사회 또는, 그가 명명한 대로, 생활세계의 세 가지 구조적 구성요소를 구별한다.

생활세계의 세 가지 구성요소

- 문화
- 사회(사회 개념은 이중적으로 사용되어 혼동을 야기한다. 여기서는 사회를 구성하는 요소들 가운데 하나를 지칭한다.)
- 인성

생활세계의 구조적 구성요소들은 행위자들이 상호작용에서 이용하는 자원들을 제공한다. 이러한 자원들은 첫째로는 의미를 생성시키는 지식의 보고(寶庫), 둘째로는 연대를 생성시키는 사회질서와 소속성, 셋째로는 자아 강도를 생성시키는 행위능력이다. 다른 한편으로 이러한 자원들은 의사소통적 행위를 통해 재생산된다.

의사소통적 합리성, 의사소통적 행위, 생활세계의 세 가지 구조적 구성요소라는 개념을 통해 이제 우리는 사회적 합리성이 무엇을 의미하는지의 문제를 좀 더 정교하게 파악해 낼 수 있는 모든 것을 갖추게 된다. 의사소통적 합리성의 잠재력이 발현될 수 있다면, 그 결과로 문화적 지식의 보고, 사회적 연대의 패턴, 인성구조의 영역에서는 어떤 변화들이 일어나는가? 또한 의사소통적 합리성의 '발현'은 무엇을 의미하는 것인가?

4 | 분석: 생활세계의 합리화와 체계들의 분리

하버마스에 따르면 원래 모든 사회적 행위는 의사소통적 행위였다. 그러나 인류 역사의 초기 단계에서 행동 조정의 기반이 된 합의는 아직 이루어질 필요가 없었다. 오히려 덜 발전된 사회의 구성원들에게는 어떻게 행동해야 하는지가 이미 오래 전부터 확실하게 정해져 있었다. 신화를 통해 통합된 초기 사회들은 의식(儀式) 관습을 통해 스스로를 재생산했다. 그래서 합의는 성스러운 뿌리를 지니고 있었다. 그러나 이러한 순환 과정은 사람들이 일상생활에서 부조화를 경험하게 되면서 단절된다. 예컨대 기우제에도 불구하고 수확은 가뭄의 제물이 될 수 있다. 그러면 사람들은 자신의 신념을 수정할 수밖에 없게 된다. 결정적인 것은 그들의 신념을 바꿀 수 있는 방법에는 특정한 제한이 따른다는 점이다. 향후 행동의 기초가 되는 새로운 합의에 먼저 도달해야 하기 때문에 그들은 서로 의사소통을 하지 않을 수 없게 된다.

사회 발전의 **동학**은 외부 환경, 즉 사람들이 자신들의 행동 지침이 되는 관념들이 실제로 실패한다는 사실에서 영향을 받지만, 신념이 바뀔 수 있는 방향, 즉 발전 **논리**는 상호이해의 논리에 의해 규정된다. 즉, 상호작용에 관련된 사람들이 상호적으로 자신의 견해나 제기된 타당성과 관련해 각각의 주장에 대해 서로의 입장에 대한 의견을 교환함으로써 규정된다. 하버마스가 "성스러운 것의 언어화"라고도 부르는 이 과정에서 금기는 그 힘을 잃고, 점점 더 많은 사회 영역이 비판에 노출될 수 있게 된다. 의사소통적 이성은 행위를 조정하는 합의가 신화나 전통에 의해 확보되는 것이 아니라, 행위자들이 현재 제기되고 있는 타당성 주장을 자율적으로 받아들이거나 거부하

성스러운 것의 언어화

는 정도에 따라 의사소통적 행위에서 펼쳐진다.

그렇지만 이러한 합리화 과정은 두 가지 조건에서 기인한다.

합리화 과정의 두 가지 조건

1. 언어에 내재된 이성의 잠재력은 세계관이 언어적으로 구성된 세계 **해석**이라는 점이 간파되었을 경우에만 발휘될 수 있다. 이것이 신화를 비판 가능한 것으로 인식하기 위한 전제 조건이다.
2. 적절한 비판은 세 가지 종류의 타당성 주장이 각각 관계하는(그리고 언어의 문법구조에 상응하는) 세 가지 세계의 **형식적 준거체계**가 분화된 범위 내에서만 가능하다. 진리에 대한 타당성 주장은 (문법적으로) 3인칭의 객관화하는 관점에서 관찰할 수 있는 공통적인 것으로, 가정된 사실들의 객관적 세계와 연관된다. 그러나 화자들은 자신들이 사회적 관행의 참여자의 관점에서 관계하는, 즉 2인칭의 규범적 정확성에 대한 타당성 주장의 수신자로서 관계하는 합법적으로 규제된 대인관계의 사회적 세계도 가정한다. 마지막으로, 화자들은 사회적 관행의 참여자의 관점에서 '내면의 삶'을 가진 존재의 1인칭의 관점에서 특권적 접근이 가능한 체험들의 주관적 세계를 가정하는데, 그러한 체험들은 진실성에 대한 타당성 주장의 준거로 작용한다.

따라서 세 가지 세계의 진화적 분화는 예컨대 하나의 사실의 존재와 올바름을 서로 분리해서 판단할 수 있게 해준다.

타당성 요구에서 세 가지 종류의 분리는 세 가지 세계의 분화와 함께 일어나며, 점증적으로 분화하는 사회의 재생산에도 영향을 미친다. 원래 생활세계의 세 가지 구조적 구성요소는 서로 밀접하게 연관되어 있었다. 전통사회에서 지식(문화), 사회질서(사회), 인성 모형(인성)은 직접적으로 상호 의존적이었다. 근대화 과정에서 이 영역들은 각각 서로 분리되어 자율성을 얻는 동시에 한층 더 형식적이 된다.

따라서 사회적 합리화란 세부적으로 다음과 같은 내용을 의미한다.

사회적 합리화

> 종교적 지식이 근거에 기초한 타당성 주장에 따라 전문화된 지식으로 대체되는 것, …… 법과 도덕이 동시에 보편화되면서 합법성과 도덕성이 분리되는 것, 마지막으로는 …… 자율성과 자아실현에 대한 요구가 증가하면서 개인주의가 확산되는 것이다.

이러한 변화들이 합리화 과정인 이유는 다음과 같다.

> 전통의 계승, 합법적 질서의 존속, 그리고 개개인의 삶의 역사의 연속성은 문제화되었을 경우 비판 가능한 타당성 주장에 대한 '예/아니오'의 입장 표명을 요청하는 태도에 점점 더 강하게 좌우되기 때문이다(Habermas, 1981b: 164).

자율성 획득과 사회통합의 위태화

자율성 획득은 근대화 과정의 한 측면이며, 다른 측면은 상호이해에 대한 필요성이 엄청나게 증가한다는 점이다. 점점 더 많은 사회 영역에서 점점 더 많은 상호작용이 참여자들의 행위 목적에 대한 합의 달성에 좌우될 경우, 더 이상 과제들을 효과적으로 수행할 수 없게 된다. 의견 차이의 증가와 행동조정의 실패에 대한 위험은 의사소통적 행위에서는 궁극적으로 더 이상 막을 수 없으므로 사회적 통합, 즉 사회 결속이 전체적으로 위협받게 된다. 그러나 합리화 과정은 이러한 문제뿐만 아니라 이를 해결하는 수단도 만들어낸다.

첫째, 객관적 세계와 사회적 세계를 구분하는 것과 그에 따른 진리와 옳음에 대한 타당성 주장의 구분은 행위지향에 필수적인 정당화 없이 세계에 영향을 미치는 것을 특징으로 하는 행위를 가능하게 한다. 이러한 방식으로만 성공 지향적 행위와 상호이해 지향적 행위가 서로 분리될 수 있으며,

전략적 행위와 의사소통적 행위의 분리

전략적 행위는 의사소통적 행위와 구별되는 독립적 유형으로 발전할 수 있다. 따라서 사회적 재생산이 부분적으로 의사소통적 행위에서 전략적 행위로 전환될 수 있다면 사회적 재생산은 상호이해의 요구에서 벗어날 수 있다. 물론 이는 사회적 재생산이 사회 구성원들의 기본적인 필요와 이익에 반할 정도로 독립적이지 않는다는 것을 전제로 한다. 다시 말해, 상호이해 요구의 부담으로부터 면제된 영역들을 "고삐에서 풀어놓지" 않으면서 "긴 줄로 조종"할 수 있게 하는 도구가 존재해야 한다.

근대적 법을 통한 통합

둘째, 하버마스에 따르면 합리화 과정은 바로 그러한 도구로서 근대법을 만들어낸다. 근대의 형식법은 성공 지향적 태도를 가진 행위자의 행위도 규제할 수 있는데, 그것은 법이 행위자들에게 법을 따르도록 동기를 부여하기 때문이다. 상호이해에 지향된 태도를 가진 행위자들은 통찰력을 바탕으로 법을 준수한다. 그 외의 다른 모든 행위자는 제재의 위협을 통해 법을 준수할 수밖에 없다.

상호이해를 통한 상징적 재생산

근대법은 상호이해의 메커니즘에서 분리된 전략적 행위를 규제하는 수단일 수도 있지만, 어떻게 법이 사회적 재생산의 일부를 의사소통적 행위에서 전략적 행위로 전환시킬 수 있는가? 하버마스는 사회적 재생산의 일부 영역만 상호이해의 메커니즘에 의존한다고 믿는다. 신념, 연대, 기술은 오직 관련자들 간의 양해를 바탕으로만 재생될 수 있다. 의미는 명령될 수 없고, 사회질서는 정당성에 대한 믿음 없이 폭력만으로는 형성될 수 없으며, 자아 강화는 강요될 수 없다. 생활세계의 세 가지 구조적 구성요소인 문화, 사회, 인성은 필연적으로 의사소통적 행위를 통해 스스로를 재생산한다.

사회의 물질적 재생산

하버마스는 생활세계에서 이러한 상징적 구조들과 물질적 기반을 구별한다. 따라서 이제까지 논의한 내용은 사회의 상징적 재생산에 관한 것이었고, 이제 물질적 재생산에 관한 논의가 추가되어야 한다. 하버마스에 따르면, 물질적 재생산의 기능은 경제와 국가행정에 의해 수행된다. 여기서 중요한 것은 물질적 재생산이 반드시 상호이해의 메커니즘에 의존하는 것은 아니라는 가정이다. 재화의 생산과 관료제적 규제는 경제적·행정적 맥락 안에서 상호작용하는 행위자들이 먼저 자신들의 행위 목표에 대해 합의하는 것에 좌우되어서는 안 된다. 언어적 상호이해 메커니즘의 자리에는 탈언어화된 의사소통 매체들, 즉 돈과 행정권력이 대신 들어설 수 있다. 어떤 물건을 사는 사람은 왜 그 물건을 원하는지, 어떤 용도로 사용할 것인지 등에 대해 판매자와 사전에 합의할 필요 없이 요구한 가격만 지불하면 된다. 비슷한 방식으로 행정에서도 아래 직원에게 지시를 내리는 상사의 직권이 작동한다.

두 경우에서는 행위 목표에 대한 조정이 이루어지지 않았음에도 불구하고 경제와 국가는 서로를 재생산한다. 그러나 상호이해의 메커니즘과 달리 탈언어화된 의사소통 매체인 돈과 권력은 행위자의 의도가 아닌 자신들 행위의 결과에 초점을 맞추고 있다. 생활세계의 사회적 통합과 달리, 근대사회에서 경제와 국가의 영역은 체계에 의해 통합되어 있다.

사회의 사회적 통합과 체계에 의한 통합

| 요약 | **체계와 생활세계**

하버마스는 근대사회를 "**사회적으로 통합**된 집단들의 행위 맥락이 **체계적으로 안정화**된 상태"(Habermas, 1981b: 228)라고 묘사한다. 생활세계의 상징적 구조들(지식, 사회질서, 인성)은 언어적 상호이해의 메커니즘을 통해서만 스스로를 재생산할 수 있다. 근대사회에서 상징적 재생산은 사적 영역과 공적 영역에서 이루어진다. 이 영역들은 사회적으로 통합되어 있다. 사회적 진화가 진행되면서 물질적 재생산의 영역들은 경제와 국가라는 두 가지 사회적 하위체계의 형태로 생활세계로부터 분화되었다. 이 영역들은 돈과 권력이라는 탈언어화된 의사소통의 매체를 통해 '행위자들의 등 뒤에서', 즉 '의식에서 멀어진 상태에서' 안정적으로 재생산되기 때문에 체계에 의해서 통합되어 있다. 따라서 사회이론은 행위이론에서 출발하되, 행위이론을 체계이론과 접목시켜야 한다.

생활세계 안에 뿌리내린 체계들

경제와 국가가 생활세계로부터 분화하려면, 체계와 생활세계는 분리될 수 없기 때문에, 조정 매체인 돈과 권력이 먼저 생활세계의 제도적 질서 속에 뿌리내려야 한다. 이것이 바로 근대법이 수행하는 기능이다. 법은 개인들에게는 합법적인 자의성의 영역을, 공직자들에게는 법적 권한의 여지를 부여한다. 주관적 권리는 시장의 기반이 되는 자유의 여지를 열어주며, 지시를 내릴 수 있는 직책 수행자들의 권한도 법적으로 구성된다. 이것이 경제와 행정에서는 전적으로 전략적 거래만 이루어질 수밖에 없다는 의미는 아니다. 그러나 갈등의 경우에는 합의에 도달할 필요가 없는데, 그것은 공식적으로 조직된 영역에서 행위자들이 상호이해를 위한 모든 시도를 법에 근거한 자신들의 권한을 바탕으로 차단할 수 있기 때문이다. 그러므로 결정적인 것은 경제와 행정에서 도구적 태도가 지배적이라는 것이 아니라, 이러한 영역들이 의사소통적 행위의 타당성 근거가 무력화되는, 즉 무효화되는 방식으로 구성되어 있다는 것이다.

전략적 행위는 생활세계에도, 사적 영역과 공적 영역에도 존재하지만, 그곳에서는 의사소통적 행위를 기반으로 하므로 결과적으로 비판을 받을 수 있다. 예컨대 폭력적인 가부장은 그의 아내가 자신과의 동거에 동의하는 것에 의존한다. 행위 결과와 연관된 바로 이러한 비판의 가능성은 경제적·관료주의적 행위자들의 성과 지향적 태도에는 해당되지 않는다. 경제와 행정은 (행위자의 태도에 좌우되는) 도구적 이성이 지배하는 것이 아니라, (체계의 제약에 의해 제한되는) 기능주의적 이성이 지배한다. 이런 의미에서 경제와 행정은 윤리적으로 중립화되어 규범적 요구에 대해 무감각하다.

기능주의적 이성

이것은 원칙적으로 문제가 되지 않을 뿐만 아니라, 하버마스는 자본주의 시장과 근대적 행정 기구를 진화적 성과로까지 간주하기도 한다. 하버마스에 따르면 근대화 과정은 합리화 과정이다. 합리화 과정은 첫째로 생활세계의 구성 요소들이 분화함으로써 자율성을 생산하고, 둘째로는 2차 질서의 분화로서 체계와 생활세계가 분리되는 형태를 통해 고도로 복잡한 사회들에서도 효율적인 물질적 재생산을 가능하게 한다. 따라서 하버마스는 초기 비판이론에 결정적인 영향을 미친 마르크스주의 전통의 자본주의 및 국가에 대한 급진적 비판과 단절한다. 그럼에도 불구하고 그는 자본주의와 국가기구가 특수하게 근대적인 사회적 병폐를 유발한다고 확신한다.

마르크스주의 비판과의 관계

5 ㅣ 진단: 생활세계의 식민지화

하버마스에 따르면, 체계 통합의 메커니즘은 물질적 재생산의 영역에서만 문제가 되는 것이 아니다. 조정 매체인 돈과 권력을 생활세계에 뿌리내리게 하는 법은 경제와 행정을 이러한 한도 내에서 유지하는 기능을 한다. 앞서 보았듯이, 경제적·행정적 상호작용 자체는 상호이해의 메커니즘을 통해 조정되지 않는다. 그러나 경제행위와 행정행위의 여지는 법적으로 확정된다. 법이 민주적 기원을 통해 공공의 상호이해 과정에 묶여 있는 한, 생활세계는 경제와 행정을 간접적으로 통제할 수 있다.

생활세계에 의한 체계들의 비간접적 통제

그러나 법 자체가 생활세계에 대한 체계의 이러한 의존성을 보장하는 것은 아니다. 여기에 근대사회의 특수한 문제점이 있다.

> 두 가지를 상상해 볼 수 있을 것이다. 돈이나 권력 같은 조정 메커니즘을 생활세계에 뿌리내리게 하는 제도들은 생활세계의 영향력을 공식적으로 조직된 행위 영역들로 전달하거나, 반대로 체계의 영향력을 의사소통적으로 구조화된 행위 맥락으로 전달한다. 제도들은 전자의 경우 체계 유지를 생활세계의 규범적 제한에 따르게 하는 제도적 틀로 기능하며, 후자의 경우 생활세계를 물질적 재생산의 체계적 제약에 종속시킴으로써 병합하는 토대로 기능한다(Habermas, 1981b: 275 이하).

체계에 의한 생활세계의 식민지화

하버마스의 시대 진단에 따르면, 현재 지배적인 것은 두 번째 시나리오이다. 이를 하버마스는 체계에 의한 생활세계의 식민지화라고 부른다.

그림 6-1 **근대화 과정에서 체계와 생활세계의 관계의 발전**

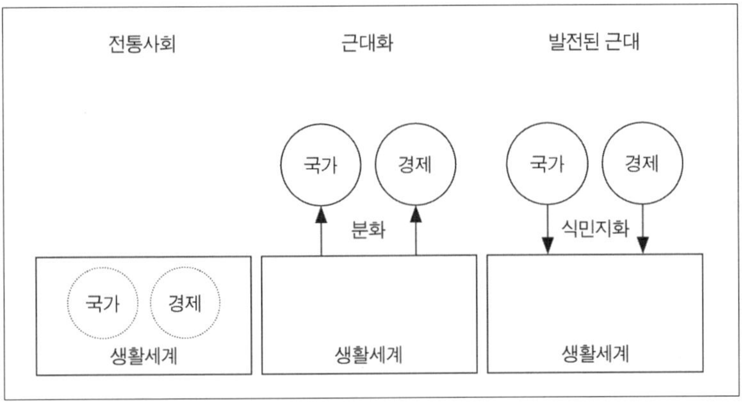

복지국가적으로 조직된 발전된 근대의 대중민주주의에서 체계 통합의 메커니즘은 경제와 국가에 국한되지 않고, 법을 통해 생활세계가 구조화한 영역으로 침투한다. 이것이 의미하는 바는, 발전된 산업사회에서는 일반적으로 사적 영역과 공적 영역의 화폐화·관료제화로 이어지는 법제화 과정이 일어나며, 이는 생활세계를 비롯하여 사회구성원들이 절대적으로 의존하는 의미·연대·인성 자원의 재생산을 훼손시킴으로써 의미 상실, 사회적 아노미, 정신병리와 같은 사회병리 현상들을 야기한다는 것이다. 이 과정의 본보기는 사회적 취약계층의 공정한 사회 참여의 권리를 금전적으로 재정의하고, 게다가 이러한 권리를 금전적인 형태의 사회복지 보조금으로 상쇄함으로써 당사자들을 국가행정조치의 대상으로 격하시키는 사회법의 확장이다.

법제화, 화폐화, 관료제화

하지만 체계 통합의 메커니즘이 물질적 재생산의 영역을 넘어 비대하게 성장하는 이유는 도대체 무엇인가? 화폐화와 관료제화가 사적 영역과 공적 영역을 각인하고, 개인을 시장공급의 소비자로, 국민을 복지국가 서비스의 고객으로 탈바꿈시키고, 사회구성원들의 자율성을 훼손하며 정체성 위기, 소외 현상과 같은 사회병리적 현상들을 유발하는 계기는 무엇인가? 이 과정의 원동력은 조직화된 자본주의 경제의 내재적 위기성이다.

자본주의의 위기성

하버마스에 따르면 경제적 과정의 이러한 위기성은 국가의 개입을 통해서만 차단할 수 있으며, 행정적 개입은 노동자들의 궁핍화(빈곤화)를 방지하고 지속적인 경제성장을 보장해야 한다. 따라서 '복지국가적 타협'은 고도로 산업화된 서구 사회가 계급 갈등을 진정시킬 수 있게 해준다. 그러나 그 대가는 급부수령자로 분류되어 관청에 의해 관리되는 행위자들의 생활세계에 대한 온정주의적 개입이다.

복지국가적 타협

하버마스는 막스 베버의 자유 상실 테제에 맞서는 과정에서 식민지화 테제를 정식화한다. 베버는 합리화 과정이 필연적으로 관료제적 장치를 낳아 사회구성원들로 하여금 자율적인 삶을 영위할 수 없게 만든다고 주장했다. 반면에 하버마스는 그러한 결과가 특정한 조건에서만, 즉 국가와 자본주의가 특정 한계를 초과할 때만 발생한다는 것을 보여주고자 한다. 즉, 그러한 결과는 자본주의적 동학과 국가의 위기예방 정책만으로 초래되는 것이 아니라, 근대화가 기계화, 경제와 행정의 효율성 증가로만 이해된다는 전제조건하에서만 나타난다는 것이다.

자유 상실과 식민지화

기술적 효율성이 합리성의 유일한 척도가 되면 우리가 원하는 것에 관한 상호이해는 불필요해진다. 그렇게 되면 성과가 나지 않는 것은 논의할 가치가 없어진다. 만약 합리화가 객관적 세계와 관련된 진리의 문제라는 한 가지 차원에만 국한되지 않고, 도덕적인 것과 미학적인 것의 차원에서도 진행된다는 인식이 일상생활에서 더 이상 존재하지 않는다면, 근대의 프로젝트는 체계들이 이러한 방향으로 가하는 압력으로부터 영향을 받게 된다. 하버마스는 식민지화의 이러한 결정적인 조건들 또한 막스 베버의 견해, 즉

의미 상실과 생활세계의 문화적 빈곤

근대 문화의 분화가 필연적으로 의미의 상실로 이어진다는 베버의 두 번째 시대진단 테제에 맞서는 과정에서 발전시킨다. 이 부분에서도 하버마스는 반드시 그렇지는 않다고 다시 한 번 반박한다. 분화된 문화적 지식이 전문가들의 연구가 진행되는 과정에서 전문가 문화로 캡슐화되어 공공 영역으로 공급되지 않을 경우에만 생활세계는 문화적으로 빈곤해지고 파편화된 일상 의식이 확산될 수 있다는 것이다.

> 오늘날 '허위' 의식은 물상화의 메커니즘을 통해 깨달음을 방해하는 파편화된 의식으로 대체된다. 그래야만 생활세계의 식민지화의 조건들이 충족된다. 독립적인 하위체계들의 명령은 그 이데올로기적 베일을 벗기자마자 외부에서 생활세계로 — 마치 식민지 지배자가 부족사회로 돌진하듯이 — 침투하여 동화(同化)를 강요한다. 그러나 토박이 문화의 분산된 관점은 거대도시와 세계시장의 게임을 주변부에서도 꿰뚫어볼 수 있을 정도로 조정할 수는 없다(Habermas, 1981b: 522).

공공영역과 민주주의 법치국가

따라서 근대의 프로젝트에서는 무엇보다도 공공영역의 활력이 중요하다. 공공영역이 합리성의 모든 세 가지 차원에서 문화적 지식, 즉 객관화 과학뿐만 아니라 도덕과 예술에도 모두 접근한다면 삶의 조건들의 자율적 형성이라는 아이디어는 실패로 끝나지만은 않을 것이다. 자본주의와 민주주의 사이의 긴장에 있어서는 여론 형성이 제도적으로 뒷받침되는 경우에만 후자가 멸망하지 않을 것이다. 바로 이 점에 법치국가의 핵심 기능이 있다. 따라서 법치국가는 민주주의를 제한하는 것이 아니라, 민주주의와 함께 가는 것이다.

하버마스는 이러한 견해를 근대의 프로젝트가 제도적으로 어떻게 형성될 수 있는지에 대한 성찰의 맥락에서 발전시킨다(특히 법 이론과 민주주의 이론에 관한 그의 저작 『사실성과 타당성』이 여기에 해당된다). 이에 부합하는

표 6-1 **한눈에 보는 위르겐 하버마스의 사회학 이론**

구분	표제어	세부 설명
사회학	사회현상을 상호이해 관계 분석을 통해 설명하는 과학	목표는 사회의 잘못된 발전들을 식별하는 것이다.
핵심 문제	근대의 프로젝트는 어떻게 방어될 수 있는가?	하버마스는 일면적 합리화를 추측한다.
설명 모델	기능주의와 결합된 재구성적 사회과학, 참여사와 관찰사 간의 관점 전환, 행위이론적 접근법에 체계이론의 접목	언어의 진화적 합리화의 잠재력
설명의 기본 단위	상호이해 관계	기본 구조는 생산에서 상호작용으로 전환된다.
개인과 사회의 관계	개인과 사회의 '동근원성' 이론	상호주관성이 우선시된다.
근대사회와 전통사회(분석)	전통에 의해서 보장되고 확고하게 규정된 타당성 요구 vs 의사소통적으로 '액화된' 타당성 요구	근대의 프로젝트: 자율성(자의식, 자기결정, 자기실현)
근대화의 이해	'모든 방면에서의' 합리화: 도구적 합리화뿐만 아니라, 이성의 모든 세 가지 차원에서의 합리화	해방적 프로젝트와 진화적 발전
변화의 원동력	언어의 구조 안에 주어진 비판과 정당화의 전개 경향	'성스러운 것의 언어화', 타당성 요구의 비판 가능성에 대한 전통적 한계의 해체, 발전 논리와 발전 동학의 구별
근대의 병리(진단)	체계에 의해 왜곡된 의사소통의 관계, 체계에 의한 생활세계의 식민지화	돈과 국가권력은 타당성 요구의 명확한 표현을 차단한다.

정치 모델을 그는 숙의 민주주의라고 명명한다. 하버마스의 근본적인 생각은 법치국가가 여론 형성에서 비롯되는 민주적 법 제정의 절차를 규제한다는 것이다. 그러한 절차는 법이 제정되는 모든 곳에서 도입되어야 한다. 따라서 여론 형성이 법 형성에 효과가 있는 한, 즉 여론 형성이 법을 적용하고

숙의 민주주의

집행하는 것뿐만 아니라 법을 계속 발전시키거나 심지어 새로 만드는 것에도 영향을 미치는 한, 의회뿐만 아니라 모든 권력은 여론 형성의 영향력에 효과적으로 의존하도록 만들어져야 한다. 이는 특히 집행권에 해당되는 것이다. 국가 복지행정의 온정주의는, 즉 생활세계의 식민지화를 보여주는 전형적인 사례는, 행정기관이 자기 행위의 지침원칙을 스스로 만들지 않고 그 기준들이 관련 당사자들에 의해 규제됨으로써 예방되어야 할 것이다.

6 | 요약

막스 베버처럼 위르겐 하버마스는 근대화 과정을 합리화 과정으로 분석한다. 그러나 하버마스는 합리화의 원칙을 도구적 합리성의 영역으로 한정하지 않고 사람들이 자신의 공동생활을 조절하는 방식과 스스로 목표를 설정하는 방식도 합리화될 수 있음을 보여준다. 이성은 기술과 객관화 과학에만 국한되지 않으며, 도덕과 예술, 그리고 집합적 자기결정권의 문제와 개인의 자아실현의 문제도 근거를 가지고 논의될 수 있다.

발전된 근대에서는 마침내 이러한 이성의 잠재력이 완전하게 발휘될 수 있는 조건들이 실현되어 사람들이 실제로 자신의 삶의 조건들을 자율적으로 형성할 수 있게 되었다. 어떤 전통도 문화적 지식의 보고, 사회질서, 그리고 개인들의 행동 패턴을 원칙적으로 비판적 문제제기의 가능성으로부터 보호하지 못한다. 권력관계도 더 이상 초기 근대에 그랬던 것처럼 예컨대 노동계약에서 등가물 교환에 대한 믿음과 같은 이데올로기적 관념에 의해 더 이상 은폐되지 않으며, 국가 활동의 확대는 자본주의 시장이 자연법을 따른다는 허상을 더욱 파괴했다. 지배관계는 발전된 근대에서 숨김없이 드러나며, 바로 이 때문에 정치권력으로서 사회 구성원들에 의한 정당화에 직접적으로 의존하게 된다. 자연적으로 주어진, 또는 신이 부여한 인간 불평등에 대한 근대 이전의 모든 정당화가 타당성을 잃은 지금, 정치권력은 오직 법치국가적으로 보장된 여론 형성 및 의지 형성의 민주적 절차들에 의해서만 유지될 수 있다.

그렇지만 민주적 법치국가는 근대의 프로젝트를 실현하기 위한 제도적 틀만을 구현한다. 시민들은 '의지와 의식으로' 자신의 삶의 조건들을 형성하기 위해 자신이 도대체 어떤 사회를 원하는지 명확히 해야 한다. 이를 위해 그들은 진리, 올바름, 진실성이라는 타당성 주장과 관련하여 이성의 모든 세 가지 차원의 합리성 잠재력을 현실화해야만 할 것이다. 그러나 발전된 근대의 전형적인 사회에서 이루어지는 복지국가적 화해와 보호의 형태는 어쨌든 근대화 과정에 내재된 도구적 측면에 국한된 일면적 합리화 경향을 강화한다. 만약 이러한 경향이 돌파구를 찾는다면, 사람들은 모든 법치국가적 민주주의 제도에도 불구하고 체계의 기능적 명령이 수행하는 비인격적 지배를 받게 될 것이다. 위르겐 하버마스의 사회이론의 핵심 목적은 이러한 위험을 인식할 수 있도록 하는 것이다.

📖 학습 점검 질문

1. 하버마스의 방법론적 개념이 마르크스, 아도르노와 다른 점은 무엇인가?
2. 하버마스는 어떤 유형의 행위를 구분하며, 하버마스의 사회 개념에서 언어는 어떤 역할을 하는가?
3. 하버마스의 개념에 따르면 지배는 어떻게 정당화될 수 있는가? 타당성 요구의 역할을 중심으로 논하시오.
4. 하버마스는 합리화에서 무엇을 이해하는가?
5. 하버마스는 근대화 과정을 어떻게 설명하며, 그가 이해하는 "근대의 프로젝트"란 무엇인가?
6. "생활세계의 식민지화"의 진단은 무엇을 의미하는가?

참고문헌

1차

Habermas, Jürgen (1968): Erkenntnis und Interesse, Frankfurt a. M. 1973.
Habermas, Jürgen (1981a): Theorie des kommunikativen Handelns, Bd. 1: Handlungsrationalität und gesellschaftliche Rationalisierung, Frankfurt a. M.
Habermas, Jürgen (1981b): Theorie des kommunikativen Handelns, Bd. 2: Zur Kritik der funktionalistischen Vernunft, Frankfurt a. M.
Habermas, Jürgen (1984): Vorstudien und Ergänzungen zur Theorie des kommunikativen Handelns, Frankfurt a. M.
Habermas, Jürgen (1985a): Die neue Unübersichtlichkeit. Kleine politische Schriften V, Frankfurt a. M.
Habermas, Jürgen (1985b): Der philosophische Diskurs der Moderne. Zwölf Vorlesungen, Frankfurt a. M.
Habermas, Jürgen (1990): Strukturwandel der Öffentlichkeit. Untersuchungen zu einer Kategorie der bürgerlichen Gesellschaft. Mit einem Vorwort zur Neuauflage 1990, Frankfurt a. M.
Habermas, Jürgen (1992): Faktizität und Geltung. Beiträge zur Diskurstheorie des Rechts und des demokratischen Rechtsstaats, Frankfurt a. M. 1994.
Habermas, Jürgen (2009): Jürgen Habermas. Studienausgabe. 5 Bde., Frankfurt a. M.

2차

Brunkhorst, Hauke/Kreide, Regina/Lafont, Cristina (Hg.) (2009): Habermas-Handbuch, Stuttgart.
Honneth, Axel (1989): Kritik der Macht. Reflexionsstufen einer kritischen Gesellschaftstheorie, Frankfurt a. M.
Honneth, Axel (1999): Jürgen Habermas, in: Kaesler, Dirk (Hg.): Klassiker der Soziologie, Bd. 2: Von Talcott Parsons bis Pierre Bourdieu, München, 230-251.
Honneth, Axel/Joas, Hans (Hg.) (1986): Kommunikatives Handeln. Beiträge zu Jürgen Habermas' »Theorie des kommunikativen Handelns«, Frankfurt a. M.
Iser, Mattias/Strecker, David (2010): Jürgen Habermas zur Einführung, Hamburg.
Kneer, Georg (1990): Die Pathologien der Moderne. Zur Zeitdiagnose in der »Theorie des kommunikativen Handelns« von Jürgen Habermas, Opladen.
McCarthy, Thomas (1989): Kritik der Verständigungsverhältnisse. Zur Theorie von Jürgen Habermas, Frankfurt a. M.
Meehan, Johanna (Hg.) (1995): Feminists Read Habermas. Gendering the Subject of Discourse, New York u. a.
Rasmussen, David M./Swindal, James (Hg.) (2002): Jürgen Habermas, 4 Bde., London u. a.
Strecker, David (2012): Logik der Macht. Zum Ort der Kritik zwischen Theorie

und Praxis, Weilerswist.
Strecker, David/Schaal, Gary S. (2006): Die politische Theorie der Deliberation: Jürgen Habermas, in: Brodocz, André/Schaal, Gary S. (Hg.): Politische Theorien der Gegenwart II, Opladen, 99-148.
Wiggershaus, Rolf (2004): Jürgen Habermas, 2. Aufl., Reinbek bei Hamburg.

초기 근대	발전된 근대	후기 근대

길들이기	합리화	분화	개인화

7장 진화로서의 근대화 | 탤컷 파슨스

1 | 개관

미국의 사회학자 탤컷 파슨스(Talcott Parsons)는 사회학 역사에서 중요한 분기점에 서 있다. 즉, 그는 고전과 현대 작가들 사이의 중재자로 등장한다. 파슨스는 한편으로는 여전히 이 분과 학문의 거장이자 창시자 중 한 명이며, 다른 한편으로는 앞선 작가들의 연구를 바탕으로 자신의 이론을 발전시켰다. 파슨스는 앞선 작가들의 저작을 면밀히 분석하고 종합하여 규준으로 만듦으로써, 즉 필독서로 규정함으로써 독자적인 사회학 전통이 생겨나는 데 기여했다.

시작은 고전 연구이다

파슨스는 사회학을 위한 과학적 작업 방식의 새로운 시대를 연다. 이때부터 사회학 이론 형성은 더 이상 '사회'나 '사회적 행위'와 같은 연구 대상들을 새로 정하고 그에 상응하는 개념, 연구 방법, 문제 제기를 결정하는 것에서 시작되지 않고, 계속 발전시켜야 할 거장들의 접근법을 연구하는 것에서 시작된다. 그 결과 파슨스의 제자로 불리는 로버트 K. 머튼의 말처럼 파슨스는 "거장들의 어깨 위에" 서게 된다(Merton, 1965). 파슨스는 자신

| 생애와 저작 | **탤컷 파슨스(1902~1979)**

탤컷 파슨스는 미국 콜로라도주 스프링스에서 태어났다. 그는 1920년에 애머스트(Amherst) 대학교에서 의학과 생물학 전공으로 대학 교육을 받기 시작했다. 그러나 얼마 후 의사가 되려는 꿈을 접고, 경제학을 공부하여 1924년에 경제학 학사로 졸업했다. 그 후 유럽으로 건너가 런던정치경제대학교를 거쳐 하이델베르크 대학교에서 사회학 고전 작품을 집중적으로 공부하여 1927년에 사회학 박사학위를 받았다. 그 후 1973년에 하버드 대학교 사회학과 교수로 은퇴할 때까지 처음에는 전임강사로, 1939년부터는 교수로 재직했다. 파슨스는 경제학자 요제프 슘페터(Joseph Schumpeter)를 알게 되어, 인류학자 말리놉스키(Bronislaw Kasper Malinowski), 래드클리프-브라운(Alfred Radcliffe-Brown)과 그랬던 것처럼, 활발한 지적 교류를 유지했다. 1944년에 그는 사회학 연구소 소장으로 취임했다. 파슨스는 수많은 사회학 논문을 발표했다. 파슨스는 제2차 세계대전 이후 북미에서 가장 중요한 사회학자가 되었으며, 20년 이상 단연 가장 권위 있는 이론가로 간주되었다. 파슨스는 그만큼 제자들도 많았는데, 특히 로버트 K. 머튼과 슈무엘 노아 아이젠슈타트(Shmuel Noah Eisenstadt)를 꼽을 수 있다.

이 대조·비교·비판하는 고전의 이론적 바탕 위에 자신만의 이론적 체계를 구축한다.

2 | 핵심 문제

사회질서는 어떻게 가능한가?

사회학 고전에 대한 몰두는 파슨스가 사회질서를 확립할 수 있는 가능한 방법에 대한 문제를 오늘날까지 유효한 모든 사회학의 근본 물음이자 출발 물음으로 확인하는, 그리고 이를 후속 사회학자들을 위해 정의하는 계기가 되었다. 또한 이 문제는 파슨스 자신이 풀어야 할 핵심 문제가 되어 그의 저작을 결정짓는다. 그러나 그는 이 문제를 지속적·안정적이며 발전 잠재력을 지닌 사회질서가 가능한지, 가능하다면 어떻게 가능한지에 대한 문제로 점차 확장해 간다. 이처럼 역점이 변화한 것은 파슨스가 살던 시대의 사회적·정치적 상황의 결과를 반영한 것이기도 하다. 1960년대와 1970년대에 사회의 기술적 설계 가능성, 즉 근대의 기술과 과학 수단을 통해 사회 전체를 계획에 따라 관리·조직할 수 있다는 생각이 널리 퍼지면서 분화와 다원화가 고도로 진전된 근대적 사회 또는 체계를 통제·규제할 수 있는 가능성에 대한 연구가 활발히 이루어졌다. 이는 또한 파슨스에게 사회 **변화**에 대한 분석을 흥미롭게 만드는 계기가 된다.

주요 관심: 통합

그러나 파슨스 사회학에서 중심이 되는 관심사는 통합, 즉 포용과 통일성의 추구라는 것을 파악할 수 있다. 이에 대한 파슨스의 노력은 완전히 서로 다른 네 가지 영역에서 드러난다.

1. 거장들의 이론 설계를 종합하려는 시도
2. 구조이론과 행위이론을 통합하려는 노력
3. 사회적인 것의 모든 측면에 대한 통일된 개념적·이론적 틀을 정식화하고, 인접 분과 학문들의 인식도 고려하는 그의 이론
4. 분화되고 다원화된 근대사회에서 개인들의 통합·포용에 대한 문제가 중심적 역할을 하는 그의 근대이론

항목 1

파슨스는 거장들의 저작을 탐독한 후에 자신의 유명한 **수렴 테제**를 정식화하는데, 이에 따르면 적어도 막스 베버, 에밀 뒤르켐, 앨프리드 마셜(Alfred Marshall), 빌프레도 파레토(Vilfredo Pareto)의 사회학적 설계는 질서의 문제를 사회학의 근본 문제로 규정한다는 점에서 수렴, 즉 합류된다. 또한 그들은 이 문제에 답하면서 이른바 공리주의 이론이 확언하는 것처럼 개인들이 이기심을 추구하는 데서 사회질서가 생겨날 수 없다는 점을 명확하게 한다

(Parsons, 1937). 이어서 파슨스는 공리주의적 접근법에 반대하는 방법론적 개념으로서 사회적 행위를 설명하는 자원주의적 이론 모델을 개발한다. 그는 이기심에 지향된 사회적 행위가 의미 있는 방식으로 기능하려면 사회가 이미 공통의 규범과 가치에 의해 통합되어 있어야만 한다고 강조한다.

공통의 규범과 가치가 통합을 가능하게 한다

항목 2

파슨스의 지작을 역사적으로 보면, 그의 연구는 두 단계로 나눌 수 있다. 첫 번째 단계는 행위이론을 구체화하는 데 전념하고, 두 번째 단계는 구조기능주의 체계이론을 개발하는 데 전념한다. 학술적 경력 초기에 그는 인간 행동을 분석하기 위해 노력했는데, 그 결과가 1937년에 출판된 저작 『사회적 행위의 구조』이다. 파슨스는 이 책에서 "단위 행위(unit act)"라는 개념 아래 행위의 모든 측면을 인간 행위의 효용극대화와 목표 지향성을 가치와 규범에 대한 지향성과 결합하는 하나의 통일된 모델로 통합하려고 시도한다.

정의 | 체계(System)

체계는 서로 관련된 요소들이 규칙적으로 연결되어 있고, 관찰자의 시각에서는 구조화된 단위로서 체계의 환경과 뚜렷하게 구별되는 맥락으로 정의할 수 있다. 니클라스 루만과 함께 사회학적 체계이론을 대표하는 파슨스는 체계이론의 구조기능주의 모델을 개발했다. 이 모델은 한편으로는 안정적인 구조 요소들, 즉 하나의 체계의 구성요소들 및 영구적인 관계들을 분석하고, 다른 한편으로는 체계 요소들이 체계 전체를 유지하기 위해 수행하는 임무와 그 성과물들, 즉 체계 요소들의 기능을 분석한다. 이를 위해 체계이론에는 보편적 설명의 필요성이 제기된다. 전체로서의 사회, 그 부분 영역들(예컨대, 정치, 경제), 사회조직(예컨대, 정당, 기업) 및 개인들은 체계들로 파악될 수 있으며, 사회체계들은 행위자들의 상호작용으로 형성된다. 이제 사회적 세계는 인성체계, 문화체계, 사회체계의 공동 작용으로 설명될 수 있다.

『사회체계』(1951)라는 책의 출판으로 시작되는 두 번째 단계에서 파슨스는 사회의 거시적 차원으로 시선을 돌린다. 이제 초점은 구조와 기능을 상세하게 분석해야 하는 사회체계의 개념에 맞추어진다. 체계 개념으로는 사회체계, 경제·법·정치와 같은 다양한 기능체계뿐만 아니라 궁극적으로는 개인들의 상호작용 체계와 같은 다양한 형태의 사회적 상호작용도 설명된다. 이제 개인도 체계의 관점에서 연구되며 인성체계로 파악된다.

파슨스가 체계에 대한 구상으로 선회함으로써 구조기능주의 체계이론을 구체화하게 된 것은 인류학자 말리놉스키(Bronislaw Kasper Malinowski)와 래드클리프-브라운(Alfred Radcliffe-Brown)의 기능주의, 그리고 프로이트(Sigmund Freud)의 정신분석에 몰두한 결과였다. 또한 이를 통해 안정적인 사회질서의 가능성에 대한 문제 제기의 배경도 바뀐다. 즉, 사회체계들의 규칙적이고 구조화된 기능의 여러 측면에 특별한 관심을 집중한다. 파슨스는 이제 사회질서의 생성보다 사회질서의 유지에 더 많은 관심을 갖는다. 구조와 기능(Dahrendorf, 1997)은 분석을 수행하는 데 필수불가결한 개념이다.

그러나 눈에 띄는 이러한 관점의 전환에도 불구하고 초기와 후기의 파슨스를 마치 서로 다른 두 명의 이론가인 것처럼 해석하는 것은 잘못된 것이다. 다음 장에서 보겠지만, 실제로 파슨스의 체계이론은 그의 행위이론의 연속으로 읽힐 수 있고, 그의 첫 번째 주요 저작의 제목(『사회적 행위의 구조』)은 구조와 행위의 측면들을 통합하는 것이 파슨스의 주된 관심이라는 점을 분명하게 보여준다(Münch, 2003: 31~33).

구조이론과 행위이론의 통합

항목 3

이는 모든 사회적 현상을 경험적으로 기록하여 설명하기 위한 추상적·포괄적 분석 틀을 개발하려는, 즉 사회에서 일어나는 일들 가운데 체계와 행위에 관련된 측면을 설명할 수 있고 또 설명이 가능하도록 만드는 사회적인 것에 대한 보편 이론인 "거대 이론"을 제시하려는 파슨스의 중심 주장에서도 잘 드러난다. 여기서 보편 이론의 목표는 — 자연과학과 유사하게 — 법칙의 형태 또는 일반적으로 사용 가능한 추상적 개념들의 도움으로 '사회적인 것'을 파악하는 것이다. 이로 인해 파슨스는 때때로 실제 경험적 현상들을 분석하기 위한 이론을 추구하는 것이 아니라 이론을 발전시키기 위해 이론을 추구한다는 비난을 받기도 했다.

사회적인 것에 대한 보편 이론

항목 4

파슨스의 후기 연구들은 서양 사회의 발전 또는 근대화 과정에 초점을 맞춘다. 「사회」(1966)와 「근대사회의 체계」(1971)라는 논문에서 파슨스는 서구 근대화 과정을 진화적 분화 과정으로 묘사한다. 파슨스는 근대화를 생존과 변화하는 환경 조건들에 적응하는 사회의 능력이 중심적인 역할을 하는 진화 과정으로 이해한다(Parsons, 1971: 40~42). 생존 능력에 대한 파슨스의 강조는 근대화 과정의 논리와 관련해 당시의 지배적 가정들을 변화시킨다. 그는 더 이상 사회변화를 인간 공동생활이 '더 높은' 수준으로 계속하여 발전하는 지속적인 과정으로 해석하는 것이 아니라, 사회의 생존을 보장하기 위해 필요한 변화와 적응으로 해석한다. 기능적 분화의 능력, 즉 분업에 기반한 하위체계들을 구성하는 능력은 사회의 생존을 보장하기 위한 필수 요소로 확인된다.

진화로서의 근대화

그러나 파슨스도 근대화 과정이 — 자연법과 거의 동일하게 — 특정 방향으로 진행되어 다양한 사회에서 유사한 제도들과 규제형태들을, 파슨스의 용어로는 "사회의 보편적 특징들"을, 만들어낸다고 가정한다. 여기에는 관료제, 민주주의, 보편주의적 가치체계와 같은 제도들이 포함된다. 분화되고 문화적으로 이질적인 대중사회에서 어떻게 개인과 집단의 사회적·규범적 통합이 이루어질 수 있으며, 이를 통한 사회에 대한 충성심을 어떻게 확보할 수 있는지에 대한 문제는 파슨스의 이론 주위를 맴도는 네 가지 통합 문제 중 마지막 문제이다. 파슨스는 이에 대한 한 가지 대답을 네 가지의 근본적인 근대화 경향(표준화, 분화, 가치 일반화, 포함)의 공동 작용과 사회 공동체에 대한 자신의 구상에서 찾아낸다. 이에 관해서는 뒤에서 근대사회에 대한 그의 분석과 함께 논의할 것이다.

3 ı 방법적 기본 구상: 행위이론과 구조기능주의의 통합으로서의 사회학

분석적 사실주의"

사회적인 것에 대한 보편적 이론을 발전시키려는 파슨스의 열정은 그의 방법론적 개념에서도 발견할 수 있다. 파슨스는 자신의 접근법을 "분석적 사실주의"라고 정의한다(Camic, 1987; ⇨ 그림 7-1 참조). 사회학자들은 거리를 둔 관찰을 통해 사회현상을 파악한 다음, 이를 개별 요소들로 세분화하고 마지막으로 이 요소들 간의 관계 또는 구조를 결정한다. 요소들을 분류할 때는 다른 사회적 상황과 사건에서도 사용될 수 있도록 가능한 한 추상적인 개념을 고안해 내는 것이 중요하다. 이는 요소들의 구조에 대한 설명에도 해당된다. 요소들의 구조 또한 다른 상황에 적용될 수 있는 일반적인 법칙성을 찾아내기 위해 가능한 한 근본적으로 — 보편적으로 — 정식화해야 한다.

그러나 분석적 사실주의라는 개념은 모든 사회학적 통찰이 경험적 관찰을 통해 직접적으로(즉, 귀납적으로) 얻어진다는 것을 의미하지는 않는다. 발견된 규칙성은 경험적 방법으로 반복적으로 검증되어야 할 뿐만 아니라, 기존의 사회학 이론 및 다른 분과 학문들의 연구 결과에 비추어도 적합한 것으로 입증되어야만 한다. 이를 통해 경험적·이론적 인식은 상호적으로 개선되고 정교해진다.

분석적 사실주의는 관찰 가능한 사회적 사건들의 경험적 세계와 사회자

그림 7-1 **파슨스의 분석적 사실주의**

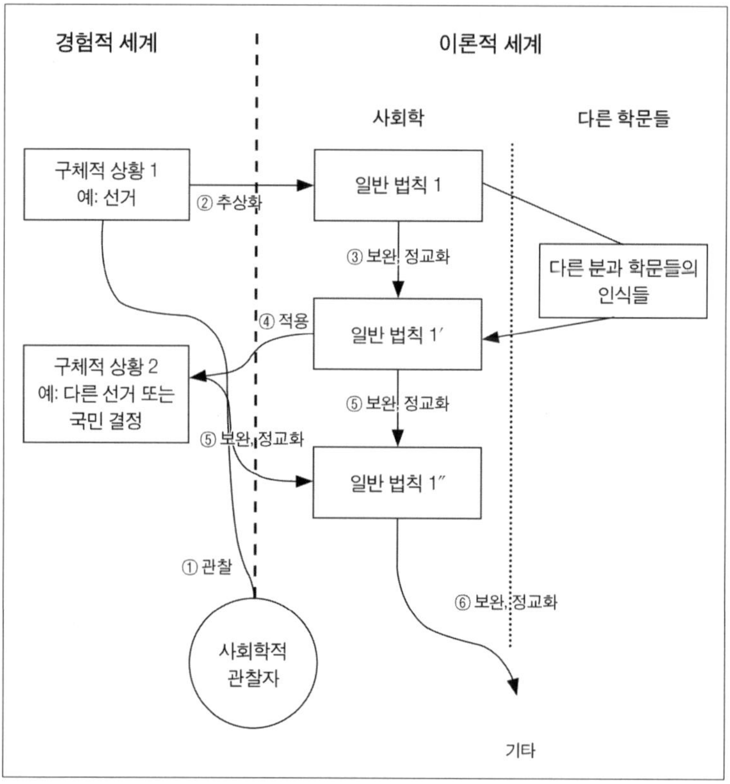

들이 매개하는 상대적으로 독립적인 이론적 세계를 구분한다. 이와 관련된 이론 구축은 그림 7-1처럼 여섯 단계로 진행된다.

방법론적 진행 방식

(1) 사회학자들은 하나의 경험적 사건(예컨대, 선거)을 관찰하고,

(2) 이로부터 추상화를 통해 하나의 일반적인 (행위)법칙에 대한 정식화를 시도한다(예컨대, 가톨릭 신자들은 보수 후보에게 투표한다).

(3) 이러한 사회학적 법칙은 이제까지의 이론들과 다른 분과 학문들의 연구 결과를 바탕으로 검증·토론되어, 그에 상응하게 정교하게 다듬어진다.

(4) 새로운 사회학적 법칙(예컨대, 시골 지역에 사는 고령의 가톨릭 신자들은 주로 보수 후보에게 투표한다)은 다시금 실제 세계의 행위들 또는 과정들(예컨대, 외국의 선거)에 의해 검증된다.

(5) 이러한 검증 또는 응용의 결과들을 바탕으로 법의 추가적인 개발이나 개선이 이루어진다. 여기서도 이론의 범위 안에서 이루어지는 토론이 결정적인 역할을 한다.

이와 같은 과정은 원하는 만큼 자주 반복될 수 있다. 파슨스는 이 이론적 개념을 법률 개발의 영국 **관습법** 모델을 바탕으로 설계한다. 이는 사회학 이론이라는 학술 분야가 고전 해석에 강하게 집중하는 경향을 정당화한다.

그림 7-1에서 알 수 있듯이, 사회적인 것에 대한 일반 이론의 발전은 주로 이론적 세계 안에서 이루어진다. 경험적 세계는 오로지 사회학자들의 최초 관찰이 이루어진 후에 검증 기능만 지니는 듯하다. 따라서 이론은 경험적 세계와는 분명하게 구별된 이론적 세계에서 주로 이론적으로 이루어지는 작업의 결과이다.

파슨스는 행위 분석을 위한 포괄적인 개념적 장치를 개발한다. 출발점은 행위자·상황·관계 방식, 즉 행위자가 상황과 관계하는 방식으로 구성되는 행위체계에 대한 구상이다(Parsons, 1937). 상황은 이 구상들 중 가장 복잡한 요소로서, 행위자를 비사회적 대상의 형태로, 즉 가치와 규범을 통해 상황의 틀과 행위의 가능성을 설정하는 문화와 물리적 대상들, 특히 기술적 대상들의 형태로 만나기도 한다. 그러나 무엇보다도 상황에는 사회적 대상, 즉 기대감으로 행위자의 행위에 영향을 미치는 다른 사람들이 포함된다.

문화: 가치 및 규범의 지평

파슨스의 근본적인 이론적 혁신 중 하나는 문화를 가장 중요한 가치와 규범의 지평으로 통합하여 분석 틀을 확장한 것이다. 여기서 핵심적인 가정은 문화가 상황 안에서 행위자들의 상호이해를 비로소 가능하게 하고, 동시에 행위자들의 행위의 동기가 규범을 따르려는 욕구에서 비롯되는 한, 문화가 그들이 선택할 수 있는 가능성들을 규정한다는 데 있다. 이러한 맥락에서 규범과 가치 지평은 개인들의 행위목표에 반대되는 것이 아니라, 오히려 허용되고 바람직한 행위의 목표와 수단을 결정함으로써 행위자들을 위해 상황을 정의한다. 즉, 상황은 규범과 가치 지평을 통해 비로소 이해할 수 있게 된다. 따라서 행위 가능성의 스펙트럼이 줄어들기는 하지만, 바로 이를 통해 행위들을 조정하고 사회질서를 만들어낼 수 있는 것이며, 또한 이에 대한 설명도 가능해진다.

그러므로 파슨스에게 있어서 행위를 이해하는 핵심은 한편으로는 행위의 '맥락화'이다. 행위는 항상 사회적 상황에서 발생하며, 사회적 상황은 이미 행위 가능성의 스펙트럼을 현저하게 결정하고 행위의 수단과 조건을 정의한다. 다른 한편으로는 파슨스는 행위의 동기와 관련하여 두 가지 필수적인 원천을 구분한다.

- 목적합리적 목표 설정
- 그 자체로 문화적 지평, 획일적 세계관에 기반을 두고 고정되어 있는 규범적 기대와 가치관의 영향

이제 행위는 목표들, 수단들, 규범적 기대들, 그리고 문화적 가치에 따라 결정된 유일한 세계관의 관계의 함수로서 발생한다. 이러한 관계는 상당히 모순적일 수 있는데, 갈등은 예컨대 목표들과 규범적 기대들 사이에서, 목표들과 수단들 사이에서, 그리고 때로는 규범적 기대들과 수단들 사이에서도 발생할 수 있다. 이러한 네 가지 행위 요소에 의거해 네 가지 행위 원칙을 정식화할 수 있으며, 이 원칙들이 절대화되어 각각의 경우에 일방적인 행위 형태들로 이어질 수 있다.

- **실현 원칙**에 따라 행동하는 사람은 자신의 목표를 절대적으로 설정하며,

네 가지 행위 원칙

자신이 가진 수단의 한계와 반대되는 규범적 기대치를 모두 무시한다. 즉, 그는 '어떤 대가를 치르더라도'라는 모토에 따라 자신의 목표를 추구한다.

- **최적화 원칙**은 주로 수단들을 지향하며, 행위자의 효용을 극대화하기 위해 가능한 한 효율적으로 수단들을 사용하려고 한다.
- **순응 원칙**에 따라 행동하는 사람은 수단의 결정과 목표의 선택 모두에서 해당 규범적 기대들을 따른다.
- **일관성 원칙**은 자신의 행위를 가능한 한 하나의 통일된 세계관, 하나의 확고한 문화적 중심 사상, 또는 하나의 특정한 정신적 원칙에 맞추고, 필요한 경우 다른 사람들의 규범적 기대를 실망시키거나 차선책으로 사용하거나 목표를 재설정하려는 노력에 해당한다.

행위자들의 실제 행위는 거의 언제나 이러한 원칙들의 공동 작용으로만 설명할 수 있지만, 사회이론은 이러한 원칙들 중 하나를 절대적인 것으로 간주하는 경향이 있다.

- 권력이론과 갈등이론은 목표의 달성, 즉 실현 원칙을 행위의 유일한 근거로 해석하는 경향이 있다.
- (합리적 선택이론과 같은) 경제학적 행위이론은 수단 사용의 최적화를 핵심적인 것으로 여긴다.
- 규범적 이론 또는 역할이론은 순응 원칙을 절대화한다.
- 이상주의적 또는 문화주의적 사회이론은 이념이나 세계관, 즉 일관성 원칙을 행위의 동기를 부여하는 결정적인 원천으로 간주한다.

파슨스는 여기서도 이 원칙들(과 이론들)을 하나의 통일적인 행위이론의 준거 틀로 통합시키기 위해 노력한다(⇨ 그림 7-2 참조). 행위자의 의지(voluntas)와 결정을 강조하는 그의 자원론적 "단위 행위"의 모델은 이러한

그림 7-2 **행위이론의 준거 틀**

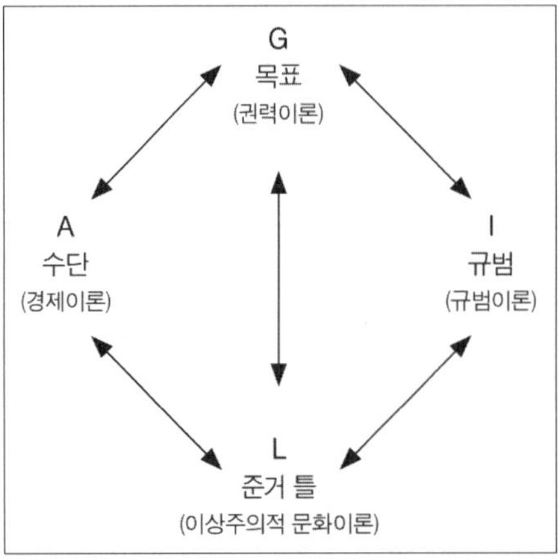

모든 행위의 순간을 통합하는 동시에 규범과 가치관의 중심적인 역할을 강조한다. 여기서 "단위 행위"라는 개념은 모든 행동에서 이 네 가지 요소가 수용되고 행위자에 의해 서로 비교 평가되어 행위에서 서로 결합된다는 것을 표현하기 위한 것이다.

홍미롭게도 이 행위이론적 준거 틀은 사회체계들에 대한 파슨스의 후기 분석에서도 출발점을 이룬다. 왜냐하면 이 개념을 통해 그는 행위체계를 보다 정확하게 정의할 수 있고, 행위체계를 사회의 **종합**(⇨ '들어가기' 1절 참조), 즉 사회의 기본 단위로 설명할 수 있기 때문이다. 그는 규칙적으로 연결되어 있고 일관되고 구조화된 단위로서 복잡한 환경과 구별될 수 있는 상호 연관된 요소들의 모든 맥락을 체계로 이해한다. 이런 의미에서 사회체계는 다소 폐쇄적인 모든 상호작용의 체계들을 의미한다. 파슨스는 근대사회의 체계에 중점을 둔다. 그는 이제 진화론적 관점에서 이러한 체계들을 연구한다. 각각의 체계는 스스로 적응하고 대응해야 하는 환경 속에서 존재하고 작동한다. 이와 관련하여 파슨스는 기능상의 필요에 따른 사회체계

파슨스의 구조기능주의

의 구조적 내부 분화가 사회체계의 생존력과 적응 가능성을 크게 상승시킨다는 것을 알아낸다. 이런 이유로 파슨스의 체계 관련 사회학을 구조기능주의라고도 부른다.

여기서 가장 중요한 것은 체계는 정확히 네 가지 기능을 수행해야 하며 이 기능들에 의해서 체계의 분화과정이 결정된다는 확신이다.

체계의 네 가지 기능: AGIL

- **순응**(Adaption), 즉 **적응기능**(A)은 역동적인 환경 안에서 자원 또는 수단을 조달하는 것을 지칭한다.
- "**목표 성취**(Goal Attainment)", 즉 **목표달성기능**(G)은 행위의 목표들을 확정해서 끝까지 이루어내야 하는 필요성을 설명하는 것을 지칭한다.
- **통합**(Integration)**기능**(I)은 기대의 확실성과 (사회체계에서) 연대가 형성될 수 있도록 개개의 체계 요소들이 상호작용을 할 때 서로에게 맞추어야 한다는 것을 지칭한다.
- "**잠재적 패턴 유지**(Latent Pattern Maintenance)", 즉 패턴 또는 **구조 유지 기능**(L)은 행위자에게 행위의 정당성을 보장하기 위해 가치와 의미의 통일된 지평을 보증한다.

그림 7-2를 보면 파슨스가 개발한 행위모델에서 파슨스의 유명한 'AGIL 도식'을 정의하는 이 네 가지 체계의 기능 결정이 어떻게 나타나는지 쉽게 알 수 있다.

일반 행위체계

파슨스에게 사회적 세계의 구성은 바로 AGIL 도식의 논리를 따른다. 즉, 사회적 세계는 러시아 인형 마트료시카처럼 서로 중첩된 체계들의 수직적 구조로 구성되며, 체계들은 네 가지 기능의 필요에 따라 점점 더 분화한다 (⇨ 그림 7-3 참조). 최상위 수준은 일반 행위체계이며, 이는 다음의 네 가지 하위체계로 구성된다.

| 정의 | **신분(Status)과 역할(Rolle)**

파슨스는 행위체계를 설명하기 위해 역할이론에서 중요한 의미를 갖는 '역할'과 '신분' 개념을 도입한다. 이 개념들은 주로 사회체계에서 행위자들의 배열을 파악할 수 있는 보조 수단이다.

- 신분은 사회체계 안에서 개별 행위자가 지니는 위치 또는 지위를 지칭한다. 따라서 신분 분석은 행위체계들의 구조를 설명하는 데 사용될 수 있다. 즉, 신분 분석은 행위자들의 상호 질서를 규명한다.
- 역할 개념은 개별 행위자의 기능과 연관된다. 이 개념은 각각의 체계가 작동하기 위해 개별 행위자들에게 부여되는 임무의 범위를 서술한다. 행위자들에게 역할은 자신들에 대한 환경의 기대로서 나타난다.

예컨대 가정에서 어머니의 역할은 흔히 분명하게 정해진 기대된 행동 방식들로 이루어져 있다. 가족체계 내 다른 사람들에 대한 어머니의 신분도 명백히 정해져 있다. 따라서 신분과 역할은 서로 밀접하게 연관된 두 가지 단위이다. 파슨스는 하나의 행위체계 안에서 개별 행위자의 지위와 임무가 대부분 파악되는 신분-역할 개념을 사용한다.

- 행동 유기체(즉, 지능이 있는 인체)는 지능과 학습능력을 제공하는 일반 행위체계의 생물학적 기질을 형성하며, 이런 이유로 환경에 대한 적응을 보장한다(A).
- (개인들의) 인성체계는 목표 정의와 달성에 필요한 동기를 부여한다(G).
- 사회체계는 일반 행위체계의 부분 영역일 뿐이며, 신분과 역할을 정의함으로써 체계 요소들과 행위자들의 통합을 보장한다(I).
- 문화체계는 세계관 및 가치 지평과 함께 의미의 자원을 공급한다(L).

사회체계는 다시 AGIL 도식에 따라 내부적으로 분화된다. **사회체계**

- 화폐라는 매체와 함께 작동하는 경제는 행위의 수단들을 제공한다. 따라서 적응기능을 맡는다(A).

그림 7-3 **AGIL 도식**

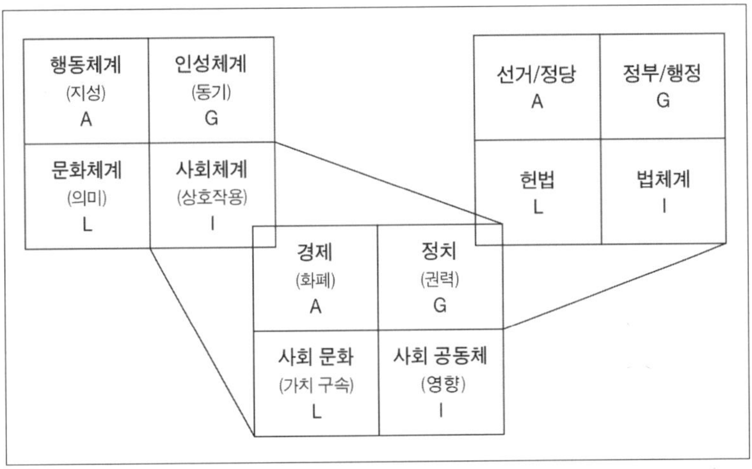

- 권력이라는 매체를 사용하는 정치는 목표를 정의한다(G).
- 파슨스가 말하는 "사회 공동체"는 연대, 충성, 공동체 지향의 토대를 통해 사회통합을 수행한다(I). 그 매개체는 사회적 영향이며, 따라서 사회 공동체는 최근의 사회학 이론에서 "시민사회"라고 부르는 것과 비슷하게 이해될 수 있다.
- 사회 문화(문화체계와 혼동해서는 안 된다)는 가치 구속력이라는 매개체를 통해 궁극적으로 가치와 규범의 통일된 지평이 존립하도록 보장한다(L).

하위체계들의 분화는 이런 방식을 통해 임의로 계속될 수 있다. 예컨대 정치체계에서 선거와 정당은 적응(A)을 보장하는 반면, 정부와 행정은 목표(G)를 확정한다. 법체계는 통합(I)을 이루어내며, 마지막으로 헌법은 집합적인 문화적 준거 틀과 가치 지평을 제공한다(L).

파슨스의 도식적이고 구조 중심적인 체계 기능 분석에서 흥미로운 점은 역방향으로 진행되는 두 가지의 에너지 또는 조종의 순환을 구분할 수 있다는 것이다. 행위의 충동은 항상 A에서 I로 이루어진다. 새로운 수단(예컨대, 자금의 원천)을 열어줌으로써 새로운 목표에 대한 결심을 자극하고, 이는 다시 장기적으로 유효한 규범과 궁극적으로 가치의 지평을 변화시킬 수 있다. 반면에 조종과 통제의 충동은 정반대의 경로를 취한다. 즉, 여기서는 뿌리 깊은 가치에 대한 신념이 규범의 발전을 규제·통제·제한하는 반면, 규범은 목표 설정 과정을 통제함으로써 수단의 사용과 개발을 유도하기도 한다. 이러한 상반된 충동의 상호작용은 사회체계의 발전과 변화, 즉 진화적 분화로서의 **동학**(⇨ '들어가기' 1절 참조)을 낳는다. 파슨스가 관찰·분석하는 것은 사회의 근대화 과정에서 조종과 통제의 가능성과 관련된 **실천**(⇨ '들어가기' 1절 참조)의 관점이다.

상반된 충동의 결과로서의 사회변화

4 | 분석: 진화로서의 근대화

파슨스에게 사회변화와 그에 따른 사회의 근대화는 무엇보다 진화적 분화의 과정이다. 이는 파슨스의 이론이 근대화를 유전적 과정으로 파악하려 했던, 즉 근대적 사회형태의 생성에 결정적인 그리고 인과적으로 효과적인 원인을 파악하려 했던(예컨대, 기술의 진보 또는 갈등과 같은) 당시의 지배적인 접근법들과 근본적으로 구별되는 점이다. 대신, 파슨스는 사회변화를 설명하기 위해 사회 또는 그 하위체계들의 기능방식에서 더 큰 적응력과 관철능력의 측면에서 진화적 이점을 제공하는 변화들을 추적한다.

진화적 분화

사회체계에서 그러한 변화들은 대부분 분화 과정으로 이루어진다. 그러나 파슨스는 근대화 과정을 분화 과정으로 설명하는 데 만족하지 않고, 서로 다르지만 상호 연관된 네 가지 발달 경향을 구분한다.

- **분화**를 통해 사회체계들은 변화된 환경의 요구나 내부 기능장애에 대응한

근대화 과정의 발전 경향

다. 성공적인 (구조적 또는 분업적) 분화 과정은 이러한 문제들에 대한 새로운 해결책들을 제시하고 체계가 유지될 수 있게 한다.

- **향상**은 행위자들이 일반적으로 이용할 수 있는 (경제적) 수단과 자원이 개선된다는 의미에서, 즉 간단하게 말하면, 물질적 부와 교육이 증가한다는 의미에서 조정의 성과를 의미한다(Parsons, 1971: 41).
- **포용**은 이전에 소외 또는 배제되었던 사회집단들을 보다 포괄적이고 개선된 방식으로 포함시키는 것을 의미하며, 이로써 통합의 성과가 증가하는 것을 설명한다. 이는 예컨대 근대화 과정에서 교육 및 직업 체계에 여성들이 포함되거나 민주적 투표권에 더 많은 인구집단이 포함되는 것에서 관찰할 수 있다.
- **가치 일반화**는 구속력 있는 사회규범과 가치에 대한 확신이 보편화되는 과정이다. 이는 문화적 다양성을 점점 더 많이 허용하는 방식으로 일반화된다. 이러한 일반화 또는 보편화 과정은 유럽 역사에서는 예컨대 종교 자유의 발전에서 관찰할 수 있다. 처음에는 서구 기독교의 두 종파 중 하나가 의무적인 것으로 간주되었지만('모두 가톨릭 신자이다'), 더 높은 수준의 일반화에서 교파의 자유가 이루어졌고('모두 기독교인이다'), 이는 종교의 자유로 확장되어 마침내 세계관의 다원주의로 발전했다. 그러므로 기본적인 중심 가치들은 근대화 과정에서 단순히 버려지는 것이 아니라, 추상화 정도를 높여 그 범위에 있어서 보편화된다.

이 4차원적 근대화 과정은 각 요소들이 서로를 발전시키는 역할을 하며 AGIL 도식에 따라 세분된 사회체계로 나타낼 수 있다(⇨ 그림 7-4 참조).

근대화는 행위 지향성을 변화시킨다

그러나 근대화는 체계들을 통한 사회 발전의 관점과 관련해서뿐만 아니라, 행위자들의 행위 지향성 변화와 관련해서도 설명할 수 있다. 파슨스는 이를 행위의 다섯 가지 "유형변수(pattern variables)"로 구분하여 설명한다(Parsons, 1951). 이 다섯 가지 이분법적으로 정해진 행동 대안과 함께 사회

그림 7-4 **4차원적 근대화 과정**

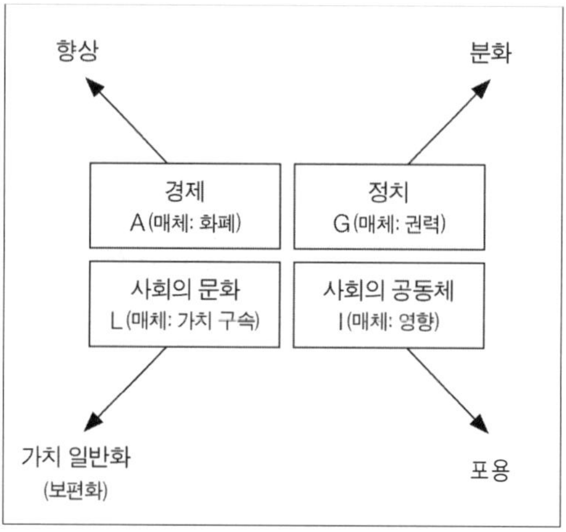

적 행위의 기준들이 명확히 드러난다. 즉, 행위자들은 자신들의 행위에서 다섯 가지의 선택적 행위 대안 중 각각 한 가지에 대해서만 결정을 내려야 하며, 구체적인 행위들은 각각 다섯 가지 결정의 조합을 통해 결정되므로 원칙적으로는 32개의 서로 다른 행위 유형이 나타난다.

| 요약 | 행위의 다섯 가지 유형변수

1. **감정성 vs 중립성**: 행위자들은 자신의 감정을 따르려 하거나(예컨대, 연인관계) 감정을 중립화하려 한다(예컨대, 과학 또는 법정 판결).
2. **집합지향성 vs 자기지향성**: 행위자들은 공익이나 공동체의 이익 또는 자기 이익에 따라 행동할 수 있다.
3. **특수주의 vs 보편주의**: 행위자들은 특정 집단의 가치와 이익을 추구하거나 일반화할 수 있는 좌우명을 지향한다.
4. **귀속성 vs 업적성**: 행위자들에 대한 대우는 그들에게 귀속된 특징들(성별, 피부색, 신분 등)이나 그들의 개인적인 성과에 달라질 수 있다.

5. **확산성 vs 한정성**: 행위는 매우 광범위하고 확산적인 기대치를 지향할 수도 있고 매우 구체적인 (역할에 부합하는) 기대치를 지향할 수 있다(한 가정의 가장과 창구 담당 공무원의 행위를 비교해 보라).

근대화는 행위 지향성이 각각 첫째 대안에서 둘째 대안으로 이동하는 경향이 있다는 것을 의미한다. 근대사회에서 행위자들은 자신의 감정에 이끌리지 않고, 자기 이익을 추구하며, 보편적인 규칙과 가치를 지향하고, 다른 사람들을 그들의 능력에 따라 판단하고, 전문적인, 즉 정확하게 규정된 행동 기대들을 충족시키려는 경향을 보인다. 그러나 이것이 대안적 행위 지향성들이 더 이상 나타나지 않는다는 것을 의미하지는 않는다. 즉, 근대사회의 개인들은 연인관계에서 주로 자신의 감정에 따라 행동하고, 시민 참여는 종종 공익 지향성에 의해 동기가 부여된다. 또한 축구 경기장의 관중들은 거의 항상 당파성이 강하고, 국민의 지위는 일반적으로 출생에 따라 부여된다. 따라서 근대화는 단순히 행위의 유형변수들 간의 무게중심이 전이되는 것만 의미하는 것이 아니라, 해당 행위 유형들의 제도화와 분화도 동시에 의미한다. 어떤 대안들이 어떤 상황에서 선택되는지는 행위의 특정 맥락이나 기능체계에 따라 달라진다.

파슨스는 근대화를 처음부터 특정 목표를 향해 나아가지 않는 진화 과정으로 이해하지만, 특정 발전 단계들과 결부된 진화적 이점이 너무 커서 일단 그 수준에 도달하면 어떤 사회도 그것을 포기하지 않을 것이며, 이러한 단계를 거친 사회가 그렇지 못한 다른 사회보다 우월하기 때문에 특정 발전 단계들은 되돌릴 수 없다고 가정한다. 파슨스는 이러한 발전 단계들을 "진화적 보편성"이라고 부른다. 따라서 그는 근대화 과정을 다음과 같은 진화적 보편성의 확립을 통해 차례로 구축되는 단계들의 결과로 구상한다.

단계 모델로서의 근대화 과정

근대화 과정을 거치려면 먼저 사회는 이른바 원시 사회와 구별되는 네 가지 기본 특성을 갖추어야 한다. 여기에는 (사회체계들의 네 가지 기본 기능에 상응하는) 다음의 요소들이 포함된다.

근본적인 진화적 보편성

- **언어**(목표 달성에 기여한다)
- **종교**(중요한 것은 공동의 문화적 가치 지평의 안정, 즉 구조 유지이다)
- **기술**(적응 능력과 수단을 증대시킨다)
- 사회적으로 확정된 **친족체계들**(사회통합을 보장한다)

근대화의 구조적 혁신을 불러일으키는 분화 과정은 이 요소들을 기초로 구축된다. 진화 과정이 계속 진행되면서 여섯 가지의 또 다른 보편성이 형성된다(Parsons, 1964; ⇨ 그림 7-5 참조). 가장 먼저 **사회적 층화**(層化)가 일어난다. 즉, 분업에 의해 생성된 사회적 위계가 확립된다. 여기서 구조적 혁신은 사회적 역할과 분배의 구조가 점차 친족체계의 구조에서 분리되고 있으며, 점점 더 출신보다는 성과가 한 사람의 지위를 결정한다는 것이다.

여섯 가지의 다른 진화적 보편성

이러한 사회적 층화의 형성은 또 다른 진화적 보편성인 **문화적 정당화**의 성립을 동반한다. 파슨스는 문화적 정당화를 사회들이 의식적으로 서로를 구별하는 문화적 '우리 의식'의 제도화로 이해한다. 이를 통해 친족제도 또는 가족제도가 특징이었던 사회는 다양한 출신의 사람들이 더불어 살며 문화적으로 형성된 특성을 바탕으로 함께 속해 있다고 느낄 수 있는 정치 공동체로 발전한다. 문화적 정당성의 보편성은 사회 구성원들에게 사회적 차이가 타당한 이유가 있는 것처럼 보인다는 의미에서 동시에 사회적 층화도 정당화한다.

파슨스에 따르면, 관료제 및 화폐와 시장이라는 두 가지 진화적 보편성은 이미 진행된 근대화의 과정을 특징짓는다. 베버와 마찬가지로 파슨스는 **관료제**를 무엇보다 분업의 효율성을 크게 높일 수 있는 도구로 본다. 즉, 관료제의 시행으로 권력 행사와 사회적 통제는 구체적인 인물과 그들의 자의

그림 7-5 **진화적 보편성과 사회의 발전 단계**

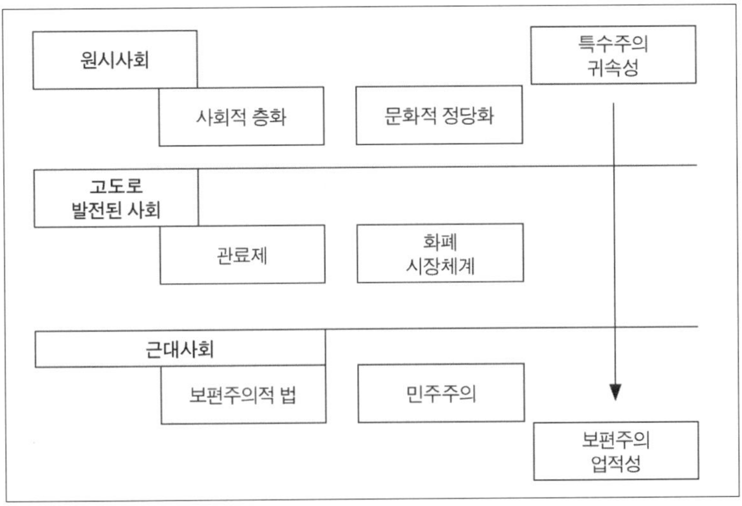

성으로 대체된다. 관료제는 오직 사실적 필요성에 근거해서만 의사 결정을 내릴 수 있는 행동방식을 제공한다. 따라서 자신의 이익이나 윤리적 동기와 같은 다른 행동 동기들은 고려되지 않을 수도 있다. 관료제의 이러한 객관성을 통해 사회는 분업을 계속 진척시킬 수 있는 가능성을 얻는다. 직업적 역할은 가능한 한 가장 높은 수준의 객관적 역량과 연관되는 방식으로 분화될 수 있다.

화폐와 **시장**의 확립도 이러한 논리를 따른다. 화폐와 시장 둘 다 사람과 상황으로부터 독립적으로 행동하게 해주고 순전히 객관적인 이유를 전면에 내세울 수 있게 해준다. 전반적으로 시장의 정착은 상품교환을 도덕적 동기와 개인적인 관계에서 분리하고 있다. 이 과정에서 화폐가 중립적인 가치척도의 기능을 수행함으로써 상거래는 엄청나게 가속화된다. 시장은 순전히 자신의 이해관계에 집중되어 있거나 심지어 이기적인 행위를 유발하는 사회제도이다. 따라서 시장과 화폐는 물자를 공급하고 최적의 수단을 사용하기 위해 고도로 효율적인 도구를 만들어낸 서구 사회의 본질적인 보편성으로 이해될 수 있다.

파슨스에 따르면, 근대 서구 사회로의 발전 과정에서 형성되어야 하는 마지막 두 가지 진화적 보편성은 보편주의적 법규범의 확립과 민주주의의 구현이다. **보편주의적 법규범**이 형성되면서 객관적·목적합리적 또는 이기적 행위의 동기들이 사회의 일반적인 가치 지평에서 문화적으로 보장되거나 명분을 얻게 된다. 일반적으로 보편주의적 규범의 기능은 원시사회의 친족체계와 관련된 행동 제한을 완전히 해소하는 것이다. 또한 보편주의적 법규범을 도입하면 법체계는 종교로부터 분리되기 때문에 사회는 세속화되고 법과 종교는 사회에서 독립된 기능 영역이 된다. 따라서 보편주의적 법을 도입하는 것은 가치 일반화 과정의 핵심 요소로 이해할 수 있다.

파슨스는 **민주주의**의 발전을 근대화 과정의 마지막 요소로 본다. 사회는 이 과정에서 보편주의적 가치체계와 조화를 이루는 새로운 형태의 자치를 발견한다. 그는 민주주의를 정해진 규칙에 따라 행사되어야 하며 모든 시민이 능동적·수동적 선거권을 통해 참여할 수 있는 정부형태로 이해한다. 이러한 정부 형태를 통해 민주주의는 특히 유연하고 효율적인 형태의 중앙집권적 권력 행사를 가능하게 하며, 이는 사회적 합의를 확보하는 데도 도움이 된다.

보편주의와 능력의 관철

파슨스에게 서구 근대화 과정의 특별한 특징은 무엇보다도 보편주의의 관철과 행위 기준이 귀속성에서 업적성으로 바뀐 데 있다(Parsons, 1964: 356). 이와 결부된 개인들의 해방 과정은 대안적 행동 양식과 새로운 행동 목표의 개발을 가능하게 하고 이로 인해 사회적 요구와 환경의 요구에 적응하는 사회체계의 능력은 점점 더 향상된다.

이러한 구상에 따라 밀접하게 관련된 일련의 근대화 이론이 정식화되었는데, 이 이론들은 모두 파슨스가 기술하는 동시에 이상화했던 근대 사회의 유형이 유럽과 미국의 역사를 지향하며, 이를테면 모든 사회 발전의 자연스럽고 바람직한 '최종 목표'를 나타내는 것이라고 가정한다(Berger, 1996; Zapf, 1990). 이는 서구 세계, 특히 서구 세계 밖에서 근대화 과정의 가역성과 다양성을 지적하는 다른 사회학자들로부터 강력하게 의문시되었다. 파슨스의 제자 슈무엘 노아 아이젠슈타트(Eisenstadt, 2000)는 "다중 근대성"이라는 개념으로 이에 대한 핵심어를 제시했다.

5 ı 진단: 역기능성과 일면적 근대화

근대화 과정 자체는 병리적이지 않다

파슨스는 근대화 과정에 대한 그의 분석에서 놀라울 정도로 낙관적이다. 그는 근대화 과정에서 진화적 이점이 발전하고 있다고 보기 때문에, 이 이점이 전 세계적으로 확산될 가능성이 매우 높다고 여긴다. 또한 파슨스는 근대화 과정 자체에 병리적 특성이나 부작용이 있다고 보지 않는다는 점에서 대부분의 다른 학자들과 구별된다. 파슨스는 한 사회의 근대화는 마르크스, 베버, 또는 뒤르켐이 우려했던 것처럼 소외, 탈주술화, 아노미와 같은 문제적 과정 없이도 이루어질 수 있다고 보았다. 따라서 파슨스는 사회 비판보다는 사회 발전을 조정하고 통제할 수 있는 가능성에 훨씬 더 관심이 많다.

그럼에도 불구하고 그의 이론 체계는 병리적 발달 과정을 식별하기 위한 출발점을 제공한다. 파슨스의 구상에 따르면 사회체계는 기본기능 중 하나 또는 다수가 언제든지 고장을 일으킬 수 있다. 예컨대, 경제가 더 이상 필요한 자원을 조달할 수 없다면 이는 조정 기능의 고장 또는 역기능이라고 할 수 있다. 반면에 목표 달성에 있어서의 역기능은 정치적 조종이 실패하는 것으로 나타나고, 셋째로 가능한 역기능으로서의 해체 과정은 사회규범들의 타당성 상실과 탈연대화로 이어진다. 그리고 구조 유지에서의 고장은 문화의 쇠퇴 또는 중심적인 의미구조들의 상실로 나타난다.

사회체계 안에서 가능한 역기능들

그러나 독일이 민족사회주의로 (잘못) 발전된 것에 대한 파슨스의 분석(Parsons, 1942)은 사회병리도 — 뒤르켐과 유사하게 — 근대화 과정의 불균형으로 인해 발생할 수 있으며, 어떤 지역에서는 너무 빨리 일어나고 다른 지역에서는 반대로 너무 느리게 일어날 수 있다는 것을 (또는 전혀 일어나지 않을 수 있다는 것을) 분명히 보여준다. 파슨스가 보기에 (향상과 분화로서의) 독일의 경제적·관료제적 근대화(⇨ 그림 7-4 참조)는 너무 급격하고 일면적으로 진행된 반면, 민주주의와 법치국가의 확립으로 이어질 수도 있었던 문화와 시민사회의 근대화는 뒤처져 있었다. 그 결과, 포용 차원에서 퇴행이 일어났고(그 결과 이전에 이미 통합되어 있었던 대규모 사회집단들은 민족주의적·인종주의적으로 규정된 공동체에서 배제된다) 문화 차원에서도 퇴행이 일어났다(그 결과 극우적·정치적·사회적 특수주의가 가치 일반화 또는 규범의 보편화를 대신한다). 민족사회주의자들의 통치하에서 특정 집단의 이익과 가치는 완전히 일방적으로 박해를 받았다.

제2차 세계대전과 냉전 시대의 체제 경쟁의 맥락에서 파슨스가 큰 관심을 기울인 문제는 전체주의 체제의 출현과 지배를 어떤 부분에서 인식할 수 있는지, 적절한 통제 조치를 통해 이를 어떻게 저지할 수 있는지에 관한 것이었다. 오늘날의 위기 경향을 진단하기 위해 그의 분석이 제기한 문제는, 현재의 세계화 과정도 마찬가지로 일방적으로 진행되고 있기 때문에 예컨대 전 세계적인 민족주의의 부활이나 종교적·문화적 근본주의로 나타날 수도 있는 유사한 재발의 위험이 감추어져 있는 것은 아닌가 하는 것이다(Münch, 2001).

6 | 요약

파슨스의 사회학은 초기의 자원주의적 행위이론과 후기의 구조기능주

표 7-1 **한눈에 보는 탤컷 파슨스의 사회학 이론**

	표제어	세부 설명
사회학	행위와 사회의 보편적 범주와 법칙들에 관한 학문	목표는 행위와 사회질서의 결정 요인들을 인식하는 것이다.
핵심 문제	지속적이고 안정적이며 발전 능력을 지닌 사회질서는 어떻게 가능한가?	이 물음에 답하기 위해 파슨스는 행위이론과 구조이론을 통합하는 데 진력한다.
설명 모델	행위이론에 기초한 구조기능주의	구조와 기능은 후기 파슨스의 핵심 개념들이다.
설명의 기본 단위	행위의 체계들	'단위 행위'(초기의 파슨스)와 AGIL 도식(후기의 파슨스)
개인과 사회의 관계	행위의 자유(자원주의)와 규범적 통합	지배적인 가치와 역할에도 불구하고 행위의 여지는 있다.
근대사회와 전통사회 (분석)	분화의 종류와 정도에서의 차이 그리고 행위 지향성에서의 차이	"유형변수"는 발전 방향을 특징짓는다.
근대화의 이해	진화적 분화(경제적·정치적·사회적·문화적 발전)	향상, 분화, 포용, 가치 일반화는 "진화적 보편성"을 만들어낸다.
변화의 원동력	적응 능력의 진화적 중대	변화는 AGIL 도식에 따르는 분화를 통해서 달성된다.
근대의 병리 (진단)	기능장애 또는 일면적 근대화에 의한 퇴행	성공적인 근대화는 병리 현상이 없다.

의적 체계이론으로 설계되었다는 점이 특징이다. 두 이론의 가닥은 그의 유명한 AGIL 도식에서 합쳐진다. 이 도식은 한편으로는 각각의 사회체계가 생존하기 위해 반드시 충족해야 하는 적응, 목표 달성, 통합, 구조 유지라는 네 가지 기본 기능을 정의한다. 그러나 다른 한편으로는 이 도식은 사회적 행위가 항상 수단, 목표, 행위자들에게 내면화된 규범과 문화적 가치 지평의 공동 작용에서 비롯된다는 점을 표명한다. 방법론적으로 파슨스는

분석적 사실주의라는 개념을 추구하는데, 이에 따르면 사회학적 인식은 무엇보다도 가끔씩만 경험적 증거에 대해 검토되는 이론적 작업에서 비롯된다. 따라서 그는 사회학 고전을 읽고 토론하는 것을 사회학 이론의 주요 과제 가운데 하나로 설정한다.

파슨스의 목표는 사회학 고전을 하나로 종합할 수 있을 뿐만 아니라 사회적 세계의 모든 현상을 파악할 수 있는 사회적인 것에 대한 포괄적인 이론을 개발하는 것이다. 이러한 맥락에서 그는 근대화를 경제적 향상, 정치적 분화, 사회적 포용, 문화적 가치 일반화라는 네 가지 차원에서 동시에 일어나는 진화 과정으로 이해한다. 이 과정이 한 방향으로만 진행되면 심각한 사회적 기능장애를 초래할 수 있다.

학습 점검 질문

1. 파슨스가 주창한 분석적 사실주의 개념의 특징은 무엇인가?
2. 행위이론적 준거 틀의 요소는 무엇이며, 이 요소들은 서로 어떻게 관련되어 있는가?
3. AGIL 도식은 사회체계의 발전과 분석에서 어떤 역할을 하는가?
4. 파슨스에 따르면 근대화 과정의 특징은 무엇인가? 근대화 과정은 언제 병리적으로 되는가?
5. 행위의 "유형변수"는 무엇이며, 근대화 과정에서 어떻게 변화하는가?
6. 진화적 보편성이란 무엇인가?

참고문헌

1차

Parsons, Talcott (1937): The Structure of Social Action. A Study in Social Theory with Special Refernce to a Group of Recent European Writers, New York/London 1968.
Parsons, Talcott (1942): Demokratie und Sozialstruktur in Deutschland vor der Zeit des Nationalsozialismus, in: ders.: Beiträge zur soziologischen Theorie, hg. von Dietrich Rüschemeyer, Neuwied/Berlin 1964, 256-282.
Parsons, Talcott (1951): The Social System, New York/London 1964.
Parsons, Talcott (1964): Evolutionary Universals in Society, in: American Sociological Review 29, 339-357.
Parsons, Talcott (1966): Societies. Evolutionary and Comparative Perspectives, Englewood Cliffs.
Parsons, Talcott (1971): Das System moderner Gesellschaften, Weinheim/München 1985.
Parsons, Talcott (1975): Die Entstehung der Theorie des sozialen Systems. Ein Bericht zur Person, in: Parsons, Talcott/Shils, Edward/Lazarsfeld, Paul F. (Hg.): Soziologie — autobiographisch. Drei kritische Berichte zur Entwicklung einer Wissenschaft, Stuttgart, 1-68.

2차

Alexander, Jeffrey C. (1978): Formal and Substantive Voluntarism in the Work of Talcott Parsons. A Theoretical and Ideological Reinterpretation, in: American Sociological Review 43, 177-198.
Alexander, Jeffrey C. (1983): Theoretical Logic in Sociology. Volume Four. The Modern Reconstruction of Classical Thought. Talcott Parsons, Berkeley/Los Angeles.
Berger, Johannes (1996): Was behauptet die Modernisierungstheorie wirklich — und was wird ihr bloß unterstellt?, in: Leviathan 24, 45-62.
Camic, Charles (1987): The Making of a Method. A Historical Reinterpretation of the Early Parsons, in: American Sociological Review 52, 421-439.
Camic, Charles (1992): Reputation and Predecessor Selection. Parsons and the Institutionalists, in American Sociological Review 57, 421-445.
Dahrendorf, Ralf (1997): Struktur und Funktion. Talcott Parsons und die Entwicklung der soziologischen Theorie, in: Friedrichs, Jürgen/Mayer, Karl Ulrich/Schluchter, Wolfgang (Hg.): Soziologische Theorie und Empirie, Opladen, 51-79.
Eisenstadt, Shmuel N. (2000): Multiple Modernities, in: Daedalus 129, 1-29.
Joas, Hans/Knöbl, Wolfgang (2004): Parsons auf dem Weg zum normativistischen Funktionalismus, in: dies: Sozialtheorie. Zwanzig einführende Vorlesungen, Frankfurt a. M., 72-106.
Lidz, Victor (2011): Talcott Parsons, in: Ritzer, George/Stepnisky, Jeffrey

(Hg.): The Wiley-Blackwell Companion to Major Social Theorists. Volume I. Classical Social Theorists, Oxford, 511-558.

Merton, Robert K. (1965): On the Shoulders of Giants. A Shandean Postscript, New York.

Münch, Richard (2001): Offene Räume. Soziale Integration diesseits und jenseits des Nationalstaats, Frankfurt a. M.

Münch, Richard (2003): Talcott Parsons, in: Kaesler, Dirk (Hg.): Klassiker der Soziologie, Bd. 2: Von Talcott Parsons bis Pierre Bourdieu, München, 24-50.

Schimank, Uwe (2007): Theorien gesellschaftlicher Differenzierung, Opladen.

Zapf, Wolfgang 1990: Modernisierung und Modernisierungstheorie, in: ders. (Hg.): Die Modernisierung moderner Gesellschaften, Frankfurt a. M. u. a., 23-29.

Wenzel, Harald (1991): Die Ordnung des Handelns. Talcott Parsons' allgemeines Handlungssystem, Frankfurt a. M.

8장 기능적으로 분화된 사회 | 니클라스 루만

1 | 개관

니클라스 루만(Niklas Luhmann)이 사회학에 전념하기 시작할 무렵, 근대화는 사회가 분화되어 점점 더 복잡하게 되어가는 과정이라는 견해가 이미 확고하게 자리 잡았다. 아직 새로운 산업화의 압도적인 인상 아래 에밀 뒤르켐은 자신의 눈앞에서 형성되는 근대사회의 본질적인 특징을 분업에서 찾아냈다. 그로부터 약 반세기 후, 탤컷 파슨스에게는 근대사회가 분업적으로만 조직되는 것이 아니라 철저하게 분화하여 구성되어 있다는 견해가 굳혀졌다. 기능 영역들이 분화되는 것은 근대사회의 일반적인 구조 원리이다.

이 점에 대해서는 루만도 — 자신이 생활하며 일하고 있는 사회를 이해하기 위해 1960년에 파슨스를 찾아갔을 때만 해도 — 확신하고 있었다. 그러나 루만은 곧 파슨스가 당대의 사회와 이전의 형태들을 구분 짓는 급진적인 변화를 소극적으로만 파악했을 뿐이라는 견해에 이른다. 즉, 파슨스는 분화를 행위자 역할의 구조적 변화로 이해했으며, 이러한 관점에서는 어떻게 사회질서가 가능한가라는 문제를 뒤르켐이 제시한 수단과 방법으로 해결하는 것이 자명한 일이었다. 사회적 가치에 대한 근본적인 합의는 사람들이 자신들의 다양한 기능을 수행하면서 사회의 구조를 재생산하는 것을, 즉 기존의 질서를 유지하는 것을 보장한다는 것이다.

루만은 이에 대해 전혀 확신하지 못했다. 근대가 발전할수록 생활양식은 더욱 명백하게 개인화되었고 문화적 지향은 다원화되었다. 발전된 근대의 고도로 복잡한 사회는 사회 구성원들의 가치 합의를 통해 결속되지 않는 것이 분명했다. 전체적으로 볼 때 사회적 재생산의 메커니즘은 파슨스가 생각했던 것보다 사람들의 의도와 신념과는 훨씬 더 독립적이었다. 따라서 분화의 원리는 파슨스가 뒤르켐에 대해 일반화했던 것보다 더 철저히 일반화되어야 했다. 근대사회를 특징짓는 것은 (직업 역할에 따른) 구조 분화가 아니라 사회적 체계들의 기능적 분화이다. 또한 기능체계들의 재생산은 주제의 소망과 이해 관심으로부터 너무 독립화되어 근대사회는, 체계 개념이 분석적 도구에 불과한 파슨스의 경우처럼, 하나의 체계로 분석될 수 있을 뿐만 아니라 근대사회가 하나의 체계라고도 말할 수 있게 되었다.

분화 원리의 보다 철저한 일반화

이와 동일한 진단에 도달했던 테오도르 W. 아도르노와 달리, 루만은 체계 개념으로 사회를 비판하려 했던 것이 아니라 발전된 사회에 대해 적절하게 기술하려 했을 뿐이다. 학문과 사회 비판은 루만에게는 서로 비교할 수 없는 별개의 것이다. 그는 특유의 도전적인 유머로 "사회가 원래 어떠해야 하는가?"라는 물음에 대해 사회학으로부터는 해명을 기대할 수 없다는 입장을 취한다.

사회 비판 대신 사회 기술

> 왜냐하면 그것은 사실 너무 쉽게 할 수 있기 때문이다. 우리가, 인간의 사회이든 또는 그 무엇이든 간에, 어떤 상태의 사회를 원하는지에 대한 결론에 도달하기 위해서는 그저 희망 목록을 작성하거나, 아니면 부정적인 경험들을 지워버리기만 하면 된다(Luhmann, 2005: 16).

| 생애와 저작 | **니클라스 루만(1927~1998)**

제2차 세계대전 종전 무렵의 수많은 청소년처럼 공군 보조병으로 징병된 니클라스 루만은 얼마간의 전쟁 포로 생활 이후 1946년부터 프라이부르크 대학교에서 법학을 공부했다. 그는 자신의 출생지인 뤼네부르크의 고등 행정법원 행정관으로 임용된 후 1955년에 주 의회 담당관으로서 니더작센주의 문화교육부로 옮겼다. 개인적으로 사회학과 철학 서적을 읽었으며, 자신의 전설적인 메모 상자를 만들어가기 시작했다. 1960~1961년에는 하버드의 파슨스에게로 갔다. 1962년에는 슈파이어 행정대학으로 옮겼다. 헬무트 셸스키(Helmut Schelsky)의 재촉으로 루만은 1966년에 박사학위와 교수 자격을 취득했고, 1968년에는 신설된 빌레펠트 대학교에 초빙되었다. 같은 해에 위르겐 하버마스와의 논쟁이 시작되었는데, 이 논쟁은 루만을 유명하게 만들었다. 이때부터 그는 독일의 사회학, 정치학, 신문방송학, 문예학 등에서 수용되었다. 1995년에는 루만의 추종자들이 학술지 ≪사회적 체계들(Soziale Systeme)≫을 창간했다. 루만의 저작은 여러 나라에서 영향력이 컸지만, 국제적으로 결정적인 앵글로색슨 언어권에서만은 그렇지 못했다. 여기서는 오래전부터 파슨스의 이론이 지배적이었다. 파슨스 이론의 몰락은 체계이론과 사회학적 거대 이론 자체로부터의 탈피를 가져왔다. 그러나 얼마 전부터 국제적인 수준에서 루만의 수용이 활발해지고 있음을 확인할 수 있다.

사회학을 비판이론으로서 촉진시킬 것인가, 아니면 체계이론으로서 촉진시킬 것인가에 대한 문제는 1960년대 후반과 1970년대 초에 큰 주목을 받았던 루만과 하버마스 간의 논쟁의 대상이었다. 여하튼 루만은 학문이 비판보다 훨씬 더 어려운 일이라고 믿었다. 이러한 견해는 루만의 고찰의 추상화 및 복잡성 정도에 투영되어 있는데, 그는 이러한 사유방식을 통해 언어적이기도 한 우리의 습관으로부터 거리를 둘 수 있고, 이러한 거리는 사회학이 일차 시선에 의한 과학이 아니라, 이차 시선에 의한 과학이라는 사실에 부합하기 위해 필수적인 것이라고 말함으로써 자신의 사유방식을 정당화한다. 아무튼 그의 텍스트가 지닌 높은 난이도도 루만이 오늘날 요즘 시대의 가장 중요한 독일 사회학자로 간주되는 것을 막을 수 없었다.

2 | 핵심 문제

행정관청의 일상에 대한 루만의 경험

루만은 주 정부 부처 공무원으로 일하면서 관료제가 당시 확립된 사회학 모델에 의한 것과는 전혀 다르게 작동한다는 사실을 알고 있었다. 사실적 관점에 대한 비인격적 지향만큼 국가 행정의 일상을 특징짓는 것은 거의 없을 것이다. 그러나 행정이 행위자에게 의존하는 정도 또는 개별 행위자가 행정에 미치는 영향은 매우 제한된 것으로 보이며, 외견상 독자적인 삶을 영위하는 것처럼 보이는 일상이 형성된다. 루만이 교육부에서 근무하는 동안 주 정부가 바뀌고 장관들이 교체되었지만, 그는 훗날 이 시기에 대해 다음과 같이 보고한다. "상황들은 반복되기 시작했다. 내각회의는 다른 내각회의와 같고, 의회회의는 다른 의회회의와 같다"(Horster, 1997: 32).

이를테면 행정 안에서 모든 것이 관계와 접촉에 의존하는데도, 동일한 행정이 다양한 동기와 의도에 대해 놀라울 만큼 고집스러운 것으로 증명되는 것은 어떻게 가능한가? 어째서 사람들은 자주 대화를 나누고, 회의에서 만나며, 관련자 중 누구도 원하지 않는 위원회 등을 만드는 것인가? 마치 행정이 스스로를 관리하는 것처럼 보이며, 사회와 조직, 그리고 심지어 직접적인 상호작용까지도 주체들의 생각·희망·의향과는 독립적으로 작동하는 것처럼 보인다.

파슨스에 따르면 사회학의 중심 문제인 사회질서는 어떻게 가능한가라는 물음은 루만의 저작에서도 중심을 이룬다. 물론 루만은 어떻게 사회구조들이 재생산되는지, 즉 사회가 어떻게 기존 질서를 유지하는지를 묻지 않는다. 그의 핵심 문제는 사회구조의 안정성 또는 변화에 대해 다음과 같이 중립적으로 표현되었다. 즉, 사회의 기능은 어떤 방식으로 수행되는가? 다시 말하자면, 사회문제는 다양한 방식으로 해결될 수 있으며, 사회의 기능이 반드시 기존의 사회구조에 의해서 수행될 필요는 없는 것이다.

어떻게 사회의 기능들이 충족되는가?

루만은 이 점을 명료하게 하기 위해 일찌감치 자신의 접근법을 파슨스의 구조-기능 이론과 구별해 기능-구조적이라고 일컬었다. 구조기능주의는 어떻게 질서가 유지되는가에 주목하는 반면, 루만의 등가기능주의는 사회의 문제들을 해결할 수 있는 다양한 가능성을 비교하는 데 초점을 맞춘다.

사회학적 계몽

따라서 루만은 자신의 프로그램을 사회학적 계몽이라는 개념 아래 놓았다. 계몽이 원래 사회의 올바르고 합리적이며 정의로운 질서를 목표로 했다면, 사회학적 계몽의 기능은 루만에 따르면 사회적으로 실현된 가능성과 실현되지 않은 가능성을 비교함으로써 사회질서의 우연성, 즉 비필연성에 대한 감각을 날카롭게 하여 문제를 해결하는 사회의 능력을 증대시키는 데 있다. 이에 상응하게 루만은 종래의 사회학 이론에 비해 설명에 대한 요구를 줄이고 기술(記述)에 주력한다.

사회를 일면적으로만 설명하지 않는 이론은 사회의 문제들이 기존의 방식으로만 해결될 수 있는 것이 아니라는 사실을 정당화해야 한다. 그리고 루만이 관심을 두는 것은 바로 사회를 포괄적으로 기술할 수 있는 이론, 즉

초이론

보편적인 주장을 가진 이론, 이른바 초이론(超理論, Supertheorie)이다. 그러나 루만에 따르면 사회학은 이와는 거리가 멀다. 마르크스주의와 비판이론은 루만에 따르면 과학으로 진지하게 이해될 수 없다. 그리고 진지하게 받아들일 수 있는 유일한 구상인 파슨스의 개념은 실패했다. 따라서 사회학은 자신의 대상 영역에 대한 이론을 갖고 있지 않은 난감한 상황에 놓여 있다. 사회학은 사회가 무엇인지 제시할 수 없는 것이다. 루만은 일상 언어에 너무 많이 치우친 사회학의 모순과 부정확성을 극복하는 개념적 도구들을 구축함으로써 이러한 결함을 제거하는 것을 평생의 과제로 여겼다.

3 | 방법적 기본 구상: 자기준거적 체계들의 이론으로서의 사회학

루만은 일찍부터 체계이론이 보편적인 사회이론을 위한 가장 유망한 접

근법을 제공한다고 확신했다. 자신의 계획을 세부적으로 작업하면서 그는 이론 구성의 세 가지 수준을 구분하는 방식으로 진행한다.

이론 구성의 세 영역

1. 일반 체계이론
2. 사회체계이론
3. 사회이론

항목 1

일반 체계이론의 영역에서 루만은 세 가지 패러다임을 구별한다.

일반 체계이론의 세 가지 패러다임

가. 원래 분석틀은 부분들로 구성된 전체에 대한 관념(예컨대, 사회는 그 성원들의 합이다)에 의해 규정되어 있었다고 한다. 루만은 이러한 관념은 절망적으로 모순에 빠진다고 말한다. 왜냐하면 사회는 하나의 창발적인 질서이기 때문이다. 따라서 사회를 특징짓는 속성들은 그 성원들로 소급될 수 없다. 그러한 속성들은 부분들에 이미 고착되어 있는 것이 아니라 전체의 차원에서 비로소 존재한다(⇨ 98쪽 참조).

부분들로 구성되는 전체

나. 현대의 체계이론은 전체와 부분의 구분을 체계와 환경의 차이로 대체함으로써 이 문제를 극복한다. 그리고 사회의 개별 영역들은 사회 내부의 환경으로부터 투입(Input)을 매개하여 환경에 산출(Output)로 공급해 주는 분화된 부분체계들로 이해될 수 있다. 이런 의미에서 정치체계는 자신의 환경으로부터 정당성을 매개하여 집합적으로 구속력 있는 결정을 이 환경에 공급한다. 따라서 이 둘째 체계이론적 패러다임은 체계와 환경 사이의 교환 과정을 가정하기 때문에, 여기서는 개방 체계들이 중심을 이룬다. 그러나 루만의 초기 저술들도 아직 머물러 있는 이 틀 안에서는 체계들이 도대체 어떻게 분화할 수 있는지가 불분명하다. 기계의 경우와 달리 사회의 기능체계들의 생성은 체계 외부에 있는 기술자의 계

환경에 개방된 체계: 투입과 산출

획된 행동방식을 통해서 설명될 수 없다.

작동상 폐쇄된 자기준거적 체계

다. 따라서 루만은 셋째 체계이론적 패러다임인 자기준거적 체계 이론을 발전시킨다. 이에 따르면 체계들은 오직 작동상 스스로를 폐쇄함으로써만 분화할 수 있다.

| 정의 | **작동적 폐쇄(Operative Schließung)와 분화(Ausdifferenzierung)**

- **작동적 폐쇄**는 하나의 체계 안에서 발생한다는 것, 즉 체계 요소들의 재생산이 오로지 체계 자체에 의해서만 이루어진다는 것을 말한다.
- **분화**는 환경이 체계의 상태에 결정적인 영향을 미치지 못하도록 경계가 만들어진다는 것을 의미한다. 따라서 하나의 체계는 자신의 환경과 경계를 이루어 구별되는 것에 기인한다. 이러한 경계 설정을 통해서야 비로소 환경은 체계의 환경이 된다.

체계들은 복잡성의 조건하에서, 즉 실현될 수 있는 것보다 더 많은 것이 가능할 때, 그러니까 말하자면 대안들 중에서 하나를 선택해야 할 필요가 있을 때 생성된다. 루만의 정식화에 따르면 자기준거적 체계들은 자신의 복잡성을 스스로 구축한다. 즉, 체계들의 환경이 아닌 체계들 스스로가 이러한 '선택'을 하는 것이다. 이 말은 체계들이 자신의 환경으로부터 독립적임을 의미하는 것은 결코 아니다. 체계들은 환경 문제에 다소 적절하게 반응할 수 있다. 예컨대 기후변화는 심지어 사회체계 전체가 실패할 수도 있는 환경 변화이기도 하다. 루만에 따르면 작동적 폐쇄성은 자기준거적 체계들의 한 측면일 뿐이며, 다른 측면은 체계들의 환경 개방성이다. 루만은 환경과의 관계가 입력과 출력의 의미로 이해되어서는 안 된다는 점을 분명히 하기 위해 자기준거적 체계들은 오직 작동적 폐쇄에 기초해서만 환경과 관련될 뿐이라는 점을 강조한다. 작동상 폐쇄된 체계들은 환경을 자신의 고유한 관점에 따라, 즉 자신의 고유한 개념과 특정한 이해 관심에 따라 관찰한다는 점에서 환경 개방적이다.

예컨대 경제체계는 자신의 환경 안에서 정치를 관찰한다. 그렇지만 정치는 예컨대 직업교육자리를 창출하기 위한 법을 통해 경제를 결정할 수 없다. 기업들은 이 법을 자신의 관련성하에서 인식하고, 이것이 기업에게 대안들(벌금, 이미지 손상에 따른 매출 감소 등)보다 비용이 적게 드는 경우에만 직업교육자리를 제공할 것이다. 이 경우에 체계와 그 환경 사이의 원활한 관계는 결코 보장되지 않는다. 왜냐하면 환경은 체계보다 더 복잡하고 변화가 많을 뿐 아니라, 체계의 질서는, 루만이 일찍이 정식화했듯이, 복잡성의 환원에 기인하기 때문이다. 환경의 복잡성은 체계의 관찰 능력을 능가한다.

항목 2

사회체계이론

이론 구성의 둘째 수준은 **사회체계이론**이다. 일반 체계이론은 가능한 모든 종류의 체계와 관련된다. 루만은 기계, 유기체(예컨대, 인간의 신체), 심리적 체계(인간의 '의식'), 사회적 체계(인간의 의사소통)를 구별한다(⇨ 그림 8-1 참조).

일반 체계이론의 두 번째 패러다임인 개방 체계들의 물리학 지향 투입-산출 모델은, 루만이 그의 첫 번째 주저 『사회적 체계들』이 출판된 이래 견지하고 있듯이, 오늘날에는 (대부분의) 기계들에 대해서만 적합하다. 루만은 생물학에서 발전된 자기준거적 체계의 패러다임을 사회적 체계와 심리적 체계에 응용하여 이른바 "자기생산적 전환"을 이루었다.

사회학의 대상은 오로지 사회적 체계들이다. 루만에 따르면 사회적 체계의 네 가지 종류를 구별할 수 있다.

사회적 체계의 네 가지 종류

① **상호작용 체계**: 상호작용 체계들의 경계는 참여와 불참의 차이에 의해서 결정된다.

② **조직체계**: 조직체계들은 그 구성원들의 결정을 통해 스스로를 재생산한

그림 8-1 **루만의 체계 유형학**

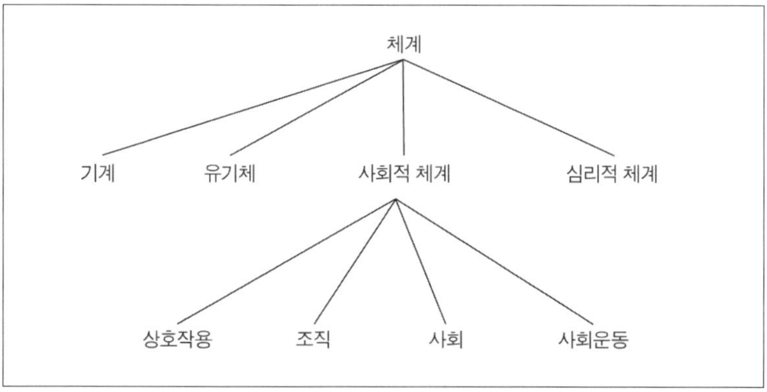

자료: Luhmann(1984: 16)

| 정의 | **자기생산(Autopoiesis)**

자기생산은 어원적으로 자기생성을 의미한다. 자기생산적 체계들은 자기준거적으로 작동한다. 즉, 자기생산적 체계들은 작동상 닫혀 있고, 이 토대 위에서 환경에 개방되어 있다. 자기생산적 체계들은 자신의 요소들을 오로지 자신의 작동을 통해 생산함으로써 스스로를 유지한다(예컨대, 신체는 우리가 당근을 먹든 토마토나 오이를 먹든 그것과는 무관하게 항상 동일하게 자신의 세포들을 재생산한다). 그러나 (신체와 같은) 자기생산적 체계들은 결코 자신의 환경으로부터 독립적이지 않다. 자기생산적 체계들은 선형적 투입-산출의 도식에 따라 작동할 때 외부에서 조종될 수 있는 (예컨대, 외부 개입을 통해 수리되어야 하는 고장 난 기계와 같은) '타자생산적 체계들'과 엄격하게 구별된다.

다. 비구성원들의 발언은 조직체계의 환경에 속한다.

③ **사회체계**: 사회는 가장 포괄적인 사회적 체계이다. 따라서 사회의 경계는 사회적인 모든 것을 포함해야 하며, 사회의 환경 이외의 다른 모든 것은 배제해야 한다.

④ **사회운동**(원래의 유형학에 나중에 추가된 것이다): 사회운동의 자기생산

은 그 추종자들의 저항으로서 실행된다.

사회적 체계들은 의미체계들이다. 가능성들의 실현이 대안들의 배제를 요구할 때 체계들이 생성되는 것처럼, 이러한 배제가 인지될 때 의미체계들이 생성된다. 가능성의 현실화는 의미를 갖는다. 왜냐하면 그것은 하나의 "선택"을 나타내며 원칙적으로는 달리 선택되었을 수도 있기 때문이다. 각각의 사회적 체계는 "의미"라는 매체를 통해 형성되지만, 각각의 의미체계가 하나의 사회적 체계인 것도 아니다. 심리적 체계들도 "의미"라는 매체 안에서 작동한다. 하나의 생각, 예컨대 하나의 결론은 다른 해결책들이 거부되었다는 것을 의식하고 있는 것이기 때문에 의미를 지닌다. 따라서 의미는 사회적인 것의 특수함의 특징을 묘사하기에는 너무 포괄적인 매체이다. 사회적인 것은 그 대신에 의미 있는 선택의 특별한 유형을 통해 특징지어져야 한다.

사회적 체계의 기본 단위로서의 소통

루만은 의사소통이 사회적 체계들의 기본 단위(**종합** ⇨ '들어가기' 1절 참조)라고 논증한다. 다만, 여기서 "단위"라는 개념은 부정확하다. 왜냐하면 루만은 체계들을 그 존속(또는 지나가버리는 사건들과 변화할 수 있는 구조들)을 기준으로 정의하는 것이 아니라, 체계들이 스스로를 재생산하는 방식, 즉 체계들의 특수한 작동방식을 통해 정의하기 때문이다. 모든 사회적 체계가, 또한 오직 사회적 체계들만이, 의사소통을 통해 스스로를 재생산한다. 루만에 따르면 사회, 조직, 상호작용 및 사회운동은 결과적으로 사람들로 구성되지 않는다. 이 고찰은 많은 분노를 불러일으켰다. 여기서 루만이 말하는 바는 인간이라는 개념이 이론적 목적을 위해서는 너무 부정확하다는 것, 즉 완전히 서로 다른 체계들로 이루어진 하나의 집합체이자 각각의 체계는 상호간에 환경을 형성한다는 것이다. 생물학이 유기적 체계들을, 심리학이 심리적 체계들을 각각 고유한 논리로 연구하는 것처럼, 사회학은 사회적 체계들의 작동방식을 연구 대상으로 한다.

루만에 따르면, 사회적 체계들이 사람들로 구성되지 않듯이 사회적 체계들은 행위를 통해 스스로를 재생산하지 않는다. 사회에 대한 행위이론적 기술은 언뜻 보기에는 그럴듯해 보인다. 왜냐하면 우리는 일상에서 일어나는 사회적 사건을 행위들의 연관관계로 파악하기 때문이다. 그러므로 행위의 개념은 사회적 체계들의 자기기술의 범주이다. 따라서 이것은 루만의 전문용어에서는 행위자들이 자신의 환경을 관찰할 때 사용하는 1차 관찰의 범주이다. 이에 대해 사회학적 분석은, 루만에 따르면, 행위자들이 자신의 환경을 관찰하는 방식에 대한 관찰인 2차 관찰로 구성된다. 이러한 방식으로 사회학적 시선, 즉 둘째 시선은 행위의 범주에서는 단순화가 일어난다는 점을 드러낸다. 루만에 따르면 행위의 개념은 의사소통의 복잡한 구조를 의도로 환원시킨다. 이에 대해 그는 의사소통은 환원될 수 없는 세 가지 선택, 즉 (어떤 것이 그러하며 다르지 않다는) 정보, (말하는 사람이 특정한 의도를 연관시키는) 정보의 전달, 그리고 (듣는 사람에 의한) 이해가 동시에 발생하는 하나의 창발적 현상이라고 반박한다. 의사소통은 의도가 정확하게 이해되었는지 여부와 전혀 관계없이 계속될 수 있으며 반드시 중단될 필요는 없다. 그러므로 행위의 개념은 사회의 재생산이 사람들의 의도로부터 자립화했다는 실상에 부합하지 않는다. 이런 이유로 의사소통은 사회적 체계들의 자기생산이 일어나는 특수한 작동방식으로 간주되어야 한다.

행위 대신 소통

항목 3

사회이론

이론 구성의 셋째 수준은 **사회이론**이다. 앞서 보았듯이, 사회는 서로 다른 사회적 체계들 가운데 하나에 불과하다. 따라서 사회는 상호작용, 조직, 사회운동과 마찬가지로 사회학적 분석의 한 대상일 뿐이다. 그러나 사회는 가장 포괄적인 사회적 체계이므로, 사회이론은 사회학의 전체 대상 영역을 포괄해야 한다는 보편주의적 요구와 결부된다. 여기에는 사회이론 자체도 포함된다. 왜냐하면 일반적으로 학문 그리고 특히 사회학은 강의와 학술대회 참석자들 사이에서, 대학과 연구소의 구성원들에 의해서, 그리고 특히 제한 없이 접근할 수 있는 에세이와 도서의 출판을 통해 이루어지는 의사소통으로 구성되기 때문이다.

이 모든 것은 사회의 외부에서 일어나지 않는다. 그러므로 사회이론가들은 사회가 전체로서 시야에 들어올 수 있는 사회 너머 저편의 관점을 취할 수 없다. 따라서 보편적 이론의 구성은 루만이 "자기논리적"이라고 일컬었던 이러한 특징을 반영할 것을 요구한다. 그러나 "보편적"이라는 말이 루만의 이론이 유일하게 가능한 서술이라는 뜻은 아니다. 바로 정반대이다. 즉, 오히려 주목을 받고 있는 것은 모든 이론이 특정 사실들을 조명하지만, 그 대신 다른 사실들은 시야에 들어오지 못할 수 있는 개념적 구별에 의해 특징지어진다는 점이다. 이는 물론 사회가 자의적으로 기술될 수 있다는 의미는 아니다. 모든 이론이 똑같이 좋은 것은 아니며, 일부 이론은 우리에게 현실에 대해 더 나은 이해를 제공해 준다. 그래서 루만은 사회가 오늘날 과거와는 실로 다른 방식으로 분화되어 있다고 확신한다. 그러나 우리는 현실에 매개 없이 접근할 수 없다. 즉, 우리는 개념들을 통해서만 현실을 접근 가능하도록 만들 수 있으며, 다양한 방식으로 행할 수 있다. 이런 의미에서 루만은 자신의 이론을 구성주의적이라 부른다.

| 정의 | **구성주의(Konstruktivismus)**

작동상 폐쇄된 모든 체계는 각각 "자극"에 대해 반응하면서 자신의 환경을 구축한다. 실재(實在)는 결코 발견되거나 모사(模寫)되는 것이 아니라, 언제나 체계에 의해 체계 자체의 고유한 관점에서 구성된다. 어떤 사람은 자동차만 보는 반면 다른 사람에게는 수많은 브랜드와 종류의 다양성이 제시되고, 어느 환경보호 단체는 낙원이 위협받는다고 인식하는 반면 경제는 자원에 주목한다.

루만은 세부적으로 자신의 사회이론을 구성하면서 비교적 독립적인 네

사회이론의 네 가지 차원

가지 차원을 설계한다. 이 중 처음 세 가지는 **사회의 구조적 차원**에 몰두한다.

의사소통매체 이론

진화이론

분화이론

의미론적 차원: 자기서술

1. 사회 또는 의사소통의 **사회적 차원**(즉, 사회의 기본적인 작동의 차원)을 루만은 **의사소통매체 이론**에서 분석한다. 여기서의 목표는 사회적 체계들이 어떤 수단을 통해 의사소통을 지속시킴으로써 자신의 존속을 보장하는지 밝혀내는 것이다.
2. 사회의 **시간적 차원**은 사회적 체계들이 체계 환경에 대한 인식에 직면하여 어떻게 자신의 구조들을 변화시킬 수 있는지 기술하는 **진화이론**의 주제이다. 다른 분화이론가들과는 달리, 루만은 이 과정을 진보로 이해하지 않으며, 중립적으로 사회의 **동학**(⇨ '들어가기' 1절 참조)을 변화로 묘사한다.
3. 사회의 **사실적 차원**은 **분화이론**의 대상이다. 이 차원은 아래에서 중점적으로 논의할 것이다.
4. 사회의 **의미론적 차원**의 분석이 추가된다. 이는 **체계**들이 자신을 묘사하는 의사소통적 형태들에 대한 탐구이다.

루만에 따르면, 사회의 의미론적 구성은 사회구조의 변화에 뒤처진다. 사회학은 사회의 자기기술을 2차 관찰의 형태로 기술함으로써 앞서 밝힌 사회학적 계몽의 의미에서 사회의 우연성, 즉 사회의 현재 구조의 불필요성에 대한 의식을 높이면서 이 점을 주제로 삼을 수 있다. 루만은 비록 사회학이 문제를 더 잘 해결할 수 있는 방법을 말할 수는 없지만, 해결 가능성들을 기술함으로써 사회의 문제 해결 능력을 높이는 데 기여한다는 견해이다. 바로 이 점에 루만 이론의 **실천** 차원(⇨ '들어가기' 1절 참조)이 있다.

4 | 분석: 기능적 분화

루만은 사회를 각각의 시대에서 지배적인, 즉 주된 **분화 원칙**에 따라 분석한다. 그는 네 가지 유형을 구별한다. 역사적 과정 속에서 사회는 항상 자신의 환경에 더 잘 적응한 것이 아니라 다르게 적응했을 뿐이다.

네 가지 사회유형

> 나는 우리 사회가 이전의 모든 사회보다 더 긍정적이고 디 부정적인 특성들을 가지고 있다고 생각한다. 그래서 오늘날에는 더 좋기도 하면서 나쁘기도 하다. 이는 평소보다 더 정확하게 기술할 수는 있지만, 종합판단에 합산할 수는 없다(Luhmann, 1987: 139).

그러나 분화원칙의 연속은 사회가 점점 더 복잡해질 수 있었다는 점에서 향상을 나타낸다. 단순사회는 전형적으로 분절적으로 분화되어 있었다. 즉, 가족이나 씨족처럼 동질적인 분절들로 구성되어 있었다(⇨ 그림 8-2 참조).

그림 8-2 **분절적 사회**

씨족 1	씨족 2	씨족 3	씨족 4	씨족 5

고등 문화는 거대 도시가 생성되면서 발전하고, 제국에서는 **중심부와 주변부**의 분화가 지배적이다. 이러한 분화 형태는 또 다른 하나의 분화 형태와 중첩된다. 왜냐하면 중심부의 발전은 위계서열 구조가 구축됨과 동시에 진행되기 때문이다. 따라서 군주가 사회의 피라미드의 정점인 봉건 질서의 신분제적 구조는 루만이 **계층적**이라고 부르는 분화의 셋째 형태에 기인한다(⇨ 그림 8-3 참조).

그림 8-3 **신분제 사회**

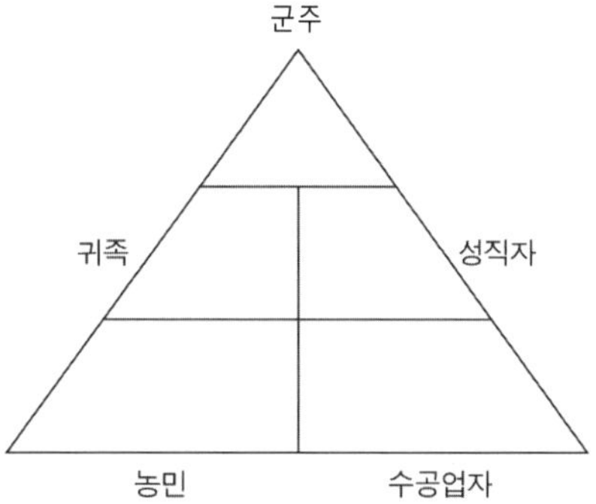

그림 8-4 **근대 사회**

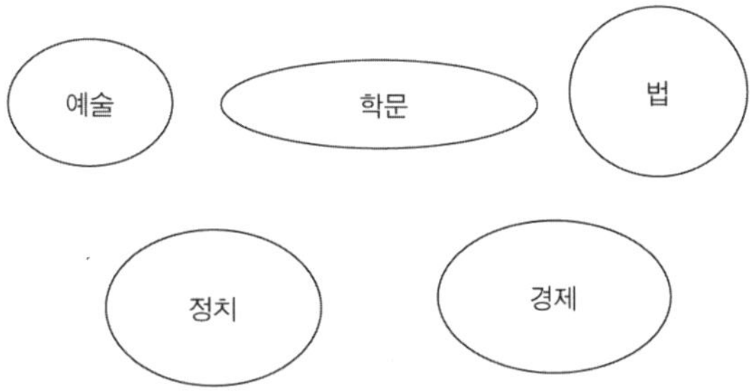

마지막으로, 루만에 따르면 근대사회(⇨ 그림 8-4 참조)는 **기능적** 분화의 우위로 특징지어진다. 근대사회의 부분체계들은 제국과 봉건사회에서처럼 이질적이지만, 분절적 사회에서처럼 서로 독립적으로 작동한다.

인간과 중심부 없는 사회

이러한 분화 형태의 변화는 어떤 결과를 가져오는가? 첫째, 사람들을 부분체계들로 분류해 넣는 환상은 이제 사라진다. 가족·지역 또는 계층이 사람들로 구성된다고 여전히 믿을 수 있었다면, 이러한 견해는 부분체계들이 기능적으로 법·정치·경제·예술 등으로 분화되었을 경우 완전히 실패한다.

둘째, 사회가 예컨대 하나의 정치적 중심부 혹은 한 명의 정치적 지도자를 갖는다는 생각도 마찬가지로 더 이상 유지될 수 없다. 루만에 따르면 이러한 생각은 (하나의 중심부를 가진) 제국 혹은 (한 명의 지도자를 가진) 봉건 질서의 사회구조에 기인한다. 정치가 두드러진 장소를 차지한 것은 정치체계가 이미 초기에 비교적 높은 수준의 복잡성을 발전시켰기 때문이다. 원시 부족 사회에 과도하게 부담이 되었던 정치 체계의 이러한 발전적 도약이 부족사회의 극복으로 이어졌고 마침내 절대주의에서 절정에 달했음에 비추어 볼 때, 정치가 사회 전체를 그 모든 부분들과 통합하는 중심이라고 보는 것은 자명한 것이었다.

> 그러한 생각의 단초는 오류가 아니며, 더 나은 인식으로의 진보라는 의미에서 제거해야 할 결함도 아니다. 그러한 생각은 부분체계들의 기능적 분화가 불완전한 사회의 징표이며, 그와 같은 사회에 적합했다(Luhmann, 1970: 142).

따라서 루만에게 사회의 정치적 중심이라는 관념은 극복된 사회구조의 의미론적 잔재로 간주되며, 유럽 밖에서는 이에 상응하는 어떤 것도 발견되지 않는 근대사회의 생성에 대한 성찰에 속한다(Luhmann, 1997: 893). 이런 이유로 루만은 "오래된 유럽의" 전통이라는 표현을 쓴다. 덧붙여 말하자면, 마르크스주의도 이 전통에 여전히 사로잡혀 있다. 비록 마르크스주의는 정치를 사회의 중심에서 제거하기는 했지만, 이는 단지 경제를 그 자리에 놓기 위해서였다.

오래된 유럽의 전통

이로써 마르크스주의는 루만에 따르면 한층 진전된 기능적 분화의 징표로 이해될 수 있다. 정치체계의 발전이 분절적 고대사회의 극복을 가져온 것처럼 경제체계의 복잡성 증가는 사회의 일차적 분화를 계층화에서 기능적 분화로 전환하는 촉매로 작용했다. 루만에 따르면, 이로부터 생겨난 사회구조를 기술하기에는 민주적 자결권의 개념이나 경제적 강제에 의해 결정된 사회에 대한 관념과 같은 오래된 유럽적 구상이 매우 단순하다.

그러나 오래된 유럽의 사상에서 전래된 의미론적 형태들이 기능적으로 분화된 사회를 기술하는 데 적합하지 않다면, 기능적으로 분화된 사회는 어떤 방식으로 적절히 서술될 수 있을까? 기능적 분화로의 전환은 사회이론에도 영향을 미친다. 왜냐하면 분명 기능적으로 분화된 사회에는 사회를 전체적으로 조망할 수 있는 곳이 존재하지 않기 때문이다.

- **첫째**, 학문 자체는 사회의 부분이다. 따라서 사회학은 사회 내부로부터 이루어지는 사회에 대한 성찰이며, 모든 사회학적 의사소통으로 사회를 변화시킨다.
- **둘째**, 학문은 다른 부분체계들 중 하나일 뿐이며, 자신의 관점에서 기술한다. 학문은 2차 관찰의 의미에서 다른 관점들을 재구성하기 위해 노력할 수 있지만, 이 과정에서 필연적으로 개념들을 사용해 작업한다. 개념들은 많은 것을 조망할 수 있게 해주지만 다른 것은 조망하지 못한다.

사회이론에 대한 결과

따라서 우리는 끊임없이 움직이는 대상과 관계하고 있으며, 이 대상은 아주 다양한 방식으로 적절하게 기술될 수 있다. 이런 이유로 루만은 자신의 사회이론이 유일하게 올바른 기술이라고 주장하지 않는다. 그러나 그는 틀림없이 자신의 이론이 오래된 유럽적 이론들과 달리 기능적으로 분화된 사회에 적합한 기술이라고 주장할 것이다.

루만은 기능적으로 분화된 사회를 두 가지 측면에서 분석한다.

- 루만은 근대사회의 각각의 기능체계에 대한 포괄적인 연구들을 발표했다.
- 루만은 기능체계들 간의 관계를 규명하기 위해 노력했다.

항목 1

루만은 수많은 기능체계에 대해 각각 한 권의 책을 바쳤다. 『사회의 경제』, 『사회의 학문』, 『사회의 법』, 『사회의 예술』 등은 해당 기능체계들뿐만 아니라, 기능체계들을 기능체계로서 두드러지게 하는 특성들에 대해서도 다루었다. 우선, 기능체계들은 사회문제의 처리 권한을 독점하는 특징을 지닌다. 각각의 문제를 처리함에 있어서 기능체계들의 기능은 예컨대 경제의 경우에는 희소 재화를 분배하는 데, 정치의 경우에는 집합적 의무를 수립하는 데 있다.

기능체계의 특징: 기능

기능체계는 체계를 구성하는 의사소통이 하나의 특정 코드(Code)와 연관된다는 점에서 자신의 사회 환경과 구별된다. 이 코드는 체계의 주도적 차이라고도 불린다. 따라서 정치체계의 코드는 "권력이 있다/없다"(또는 민주주의에서는 "정부/야당")이고, 경제체계의 코드는 "지불하다/지불하지 않다"이다. 코드 "정부/야당"과 연관된 모든 의사소통은 정치체계에, 코드 "지불함/지불하지 않음"과 연관된 모든 의사소통은 경제체계에 속한다. 해당 의사소통이 계속되면서 각 부분체계는 스스로를 재생산한다.

코드

이 과정에서 의사소통 제안을 받아들이는 것이 기능을 수행하는 데 유리함에도 불구하고 거부될 확률이 높으면, 상징적으로 일반화된 의사소통의 매체들이 생성된다. 정치체계에서 이것은 권력, 더 정확하게는 부정적 제재의 위협에도 지탱하는 직권이자 궁극적으로는 폭력 수단에 의해 가리어진 직권이다. 따라서 공직의 직위는 첫째, 권한 있는 관료가 내렸다는 이유만으로 지시를 따른다는 점에서 **일반적으로**, 둘째, 실제로 폭력 행사에 의한 강요가 이루어지지 않는다는 점에서 **상징적으로** 명령의 수락을 보장하는 권력을 부여한다. 이와 유사한 방식으로 화폐는 경제적 의사소통을 받아들이도록 동기를 부여하는 상징적으로 일반화된 의사소통 매체의 역할을 한다.

상징적으로 일반화된 소통매체

기능, 코드, 그리고 상징적으로 일반화된 의사소통 매체라는 개념으로 어떤 의사소통들이 서로 관련되는지 그리고 기능체계의 자기생산을 실현하는지 기술할 수 있다. 각 경우마다 어떤 의사소통이 받아들여지고 어떤 의사소통이 받아들여지지 않는지가 어떻게 정해지는가는 아직 불명확하다. 이와 관련해서는 프로그램이 결정적이다. 이를테면 법에서는 '옳은/옳지 않은'의 귀속은 법률에 지향되며, 학문에서 이론은 무엇이 진실로 간주되고 무엇이 진실이 아닌 것으로 간주되는지에 대한 정보를 제공한다. 마찬가지로 정치적 기본 원칙과 프로그램은 어떻게 권력을 얻고 정부를 이루려 하는지에 대한 근본 관점들을 포함한다.

프로그램

상술된 내용들은 루만이 근대사회를 극도로 효율적이며 조화로운 구성물로 묘사한다는 인상을 불러일으킬 수도 있을 것이다. 마지막으로 우리는 각각 한 가지 기능에 전문화되어 있고 그 기능을 전체 사회를 위해 수행할 것을 요구하는 기능체계들의 병존을 다룬다. 기능적으로 분화된 사회에서 진리는 명령될 수도 구입할 수도 없으며, 전문화된 학문의 과제가 되었다. 폭력에 기반한 권력도 사람들이 그 권력을 대부분의 사회 영역에서는 더 이상 경험하지 않고 원칙적으로는 국가 권위와의 갈등 상황에서만 예상해야 할 정도로 정치에 의해 독점되었다. 이에 관해서는 더 많은 사례를 들 수 있을 것이다.

그러나 기능 영역들의 전문화가 업무의 타성화를 어느 정도 수반한다는 점을 간과해서는 안 된다. 각각의 부분체계는 자신의 기능에 다른 모든 것을 종속시킨다. 기능적으로 분화되고 작동적으로 폐쇄된 체계들은 환경과 직접적인 접촉을 하지 않기 때문에, 자신의 환경에 대한 이미지를 만들어낸다. 체계들은 이 이미지를 엄격하게 자신의 우선순위에 따라 구성한다. 따라서 기능체계들의 상호관계에서 불균형과 자극은 예외가 아닌 규칙이라는 점을 고려해야만 한다.

타성적 부분체계

항목 2

이 부분에서는 루만이 근대사회를 분석한 둘째 관점, 즉 기능체계들의 상호관계가 등장한다. 확실히 루만의 저술에서는 첫째 관점, 즉 개별적 부분체계들에 대한 설명이 주를 이룬다. 이 설명에서는 특수한 기능에 의해 정의된 사회체계에 대한 부분체계의 관계뿐 아니라, 여기서는 상세하게 논의되지 않지만 부분체계의 자기 자신에 대한 관계, 즉 성찰을 통한 자기관찰도 다루어진다. 그러나 루만은 부분체계들이 자신의 환경 및 이 환경 안의 다른 체계들과 어떻게 관련되는지에 대한 문제에도 관심을 기울였다. 한편으로 그러한 관계들은 존재할 수밖에 없다. 왜냐하면 부분체계들은 서로를 위해 작동하기 때문이다. 예컨대 경제는 교육체계로부터 자격을 갖춘 노동력을 기대한다. 그러나 다른 한편으로 자기생산적 체계들은 환경과 직접적으로 접촉하지 않는다는 점을 통해 정의된다.

세 가지 체계 준거: 기능, 성찰, 역량

기능체계들의 상호 조화를 위한 루만의 해결책은 구조적 연결이라는 개념이다.

구조적 연결

> 뒤르켐에서 파슨스까지 고전적인 사회학적 논의에서 이 문제는 분화/통합이라는 도식으로 다루어졌다. 그래서 사회학의 과제는 기능적 분화에 적합한 통합의 형태를 찾아내는 것이었다. 우리는 이 도식을 자기생산과 구조적 연결의 구분으로 대체한다(Luhmann, 1997: 778).

| 정의 | 구조적 연결(Stukturelle Kopplung)

구조적 연결은 체계들이 어떤 측면에서 서로 관련이 있는지를 확정한다는 의미에서 체계들을 서로 결합하는 구조이다. 예컨대 심리적 체계와 유기적 체계는 뇌를 통해 구조적으로 연결되어 있다. 언어는 심리적 체계와 사회적 체계 사이를 구조적으로 연결한 것이다. 마찬가지로 사회의 부분체계들은 다양한 방식에 의해 구조적으로 연결되어 있다. 예컨대 법과 정치는 헌법을 통해, 학문과 교육은 대학교를 통해,

경제와 법은 소유권과 계약을 통해 서로 연결되어 있다. 구조적 연결은 작동상 폐쇄되어 있는 체계들, 즉 환경과 직접적인 접촉이 없는 체계들을 자극할 수 있다. 예컨대 정치가 공식적 관할 영역을 넘어서는 경우, 헌법은 법체계가 이를 체계 내부적으로 예상치 못한 사건으로, 즉 자극으로 인식하고 자신의 코드(옳은/옳지 않은)에 따라, 예컨대 재판 절차의 형태로 의사소통적 후속작동을 이어갈 수 있게 한다.

구조적 연결을 통한 기능체계들의 결합이 무엇을 의미하는지는 정치와 경제의 관계에서 모범적으로 설명될 수 있다. 양자는 세금과 부과금을 통해 구조적으로 연결되어 있다. 현대 복지국가는 이러한 맥락에서 국민총생산, 인플레이션 비율, 실업자 통계 등과 같은 광범위한 경제정책 데이터를 등록한다. 이런 관점에서 경제는 정치와 관련이 있으며, 경제의 변화는 정치를 자극하고, 정치는 그 자극을 권력 코드에 따라 처리한다. 따라서 실업률 증가나 경제성장의 후퇴에 대한 경제정책 논의에서 핵심 관점은 정부를 장악하거나 기존의 권력을 유지하려는 자신이 속한 정당의 열망을 위해 경쟁하는 프로그램에서 어떤 결과를 기대할 수 있는가라는 문제이다.

그러므로 구조적 연결은 자기생산적 체계들의 작동적 폐쇄성이 그대로 유지되게 한다. 예컨대 해고와 같은 사건은 특히 정치와 경제 등 여러 체계들의 구조적 연결을 통해 관찰될 수 있다. 그러나 해고는 각각 고유한 관점에서, 한편에서는 실업률 변화로, 다른 한편에서는 비용 절감으로 인식된다. 따라서 한 사건이 상이한 체계들 안에서 야기할 수 있는 자극은 각 체계의 특수한 기준들에 따라 구별된다. 이런 의미에서 이것은 자기자극의 문제이다. 한 사건(예컨대, 해고와 같은)에 연계되는 작동들(즉, 해고에 관한 소통)은 체계에 특수한 서로 전혀 다른 합리성(예컨대, 한편으로는 권력의 기준을, 다른 한편으로는 비용의 기준을)을 지향한다.

루만에 따르면 우리 사회는 결과적으로 다양한 기능 영역의 완전한 자율성에 의해 특징지어지지만, 그럼에도 불구하고 구조적 연결을 통해 어느 정도는 스스로 서로에 대해 적응한다. 특히 이 테제는 정치학에서는 도전과도 같은 것이었다. 왜냐하면 루만의 근대사회 분석에 따르면 정치가 어떤 식으로든 제지하는 방식으로 사회에 개입할 수도 있다는 가정은 어불성설이기 때문이다. 기능적으로 분화된 사회에 대한 루만의 개념은 체계들 간의 모든 형태의 직접적인 영향을 배제한다. 그러나 이 테제가 실제로 얼마나 급진적인지는 아주 명확하지는 않다. 왜냐하면 물론 루만도 정치가 의결하는 법이 원칙적으로는 준수된다는 것을 부인하지 않기 때문이다. 그리고 그는 다른 기능 영역들이 정치적 의결에 반응한다는 것을 부인하지 않는다. 직업교육자리를 마련하기 위한 법에 대한 논의조차 경제를 자극한다. 루만이 의심하는 것은 그러한 법이 바라던 효과를, 즉 직업교육자리의 증가 또는 심지어 실업률 감소를 가져올 수 있을지 여부이다.

루만은 기능별 내재적 논리, 다양한 관점, 그리고 잠재적으로 중요한 모든 요소를 고려하는 것이 불가능하다는 점을 강조함으로써 유토피아적 사회계획의 허점을 지적한다. 그러나 그의 표현이 암시하는 것과 달리, 어느 정도까지 기능체계들이 의도된 방식으로 서로 적응하도록 동기를 부여할 수 있는지에 대해서는 아무런 언급이 없다. 이 문제에서 루만의 사회이론은 한편으로는 급진적이고 광범위하게 조종에 회의적인 정식화이고, 다른 한편으로는 실제로는, 어차피 더 이상 중요하지 않은, 매우 협소한 결정론적 조종 개념과만 단절하는 개념이라는 양면성을 지닌다. 따라서 여기서 보다 정확한 사회이론적 개념 체계를 위한 루만의 노력은 새로운 모호성을 만들어낸다.

조종 비관주의

조종에 회의적인 루만의 테제가 과연 어디까지 영향을 미치는지 전혀 명확하지 않음에도 불구하고 기능 영역들 간의 관계에 대한 그의 분석은 크게 주목받은 반면, 다른 논점에서의 상황은 정반대였다. 최근에 들어와서야 주목을 받았지만, 루만은 이미 1971년에 우리가 세계사회에 살고 있다고 주장했다. 물론 국민국가의 구성은 중요하다. 그러나 모든 나라가 각각 고

세계사회

유한 사회를 형성한다는 생각은 그에게는 너무 단순하고 구시대적으로 여겨진다. 의사소통이 사회이론의 기본 개념이라면, 사회의 경계는 의사소통의 경계와 일치한다. 정치의 경계가 동시에 의사소통의 경계라는 생각은, 특히 현대의 통신기술에 비추어볼 때, 더 이상 유지될 수 없다. 그리고 의사소통의 (그리고 이와 더불어 사회의) 내적 분화는 주로 각각의 특수한 코드를 가진 지구적 기능체계들을 따라 일어난다.

이는 국경을 가진 고전적 국민경제가 대부분 해체되었다는 점에서 경제에서 가장 분명하게 나타날 수 있다. 그렇지만 루만에 따르면 정치체계도 (다른 모든 기능체계와 마찬가지로) 세계사회의 기능체계이다. 그러나 자기준거적 체계의 이론은 다양한 수준의 분화를 구분한다. 세계사회의 정치체계는 비로소 두 번째로 국민국가적으로, 즉 분절적으로 구성되었으며(그리고 이 수준에서 국가로 묘사된다), 세 번째로는 중심/주변의 도식에 따라 정부와 행정부는 중심을 형성하고 사회운동은 바깥 주변부를 형성한다.

5 ı 진단: 탈분화, 환경 파괴, 그리고 배제

루만의 사회이론적 노력은 사회 비판적 의도에서 시대를 진단하는 것을 목표로 하지 않는다. 적어도 루만의 주장에 따르면 그의 고찰은 규범적이지 않으며, 우리 시대의 사회를 기술하는 것으로 제한된다. 여기서 루만의 관심은 오래된 유럽의 전통에 의해 결정된 일상적인 언어 사용의 습관들과 단절하는 사회학적 개념들을 발전시키는 것이다. 루만이 새로운 개념들을 개발하기 위해 수학에 거듭 관심을 기울이는 것은 우연이 아니다. 수학을 통해 근대사회에 대한 더 나은 이해가 가능해진다는 것이다. 그렇지만 이론은 오늘날 어떤 잘못된 사회 발전이 임박해 있는가라는 물음에 있어서 완전히 중립적이지는 않다. 이론은 자신이 살고 있는 사회를 이론의 수단으로 이해하려는 사람들에게 근대의 절박한 병리에 대한 결정을 전적으로 맡기지 않는다. 기능적 분화의 이론은 우리에게 적어도 몇 가지 가능한 문제들을 지적한다.

한 체계의 다른 체계에 대한 침범

1. 전통적으로 사회의 기능 영역들 간의 관계는 사회의 통합을 보증하는 동시에, 개인의 자유에 대한 타당한 규범적 표준과 양립할 수 있는 정치의 우위가 어떻게 보장될 수 있는가라는 관점 아래에서 다루어지고 있다. 루만의 관점에서 문제는 바로 그 반대로 제기된다. "좋은 울타리는 좋은 이웃을 만든다"라는 격언에 따라 그는 병리적 위험들은 오히려 하나의 기능체계가 다른 기능체계들에 개입할 가능성에 있다고 본다. 그래서 루만은 조종의 시도들을 쓸데없는 것으로뿐만 아니라 해악으로도 간주한다. 왜냐하면 그러한 시도들은 부분체계들의 자기논리적 작동을 방해하기 때문이다.

   이제 루만은 기능적으로 분화된 사회가 과거의 사회유형들에 비해 전적으로 진보도 사회 진화의 필연적인 목표도 아니라고 거듭 강조한다. 오히려 그는 그러한 과정이 얼마나 비개연적인지를 부각시킨다. 그러나 루만에 따르면, 사회가 일단 일차적으로 기능적으로 분화했다면, 이 상태는 파국적인 결과 없이는 더 이상 되돌릴 수 없다. 이를 가장 명확하게 보여주는 것은 경제를 정치적 계획에 예속시키려는 현실사회주의적 시도일 것이다. 이와 유사한 방식으로 생각해 볼 수 있는 것은 진리를 명령하거나 구매하려는 시도로 인한 학문의 역기능이다. 어느 경우이든 하나의 부분체계가 다른 하나의 부분체계에 개입하는 것은 후자의 기능 수행의 효율성을 눈에 띄게 손상시킬 위험이 있다.

생태적 재난

2. 루만이 논의하는 근대사회의 둘째 위험도 체계와 환경 간의 관계의 문제와 관련된다. 그렇지만 여기서 문제가 되는 것은 기능체계들 간의 관계가 아니라 사회와 그 환경 간의 관계, 더 정확히 말해서 자연환경의 파괴에

대한 위험이다. 이 맥락에서도 중요한 것은 자기준거적 체계들이 환경과 직접적으로 접촉하지 않는다는 점이다. "체계 자체의 작동 수준에서는 투입도 산출도 없다. 사회는 자신의 환경과 의사소통을 할 수 없으며, 오직 자신의 정보처리 능력에 따라 자신의 환경에 **관해서만** 의사소통을 할 수 있다"(Luhmann, 1986: 221). 그러나 체계들은 구조적 연결을 통해 환경 상태를 자극으로 인지할 수 있고 의미 있게 처리할 수 있다.

그러나 체계와 그 환경 사이에는 둘째 종류의 관계가 존재한다. 이 관계는 의미는 없다. 말하자면 '무의식적'이다. 각각의 체계에는 작동을 위한 물질적인 전제 조건들이 있다. 이 전제 조건들의 변화는 체계 안에서 일어나는 일이 그 환경에 영향을 미치는 것처럼 체계에 영향을 미친다. 루만은 이러한 맥락에서 '물질성의 연속체'(Luhmann 1997: 100)에 대해 말한다. 의사소통을 하며 상호작용을 하는 사람들은 공기를 움직이게 하고, 운동 상태로 옮긴다. 늘 불평만 하는 사람은 위궤양에 걸리기 쉽고, 갈탄 채굴의 결정은 지역 전체를 변화시킨다. 반면 루만에 따르면, 인간은 사회의 부분이 아니지만 인간 없이는 사회가 존재할 수 없다. 따라서 우리의 자연적인 생활 기반의 변화들은 부정적인 사회적 결과를 초래하며, 사회가 이러한 도전을 이겨내도록 전혀 보장하지 않는다. 상응하는 구조적 연결이 결여되면 환경 변화는 결코 사회에 자극을 일으키지 못한다. 그럼에도 불구하고 사회는 이로 인해 몰락할 수도 있다. 루만은 그의 책 『생태학적 의사소통』에서 기능적으로 분화된 우리 사회가 생태학적 도전에 적절하게 대처할 것이라고 기대하기 어려운 이유를 설명한다.

3. 루만이 체계통합의 문제에서 사회통합의 문제로, 그리고 특히 사회 불평등의 문제로 방향을 돌린 예상치 못한 전환은 큰 관심을 불러일으켰다. 기능적으로 분화된 사회라는 개념의 도움으로 사회 불평등이 심화되는 이유를 이해할 수 있어야 한다는 것이다. 이것은 어느 정도는 부분체계들이 자기논리적으로 작동한 것의 부차적인 결과이다. 루만은 교육과 경제가

지니는 예를 들어 차이의 자기강화 메커니즘을 상세히 설명한다. "교육학적으로는 학생으로서 더 우수한 아이들이 더 나은 기회를 갖도록 하는 것이 합리적이다. 모든 아이가 동일한 기회를 갖고 첫 학년에 들어와도 어떤 학생은 다른 학생보다 질문에 더 빨리 답변할 수 있고 더 좋은 성적을 받는다. 그리고 그 학생이 두 번 좋은 성적을 받으면 그 학생은 더 이상 질문을 받지 않고 우수한 학생으로 여겨진다. 그렇지 못한 다른 학생들의 경우에는 정반대이다. 또한 정기적인 수입이 있는 사람은 신용 대출을 받을 수 있고, 수입이 많은 사람은 곧장 중역실이 있는 층으로 갈 수 있다. 그러나 수입이 없고 돈이 필요한 사람은 훨씬 어려운 상황에 처한다"(Luhmann, 2005: 78). 루만은 이와 유사하게 세계경제의 중심과 변방 간의 격차를 심화시키는 메커니즘을 설명한다.

포용과 배제

루만은 자신의 후기 저서들에서 포용과 배제의 개념에 의거하여 사회통합의 관점에서, 즉 심리적 체계들과 사회적 체계들 간의 관계를 고려하여 사회 불평등의 문제를 명시적으로 다루었다. 예컨대 신분제적으로 편성된 사회와 달리, 기능적 분화의 조건하에서 이루어지는 사회의 한 부분영역에서의 배제는 규칙적으로 다른 영역에서의 배제를 초래한다. 특히 남미와 관련해서 루만은 "인구를 배제된 부분과 포함된 부분으로 분할하는" 경향을 확인한다. …… 브라질에는 신분증이 없는 사람들이 많다. 그들은 역시 신분증이 없었던 사람들에게서 태어나 출생신고가 되지 않은 것이다. 어머니는 어쩌면 어디에선가 가정부로 일했을지도 모른다. 아이들은 할머니가 키웠다. 따라서 아이들이 다 자라더라도 이 아이들 역시 신분증이 없었다. 예컨대 신분증이 없으면 취학에 문제가 생기고, 일체의 사회복지 혜택에 접근할 수 없으며, 유권자로도 등록할 수 없다"(Luhmann, 2005: 80).

배제된 사람들과 관련해 인간이 사회의 부분이 아니라는 루만의 가정은 실로 급진적이다. 포함된 사람들은 인격체로서 사회에 참여하는 반면, 떨

표 8-1 **한눈에 보는 니클라스 루만의 사회학 이론**

구분	표제어	세부 설명
사회학	사회적 체계들의 자기준거적 작동에 대한 관찰로서의 사회학	사회는 개인과 행위로 구성되는 것이 아니라 의사소통으로 구성된다.
핵심 문제	사회의 기능들은 어떻게 충족되는가?	루만은 보편적 사회이론을 위해 진력한다.
설명 모델	방법론적 전체론, 기능적 분석	자기생산적 체계의 이론이다. 체계는 작동상 폐쇄되어 있기 때문에 환경에 대해 개방적이다.
설명의 기본 단위	사회적 기본 작동으로서의 의사소통	체계와 환경의 구별이 출발점이다.
개인과 사회의 관계	심리적 체계와 사회적 체계는 작동상 분리되었으며, 오직 구조적으로만 연결되어 있다.	개인들은 사회적 진화를 위해 어떤 역할도 하지 않는다.
근대사회와 전통사회(분석)	차이는 분화의 종류에 있다. 근대사회에는 '정점과 중심'이 없다.	근대사회는 더 복잡하지만 전통사회보다 더 좋지도 더 나쁘지도 않다.
근대화의 이해	분화: 기능적 분화는 복잡성을 더 효과적으로 처리할 수 있게 한다.	작동적 폐쇄성에 의한 환경 개방성
변화의 원동력	복잡성 증대와 상호적인 체계 자극은 분화를 강제한다.	적응 능력의 진화적 증대
근대의 병리(진단)	탈분화, 환경 파괴, 배제	성공적인 근대화는 병리에서 자유롭다.

어져 나온 사람들, 즉 더 이상 착취도 당하지 않는 사람들은 실제로 사회의 환경에 불과하기 때문에 "사회의 관심은 배제된 사람들의 육체성에 있지, 그들의 …… 주관성, 그들의 개성, 그들의 자아상, 그들의 삶의 기회, 그들의 인식, 그들이 기여 능력에 있지 않다. 오히려 그들은 몸이다. 폭력 문제와 관련해 분명한 것은, 사람들은 길거리에 있을 때 끊임없이 몸에 신

경을 쓴다는 사실이다"(Luhmann, 2005: 81).

6 ı 요약

근대화 과정을 루만만큼 시종일관 분화의 관점에서 기술한 사람은 거의 없다. 그는 이미 일찍이 사회를 세계사회로 이해하고 후기 모더니즘의 이론가들을 차용했기 때문에, 그의 저작은 사실상 후기 근대의 분석이라고 짐작할 수도 있을 것이다. 그러나 그가 그리는 세계사회의 그림은 근본적으로는 여전히 발전된 근대의 구조 원리들과 연관되어 있다. 루만에게 국가는 하나의 중심적 요소로 남아 있으며, 그의 견해에 따르면 정치체계의 기능적 분화는 복지국가로 조직된 민주주의 모델로 완성된다. 또한 그에 따르면 우리가 기능적으로 분화된 근대사회의 시대를 벗어났다는 징후는 없다.

반대로 우리는 루만이 원칙적으로는 초기 근대의 이론가라고 생각할 수도 있을 것이다. 기능적으로 분화된 근대사회의 형성과 복잡성 증가에 초점을 맞추면서 초기 근대의 사회학 이론은 계속해서 문제 제기를 하고 있다. 산업사회의 형성을 관찰했던 고전 학자들과 마찬가지로 루만은 기능적 분화로의 전환을 통해 사회의 역동화를 강조한다. 그러나 그는 바로 이중적 측면에서 기능적으로 분화된 사회를 특징짓는 경직성을 강조한다. 한편으로 자체 논리를 가진 부분체계들은 사람들의 의도와 욕구에 비해 현저하게 독자적으로 존재하게 되었다. 다른 한편으로 수많은 구조적 결합은 사회적 진화를 위한 또 다른 변이가능성들을 제한한다. 루만이 그린 사회는 그 작동에 있어서 역동적이지만 기능적으로 분화된 사회로서 그 기본 구성은 경직되어 있다. 기능적으로 분화된 사회는 그 사회에 참여하는 사람들에게 선택의 여지를 다양하게 제공하지만, 자유를 선택의 자유로 축소시키는 경향이 있다. 반면 사회관계의 형성에 함께 참여하는 것으로 구성되는 더 수준 높은 자유는 사회의 효과적인 민주적 자기 영향력의 가능성에 기반을 두고 있다. 중심이 없는 사회라는 개념과 조종에 대한 근본적인 회의는 이러한 자유를 위한 여지를 남기지 않는 것처럼 보인다.

루만이 특히 일부 좌파에 대해 큰 매력을 발산한다는 일견 놀라운 사실을 설명할 수 있는 근거는 아마도 이 냉정하고 때로는 전적으로 냉소적이기도 한 관점일 것이다. 어쨌든 루만이 자신의 추종자들에게 발산하는 매력의 근거는, 사회운동의 독선과 정치의 좌파적 도덕화에 대한 루만의 실로 신랄한 일부 논평에도 불구하고, 루만이 적어도 자신의 정치적 무력을 설명한다는 점에 있는 듯하다.

학습 점검 질문

1. '구성주의'는 무엇을 의미하는가?
2. 어떤 체계들이 있는가? '자기생산 체계'란 무엇인가?
3. 사회적 체계와 심리적 체계는 어떤 관계에 있는가?
4. 루만에 따르면 근대사회는 전근대사회와 달리 어떤 특징을 지니는가?
5. 근대사회의 기능적 부분체계들의 상호관계를 간략히 기술하시오.
6. 루만이 진단하는 사회의 잘못된 발전의 가능성은 무엇인가?

참고문헌

1차

Luhmann, Niklas (1969): Legitimation durch Verfahren, Frankfurt a. M.

Luhmann, Niklas (1970): Soziologische Aufklärung, Bd. 1: Aufsätze zur Theorie sozialer Systeme, Wiesbaden.

Luhmann, Niklas (1981): Soziologische Aufklärung, Bd. 3: Soziale Systeme, Gesellschaft, Organisation, Wiesbaden.

Luhmann, Niklas (1984): Soziale Systeme. Grundriß einer allgemeinen Theorie, Frankfurt a. M.

Luhmann, Niklas (1986): Ökologische Kommunikation. Kann die moderne Gesellschaft sich auf ökologische Gefährdungen einstellen?, Wiesbaden.

Luhmann, Niklas (1987): Archimedes und wir. Interviews, hg. von Dirk Baecker und Georg Stanitzek, Berlin.

Luhmann, Niklas (1997): Die Gesellschaft der Gesellschaft, 2 Bde., Frankfurt a. M.

Luhmann, Niklas (2000): Die Politik der Gesellschaft, Frankfurt a. M.

Luhmann, Niklas (2002): Einführung in die Systemtheorie (Vorlesung 1991/92), hg. von Dirk Baecker, Heidelberg.

Luhmann, Niklas (2005): Einführung in die Theorie der Gesellschaft (Vorlesung 1993), hg. von Dirk Baecker, Darmstadt.

2차

Baraldi, Claudio/Corsi, Giancarlo/Esposito, Elena (1997): GLU. Glossar zu Niklas Luhmanns Theorie sozialer Systeme, Frankfurt a. M.

Berghaus, Margot (2011): Luhmann leicht gemacht. Eine Einführung in die Systemtheorie, Köln.

Borch, Christian (2011): Niklas Luhmann, New York.

Burkhart, Günter/Runkel, Gunter (Hg.) (2005): Funktionssysteme der Gesellschaft. Beiträge zur Systemtheorie von Niklas Luhmann, Wiesbaden.

Fuchs, Peter (2004): Niklas Luhmann — beobachtet, Wiesbaden.

Horster, Detlef (1997): Niklas Luhmann, München 2005.

Kneer, Georg/Nassehi, Armin (2000): Niklas Luhmanns Theorie sozialer Systeme. Eine Einführung, München.

Jahraus, Oliver/Nassehi, Armin u. a. (Hg.) (2012): Luhmann-Handbuch. Leben — Werk — Wirkung, Stuttgart.

Moeller, Hans-Georg (2006): Luhmann Explained. From Souls to Systems, Peru.

초기 근대	발전된 근대	후기 근대

길들이기	합리화	분화	개인화

9장 타자강제에서 자기강제로 | 노르베르트 엘리아스

1 | 개관

'뒤늦은 거장'

노르베르트 엘리아스(Norbert Elias)는 사회학의 '뒤늦은 거장'이라고 할 수 있다. 오늘날에는 의심의 여지없이 사회학에서 가장 인정받는 저자 중 한 명이지만, 1976년 그의 대표작 『문명화 과정』의 신판이 나오기 전까지 그는 거의 주목을 받지 못했다. 특히 민족사회주의적 야만 때문에 더 넓은 독자층은 이 책의 초판이 출판된 지 35년 이상이 지나서야 엘리아스가 포괄적인 근대화 이론을 발전시켰다는 사실을 알게 되었다. 그의 근대화 이론은 이전의 게오르그 짐멜과 마찬가지로 개인화라는 핵심 관점 아래에서 근대화 과정을 주시하지만, 짐멜과는 달리 20세기의 발전된 근대가 전개되면서 한층 뚜렷하게 드러나는 근대화의 측면들도 분석한다.

늦어도 1920년대는 교육과정과 직업진로에서뿐만 아니라 생활양식, 견해, 신념, 여가 습관에서도 개인들 간의 차이가 점점 더 두드러지는 엄청난 문화적 다원화를 특징으로 하지만, 그렇다고 근대사회가 '아노미적', 즉 무법적이고 무질서한 것은 결코 아니다. 엘리아스의 사회학은 근대사회에서

| 생애와 저작 | **노르베르트 엘리아스(1897~1990)**

유대인 부모의 아들로 브레슬라우(Breslau)에서 태어난 노르베르트 엘리아스는 제1차 세계대전에 병사로 참전한 후, 1917년부터 브레슬라우 대학교에서 의학, 심리학, 철학을 공부했으며, 1919년 의사국가시험에 합격하고 1924년에 신칸트주의에 관한 논문으로 박사학위를 받았다. 1925년부터 하이델베르크 대학교에서 알프레트 베버(Alfred Weber)와 함께 사회학자로 일하다가 그곳에서 시작한 대학교수 자격 취득 과정을 1930년에 중단하고 연구 조교로 카를 만하임(Karl Mannheim)을 따라 프랑크푸르트암마인(Frankfurt am Main)으로 갔다. 엘리아스는 1933년에 자신의 대학교수 자격 취득 논문 「궁정인」을 탈고했으나, 논문 심사 절차는 민족사회주의자들의 권력 장악으로 중단되었다. 그는 프랑스를 경유해 영국으로 망명했다. 1935년부터 1937년까지 런던에서 자신의 대표작 『문명화 과정』을 집필했으며, 그곳에서 1954년까지 평생교육원의 교사로 일했다. 그 후 1965년에 독일로 돌아와 아헨, 뮌스터, 그리고 콘스탄츠 대학교에서 교수직을 맡을 때까지 레스터에서는 사회학 강사로, 가나에서는 사회학 교수로 재직했다. 그의 생애에서 마지막 근무지는 그가 1978년부터 1984년까지 몸담았던 빌레펠트 대학교의 학제간 연구센터(ZiF)였다. 이 기간 동안 그리고 세상을 떠날 때까지 엘리아스는 암스테르담에서 살았다.

강제 없는 협력

엄청나게 증가한 조정·조직화·동기화에 대한 요구가 아주 명백하게 국가의 강제 조치나 행동 통제 없이 충족될 수 있다는 놀라움에서 출발한다.

발전된 근대의 조직화된 사회에서는 억압적인 조치나 엄격한 행동 지침을 통해 개인들에게 동화(同化)나 적응을 강요하지 않고도, 서로 알지 못하는 수많은 행위자들 사이에서, 그리고 아주 먼 공간적 거리를 넘어서 무수한 생산·교환·조정 과정이 성공적으로 조화를 이룰 수 있게 되었다. 개인들의 자기결정권과 다양성은 발전된 근대에서 문제가 되지 않을뿐더러, 사회구조에도 기능적인 것처럼 보인다. 개인들은 역사적으로 전례 없는 자유를 누리는 듯하지만, 발전된 근대의 사회는 마치 그 어떤 것도 자신의 안전한 궤도에서 벗어나지 못하게 하려는 듯 조화롭게 조정되고 질서까지 갖춘 것처럼 보이며, 개인과 발전된 근대의 사회는 마치 이상적으로 서로를 보완하는 듯한 인상을 자아낸다.

개인과 사회의 역사성

이러한 관찰에 비추어 엘리아스는 대부분의 사회학 연구가 사회 발전의 역사성과 분리되어 있다고 비판한다. 그에게 사회변화는 현재의 상황들을 기술·설명할 때에도 반드시 고려되어야 하는 장기적인 과정이다. 동시에 그는 자신의 저작들에서 개인과 사회를 인위적으로 분리하고 대비하는 서양의 이원론에 맞서 싸운다. 왜냐하면 근대사회의 특수한 형태가 비로소 사람들로 하여금 개별화된 단위들로 인식되게 하기 때문이다. 따라서 엘리아스에게 근대 개인주의는 지극히 사회적인 현상이며, 근대사회의 특징인 "형상화" 안에서 그리고 그로부터 발전한다. "형상화"는 짐멜 사회학의 "상호작용"과 유사하게 사람들 사이의 상호관계와 상호의존 관계망을 가리킨다. 그러므로 엘리아스의 접근법은 **과정 사회학** 및 **형상화 사회학**으로 정의할 수 있다.

2 | 핵심 문제

개인화에도 불구한 사회질서?

앞서 보았듯이 엘리아스가 초점을 맞추는 물음은 '개인화는 어떻게 가능한가?' 또는 더 정확하게는 '개인들이 역사적으로 유일무이한 방식으로 상호 의존적인 사회에서, 방대한 사회적·공간적 사례에 걸쳐 자신들의 행동을 조율해야 하는 사회에서 개인화는 어떻게 가능한가?'이다. 이 물음은 '사람들이 역사적으로 유례가 없을 정도로 서로 다른 사회에서, 자신의 행동과 생활양식을 스스로 결정하는 고도로 개인화된 사회에서 사회질서는 어떻게 가능한가?'라는 반대 물음을 통해 보완된다. 따라서 엘리아스의 핵심 문제는 다음과 같이 정식화할 수 있다. '개인들이 최고 수준의 자제력, 계획성, 선견 능력을 발전시켜야 하는데도, 어떻게 근대사회는 광범위한 폭력 행사와 강압적 조치 없이 내부적으로 원만하게 유지되는가?'

이 물음에 대해 엘리아스는 '문명화 과정'에 대한 자신의 고찰을 통해 답한다. 이 장기적인 역사적 과정에서 인성구조와 사회구조는 서로 조화를 이루도록 상호적으로 형성된다는 것이다. 여기서 결정적인 생각은 이 과정에서 외부로부터의 강압과 행동통제가 내부로, 즉 개인들에게로 옮겨진다는 것이다. 따라서 근대인은 사회적 강제, 규제, 지배로부터 자유롭지 않다. 즉, 근대인은 스스로를 지배하고 다스리고 규제하며, 타자강제를 자기강제로 탈바꿈시킨 것이다. 개인들의 이러한 자기강제와 자기규제가 외부로부터의 압력, 폭력, 강압에 의해 달성된 행동 조정보다 훨씬 더 효과적이기 때문에 근대의 분화된 사회는 놀라운 조화를 이루어낸다.

문명화: 타자강제에서 자기강제로

| 요약 | **타자강제와 자기강제**

사회질서는 사람들이 자신의 감정과 욕구대로만 행동하는 것을 자제할 경우에만 가능하다. 이에 대해 사람들은 '외부로부터' 강제될 수 있다. 즉, 처벌의 위협을 통해 특정한 행동 방식을 방지하고 다른 행동 방식들을 규정하는 사회제도와 질서의 힘에 의해 강요받을 수 있다. 이 경우에 대해 엘리아스가 사용하는 개념이 "타자강제"이다. 그러나 사람들은 사회화 과정에서 자신을 스스로 통제하는 방법, 예컨대 공공장소에서 고함을 지르고 언쟁 상대의 뺨을 때리는 행위, 또는 장소를 불문하고 용변을 보는 행위 등을 자발적으로 하지 않도록 배우며, 시간을 지키려는 욕구를 발전시킬 수 있다. 엘리아스는 근대에서 이러한 외부로부터의 강압이 자기강제로 점진적으로 대체되고 있음을 관찰한다.

근대의 개인들은 다름 아닌 고도의 자제력, 자기통제, 계산적이고 앞을 내다보며 행동하고 계획하며 감정과 갑작스러운 욕구에 휩쓸리지 않는 능력을 특징으로 한다. 이들은 외부 통치자의 지배를 받는 것이 아니라, 예컨대 '자발적으로' 항상 시간에 주의를 기울이게 하는, 즉 시계와 시간 준수의 지시에 따르도록 마음을 이끄는 내적 행동 성향의 영향 아래에 있다(Elias, 1988).

이중적 문명화 과정

따라서 문명화 과정은 사회형태와 인성구조의 상호 보완적 변화를 특징으로 하는 이중 구조를 가진다. 엘리아스는 이 두 가지 모두 현재의 상태로는 파악할 수 없으며, 오직 그 역사적 발전을 추적해야만 이해할 수 있다고 확신한다. 그래서 엘리아스는 자신의 접근법을 사회적 과정의 사회학을 위한 변론으로 이해한다. 그는 이와 관련하여 사회구조의 형성을 "사회 발생", 인성구조의 형성을 "심리 발생"이라고 부르는데, 이 두 개념은 함께할 때만, 즉 그 상호의존성 안에서만 이해할 수 있다.

엘리아스는 근대화를 무엇보다 문명화 과정의 매우 특수한 형태로 이해하지만, 그는 문명화의 과업이 외부로부터의 강제를 자기강제로 내면화하는 것, 즉 내적 충동 및 감정을 조절하는 능력을 형성하는 것이라는 의미에서 문명화의 과업을 모든 문화와 사회형태에서 시대를 초월한 보편적인 과업으로 파악한다. 인간은 자기강제의 내면화를 통해 비로소 '사회적으로 용인되는' 존재가 된다.

> 인간은 대부분의 다른 사회적 동물과 달리 타고난 충동 및 감정 조절 능력이 없기 때문에, 다른 사람들과 더불어 살아가기 위해서는 문명의 사회적 패턴의 측면에서 충동 및 감정을 조절하기 위한 개별적 학습을 통해 자기조절에 대한 타고난 성향을 동원하는 데 전적으로 의존한다(Elias, 1986c: 382~383).

문명화에 대한 인류학적 능력

인간은 스스로 문명화하는 타고난 성향이나 인류학적 전제조건을 갖고 있다는 가정만이 행동 조절과 관련하여 인간사회가 특정 방향으로 발전한다는 것을 고려할 수 있다. 엘리아스에 따르면 문명화 과정을 설명하기 위해서는 다음의 조건이 충족되어야 한다.

> 문명화라는 개념이 인간의 어떠한 불변적인 공통점과 어떠한 가변적인 차이점을 가리키고 있는지를 알아야만 한다. 변화 가능한 문명의 사회적 패턴이

라는 의미에서 사회적 강제의 자기강제로의 변화, 그리고 개인들의 자기조절학습은 사회적으로 보편적인 것이다(Elias, 1986c: 383).

따라서 엘리아스는 인간의 행동 규제가 타자강제에서 자기강제로 바뀌는 변화의 과정은 모든 사회에서 발견할 수 있다고 가정한다. 그러나 어떤 방식으로 이러한 변화가 각각 일어나는지, 자기강제의 형태들이 어떻게 표출되는지, 그리고 어떤 사건이 특정 발전에 기여했는지는 동일한 잣대로 말할 수 없다. 오히려 이 점에서 해당 사회적 과정을 파악하는 과업에 전념하는 사회학자들의 연구가 시작된다. 이와 관련하여 엘리아스는 사회학에는 단순한 원인-결과의 사슬이 존재하지 않는다고 전제한다. 그는 인간 사회에 언제나 동일한 결과를 유발하는 고정된 원인이 있다는 생각이 "사람들이 고안해 낸 가장 해괴한 발상 중 하나"(Elias, 1970: 122)라고 설명한다.

그러므로 사회학에서 인과적 규칙성을 찾아내려는 모든 시도는 실패로 끝날 수밖에 없다. 예컨대 사회 발생과 심리 발생의 관계에서는 어느 것을 단순히 다른 것의 원인으로 단정할 수 없다. 즉, 사회구조와 인성 유형은 보조를 맞추며 느슨하게 결합된 상태에서 발전한다. 따라서 인과적 규칙성을 찾는 대신, 역사적 자료와 기록들에 대한 인내심 있는 연구를 통해 구체적인 발전 과정의 조건과 흐름을 분석하는 것이 중요하다. 엘리아스의 저작에는 이에 대한 풍부한 예시가 포함되어 있는데, 그러한 예시는 다양한 집단 형성 과정의 기록(Elias/Scotson, 1965)에서부터, 문명에 대한 스포츠의 중요성 연구(Elias/Dunnig, 1983), 죽음을 대하는 근대적 방식(Elias, 1982), 근대의 특수한 사회적 시간의 형성을 파악하는 지식사회학적 접근법에 이르기까지 다양하다(Elias, 1988).

구체적인 발전 과정 분석

3 | 방법적 기본 구상: 과정 사회학과 형상화 사회학

앞서 살펴보았듯이 엘리아스는 근대 문화에서, 그리고 때로는 사회학에서도, 주장되었던 개인과 사회의 엄격한 개념적 분리에 단호하게 반대한다. 이러한 분할과 그로 인한 병리적인 사회적 결과들에 대한 비판은 엘리아스 사회학의 **실천**-차원(⇨ '들어가기' 1절 참조)을 구성한다. 그는 사회적 영향들에 노출되어 이 영향들에 의해 변형되기 이전에 자신의 내적 본성에서 이미 완성된 인간, 즉 사회화 과정에 선행하는, 사회 이전의 인간 또는 "폐쇄적 인간[**호모 클라우수스**(homo clausus)]"에 대한 개념이 사회학을 막다른 골목으로 빠져들게 한다고 역설한다(Elias, 1970). 이 개념은 개인과 사회를 서로 분리된 현상으로 인식되게 하는데, 이는 기껏해야 심리학이나 정신의학과 같은 "개별 인간 과학"에는 적합할지 몰라도 사회과학에는 적절한 관점이 아니라는 것이다.

개인과 사회의 상호의존성

엘리아스에 따르면, 개인들은 개개인으로 인식되어야 하지만, 사회학적 분석을 위해서는 개인들을 사회적 상호의존성의 관계 안으로 통합시키는 것이 매우 중요하다. 이 경우 사회질서는 (행위이론적 접근법에서와 같이) 개인들의 행위에서 비롯되거나, (구조이론적 접근법에서와 같이) 구조로서 이미 존재하는 것이 아니라(⇨ '들어가기' 2절 참조), 그보다는 사람들이 서로 연결된 방식에 대해 사회학적 분석을 필요로 하는 사회질서를 형성한다.

엘리아스는 짐멜의 (방법론적 상호작용주의에 지향된) 상호작용 개념과 매우 유사하게 이해할 수 있는 이러한 상호의존성을 **형상화**라고 부른다. 엘리아스가 사회의 **종합**(⇨ '들어가기' 1절 참조)을 확인하는 형상화 안에서 개인들은 인성과 성격구조가 형성되어 구체화된다. 예컨대 카드놀이의 독특한 형상화는 사람들을 비로소 카드 플레이어로 만든다. 즉, 인간은 항상 이미 사회적 존재이며, 형상화 안에서, 형상화를 통해서, 형상화로부터 살아간다. 따라서 엘리아스에게 형상화의 개념은 "사람들이 자신의 사회적 삶에 대한 명확한 이해에 접근하는 것을 현저하게 차단하고, 사회가 각각의 개인인 자아 외부의 실체들로 구성되며 각각의 개인은 동시에 사회에 둘러싸인 채 보이지 않는 벽에 의해 사회와 분리되어 있다는 인상을 늘 새롭게 불러일으키는 물상화하는 개념들의 단단한 외관을 뚫고 들어가는 데"(Elias, 1970: 11~12) 도움이 된다.

| 요약 | **사회의 개인 vs 호모 클라우수스**

엘리아스는 "호모 클라우수스"라는 개념을 사용하여 "개별 인간 과학"에 확산된, 개인과 사회가 서로 분리되어 각각 그 안에서 이미 완료된 단위를 나타낸다는 관념을 설명한다. 사회과학으로서의 사회학에는 이러한 관념이 적합하지 않다는 것이다. 엘리아스에 따르면, 사람들이 근대사회에서 독립적인 단위들로 인지되는 것은 사회적 발전 과정의 결과이다. 특정한 사회형태가 개인들로 하여금 자기 자신과 다른 사람들을 완료된 단위들로 경험하게 한다는 것이다. 그러므로 개인주의는 사회적으로 기반한 인간 존재의 특수한 형태이다.

방법론적 기본 개념: 과정

구체적인 상호의존 관계망(형상화) 분석에는 독립적인 방법론의 세부 작업이 수반된다. 여기서 중심을 이루는 개념들에는 **과정**의 범주가 포함된다. 엘리아스에게 사회학은 사회의 역사적 발전에 대한 연구를 의미한다. 따라서 그는 ('과거 사회에 관한 학문'으로서의) 역사와 ('현재 사회에 관한 학문'으로서의) 사회학을 분리하는 것을 강하게 비판한다. 왜냐하면 이념, 사건, 계획된 행동과 관련된 역사학의 연구 결과와 확고하게 확립된 사회구조의 분석을 다루는 사회학의 연구 결과를 결합해야만 사회발전의 논리와 동학을 파악할 수 있기 때문이다(Elias, 1977: 133).

사회적 과정은 "사람들에 의해 형성된 상호의존 관계망의 연속적·장기적 변화, 즉 통상적으로 최소한 삼대(三代)를 포괄하는 변화 또는 상반된 두 발전 방향 중 한 방향에서 나타나는 변화의 양상들"(Elias, 1986b: 234)로 이

| 정의 | **과정 사회학(Prozesssoziologie)**

엘리아스에 따르면 사회학의 과업은 사회와 인류 전체의 발전을 다루는 것이다. 이를 위해 그는 사회의 장기적인 변화 과정을 분석한다. 대개 몰역사적인 방법으로 현재에 대한 분석을 목표로 하는 사회학과 달리, 엘리아스의 접근법은 사회학적 방법과 역사적 방법을 결합하여 과거의 사회적 발전을 체계적으로 고려한다. 엘리아스에 따르면 사회적 사실은 오직 그 역사적 발전의 논리를 통해서만 적절하게 이해될 수 있다. 그래서 그의 접근법은 과정 사회학이라고도 불린다.

해되어야 한다. 다시 말해서, 사회적 과정은 그 내용과 평가에 상관없이 언제나 발전 또는 퇴보로 해석될 수 있는데, 이는 엘리아스에 따르면 변화는 항상 어떤 것(예컨대, 사회분화, 문명, 사회통합, 기술적 지식의 정도 등)이 증가 또는 감소하는 위치 변화를 의미한다. 이러한 과정들은 근본적으로 되돌려질 수 있다. 즉, 완료된 발전은 다시 후퇴할 수 있다는 것이다.

사회적 과정은 개인들의 행위에 의한 효과들이 합쳐진 결과로 일어나는 것이 아니라, 행위들 간의 상호의존성에서 비롯된다. 엘리아스는 이러한 상호의존성에서 출발한다. 여기서 중심을 이루는 개념적 연장은 앞서 언급한 **형상화** 개념이다. 이 개념은 개인들의 사회적 관련성 또는 개인들의 사회성을 설명할 수 있게 해주는데, 그 이유는 이 개념은 개인들이 사회 안에서 존재하기 시작할 경우에만, 그리고 그들의 특수한 역사적 상황과 다른 사람들에 대한 그들의 입장을 고려할 경우에만 이해될 수 있다는 것을 서술할 수 있게 해주기 때문이다.

형상화의 개념

엘리아스는 주로 집단을 이루어 함께 생활하는 방식을 분석하는 데 형상화 개념을 사용한다. 이러한 집단은 예컨대 언어와 지식을 전달함으로써 사람들을 사회화하고, 사람들을 사회적으로 행위능력을 갖춘 개인들로 만든다. 형상화 안에서의 공동생활만이 실제로 사람들을 사람으로 만든다(Elias, 1986a: 89). 따라서 개인들은 자신들이 사회적으로 얽혀 있는 관계망

안에서만 제대로 파악될 수 있고, 사회는 개인들 간에 구조화된 관계망의 맥락에서만 분석될 수 있다.

| 정의 | **형상화(Figuration)**

엘리아스는 사회적 구성 형태 안에서 구조화된 개인들의 공동 작용과 상호작용을 형상화(상호의존 관계망)라고 부른다. 형상화는 그의 사회학적 분석에서 기본 단위를 이룬다. 이 개념은 트럼프 게임을 하는 사람들의 집단, 마을, 근대국가 등 매우 다양한 규모의 사회적 형성물에 적용될 수 있다. 형상화 연구는 사람들이 서로 얽혀 있는 방식, 즉 그들이 각각 어떤 위치를 차지하고 어느 정도로 상호의존적인지를 명확히 한다. 즉, 서로에게 의존하는 방식을 명확히 한다. 사회집단의 구조를 비롯하여 관련 행위자들의 인성구조와 행동성향도 상호의존 관계망의 논리와 동학에 의거하여 설명할 수 있다.

형상화의 예: 카드 게임

형상화의 정의에서 결정적인 것은 집단의 규모가 아니라 관련 행위자들이 상호 의존적인 관계에 있다는 사실, 즉 그들이 서로에게 의존적이며 행위를 통해 서로 영향을 주고받는다는 사실이다. 엘리아스는 카드 게임의 예를 통해 사람들이 취할 수 있는 다양한 입장과 관계를 어떻게 인식할 수 있는지 설명한다. 즉, 사람들은 같은 편이 될 수도 있고 적이 될 수도 있으며, 이에 따라 서로에게 반응할 수 있다. 그들의 입장이 상호의존적인 이유는 그들의 행위가 서로 관련되어 있기 때문이다. 상대편 플레이어나 같은 편 플레이어 모두 특정 방식으로 서로에게 반응함으로써 상대편과 같은 편으로 인식할 수 있다(Elias, 2004: 142). 관찰자가 게임의 의미와 개개인의 행동을 파악하려면 한 명의 플레이어를 관찰하는 것이 아니라 게임의 전체적인 상황 안으로 개별 플레이어들을 포함시켜 추론해야 한다. 게임에서 전략적인 움직임의 성공이나 개인 기량은 다른 플레이어들의 반응과 연관해서만 분명해진다.

형상화는 고정된 형성물을 나타내는 것으로 이해하는 것이 아니라, 모든 "형상화의 흐름"을 특징짓는 변동하는 권력기회의 분배로 인해 관련된 사람들 간의 상호의존성이 끊임없이 변화하는 유동적인 단위로 이해해야 한다. 모든 대인관계를 특징짓는 이러한 **권력의 차이**를 엘리아스는 긴장의 균형이라고 부른다. 여기서 그는 지위와 결부되지 않은 관계적 권력 개념을 사용한다. 즉, 그는 권력을 관련 행위자들이 스스로의 행동을 통해 자신들 간의 위계를 만들어내는 관계의 요소로 이해한다. 따라서 권력은 사람들이 그 자체로 소유하는 것이 아니라, 사회적 관계 속에서 그리고 사회적 관계를 통해 생겨나는 것이다(Elias, 1970: 77).

권력의 개념

엘리아스는 이를 부모와 그들의 갓난아기 간의 관계로 설명한다. 언뜻 보기에는 부모가 아이에게 권력을 행사하는 것처럼 보인다. 부모가 아이를 사회화시키기 때문이다. 그러나 동시에 아이도 부모에게 권력을 행사한다. 즉, 아이는 부모로 하여금 자신을 돌보도록 강요한다. 아이와 부모 모두 상대방에게 특정 행동을 강요할 수 있는 것이다. 그럼에도 불구하고 부모가 아이에 대해 더 많은 권력 기회, 즉 더 높은 지위를 차지하는 것은 분명하다.

엘리아스는 스스로를 문명화할 수 있는 능력 외에도 권력을 향한 노력이나 권력 행사의 가능성을 인간의 근본적인 특성으로 본다. 사회의 역동성, 즉 형상화의 변동은 이러한 특성에서 비롯된다. 형상화의 흐름은 권력 차이를 바꾸기 위한 끊임없는 투쟁에 기인한다. 사회적 과정의 중심, 즉 사회와 서구 문명의 **동학**(⇨ '들어가기' 1절 참조)의 중심에는 권력 지위와 권력 수단을 차지하기 위한 사회집단들의 **갈등**이 존재한다.

갈등의 개념

> 장기적인 사회적 과정은 종종 특정 단계에서 권력 이동을 동반하는 다른 단계로의 돌파를 특히 분명하게 인식하게 해준다. 예컨대 산업적 기계 생산과 산업 노동자 단계로의 상승을 의미하는 첫 번째 산업화 물결은 수공업 생산과 사회집단으로서의 수공업자들의 몰락과 함께 일어났다(Elias, 1986b: 235).

따라서 엘리아스에 따르면 갈등은 인류 발전을 설명하는 데 기초가 된다. 갈등은 사회적 과정의 본질적인 구조적 특성에 속하며, 사회적 정상성을 깨뜨리는 예외적인 것이 아니다. 갈등의 과정에서 권력 차이와 권력 수단은 관계들 안에서 재정의되며, 사회집단의 지위와 기능도 재정의된다. 이에 따라 사회적 관계망의 맥락과 형상화도 변화한다.

갈등의 정상성

사회학에 대한 이러한 개념은 엘리아스가 사회적 과정을 연구하는 데 참조했던 자료들에도 반영되어 있다. 이는 대부분 그가 자신의 고찰을 배경으로 재해석한 역사적 기록물이다. '문명화 과정'에 대한 그의 대표작은 역사·정치 관련 기록물뿐만 아니라 15세기부터 17세기까지의 예절 책을 분석한 데에도 기초한다. 엘리아스는 이 예절 책들을 식탁 예절의 변화와 자신의 몸을 다루는 행동 방식(코를 푸는 행위, 용변, 트림, 잠을 잘 때의 습관, 나체와의 관계 등)과 관련하여 연구했다. 그러나 그는 현재의 과정에도 관심을 보였는데, 영국의 어느 노동자 취락으로 이사 온 사람들의 통합 과정에 대한 인터뷰와 관찰에 기초한 사례연구가 바로 그것이다(Elias/Scotson, 1965).

짐멜과 푸코의 중간 입장

여기서 주목할 만한 것은 엘리아스의 형상화와 상호연관성의 개념들이 짐멜의 상호작용 개념으로 거슬러 올라가는 반면, 권력투쟁과 근대적 자기규율에 대한 그의 강조는 미셸 푸코의 고찰을 암시한다는 점이다. 따라서 엘리아스는 연대기적·주제적으로뿐만 아니라 방법론적으로도 두 사상가 사이에 위치한다.

4 | 분석: 개인화로서의 근대화-자기강제와 감정 통제

방법론적으로 '갈등에 우선순위를 두는 방식'은 근대 문명화 과정에 대한 엘리아스 분석의 특징이기도 하다. 권력 투쟁은 국가의 폭력 독점의 형성으로 특징지어지는 사회구조의 변화를 위한 추동력일 뿐만 아니라 행동성향의 변화를 위한 추동력이기도 하다. 그는 무엇보다도 근대 개인주의를 더 이상 폭력이 아닌 계획과 통제를 통해 승리하는 사회적 권력투쟁의 변화된 전략의 표현으로 해석한다.

엘리아스에게 개인화는 문명화 과정의 핵심 요소로, 인간의 심리적 변화와 개인들의 사회통합 형태, 즉 상호의존 관계망인 형상화로의 통합을 뜻하는데, 이는 사람들이 전통의 속박에서 벗어나 자기책임을 강화한다는 것과 동일한 의미이다. 짐멜과 유사하게 엘리아스도 개인들이 더 크고 다양한 사회집단에 통합되는 것을 개인화 과정의 기본 조건으로 본다. 그러나 자기 자신과의 관계의 변화에 대한 그의 분석은 또 다르다. 엘리아스에게 인간의 주관성 또는 정체성은 다음의 두 가지 요소로 구성된다.

- (집합적) "우리-요소": 이는 (예컨대, 자아가 자신을 여성, 펑크록 가수, 독일인, 또는 가톨릭 신자들의 집단과 동일시함으로써) 한 집단을 지칭하는 식별지표이다.
- "자아-요소": 이는 개인들의 개성이나 자아 정체성을 강화한다.

개인화와 우리-자아 균형

우리-요소와 자아-요소의 관계는 사람들이 살고 있는 상호의존 관계망(형상화)에 의해 결정된다. 즉, 사람들 사이에는 적절한 우리-자아의 균형이 존재하며(Elias, 2001: 207~209), 개인화는 자아-요소에 유리하게 균형 이동이 일어난 경우이다. 전통사회는 사회적·공간적 가능성들이 한정되어 있었기 때문에 개인들 간의 관계망의 맥락이 제한적이었다. 개인들은 가족의 구성원, 그리고 적어도 지역적으로 국한되어 개괄이 가능한 공동체의 구성원이었다. 한정된 가능성들의 이러한 틀 안에서 **우리-정체성**은 매우 중요한 의미를 지니며, 개성 또는 **자아-정체성**은 부차적인 역할만 할 뿐이다.

반면에 근대의 다양성은 개인들로 하여금 스스로 자신의 정체성을 선택하지 않을 수 없게 만든다. 개인들은 매우 다양하고 이질적인 사회집단(예컨대, 단체, 정당, 종교 공동체 등)에 속해 있는 데서 비롯되는 수많은 우리-요소 중에서 개인적인 자아-정체성 한 가지를 발전시켜야 한다. 오직 안정된 자아-정체성만이 개인들이 일관된 방식으로 다양한 사회적 상황에 참여할 수 있게 해준다. 엘리아스에게 변화하는 상황에서도 **변함없는 태도 유지**를 가능하게 하는 이러한 자율적 자기통제의 심리적 구조를 형성하는 것은 서구 문명화 과정의 필수적인 전제 조건인 동시에 결과이기도 하다. 이러한 특정 형태의 개성과 개인화를 만들어내는 것은 사회 발생과 심리 발생의 서로 얽힌 과정들이다. 심리 발생은 『문명화 과정』(Elias, 1939) 상권에서 중심을 이루고, 사회 발생은 『문명화 과정』 하권의 중심 주제이다.

자아-정체성의 안정성

엘리아스는 **사회 발생**을 사회적 형상화의 역사적 변천, 즉 근대사회의 형성 과정으로 이해한다. 여기서 근대 중앙집권국가의 출현은 매우 중요한 의미를 지닌다. 근대 중앙집권국가는 작은 영토들의 영주인 제후와 기사 간의 오랜 각축전을 통해 점진적으로 형성된다. 이러한 제거 전쟁의 원동력이자 목표는 힘과 자원을 늘리거나 의존성과 취약성을 줄이는 것이다. 그 결과 영토는 점점 비대해지고 그 안에서 폭력을 독점하는 한 명의 군주의 손에 권력이 집중된다. 이는 오직 국가만이 대내적으로는 조직되어 가는 경찰을 통해, 대외적으로는 군대를 통해 합법적인 방식으로 무력을 사용할 수 있다는 것을 의미한다. 따라서 근대국가의 형성은 폭력 독점 및 이와 결부된 조세제도의 독점으로 특징지어지며, 따라서 거대 권력의 집중, 영토 범위의 확장, 그리고 내부 평화가 이루어진다. 사회적 대립은 일반적으로 평화적인 방법으로 이루어지며, 권력 방식으로 전개된다. 통치에 대한 권력자의 요구는 영토 전역으로 확대되고, 그의 권력 효과는 그의 물리적 존재와 무관해진다.

근대국가에서 권력의 집중

이러한 중앙집권화 과정은 사람들의 관계 또는 상호의존의 사슬도 마찬가지로 확장되는 결과를 낳는다. 따라서 사회적·공간적으로 먼 거리까지 영향을 미치는 상대적으로 느슨한 관계의 조직화를 가능하게 하는 새로운

연장된 상호의존 사슬의 통제

사회적 조정 방식의 필요성이 대두된다. 근대 행정기구와 익명적 시장이 형성된 것은 근대의 필수적인 구조적 혁신이다. 이제는 모든 행위가 수많은 다른 행위자들과 맥락들에 직접적인 영향을 미칠 수 있기 때문에 공식적인 법률체계의 구축도 불가피해진다.

또한 사회의 확장과 내적 평화는 분업의 새로운 형태들을 가능하게 하고, 그 필요성도 대두시킨다. 이전에는 더 작고 제한된 사회에서 적들의 끊임없는 내적·외적 위협과 자원부족으로 인해 전문적인 기능이나 기술을 습득할 여지가 적었던 반면, 근대국가는 이러한 기능을 필요로 하고 개발을 장려한다. 이와 더불어 사회적 경쟁과 갈등 표출의 내용 및 방식도 변화한다. 직접적인 투쟁은 사람들 간의 상호의존성으로 대체된다. 이제 경쟁은 더 이상 적대자들을 도태시키거나 심지어 제거하는 것을 의미하는 것이 아니라, 오히려 관계 구조 안에서 더 강력한 위치에 도달하기 위해 자신의 행위를 타인들에게 지향하지 않으면 안 된다는 관점에서 경합을 의미한다. 특별한 기술을 습득하는 것은 한 개인이 다른 사람들 가운데서 돋보일 수 있는 경쟁의 이점으로 작용한다. 이러한 의미에서 분업의 증가는 개인들에게 개인화의 기회를 제공한다.

투쟁 대신 상호의존

사회 발생의 이러한 발전은 개인들에게 심리 구조와 내적 행동성향의 변화를 요구한다. 처음에는 절대주의 통치자의 궁정의 궁정인들 사이에서, 그다음에는 부르주아 시민계급에서, 그리고 늦어도 20세기에는 모든 사회계층에서 관찰되는 갈등과 각축전 양상의 변화는 인식·사고·감정·행위의 새로운 방식을 낳는다. 단기적 욕구 충족이나 직접적인 폭력 행사를 지향하는 행동성향은 근대의 구조에서 유용하기보다 해로운 것이다. 또한 근대의 개인들은 자신을 통제하고 장기적인 계획을 세울 수 있어야 한다. 사회발생에 병행하는 **심리 발생**은 이러한 능력을 형성한다. 자기강제와 '긴 안목'의 능력은 행위를 규제하는 타자강제를 대체한다.

근대 개인들의 능력: 자기강제

자기강제란 개인들이 자신의 감정을 스스로 통제하고, 폭력 및 직접적인

| 요약 | **문명화 = 사회 발생 + 심리 발생**

엘리아스는 '문명화'라는 개념을 통해 무엇보다 서구 사회에서 사람들의 행동이 세련화되는 장기적인 변화 과정을 서술한다. 엘리아스가 이해하는 인간 행동의 세련화란 행위가 통제·계획된다는 것을 말한다. 그러므로 문명화는 충동과 감정의 통제 및 '긴 안목'의 능력, 즉 앞을 멀리 내다보는 계획과 행위의 능력이 관철되는 것을 의미한다. 이러한 능력이 관철됨으로써 사회는 내부적으로 평화로워지고, 직접적인 물리적 폭력은 사람들의 상호작용에서 그 의미를 상실한다. 문명화 과정은 두 가지 차원에서 일어난다.

- **심리 발생**에서는 사람들의 심리 구조가 변화한다. 인간의 정신 기구는 자기통제와 자기조정의 능력을 형성하게 한다. 사람들의 행동이 격정과 순간적 욕구에 의해 조정되는 경우는 점점 감소하며, 이전의 어느 때보다 강하게 규율화·합리화된다.
- 사회구조들의 변동, 즉 **사회 발생**은 상술된 변화들을 필연적인 것으로 만들며, 그러한 변화들을 동반한다. 폭력 독점과 기능적 분업이 증가하는 근대국가의 형성을 통해 사람들은 새로운 종류의 상호의존 관계망들로 편입된다. 아울러 규율화된 행동과 예견적인 행동의 능력을 필요하게 만드는 상호의존과 경쟁의 새로운 형태들도 서로 결합된다.

감정 폭발을 억제하며, 공손·시간 엄수·예의범절의 행동 규칙을 자발적으로 그리고 자신의 내적 동기[아비투스(Habitus)]에 따라 준수한다는 것을 의미한다. 사회적 지위는 신중한 예측·타산·계획을 통해 규정되며, 더 이상 투쟁에 기인하지 않는다. 이러한 감정 및 충동의 통제는 수치심과 당혹감의 수위가 높아지면서 나타난다(Elias, 1939: 397~399). 즉, 우리는 좋은 관습을 지키지 않거나 순간적인 충동을 억제하지 못할 때 수치심을 느끼며, 다른 사람들이 그렇게 행동할 경우 당혹스러워한다. 근대화 과정의 특징은 우리가 수치심을 느낄 수밖에 없거나 우리를 당혹스럽게 하는 일들이 증가한다는 것에 있다. 예컨대 공공장소에서 본능적 욕구를 억제하지 못할 때가 그렇다.

수치심과 당혹감의 증가

이를 통해 바람직한 행동의 새로운 형태들이 확립된다. 자신의 충동과 열정을 지배하고 자신과 타인의 행동을 지속적으로 성찰하는 통제된 개인들이 주를 이루게 된다. 엘리아스는 이를 지그문트 프로이트(Sigmund Freud)를 참조하여 개인의 사회화 과정이 진행되면서 초자아의 통제 기관이 형성되는 과정으로 설명한다(Elias, 1939: 329).

프로이트의 수용

"긴 안목"이라는 개념은 변화된 시간관념을 나타낸다. 각축전은 장기적인 권력 전략의 개발, 즉 먼 미래, 심지어는 자신의 전 생애에 걸친 행위와 과정의 연속성에 대한 신중한 계획과 계산을 요구한다. 이 과정에서 고려해야 할 선택적 대안과 결과적 효과들의 수가 증가하고 다른 행위자들의 반응과 행동 방식도 미리 예측해야 하기 때문에 인간의 행동은 점점 더 합리화되고 신중해지며 심리적으로 구상된다. '미래를 위한 계획'은 '과거에 대한 지향'을 대체하며, 엄격한 시간규율은 필요 중심의 즉흥적인 행위를 대체한다.

변화된 시간관념

5 | 부록: 후기 근대로의 과도기에서의 개인화: 울리히 벡의 사회학 이론

오늘날의 사회학에서 개인화 과정은 언론이 크게 주목한 뮌헨 출신의 사회학자 울리히 벡(1944~2015)의 연구에서 특히 중요한 위치를 차지한다. 엘리아스와 유사하게 벡은 개인화를 사회구조의 변화가 개인들의 자기 자신과의 관계의 변화로 이어지는 사회변화의 과정으로 이해한다. 그러나 벡의 출발점은 전근대사회와 근대사회의 대비라기보다는 고전적 근대사회와 후기 근대사회의 대조이다. 이는 근대화의 기본 원리들(개인화, 길들이기, 합리화, 분화, 그리고 지구화 또는 가속화)은 변하지 않았는데도 근대의 성격은 지난 수십 년 동안 변해온 것처럼 보인다는 관찰에 근거한다.

벡은 근대사회가 근대화의 원리들을 스스로에게 적용하고 있다고 진단한다. 근대는 전통, 제도, 지식의 체계, 사회계층의 문제를 지속적으로 제기해 왔다. 그러나 초기 근대가 전근대의 전통·제도·생활양식을 변형시키는 동안 오랜 세월에 걸쳐 안정된 새로운 근대적 전통·제도·생활양식이 형성되었다. 후기 근대에 들어와 이는 마찬가지로 변화와 해체의 압력을 받는다. 벡은 근대의 이러한 근대화 과정을 "성찰적 근대화"라고 부른다. 성찰적 근대화의 결과는 근대가 포스트근대로 해체되는 것이 아니라, 하나의 다른 근대 또는 "제2의 근대"이다(Beck, 1986; Beck/Giddens/Lash, 1996; Beck/Bonß, 2001).

성찰적 근대화

제2의 근대는 근대화의 부작용들이 두드러지게 나타나면서 이제까지의 근대적 제도들에 대한 신뢰가 동요된다는 독특한 특징을 지닌다. 예컨대 식량 과잉은 기아와 영양실조를 실제로 퇴치하지 못한 채 비만을 야기하고, 기술 자체는 손상과 결핍을 초래한다. 또한 의학은 그 부작용으로 질병을 발생시키고, 복지국가는 새로운 빈곤을 낳고, 과학은 안전한 지식 대신 불확실성을 야기하고, 자연을 지배하면 자연이 파괴되고, 효율적인 자본주의는 대량 실업을 초래함으로써 빈곤 등을 만들어낸다. 이로 인해 실업, 환경재해, 심지어 테러 공격 등과 같은 수많은 새로운 위험이 발생하고 있으며, 삶의 과정에 대한 개인들의 불안감도 커지고 있다(Beck, 1986).

새로운 위험들

근대의 근대화는 무엇보다 제2의 개인화 물결이라는 특징을 지닌다. 첫 번째 근대는 개인들을 전통적 환경과 신분제도의 굴레에서 해방시켰다. 이를 통해 개인들은 자신의 직업을 스스로 선택하고 가정을 이루고 세상에 대한 자신의 종교적·정치적 태도를 찾음으로써 자신의 안정된 정체성을 확보할 수 있었다. 이러한 고전적·근대적 정체성은 세 가지 안정성을 특징으로 한다.

1. 청소년기에 선택된 관계들(직업, 배우자, 종교, 선호 정당 등)은 대부분 나머지 인생 전체에 걸쳐 지속되었다. 즉, 이러한 관계들은 안정적으로

고전적·근대적 정체성의 세 가지 안정성

유지되었다.

2. 새로운 사회 환경들(예컨대, 노동자 세계, 열차 기관사 세계, 소시민 계층, 엘리트 계층 등)이 형성되었고, 그 구성원들은 공통점이 많아서 삶의 상황과 이해 관심사를 공유하는 경우가 많았다(교육 진로, 직업, 거주지, 이익 단체 등). 사회적 상승을 통해 자신의 출신 환경을 벗어나는 경우는 초기 산업사회에서 오히려 예외적이었다. 사회계층들 간의 경계는 비교적 경직되어 있었다.

3. 첫 번째 근대에서 개인화는 신뢰할 수 있고 안정적인 새로운 '생애과정체제'의 형성과 밀접하게 연관되어 있었다(Kohli, 1994). 이는 삶의 과정을 예측 가능하게 만들고 개인들이 자신의 삶을 '신중하게 길게 내다보며' 계획하는 데 도움을 주는 확고한 방향설정의 틀(학교, 직업교육, 가족, 퇴직 등)이 있었다는 것을 의미한다. 사회국가와 노동 사회의 제도들은 이러한 생애과정 체제를 발전된 근대의 사회구조 안에 깊이 뿌리내리게 했다.

제2의 개인화 물결

벡에 따르면 제2차 세계대전 이후 시대의 사회적 혁신과 발전은 점진적으로 새롭게 일어나는 개인화 물결로 이어지고, 그 진행 과정에서 세 가지 안정성은 모두 휩쓸려 사라진다. 특히 1960년대 후반 이후 물질적 부의 증가와 교육 팽창, 복지국가의 확대는 새로운 삶의 기회와 사회적 관점을 다양하게 열어주었다. 이러한 변화들은 벡이 "승강기 효과"라고 부르는 생활수준의 전반적인 향상을 가져왔다. 거의 모든 사회계층이 자동화되다시피 한 사회적 상승을 경험했다. 이로 인해 삶의 기회가 재분배되고, 사회적 위험과 마찬가지로 사회적 상승은 이제 사회적 배경과 전통적 환경에 관계없이 모든 개인에게 영향을 미친다. 따라서 인생은 개인이 스스로 만들어가야 하는 프로젝트가 된다. 더 이상 예상할 수 있는 평범한 과정은 존재하지 않는다. 이를 통해 삶의 상황과 관심사가 분화된다. 즉, 개인들은 스스로 책임을 지는 "기획실이자 행위의 중심"이 된다(Beck, 1986: 217).

그림 9-1 **발전된 근대에서 인생행로 체계와 '표준 전기'**

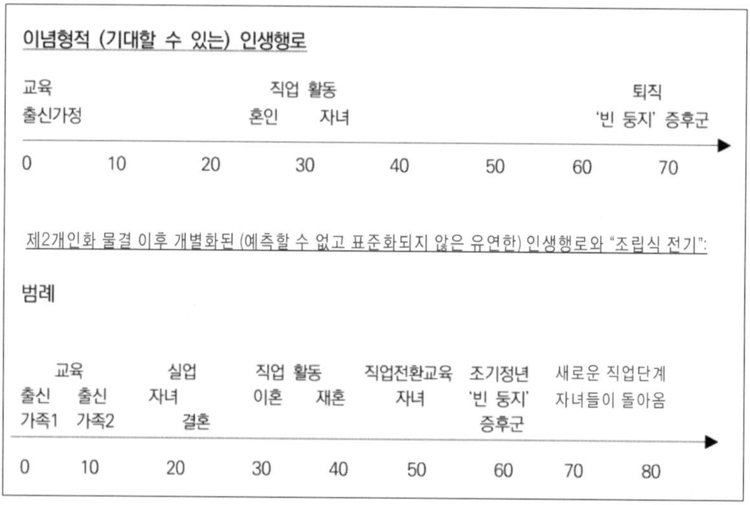

시간 및 환경과 관련하여 고정되었던 것들이 침식되면서 개인들은 의사 결정에 대한 압박을 점점 더 많게 받게 된다. 사회적 유대는 가역적이고 유동적으로 되었으며, 사회적 조건들이 빠르게 변화하고 있기 때문에 개인들은 진학에 대한 결정, 취향, 자기표현, 성적 취향, 직업 선택, 배우자, 반려동물에 대한 결정 등을 새롭게 내리지 않으면 안 된다. 무엇보다 의사 결정에 대한 압박이 증가함에 따라 자기책임도 증가하기 때문에 이러한 결정이 다른 선택 가능성들을 고려할 때 상황에 따라 적절하고 효율적인지 여부를 신중하게 검토해야 한다. 예컨대 실업이나 상급 학교로의 진학 실패는 더 이상 국가의 책임이 아니라 개인의 책임으로 전가된다. 다른 사람들이 보기에, 잘못된 직업 선택은 수십 년 동안 지속되는 대량 실업 상태보다 개인의 불행이라는 측면에서 더 큰 의미를 지닌다. 인생행로는 더 이상 전체적으로 미리 계획하거나 예측할 수 없다. 가족과 직업 상황은 물론 정치적·종교적 관계들도 예측할 수 없고 서로 무관한 패턴에 따라 변화하며, 개별화된

"조립식 전기(傳記)"가 등장한다(⇨ 그림 9-1 참조).

벡의 병리진단

벡 역시 자신의 근대 분석을 불안을 야기하는 병리진단과 결부시킨다. 그는 개인적·집단적으로 예측할 수 없는 후기 근대의 생태적·기술적·사회적 위기에서, 국민국가의 쇠퇴 이후 더 이상 정치적 조정의 중심이 없고 "세계위험사회"(Beck, 2007)가 되어버린 오늘날 사회의 "조직화된 무책임성"에서, 그리고 경제·과학·노동시장 등과 같은 추상적 체계들에 대한 개인의 의존도가 증가하는 현상에서 위험을 본다. 그가 "해독제"(Beck, 1988)로 제안하는 것은 무엇보다도 시민 참여의 확대, 기본소득, 초국가적 통제 수단의 개발이다.

6 ı 진단: 사회적 분열과 자기 훈련

엘리아스가 설명하는 문명화 과정은 언뜻 보기에 무한히 긍정적으로 보인다. 사람들의 행동이 평온해지고, 싸움은 줄어든다. 간략히 말해서, 야만적 행동은 사라지고 관습은 세련되게 정제된다. 또한 사람들은 전통의 속박에서 벗어나 자신의 인생길을 스스로 결정하는 자유를 얻는다.

그러나 엘리아스에 따르면, 점증하는 행동 통제와 점증하는 (의사 결정의) 자유, 이 두 가지 발전에는 부정적인 면도 있는데, 이러한 발전은 무엇보다 삶의 자연적 토대가 도외시되는 결과를 낳는다. 이는 사람들이 자신의 자연스러운 모습에 적절한 방식으로 반응하는 것을 거의 불가능하게 만든다. 따라서 엘리아스에게 근대사회는 냉정함, 개인들 간의 상호 소외, 삶의 자연적인 기반과 사회로부터의 개인의 소외가 과다하게 나타날 수 있는 형성체이기도 하다.

냉정과 소외의 증가

이는 특히 사망과 죽음에 대한 관계의 역사적 변천에서 드러난다. 과거 시대에 사망과 죽음은 오늘날과 달리 일상적인 의식에 존재했던 현상이다.

죽어가는 자, 또한 슬퍼하는 자의 현재에서는 …… 오늘날의 문명화 과정 단계에서 나타나는 특징적인 딜레마가 특히 뚜렷하게 드러난다. 이러한 과정의 일환으로 전개된 비형식화 물결은, 의례적 표현들을 포함해 일상적으로 반복되던 종래의 수많은 행동 방식이 삶의 심각한 위기적 상황들에서 다수의 사람에게는 비정상적인 것이 되고 일부 사람에게는 수치스러운 것이 되는 결과를 낳았다. 올바른 말과 올바른 몸가짐을 선택하는 과제는 …… 개개인의 몫으로 돌아간다(Elias, 1982: 44~45).

자연, 타인, 사회로부터의 분열

이러한 발전의 결과들은 다양한 영역에서 일어나는 **분열**이라는 개념으로 설명할 수 있다. 첫째, 사람들은 자신의 기본적·자연적 욕구와 감정을 영구적으로 억제함으로써 그것들로부터 스스로를 분리한다. 사람들은 점점 더 자신을 규율하거나 심지어 스스로를 '훈련'시킴으로써 자신의 본성으로부터 자신을 멀어지게 한다. 이 아이디어는 나중에 푸코의 규율사회에 대한 분석에서 급진적인 형태로 발견된다. 둘째, 이와 동시에 개인들도 서로에게서 분리된다. 전통적인 속박에 포함되는 예식화된 행동 방식들이 없어진다. 이와 함께 다른 사람들의 필요와 감정에 적절하게 반응할 수 있는 가능성뿐만 아니라 우리-정체성과 유대감의 기반도 약화된다. 충동과 감정 조절 능력, 그리고 장기적인 계획을 세우는 능력은 다른 사람들의 행동을 합리화하지만, 감정 표현은 피하게 만든다. 셋째, 그 결과 문명화 과정은 마침내 개인과 사회의 분할을 초래하는데, 이는 엘리아스가 근대사회를 특징짓는 가장 중요한 병리 현상이다. 처음에는 순전히 정신적으로만 이루어졌던 인위적인 분리는 사람들이 인식할 때 스스로를 '사물화'한다. 즉, 이러한 인위적 분리는 사람들에게 객관적인 것으로 여겨지고 움직일 수 없는 현실이 된다.

개인과 사회를 둘로 나누는 것은 개인들의 자기인식에 치명적인 결과를 초래한다. 즉, 사람들은 더 이상 자신을 사회적 존재로 보지 않고, 사회와 끊임없이 모순 관계에 있는 개별화된 존재로 인식하게 된다. 개인화와 자

장애로서의 사회

아실현에 대한 그들의 열망은 법, 규제, 세금 등 그들의 모든 표현에서 사회에 의해 방해받는다. 이 과정에서 개인들은 사회구조에 대해 점점 더 무력해지는 느낌을 받게 된다. 국가권력이 중앙에 집중될수록, 그리고 상호의존의 사슬이 길어질수록 국가권력에 대한 개인의 영향력은 줄어든다. 이 생각은 "문화의 비극"이라는 짐멜의 진단을 떠올리게 한다. 반면에 엘리아스는 짐멜과 달리 형상화의 발전 논리에 대한 사회학적 통찰을 통해 다시 영향을 미칠 수 있는 가능성이 증가할 것이라는 막연한 기대를 품는다.

억제되지 않은 개인주의

동시에 개인과 사회를 정신적으로 분리하는 것은 상반된 병리를 촉진시킨다. 즉, 개개인의 이기적인 행동과 개인화에 대한 개인들의 집요한 의지는 사회의 결속을 파괴하는 것처럼 보인다. 연대의 자리에는 이기주의가 들어선다. 엘리아스에 따르면, 근대가 개인과 사회의 엄격한 분리를 고집하는 한, 근대는 무절제한 개인주의로부터 집단주의적으로 사회적 결속을 보호하거나, 사회의 가부장적 지배로부터 개인들을 보호하려는 위험을 안고 있다.

개인들의 사회성을 통찰하기 위해서는 개인과 사회의 분리를 포기해야만 병리로부터 자유로울 수 있다. 엘리아스는 다음과 같이 지적한다.

> 궁극적으로는 개인과 사회가 함께해야만 가능하다는 것은 어렵지 않게 알 수 있다. 사회 연합으로서 사람들의 원만한 공동생활은 사회에 의해 형성된 개인들의 욕구와 목표에 대한 성취감 및 만족감이 높을 경우에만 가능하며, 기능적으로 분화된 사회구조들이 …… 부분 집단들과 개인들의 의미 및 존재를 파괴하는 긴장이 반복되지 않도록 형성되었을 경우에만 개인들은 상당한 정도로 목표를 달성할 수 있다(Elias, 2001: 200~ 201).

사회 계몽으로서의 사회학

사회 계몽으로서의 사회학은 바로 여기에 역점을 두고 개인들의 사회성을 명료하게 설명할 수 있다.

표 9-1 **한눈에 보는 노르베르트 엘리아스의 사회학 이론**

구분	표제어	세부 설명
사회학	목표는 특히 근대적 상호의존 관계망의 형성을 인식하는 것이다.	사회는 그 발전의 장기적인 과정을 연구해야만 이해할 수 있다
핵심 문제	개인들이 최고 수준의 자제력, 계획성, 선견 능력을 발전시켜야 하는데도, 어떻게 근대사회는 내부적으로 거의 강압적인 조치 없이 유지될 수 있는가?	엘리아스의 답은 타자강제에서 자기강제로의 변화이다.
설명 모델	형상화 사회학: 사회 발생과 심리 발생의 연결(구조/행위 이원론을 대체)	사회 발생과 심리 발생은 문명화에서 병행적으로 전개되는 두 가지의 변화 과정이다. 이 두 차원은 서로 느슨한 상태로 연결되어 있고, 상호적으로 형성된다. 그러나 그 관계가 인과적으로 결정되는 것은 아니다.
설명의 기본 단위	사회적 형상화 (상호의존 관계망)	형상화 개념은 행위자들의 구성 형태와 상호작용, 그리고 이를 통한 사회로의 통합을 설명한다.
개인과 사회의 관계	개인과 사회의 분리에 대한 가정은 오해의 여지가 있다. 개인과 사회는 상호 침투에 의해서 발전한다.	행위자와 구조는 지속적인 사회적 권력투쟁의 영향으로 변화한다. 개인화는 사회적 현상이다.
근대사회와 전통사회 (분석)	자기강제가 타자강제를 대체한다.	전제 조건으로서의 국가의 권력 독점: 권력은 더 이상 물리적 투쟁에 의해서가 아니라 사회적 경쟁에 의해서 성취된다.
근대화의 이해	(문명화 과정에서의) 개인화	규율화와 특수한 인성 특징의 형성에 대한 강박
변화의 원동력	권력을 둘러싼 투쟁과 경쟁, 사회적 갈등	권력 추구는 문명화에 대한 능력과 마찬가지로 인간의 근본적인 특징이다.
근대의 병리 (진단)	사회적 '훈련'을 통한 냉담함, 개인과 사회의 인위적 분열	자연적 사건들에 대처하지 못하는 무능력의 증상으로서 죽음에 대한 의식이 배제된다. 이러한 구분은 사회통제를 더욱 어렵게 한다.

7 | 요약

엘리아스에게 사회학은 사회의 역사적 **발전**에 관한 학문이다. 그는 행위나 구조에 지향된 개념을 추구하지 않고, 문명화 과정에 대한 자신의 분석에서 사회구조(사회 발생)와 사람들의 심리적 장치(심리 발생)의 장기적 변화를 탐구한다. 그는 이 두 요소 사이에 밀접한 연관성이 있다고 본다. 그의 견해에 따르면 개인과 사회는 별개의 독립된 두 개체로 이해될 수 없다. 개인과 사회는 사회집단들 간의 지속적인 권력투쟁의 결과로 끊임없이 서로를 변화시킨다. 따라서 인간의 삶에서 특수한 형태들, 특히 근대 개인주의는 그에 상응하는 사회구조의 여건에서만 가능하다.

엘리아스는 이러한 발전 과정의 분석에서 사회적 상호의존 관계망의 변화, 즉 사람들이 서로 연결되어 있는 방식과 그러한 상태에서 서로 경쟁하는 방식에 집중한다. 사회적 상호의존 관계망은 문명화 과정이 전개되면서 사람들이 갈수록 더 강하게 개인화될 수 있게 또 개인화될 수밖에 없게끔 변화한다. 엘리아스에 따르면, 물론 다양한 소외 현상은 자유 획득의 암울한 측면이기도 하다. 그러나 사회학은 근대에서 병리로부터 자유로운 개인과 사회의 발전이 어느 정도까지 가능한지를 규명할 수 있다.

📖 **학습 점검 질문**

1. 엘리아스의 과정 사회학의 특징은 무엇이며, 사회학의 다른 접근법들과 어떤 차이가 있는가?
2. 엘리아스는 개인과 사회의 관계를 어떻게 개념화하는가?
3. 엘리아스의 사회학에서 갈등과 권력은 어떤 역할을 하는가?
4. 사회 발생과 심리 발생의 주요 특징을 포함하여 문명화 과정을 간략하게 서술하시오.
5. 엘리아스가 말하는 자기강제, 긴 인목, 감정 통제는 무엇을 의미하는가? 이 세 가지 특징은 어떻게 생성되는가?
6. 문명화 과정의 부정적인 결과들은 무엇인가?

참고문헌

1차

Beck, Ulrich (1986): Risikogesellschaft. Auf dem Weg in eine andere Moderne, Frankfurt a. M.

Beck, Ulrich (1988): Gegengifte. Die organisierte Unverantwortlichkeit, Frankfurt a. M.

Beck, Ulrich/Bonß Wolfgang (Hg.) (2001): Die Modernisierung der Moderne, Frankfurt a. M.

Beck, Ulrich/Giddens, Anthony/Lash, Scott (1996): Reflexive Modernisierung. Eine Kontroverse, Frankfurt a. M.

Beck, Ulrich (2007): Weltrisikogesellschaft. Auf der Suche nach der verlorenen Sicherheit, Frankfurt a. M.

Elias, Norbert (1939): Über den Prozeß der Zivilisation, 2 Bde., Frankfurt a. M. 1989.

Elias, Norbert (1970): Was ist Soziologie? Grundfragen der Soziologie, München 2004.

Elias, Norbert (1977): Zur Grundlegung einer Theorie sozialer Prozesse, in: Zeitschrift für Soziologie 6, 127-149.

Elias, Norbert (1982): Über die Einsamkeit der Sterbenden in unseren Tagen, Frankfurt a. M. 1991.

Elias, Norbert (1986a): Art. Figuration, in: Schäfers, Bernhard (Hg.): Grundbegriffe der Soziologie, Opladen, 88-91.

Elias, Norbert (1986b): Art. Prozesse, soziale, in: Schäfers, Bernhard (Hg.): Grundbegriffe der Soziologie, Opladen, 234-241.

Elias, Norbert (1986c): Art. Zivilisation, in: Schäfers, Bernhard (Hg.): Grundbegriffe der Soziologie, Opladen, 382-387.

Elias, Norbert (1988): Über die Zeit. Frankfurt a. M.

Elias, Norbert (2001): Die Gesellschaft der Individuen, hg. von Michael Schröter, Frankfurt a. M.

Elias, Norbert/Dunnig, Eric (1983): Sport im Zivilisationsprozess. Studien zur Figurationssoziologie, hg. von Wilhelm Hopf, Münster.

Elias, Norbert/Scotson, John L. (1965): Etablierte und Außenseiter, hg. von Michael Schröter, Frankfurt a. M. 1990.

2차

Baumgart, Ralf/Eichener, Volker (2012): Norbert Elias zur Einführung, Hamburg.

Dunnning Eric/Hughes, Jason (2012): Norbert Elias and Modern Sociology, London.

Ebers, Nicola (1995): Individualisierung. Georg Simmel — Norbert Elias — Ulrich Beck, Würzburg.

Gleichmann, Peter/Goudsblom, Johan/Korte, Hermann (Hg.) (1979): Materialien zu Norbert Elias' Zivilisationstheorie, Frankfurt a. M.

Gleichmann, Peter/Goudsblom, Johan/Korte, Hermann (Hg.) (1984): Macht und Zivilisation. Materialien zu

Norbert Elias' Zivilisationstheorie 2, Frankfurt a. M.
Joas, Hans/Knöbl, Wolfgang (2004): Sozialtheorie. Zwanzig einführende Vorlesungen, Frankfurt a. M., 639-654.
Kohli, Martin (1994): Institutionalisierung und Individualisierung der Erwerbsbiographie, in: Beck, Ulrich/Beck-Gernsheim, Elisabeth (Hg.): Riskante Freiheiten. Individualisierung in modernen Gesellschaften, Frankfurt a. M., 219-244.
Korte, Hermann (1997): Über Norbert Elias. Das Werden eines Menschenwissenschaftlers, Opladen.
Oesterdiekhoff, Georg W. (2000): Zivilisation und Strukturgenese. Norbert Elias und Jean Piaget im . Vergleich, Frankfurt a. M.
Rehberg, Karl-Siegbert (Hg.) (1996): Norbert Elias und die Menschenwissenschaften. Studien zur Entstehung und Wirkungsgeschichte seines Werkes, Frankfurt a. M.
Treibel, Annette (Hg.) (2000): Elias Zivilisationstheorie in der Bilanz. Beiträge zum 100. Geburtstag von Norbert Elias (1897-1990), Opladen.
Wilkinson, lan (2011): Ulrich Beck, in: Ritzer, George/Stepnisky, Jeffrey (Hg.): The Wiley-Blackwell Companion to Major Social Theorists. Volume II. Contemporary Social Theorists, Oxford, 480-499.

Soziologische Theorien

3부

후기 근대

초기 근대	발전된 근대	후기 근대

길들이기	합리화	분화	개인화

10장 자연의 회귀 | 브루노 라투르

1 | 개관

증가하는 자연 지배에 대한 근대적 관념

자연에 대한 지배가 증가하고 있다는 생각은 근대에 대한 사회학적 해석의 특징이다. 예컨대 카를 마르크스가 자본주의에서 가장 깊은 인상을 받았던 것은 사람들이 거의 모든 형태에 있어서 '자연 그대로의 자연'을 근본적으로 변화시키고 길들일 수 있게 했던 생산력의 급속한 증대였다. 반면에 막스 호르크하이머와 테오도르 W. 아도르노는 점진적인 길들이기의 과정을 매우 회의적으로 주시했다. 이들이 보기에 인간적인 것이 상실되는 원인, 즉 해방의 과정에서 야만적인 총체적 관리의 상태로 급변하도록 위협하는 계몽의 변증법의 원인은 인간의 외적 본성뿐만 아니라 내적 본성까지도 지배·도구화되는 것에 있었다. 그러나 마르크스는 아도르노와 마찬가지로 인간이 자연을 더욱 완벽하게 지배하고 이용하는 과정은 되돌릴 수 없는 것으로 간주했다.

반면 후기 근대에서 자연은 놀라운 방식으로 사회로 되돌아오고 있다. 그것도 위태롭고 위험한 자연이자 궁극적으로는 전혀 길들여지지 않고 우리를 계속해서 지배하는 자연으로서 말이다. 아울러 사회와 자연 사이에는 엄격한 분리선이 있어서 후자가 전자에 의해 길들여질 수 있다는 생각도 마찬가지로 의문시된다. 따라서 길들이기 테제는 서로 다른 네 가지 경향에 의해 동시에 의문시된다.

네 가지 후기 근대적 경향

1. **생태적 위기**: 생물학자, 지질학자, 기후 연구가들의 연구 결과에 따르면 21세기의 자연은 더 이상 단순히 지배·이용될 수 있게 만들어지는 것이 아니라, 위협적이고 위태로운 것, 그래서 또한 위험한 것으로 나타난다. 이러한 관점에서 볼 때, 우리는 바다를 오염시키고 숲을 벌목하거나 동물의 종을 멸종시킴으로써 자연을 지배하기보다는 파괴하고 있다. 그 결과, 자연은 반격해 온다. 토네이도와 쓰나미, 산사태와 지진, 폭염, 눈사태, 폭풍설, 해수면 상승은 '자연의 복수'의 상징이 되었다. 그 결과 자연과의 관계에 대한 근대사회의 자기이해는 분명하게 달라졌다. 우리가 천연자원을 다룬 결과로 우리에게 주어진 것은 길들여지고 이용할 수 있게 만들어진 자연이 아니라, 파괴된 그리고 잠재적으로 파괴될 수 있는 자연인 듯하다. 따라서 자연을 '애완동물'로 만들려는 우리의 시도는 실패한 것으로 보인다.

   위태롭고 위험한 자연

2. **강력한 자연**: 20세기의 이론 발전을 개관해 보면, 인간의 특성, 행동 방식, 의사 결정을 규정하는 요인에 대한 가정이 생물학에서 점점 더 멀어지는 것을 알 수 있는데, 그것은 예컨대 성 역할이나 도덕적 신념, 그리고 사회적 행동이 사회적 조건과 문화적 발전을 근거로 설명되었기 때문이다. 그러나 최근 우리는 인간의 행동이 생물학적 성향에 기인한다고 보는 사회생물학의 놀랍고도 강력한 회귀를 체험하고 있다. 한편으로는 유전학자가, 다른 한편으로는 뇌과학자가 유전자와 호르몬의 상호작용 및 뇌의 기능 방식에서 인간의 행동 방식을 설명하는 데 괄목할 만한 성과들을 올리고 있다.

   사회생물학의 회귀

이는 또한 여론에 지속적으로 영향을 미쳐서 현재에는 성별의 차이와 성적 취향뿐만 아니라 범죄 또는 비만·마약 중독 또는 우울증·과다 활동 또는 수동성·도덕성 또는 비사회성 경향도 생물학적 성향으로 설명되고 있다. 따라서 이 관점에서도 자연은 더 이상 길들여진 것으로 나타나는 것이 아니라, 반대로 자유 의지를 행사하는 인간의 능력까지 의문시될 정도로 인간의 행동 방식이 생물학적 요인들에 의해 상당한 영향을 받는 것처럼 보인다(Singer, 2006).

3. **복합체계로서의 사회**: 세계화 시대에서 사회학이 봉착한 문제는 정치적·경제적·법률적·문화적 발전이 더 이상 규제와 질서를 갖춘 국민국가의 틀 안에서 전개되는 것이 아니라, 흔히 예측과 계산이 불가능한 범세계적 상호작용 및 인과관계의 사슬의 영향을 받는다는 것이다. 일부 사회과학자들의 견해에 따르면, 이로 인해 사회적 사건들의 복잡성이 증가하여 사회학에서도 세계화 과정에 대한 복잡성 또는 혼돈 이론적 해석이 더욱 매력적으로 여겨지고 있다. 이들에 따르면 사회적 체계로서의 사회는 전적으로 고유한 법칙과 고유한 의미의 논리를 따르는 어떤 구성물이 아니라 다른 여느 복합체계처럼 설명·이해할 수 있다.

복잡성, 예측 불가성, 비선형성

복합체계의 대표적인 사례는 날씨이다. 날씨는 단기적으로 예측할 수 있고, 일시적으로는 안정적인 기상 상태도 알게 해주지만, 동일한 원인이 항상 동일한 결과를 가져온다는 의미의 '선형논리'를 따르지 않는다. 정반대이다. 나비의 날갯짓이 악천후를 유발하는가 하면, 강력한 폭발은 아무런 결과를 초래하지 않을 수도 있다. 복잡성 이론의 주장에 따르면, 사상·상품·재정의 흐름, 이주운동과 저항운동 역시 대기의 흐름과 매우 유사하게 작동한다. 예컨대 분노한 이슬람교도들과 예언자 무함마드를 묘사한 서구 언론 사이의 '만평 논란'을 떠올리면, 저항은 겉으로 보기에는 아무것도 아닌 일에서 촉발되기도 하지만, (수많은 지역의 경제 발전이나 민주화 운동 등의) 엄청난 노력이 전혀 효과를 거두지 못하는 경우도 있다. 이 관점에서 사회는 자연의 여느 복합체계와 다르지 않으며, 동일한 패턴과 법칙을 따른다. 사회는 실로 자연 그 자체이다. 따라서 자연의 사회적 길들이기에 대한 논의는 그 의미를 잃게 된다(Urry, 2003).

4. **자연과 사회의 구별에 대한 환상**: 반면에 사회가 길들인 것으로 추정되는 자연을 그 자체로 사회적 구성물로 보는 사회학의 '구성주의적' 접근법은 정반대의 견해를 가지고 있다. 이러한 시각에서 볼 때, 객관적으로 주어져 도구화할 수 있는 자연과 주관적으로 인식되고 사회적으로 생산된 사회를 엄격하게 구분하는 것은 그 자체로 매우 특정한 문화와 시대의 산물, 즉 근대의 산물이다. '자연'과 '문화'를 대비하는, 그리고 전자가 후자에 의해 지배·억압된다는 생각이 처음 등장한 것은 근대였다는 것이다. '사회'가 독립적인 '자연'을 굴복시킨다는 생각이 근대 사회를 구성하지만, 그럼에도 불구하고 그 생각은 환상이라는 것이다.

자연과 사회의 사회적 구성

표 10-1 **후기 근대에서 나타나는 자연의 네 가지 회귀**

구분	초기 근대와 고전적 근대의 가정	후기 근대의 사회학 이론
인간에 대한 관계: 외적 자연	지배되고 이용할 수 있게 만들어진 자연	위태롭고 위험한 자연
주체에 대한 관계: 내적 자연	문화에 의해서 형성된 인간적 자연	생물학적 성향이 지배하는 주체
사회에 대한 관계: 무생명의 자연	사회는 자신의 고유한 질서를 지닌 하나의 체계이다.	사회는 수많은 복합체계 중 하나이다.
자연/문화 또는 자연/사회의 구별	의문시되지 않는 전제	의문시된 분화

• 주의: 후기 근대적 사회학 이론은 하나의 통일된 입장을 주장하지 않는다. 위의 표는 단지 사회의 자연관계에 대한 가정이 의문시되는 방식을 개괄적으로 나타낼 뿐이다.

자연과 사회를 구별하는 것이 환상이라는 견해, 즉 마지막으로 언급된

| 생애와 저작 | **브루노 라투르(1947~)**

브루노 라투르는 철학과 인류학을 전공했으며, 1975년에 투르(Tours) 대학교에서 박사학위를 받았고, 1987년에는 파리 고등사회과학원에서 교수 자격을 취득했다. 1982년부터 파리 국립광업대학의 사회학 교수로 재직하면서 런던경제대학과 하버드 대학교의 초빙교수를 겸임했다. 현재는 파리정치대학에서 교수 및 연구 부총장으로 재직 중이다. 라투르는 과학자들의 관찰, 해석, 이해 관심, 전략적 숙고가 그들의 연구 과정에서 어느 정도로 개입되는지 보여줌으로써 과학사회학자로서 이름을 알리기 시작했다. 현재까지 근대이론에 관한 그의 대표작은 에세이 『우리는 결코 근대적이었던 적이 없다』(1991a)이다. 『사물의 의회』(1999b)에서 그는 사상의 역사를 비판적으로 검토하면서 비인간적 존재의 사회적 중요성을 고려한 이슈 중심의 민주주의 모델을 개괄적으로 설명했다. 2007년에는 『새로운 사회를 위한 새로운 사회학』으로 자신의 사회학적 주요 저서를 발표했다. 이 책에서 그는 인간적 및 비인간적 결합에 관한 과학으로서 사회학의 대상 영역을 현저하게 확장하고, 그가 공동으로 정립한 행위자-네트워크 이론을 통해 사회학적 방법을 새롭게 규정하려 했다. 라투르는 처음에 기술 연구가 및 기술 비판가로서 생태 운동에서, 그리고 그의 실험실 연구를 통해 과학 연구에서 널리 토론되었고, 상술한 세 편의 책을 바탕으로 이제는 사회학 이론의 중심에서도 확고하게 자리매김했다. 그 밖에도 라투르는 공적 지식인으로서 정치 논쟁과 전시 기획 및 예술 기획에도 관여하고 있으며, 이를 통해 과학 밖에서도 잘 알려져 있다.

자연과학

견해는 프랑스의 사회학자이자 과학 연구가인 브루노 라투르(Bruno Latour)가 밝힌 것이다. 라투르는 이른바 **과학 전쟁**(Science Wars)의 주요 인물 중 한 명이었다. 이 논쟁의 쟁점은 자연과학이 자신의 연구 대상을 구성하는 데 어느 정도까지 관여하는지, 즉 연구(및 통제)해야 할 **독립적** 자연은 과연 존재하는지에 대한 문제였다(Latour, 1999a: 7~35).

2 | 핵심 문제

객관적 자연에 대한 관념

인간으로부터 독립된 객관적인 자연이 존재하며, 그 사실과 법칙은 현혹되지 않는 진리의 정식화에 도달하는 '견고한' 과학들에 의해 연구된다는 관념이 근대사회에서 자리를 잡았다. 이러한 진리와 그 토대가 되는 자연적 사실은 주관적 견해, 가치관, 이해관계, 또는 정치적 논쟁과는 완전히 독립적인 것으로 간주된다. 이러한 관념은 근대적 과학 개념 및 근세적 정치 개념과 마찬가지로 세계에 대한 우리의 일상적인 이해를 지배하고 있다. 또한 이러한 관념은 막스 베버나 에밀 뒤르켐이 사회학에서 주장한 학문의 가치자유에 대한 사상의 근간을 이루기도 한다. 브루노 라투르의 사회학적 관심은 처음부터 근대의 이러한 근본 확신에 문제를 제기하는 방향으로 향했고, 처음에는 과학사회학적 측면에서, 그다음에는 사회이론적 측면에서 이 목표에 접근했다.

그는 자신이 추진해 새롭게 확립한 '과학 연구'에서, 단순히 '행위자가 행하는 것을 따르고' 일어나는 일을 기록한다는 슬로건 아래 민족학자가 자신의 일상적인 실험실 작업과 과학적 사실의 '공동 생산'에서 외국의 부족을 관찰하는 것처럼 자연과학자들을 관찰한다. 무엇보다 라투르는 신경내분비학자이자 훗날 노벨상을 수상한 로제 기유맹(Roger Guillemin)의 실험실에서 어떤 일이 일어나고 있는지, 과학자들은 무엇을 사실로 기록하고 무엇을 기록하지 않는지, 무엇이 과학자들의 세계에서 특정 주장에 그럴싸함을 부여하는지, 어떤 관찰자들이 무시되는지, 또한 장비·장치·기계·측정기록 등은 어떤 '확고한' 역할을 수행하는지, 어떤 논증이 과학적 논쟁에서 관철되는지를 분석했다. 이 분석에서 그는 '독립적 자연'에 대한 '중립적 관찰'이 어불성설일 수 있다는 결론에 도달한다. 라투르에 따르면, 오히려 사회정책적·경제적 이해관계, 동료 과학자들 간의 경쟁적 행동, 명성과 성공적인 출판에 대한 열망이 이미 연구에서 결정적인 역할을 하고 있으며, — 더욱 뚜렷하게는 — 사실들의 정식화 및 논의에서 더욱 중요한 역할을 한다.

과학적 사실이 수사적(修辭的) 전략과 사회적 이해관계, 기술적 가능성과 정치적 동맹의 결과인 경우는 빈번하다. 라투르는 『프랑스의 파스퇴르화』(1980)에서 이러한 사실이 심지어는 루이 파스퇴르(Louis Pasteur)의 미생물 이론과 이를 기반으로 한 우유 가공법과 같은 획기적인 '발견'에도 적용된다는 것을 입증한다. 그는 미생물이 항상 발견되기를 기다리며 존재했던 것이 아니라, 오히려 그러한 발견을 과학적 사실로 확정한 것은 수사적·정치적·전략적 수단과 동맹의 결과였으며, 사실적·물질적 가능성과 한계의 결과이기도 했다는 것이다. 따라서 라투르는 자연과 정치가 서로 상반된 영역이라는, 즉 사실과 과학적 중립성에 의해 결정되는 영역과 주관적 가치와 이해관계의 상충에 의해 결정되는 영역이라는 관념을 허물고자 한다.

자연과 사회의 상호의존성

라투르는 자신의 후기 저서들에서 자연과 문화 또는 자연과 사회를 구분하는 사회학 전통을 전체적으로 문제시함으로써 이러한 주장을 사회이론적 차원으로 끌어올린다. 그는 사회가 사회로부터 독립된 자연을 관찰·계산하고 궁극적으로는 지배하고 파괴할 수도 있다는 생각, 즉 자연과 사회는 완전히 서로 독립적인 두 영역을 지칭한다는 생각은 잘못되었다고 보는데, 그 이유는 예컨대 유전공학, 오존층 구멍, 원자력발전소 등에서 볼 수 있듯이 이 두 영역은 중심적인 사회적 논의와 갈등의 장에서 항상 이미 서로 얽혀 있고 맞물려 있기 때문이다. 이 두 영역은 "하이브리드", 즉 자연과 사회의 혼합체이다. 예컨대 오존층 구멍은 지극히 과학적인 현상이자 정치적·경제적·문화적 현상이기도 하며, 자연, 과학, 정치가 하나로 합쳐진 것이기도 하다(Latour, 1991a: 7~8).

그러므로 라투르에게 '자연'은 항상 이미 사회적·정치적으로 함께 파악되는 반면, '사회'는 항상 자연과 뒤섞여 있다. 이것이 그가 자연과 문화의 근대적 이원론을 철저히 거부하는 이유이다. 따라서 라투르 사회학의 핵심 문제는 근대에서 자연과 사회의 관계에 대한 문제라고 할 수 있다. 동시에 그는 근대가 이 관계를 어떻게 상상하고 있는지, 이러한 생각에서 어떤 결과가 나타나는지에 대한 문제에도 관심을 갖고 있다.

3 ı 방법적 기본 구상: 행위자-네트워크 이론

가치 자유적 과학의 거부

라투르의 사상은 최근의 과학 연구로부터 발전한다. 이는 '지식'이 절대적·객관적인 그리고 문화로부터 독립적인 진리에 기인하는 것이 아니라, 사회적·물리적으로 발생하는 여건들에 기인하는 것으로 본다. 이미 분명해진 바와 같이, 라투르는 자신의 과학사적 연구의 결과로서 과학으로부터 독립적인 사실들을 탐구하는 가치 자유적 과학이라는 관념을 단호하게 거부한다. 과학적 연구는 항상 전략적·정치적 행동이기도 하다는 것이다. 또한 그는 — 게오르그 짐멜과 유사하게 — 전체론과 개인주의 사이에 위치한 급진적인 **방법론적 상관주의**를 주장한다. 이 접근법에 따르면 행위자·행위·동기는 항상 네트워크로 결합되는 다른 행위자·사물과의 상호작용에서만 존재한다. 라투르는 (사방으로 명확한 경계를 지니는, 정적이고 순전히 인간적 단위로서의) '사회'와 (객관적으로 주어진, 역사가 없는 환경으로서의) '자연'이라는 기존의 개념을 거부하기 때문에, 특히 민주주의 이론에 관한 그의 저술들에서 자연과 사회를 통합하는 집합체의 개념을 사용한다.

여기서 결정적인 것은 세계를 인식하는 정신('내부'), 인식된 외적 현실(자연, '외부'), 무상(無常)하고 논란 많은 사회('아래'), 영원하고 불변적인 신('위')으로 나누는 것과 과학·신학·정치로 구별하는 것 자체가 유사 정치적 '합의(合意)'의 결과이며 독립적인 실재를 갖지 않는다는 견해이다. 그러나 라투르의 견해에 따르면, 근대는 이러한 구별을 협상이 불가한 자신의 기초로 만들었다.

| 정의 | **집합체(Kollektiv)**

라투르에 있어서 "집합체"라는 개념은 "사회"와 "자연"이라는 개념들을 대체하며, 사람뿐만 아니라 사물까지 포괄한다. 집합체는 "우주가 살기 좋은 하나의 전체 안에서 모이는", 즉 한 역사적 시대에 존재하는 모든 것이 서로 연관 지어지는 지속적인 과정으로 이해된다(Latour, 1999a: 376).

| 정의 | **합의(Übereinkunft)**

라투르는 '합의'라는 개념을 주체와 객체, 인식하는 정신과 인식된 자연, 또한 정치적인 사회와 객관적인 자연, 그리고 마지막으로는 지상의 사회와 영원한 신을 구별하는 근대의 근본 결정으로 이해한다. 이로 인해 정치, 과학, 자연, 또는 "우리가 외부 세계를 어떻게 인식할 수 있는가라는 인식론적 문제, 마음이 외부 세계와 어떻게 관계를 유지할 수 있는가라는 심리학적 문제, 우리는 어떻게 사회를 질서 있게 유지할 수 있는가라는 정치적 문제, 우리는 어떻게 살아야 하는가라는 도덕적 문제"(Latour, 1999a: 381)의 상호 구별이 가능해졌다. 이러한 구별은 근대사회의 자기이해에서 근본적이기는 하지만, 실제로는 유지되지 않았다. 더욱이 이론적 구분은 일상에서 실제로 실행에 옮기려 하자마자 바로 붕괴될 것이다. 따라서 라투르는 이러한 구별을 취소하고자 한다.

라투르에 따르면 자연, 신, 사회, 주체는 서로에 대해 독립적인 것이 아니며, 상호의존성 안에서만 파악 또는 탐구될 수 있다. 실로 이 네 가지는 서로에 대한 상호의존의 연관성 안에서만 존재한다.

> 자연에 대한 관념은 그 자체로 학문에 관한 특정 구상에 의존하며, 다른 한편으로는 정치에 대한 관념도 마찬가지이다. 그러므로 **폴리스**(Polis)·**로고스**(Logos)·**피시스**(Physis), 이 세 가지 개념은 모두 동시에 수정되어야 한다(Latour, 1999b: 302).

그림 10-1 **라투르의 인식론적 패러다임의 전환**

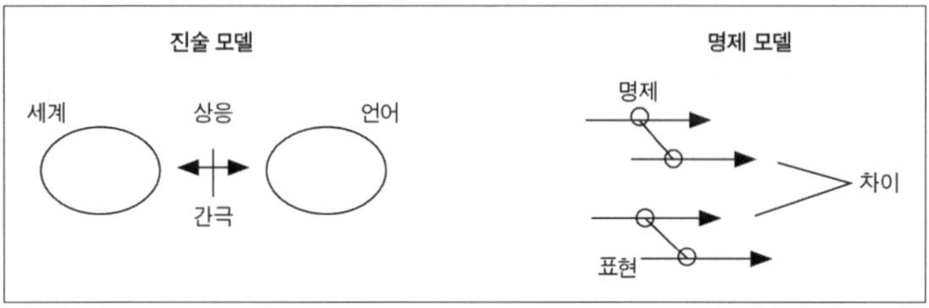

자료: Latour(2002: 170)

진술 모델 대신 명제 모델

라투르는 이런 이유로 과학의 "진술 모델"을 "명제 모델"로 대체하고자 한다. 진술 모델에 따르면 과학은 자신과 독립적인 현실에 관해 언어적 형태로 진술한다. 우리가 '사물 그 자체'를 직접적으로 파악할 수 없다는 점에서 진술과 현실 사이에는 좁힐 수 없는 간극이 존재하지만, 진술과 현실은 서로에 대해 분명한 관계(상응)에 놓여 있다. 라투르는 이러한 '상응이론'을 거부한다. 그의 견해에 따르면, '인식의 대상'과 '인식하는 주체' 사이에는 거대한 간극이 있는 것이 아니라, 세세한 번역들의 긴 사슬이 이어져 있다. 여기서 두 극은 모두 능동적이고 변화 가능한 것으로 생각되어야 한다. 라투르는 이러한 맥락에서 "명제"에 관해 말한다. 진실의 능력이 있는 진술이라는 명제에 대한 통상적 이해와는 달리, 라투르는 이 개념으로 사슬의 양측면에서 시작되는 기회, 충동, 효과, 또는 힘의 전달을 의미한다. 파스퇴르와 그의 미생물은 스스로를 명확히 표현하며, 서로를 상호적으로 존재하게 한다. 파스퇴르는 유산발효를 위한 자신의 유명한 실험실 실험이 시작되었을 당시 무명의 연구자였으며, 미생물은 윤곽이 없고 이목을 끌지 못하는 회색 물질에 불과했다. 연구가 끝났을 때 파스퇴르는 인류 역사상 가장 중요한 인물에 속하게 되었고, 미생물은 요구르트·약제·세제의 제조에서 더 중요하고 명백하게 규정될 수 있는 행위자로 간주되었다. 따라서 과학적 인식은 이미 존재하고 불변적인 실재의 폭로에 기인하거나 임의적인 구성물에 기인하는 것이 아니라, 현실의 한 단면을 다루고 신중한 변형 단계들을 거침으로써 그 단면을 사회적으로 존재하게 한다.

그렇지만 여기서 라투르의 방법론적·이론적 개념은 매우 불분명하다. 그는 인식 주체와 인식 대상, 인간/사회와 살아 있지 않은 자연을 구분하는 것을 거부하기 때문에, 고전적 의미에서 인간이나 사물로 이해될 수 있는

행위소

것이 아닌 이 둘을 대체하는 "행위소(行爲素)"라는 새로운 범주를 도입한다. "명제는 진술도 사물도 아니며, 양자 사이의 어떤 중간상태도 아니다. 일차적으로 명제는 행위자이다"(Latour, 1999a: 171).

행위자-네트워크 이론과 하이브리드

이제 우리는 많은 토론이 있어왔던 '행위자-네트워크 이론'을 살펴보기로 한다. 라투르는 미셸 칼롱(Michel Callon)과 함께 이 이론의 정식화에 결정적으로 기여했다. 마르크스와 마찬가지로 행위자-네트워크 이론도 인간은 항상 자연을 가공해 왔으며, 여전히 가공하고 있다는 가정에서 출발한다. 하지만 이 이론에 따르면 인간이 자연을 가공하는 과정에서 자연과 사회, 그리고 기술은 불가분적으로 혼합된다. 따라서 다루는 주체와 다루어지는 대상은 존재하지 않고, 점점 더 복합적이 되어가는 혼성 존재인 "하이브리드"가 생겨난다. 이런 이유로 단순히 인간이 자연을 길들였다고 말할 수는 없다. 라투르는 하이브리드의 확산이 계속 증가한다고 가정한다. 예컨대 광산은 자연, 기술 및 사회적 행동 방식들로 이루어진 혼합 구성물이다. 도로, 나노 입자, 심지어 요구르트 용기도 이와 같다고 말할 수 있다.

그러므로 라투르에 따르면 사회적 행위자들이 '순수한 자연'을 가공한다는 생각은 잘못된 것이다. 왜냐하면 자연과 사회는 항상 복잡하게 서로 뒤얽혀 있는 상태에서 상호적으로 침투해 영향을 주고받으며 서로를 제한하고 규정한다. 인간 행위자들이 원하는 것, 할 수 있는 것, 보는 것, 이해하는 것은 인간이 아닌 물체들에 의해서도 규정된다. 반면 라투르는 예컨대 원자력발전소, 열쇠고리, 안전벨트, 목장 울타리 등이 행동 방식을 제안하거나 방해하고, 가능하게 하거나 막는다는 점에서 정치적 또는 도덕적 주장

같은 것을 한다고 믿는다. 후기 근대에서 사물들은 일련의 행동이 성공하거나 실패하는 데 필수불가결하게 기여한다. 이런 까닭에 사물들은 행위자-네트워크 이론의 틀 안에서 잠재적 행위자로서 사회학적 분석의 대상이 된다. 여기서 행동은 특정 계획이나 의도로 환원되지 않고 오직 그 행동의 효과에 대해서만 의문을 제기하며, 이러한 의미에서 목장 울타리도 개에게 다른 길로 돌아가도록 강요할 때 작동한다.

행위자-네트워크 이론의 시각에서 실재(實在)는 인간과 비인간 존재의 복합 네트워크들로 구성되며, 특정 형태의 지식과 행동, 그리고 현실을 만들어낸다. 예컨대 '오존층 구멍'의 현실에는 이를테면 정치인, 과학자, 기업가, 염화불화탄소, 태양광, 쓰레기 매립지, 그리고 언론이 관여되어 있다. 이들은 모두 특수한 관점·효과·'이해관심'을 가지고 있으며, 서로를 규정하고 영향을 주고받으며, 각각 특정 방식으로 '행동하고', 어떤 면에서는 심지어 공동 운명을 지닌다. 오존층 구멍과 같은 상황은 예컨대 조류독감이나 에이즈 바이러스의 경우에도 마찬가지로 해당된다.

| 정의 | **행위소(Aktant)**

행위소(또는 행위자)는 자신의 '행동'을 통해 다른 네트워크 요소들에 영향을 미치며, 심지어는 그 요소들을 더불어 규정하거나 유발하는 모든 요소(인간과 비인간적 존재)로 이해된다. 행위소는 '행동을 하는 실체'이며, '이해관계'를 갖는다. 사물도 행동을 할 수 있다는 것은 행위자-네트워크 이론에서 가장 논란의 여지가 많은 가정 중 하나이다. 이 이론에서 사용되는 행위 개념은 의도를 포함하지 않고 효과만 포함한다는 점에서 일종의 축소된 개념이다. 인간과 비인간적 존재를 동등하고 상호 구성적인 존재로 간주하는 새로운 '대칭적 인류학'에서는 다루는 주체와 다루어지는 대상을 구분하는 것이 지양되어야 할 것이다.

'지식'은 그러므로 항상 인간과 비인간에 의한 공동 생산물로 이해될 수 있으며, 네트워크 구조들 안에서 비로소 관찰과 조작이 가능한 '대상들'이 형성된다. 따라서 '진리'도 궁극적으로는 네트워크의 기능인 것이다. 에이즈 바이러스(또는 오존홀이나 지구 온난화)가 존재하는 것은 실험실, 미디어, 정치인, 과학자, 회사, 의사, 육체, 항체 등으로 구성된 네트워크가 존재하기 때문이다. 그러한 네트워크들은 단순히 존재하는 것이 아니라 과학과 정치, 자연과 기술을 포괄하는 복합적인 과정에서 확립되며, 이 과정에서 이해 관심이 상호적으로 정식화되고 관철된다. 여기서 라투르는 "중재자"와 "연결 고리"를 구별한다. "중재자"는 네트워크에서 일어나는 일들 속에서 통제할 수 없고 완강하며 개입적인 역할을 수행하고, "연결 고리"는 자신에게 부여된 역할을 수행하고 기대대로 기능함으로써 행동 프로그램에 예상치 않은 어떤 것도 추가하지 않는다. 이 관점에서는 '길들이기 어려운' 컴퓨터나 뜻밖의 독감 유행이 혼자서 스탬프를 찍는 공무원이나 마트 계산원보다 훨씬 더 중요하고 능동적인 것처럼 보인다.

구조이론도, 행위이론도 아니다

라투르에 따르면 행위자-네트워크의 핵심 개념으로는 종래의 구조/행위의 이원론도 극복되어야 한다. 즉, 행위자-네트워크 이론은 구조이론에도, 행위이론에도 포함되지 않으며, 양쪽 모두를 그 자체 안에 통합하려 한다. 또한 연결망의 형성 과정에 집중함으로써 구조와 행위자들이 어떻게 형성·고정되는지를 보여주고자 한다. 라투르는 여기서 "블랙박스"에 대해서도 말한다. 그의 특별한 관심은 어떻게 네트워크 관계들이 고정·안정되어 (사회)제도와 질서가 의문시되지 않는 상태('블랙박스')로 생겨나는가라는 물음에 초점이 맞추어져 있다. 이러한 맥락에서 그는 기술적 인공물이 결정적인 역할을 한다는 사실을 발견한다. 예컨대 국가는 국기, 화폐, 국경의 차단기, 정부 청사, 개인 신분증 등을 통해서 '구체화'될 때만 안정성을 확보할 수 있다.

| 요약 | **네트워크들의 확립**

하나의 네트워크는 상호 관심사를 통해 자신을 정의하며, 예컨대 '온실효과'와 같이 하나의 특정한 현실 단면을 만들어내도록 서로 관계를 맺는 인간적 행위소와 비인간적 행위소로 구성된다.

행위자-네트워크 이론에 따르면 네트워크들은 네 가지 발전 단계('번역의 단계들') 안에서 확립된다.

1. 문제화의 단계(Problematization): 예컨대 오존층 구멍, 지구 온난화, (에이즈에서의) 면역 질환
2. 관심 형성의 단계(Interessement): 이 단계는 행위소 또는 이해 관계자들(예컨대, 과학자, 의사, 정치인, 미디어, '당사자' 등)의 영구적인 참여로 이어진다.
3. 편입의 단계(Enrollment): 이 단계에서는 행위소들이 서로 관계를 맺고 교류하는 안정적인 역할 모델이 형성된다.
4. 확장의 단계(Mobilization): 이 단계에서 네트워크는 환경에 점점 더 많은 영향력을 행사하고, 다른 연결망들(예컨대, 예방, 새로운 과학 분야 등)을 확장하거나 생성한다.

4 | 분석: 근대의 생산적 자기기만으로서의 길들이기

인간적 존재와 비인간적 존재, 예컨대 연장, 동물 또는 무생물 등은 역사 속에서 항상 서로 밀접하게 결합해 왔다. 이 과정에서는 항상 하이브리드, 즉 인간과 사물 중간의 혼합된 존재가 생성되었다. 라투르는 혼종성(혼합, 잡종)이라는 개념을 통해 사물의 특징과 속성이 인간에 의해 변화되는 것처럼 인간의 특징과 행위가 사물에 의해 변화된다는 점을 지적하려고 한다. 예컨대 누군가는 도끼를 특정 목적을 위해 사용함으로써 살인자가 되고, 바로 이 때문에 도끼는 무기가 된다.

거의 모든 전근대사회에서 인간적인 것과 비인간적인 것의 이러한 혼합은 사회질서에서 인정된 사실이었으며, 자연(식물, 동물, 산 등)은 생명이 있

고 사회적으로 중요한 것으로 여겨졌다. 그래서 예컨대 나무나 동물은 '성스러운 것'일 수 있으며, 그 행동에는 사회적 의미가 부여된다. 중세 유럽에서 나무나 동물은 심지어 범죄자로 고발되어 형을 선고받을 수 있었다. 동시에 자연물의 가공과 취급은 사람들과의 교류와 마찬가지로 도덕적 명령과 금지의 대상이 된다. 이를 통해 하이브리드의 생산이 조정·제한된다. "가설은 …… 전근대인들은, 그들이 하이브리드를 생각하려고 애썼기 때문에, 하이브리드의 증식을 금지했었다는 것이다"(Latour, 1998: 21). 반대로 이러한 전근대사회에서 사회질서는 자연 질서의 일부로 이해된다. 따라서 자연적 사건은 사회적 사건이며(예컨대, 지진은 특정의 잘못된 행동에 대한 징벌이라는 것), 반대로 사회적 사건은 자연적 사건이기도 하다. 그러므로 자연과 사회는 대립되는 것이 아니라, 이를테면 사회의 **종합**(⇨ '들어가기' 1절 참조)으로 이해될 수 있는 '집합체'를 형성한다.

자연과 사회의 전근대적 통합

이에 비해 근대의 특징은 근대가 자연과 사회 두 영역을 '지식 정책적'으로, 즉 세계에 대한 이해에서와 마찬가지로 정치에서도, 엄격하게 구별한다는 데 있다. 자연 또는 무생물은 자연과학에 의해 외부 세계로서 '객관적'으로 연구되며, 기술적으로 변화·이용된다. 자연과 무생물은 어떠한 정치적 권리도 지니지 않는다. 반면에 사회는 단순히 객관적으로 주어진 것이 아니라 정치적으로 만들어진 것이다. 여기서 우리는 사실보다 오히려 이해관계와 가치에 더 많이 관계하고 있다. 그러므로 사회는 논쟁의 영역이며, 자연은 논쟁의 여지가 없는 사실의 영역이다. 우리는 세계의 이러한 이분화를, 예컨대 하버마스가 강조한 '객관적 세계'와 사회적 세계의 분화에서 볼 수 있다. '객관적 세계'는 (사실적) 진리에 대한 타당성 요구에 상응하며, 사회적 세계는 (상호주관적·도덕적) 올바름에 대한 타당성 요구와 결부된다. 따라서 근대의 헌법에서 자연의 대상들은 **과학적**으로 대표되는 반면, 사회집단은 **정치적**으로 대표된다.

세계의 근대적 이등분

그러나 라투르에 따르면 이제 자연과 사회를 분석적·정치적으로 엄격하게 분리하는 것은 역설적 효과를 지닌다. 즉, 자연의 가공과 변화에 내포된 모든 도덕적·정치적 경계, 그리고 자연과 사회의 혼합에 내포된 도덕적·정치적 경계가 지양되어 하이브리드의 형성이 수적·질적으로 예측하기 어려운 정도에 이르렀다는 것이다. 생산력의 성장이 마르크스에게는 사회 본래의 동적 원리, 즉 사회의 **동학**(⇨ '들어가기' 1절 참조)을 의미하는 것과 유사하게, 하이브리드의 '암묵적' 생산은 라투르에 따르면 적어도 근대사회의 본질적인 추진 요인이다.

사회변동의 동력으로서 하이브리드 생산

근대의 헌법은 라투르가 "정화(淨化)"와 "번역"이라고 일컫는 지극히 모순적인 두 경향이 지닌 암묵적인 동시성에 기인한다.

"정화"와 "번역"

- **정화 작업**은 과학과 정치에 의해서 이루어진다. 정화 작업에서 자연과 사회는 생각 속에서, 즉 학문적·정치적으로 끊임없이 엄격하게 서로 분리된다.
- **번역 작업**은 그와 반대로 기술 및 산업 생산에서 이루어진다. 여기서 자연과 사회는 기술 진보의 과정에서 점점 더 분리될 수 없을 정도로 서로 뒤얽혀 혼합된다.

실천과 담론의 전체적인 앙상블로서의 정화 작업은, 번역의 실제적인 작업에서 무엇이 실행되는지 볼 수 없게 하고 통제할 수 없게 만든다. 이것이 바로 하이브리드의 억제되지 않은 증식이다.

라투르에 따르면, 이러한 관행을 실제 '근대의 분업'으로 분리하는 데에는 철저하게 정치적인 이유가 있다. 즉, 자연 세계와 관련된 진리에 대한 표면적인 '객관적' 지식과, 이러한 지식에 의해 정당화된 하이브리드의 과학적·기술적 생산은 '민주화'되어서는 안 되며, 따라서 시민들의 정치적 영향 아래 놓여서는 안 된다는 것이다. 라투르의 견해에 따르면 자연적 사실들은 전략적으로 탈정치화되고 있으며, 토론과 협상의 대상으로 인식되는 것이 아니라 '문외한들'이 굴복해야 할 객관적 지식에 대한 특권적 접근을 주장하는 전문가들의 지배를 고착시킨다. 따라서 과학과 정치의 분리, (주관적) 정신과 (객관적) 현실의 분리는 그 자체로 정치적인 것이며, 철회할 수 있는 '합의'이다. 따라서 라투르는 정치생태학의 초안에서 하이브리드와 단순한 자연적 사물들도 발언권을 갖고 자신들의 이익을 대변하는 "사물의 의회"를 구성할 것을 촉구한다(Latour, 1999b).

"사물의 의회"를 위한 변론

표 10-2 **라투르에 의한 근대의 헌법**

구분	실행	결과
정화 작업	과학과 정치	자연과 사회는 **생각 속에서** 엄격하고 단호하게 분리된다.
번역 작업	기술과 산업	자연과 사회는 **실질적으로** 체계적으로 혼합된다. 하이브리드 생산.

따라서 라투르에 따르면 근대는 자연과 사회, '내부'와 '외부'의 거짓된 분리를 본질로 하는 거대하고 근본적인 자기기만에 기반을 두고 있다. 우리는 실제로 자연과 사회를 분리한 적이 없으며, 오히려 그 반대이다. 우리의 기술적·경제적 행위에서 우리는 역사적 유례가 없을 정도로 자연과 사회를 서로 혼합해 왔다. 만약 '근대적이다'라는 말이 (근대사회의 자기이해에 의거해서) 자연과 사회의 분리를 의미하는 것이라면, 라투르의 가장 영향력 있는 근대 비판서의 제목처럼 "우리는 결코 근대적이었던 적이 없었다"(Latour, 1999b).

그러나 그러한 자기기만은 효과가 가장 강력했다. 근대의 놀라운 과학적·경제적·기술적 성과는 정화 작업이 매우 효율적이어서 하이브리드가 부지불식간에 번식될 수 있었다는 사실에 기인한다.

우리가 번역과 정화의 두 가지 실천을 분리해서 고찰하는 한, 우리는 …… 실로 근대적이다. 대략 요약하자면, 가설은 후자가 전자를 가능하게 했다는 것이다. 하이브리드에 대한 생각을 금지할수록 더 많은 하이브리드의 잡종이 가능해진다. 바로 이 점에 오늘날 우리가 처한 특별한 상황을 마침내 파악할 수 있는 근대의 위대한 역설이 있다(Latour, 1991a: 20).

따라서 섬신적인 사언 길들이기라는 생각은 근대의 기본 요소 중 하나이자 환상이며 자기기만이다.

근대의 환상으로서의 자연 길들이기

5 | 진단: 하이브리드의 통제되지 않은 증식과 자립화

라투르에 따르면, 근대의 구성적 자기기만은 근대의 기술적·경제적 성공을 가능하게 할 뿐만 아니라, 근대가 진보하면서 점점 더 뚜렷하게 드러나는 심각한 부작용들도 가지고 있다. 이러한 부작용들은 기술화·지구화된 세계의 강제에 대해 정치적 행위가 속수무책이 되어가는 것처럼 보인다는 점에서 특히 이제 '지배권'을 떠맡을 기세인 하이브리드의 독립성에서 비롯된다(원자력발전소, 오존층 구멍, 또는 유전공학 등을 생각해 보자). 실제로 라투르를 통해 한편으로는 자연에 대한 근대인의 관계에서, 다른 한편으로는 사회에 대한 근대인의 관계에서 매우 괄목할 만한 반전을 관찰할 수 있다.

관계의 반전

근대의 관념에 따르면 **자연**은 무언가 단순히 주어진 것, 사실적인 것으로서 사회적·정치적 논쟁에서 배제된다. 자연은 사회에 대해 '초월적'이며, 자연법칙은 인간의 의지와 무관하다. 자연의 '매수할 수 없는 법칙'과 '객관적 진실'에 맞서 인간이 할 수 있는 것은 아무것도 없다. 설령 우리가 우리의 목적을 위해 이러한 진리와 법칙을 이용하는 방법을 배울 수 있더라도 말이다. **사회**의 근대적 자기이해에서는 상황이 다르다. 사회는 인간에 의

근대적 관념

해 만들어진 어떤 것이고, 가변적이며, 사회의 구조는 우리의 정치적 의지에 따라 달라진다. 즉, 인간의 의지는 사회에 대해 자유롭다.

후기 근대적 관념

그러나 '후기 근대'에서 이러한 관계는 점점 반전되고 있다. **자연**은 돌연(예컨대, 유전공학에서) 잠재적으로 우리의 의지에 예속되어 가고, 가변적이고 만들 수 있는 것으로 이해되고 있다. 우리가 이제까지 사회를 형성할 수 있다고 믿어왔던 것처럼, 외적·내적 자연을 우리 자신의 생각대로 형성할 수 있는 상황이 유전공학적 가능성의 지평에서 이미 뚜렷하게 벌어지고 있다. 따라서 자연은 무언가 '내재적인 것', 우리 수중에서 더 이상 벗어날 수 없는 것이 된다. 그러나 **사회**는 후기 근대에서 점점 더 소유할 수 없는 초월적인 것, 즉 우리 의지에서 완전히 독립적인 것으로 나타난다.

오늘날 지구화된 세계의 강제는 과거 자연법이 그랬던 것처럼 실로 단순하게 주어진 것이자, 협상할 수 없고 대안이 없는 것으로 보인다. 이러한 정황은 특히 우리가 직면한 성장과 가속화의 압박, 그리고 이를테면 우리가 일하기를 원하고, 또한 생산된 재화들에 관심이 있음에도 불구하고 우리로 하여금 기업을 폐쇄할 수밖에 없게 하는 냉엄한 경쟁논리에서 드러난다. 실제로 대부분 오늘날 정치인들은 우리가 개선을 위해 필요로 한다는 말로 자신들의 정책 프로그램을 더 이상 정당화하지 않고, '필요한 구조적응'이라고 말한다. 따라서 후기 근대에서는 인간이 이전 시대에 자연에 적응해야 했던 것처럼 사회에 적응해야만 했다면, 이제는 과거에 사회를 형성할 수 있었다고 믿었던 것처럼 자연을 형성할 수 있는 것처럼 보인다(Latour, 1991a: 47, 53).

모순은 처음부터 근대를 특징짓는다

그러나 실제로 내재성과 초월성 또는 가용성과 비가용성 사이의 이러한 이중적인 모순은 처음부터 근대에 내재되어 있었으며, 근대의 모든 단계가 지닌 특징이다. 자연은 실제로는 조작·변화되지만 초월적인 것으로 간주되는 반면, 사회는 우리의 의도와는 무관하지만 정치적으로 이용 가능한 것으로 간주된다. 물론 이와 관련된 모순들은 과거보다 오늘날 더욱 뚜렷하게 드러나고 있다.

근대의 잘못된 발전에 대한 라투르의 진단은 근대가 스스로를 잘못 인식하고 자신의 행동을 오해한다는 것이다. 그 결과, 우리는 사회도 통제하지 못하고, 점점 복합적이 되어가는 하이브리드의 지속적 증가도 통제하지 못하고 있다. 생명공학기술과 컴퓨터 기술, 오존층 구멍과 온실효과, 원자력 발전소와 신종 바이러스를 통해 하이브리드는 우리를 능가해 성장하고 있다. 그러나 무엇보다 우리가 자연과 사회, 인간과 비인간적 사물을 과학적·정치적으로 엄격하게 분리할 것을 고집하는 한, 우리는 하이브리드의 증식을 정확하게 파악하지도 이해하지도 못할 것이다. 이러한 분리는 기술의 역할에 대한 오판으로 귀결되기도 한다. 기술은 단순히 사회의 도구나 연장이 아니라, 사회의 확고한 구성요소이자 구체화된 표현이다. 기술은 사회질서를 형성하고 안정시킨다(Latour, 1991b). 왜냐하면 기술과 하이브리드는 부정할 수 없는 고유의 사회적 삶을 지니기 때문이다.

> 근대 헌법은 자체의 무게를 감당하지 못하고 실패로 끝났다. 근대 헌법은 잡종들로 넘쳐났으며, 이러한 잡종들의 실험적인 시험이 근대 헌법을 가능하게 했다. 왜냐하면 근대 헌법이 사회의 구조에 미치는 자신의 효과를 감추었기 때문이다(Latour, 1991a: 68).

라투르는 이러한 진단을 넘어 우리가 근대적이기를 원하는 것을 멈춰야 한다고 요구하면서 곧바로 한 가지 '치유 제안'을 한다. 즉, 우리는 근대적이기를 원하는 대신, 무생물과 하이브리드(또는 괴물)를 그것들의 고유한 권리 측면에서 인식하고 그것들의 고유한 '목소리'를 인정한다는 의미에서 진정으로 '비근대적'이 되어야 한다는 것이다. 따라서 라투르는 잘못 이해된 근대의 본질에 대한 사회학적 계몽을 추구한다. 그가 정식화하지는 않았지만, 바로 이러한 사회학적 계몽에 라투르 접근법의 실천-차원이 있다.

표 10-3 **근대의 이중적 역설**

구분	구상	행위의 가능성
초기 근대와 고전적 근대의 지배적 관념	초월적(처분할 수 없는) 자연	우리가 자연법칙에 대해 할 수 있는 것은 아무것도 없다.
	내재적(형성할 수 있는) 사회	사회는 정치적으로 형성될 수 있다.
후기 근대의 지배적 관념	내재적(형성할 수 있는) 자연	자연은 (정치적으로) 형성될 수 있다.
	초월적(처분할 수 없는) 사회	우리가 사회적 강제에 맞서 할 수 있는 것은 아무것도 없다.

"마지막 가설은 …… 괴물들의 존재를 공식적으로 인정함으로써 괴물들의 증식을 늦추고, 다른 방향으로 유도하고, 규제해야 한다는 것이다"(Latour, 1991a: 21). 라투르에 따르면, 하이브리드의 존재에 대한 이러한 보호와 통제는 "사물의 의회"에서 비인간적 존재들의 정치적 대표성이 정점에 이르는 정치혁명에서 이루어져야 한다(Latour, 1999b). 사물의 의회에서 자연과 사회의 대립을 극복하는 '집합체'의 정치적 협상을 통해 인간적·비인간적 존재를 포용하고 동등하게 고려하기 위한 새로운 권력분립이 이루어져야 한다는 것이다.

"사물의 의회"

그러나 이러한 의회에서 목장 울타리와 원자력발전소, 에이즈 바이러스와 암소 등이 어떻게 동등한 권리를 갖는 방식으로 대표될 수 있을지는 불분명하며, 라투르의 이러한 구상은 공상적인 만큼이나 논란의 여지가 있다. 자연적이고 기술적인 것들이 미래의 사회에서 **정치적으로 대표되어야** 하는 것처럼, 반대로 '지식 생산'의 사회적·정치적·수사적 요소들은 **과학적으로** 인정되거나 **대표되어야** 한다는 것이다. 라투르에 따르면, 우리는 과학적 진리가 비정치적이고, 도덕적으로 중립적이며, 우리로부터 독립적인 객관적 자연을 묘사한다는 잘못된 인상을 불러일으키는 과학에 대한 이해와 작별을 고해야 한다. 따라서 라투르의 치유 제안은 한편으로는 자연과 사회의 분

라투르의 치유 제안

표 10-4 **한눈에 보는 브루노 라투르의 사회학 이론**

	표제어	세부 설명
사회학	지식사회학적 계몽으로서의 사회학	목표는 근대의 자기기만을 깨우치는 것이다.
핵심 문제	자연과 사회는 서로 어떤 관계에 있으며, 근대는 이러한 관계를 어떻게 상상하는가?	라투르는 이 점에 근대적 자기기만의 핵심이 있다고 본다.
설명 모델	행위자-네트워크 이론, 방법론적 전체론의 경향	구조와 행위의 이원론을 극복해야 한다.
설명의 기본 단위	집합체와 하이브리드	집합체는 사회를 대체하면서 하이브리드와 마찬가지로 자연과 문화를 포괄한다.
개인과 사회의 관계	개인들(행위소들)은 네트워크로 결합하는 비인간적 존재이기도 하다.	행위소와 네트워크는 상호적으로 형성되고 서로를 규정한다.
근대사회와 전통사회(분석)	사고와 말하기의 차이: 자연과 사회의 엄격한 이론적 분리	이러한 분리는 우월하고 실제적인 하이브리드 생산을 가능하게 한다.
근대화의 이해	상상된 길들이기	자연과 사회의 실제적 혼합에 대한 자기기만
변화의 원동력	자연과 문화를 끊임없이 변화시키는 하이브리드 생산	근대의 자기기만은 강력한 발전 추진력으로 이어진다.
근대의 병리(진단)	지배권을 넘겨받는 하이브리드의 잘못된 인지와 자립화	"사물의 의회"를 통한 치유와 근대의 자기기만 극복

리를, 다른 한편으로는 과학과 정치의 분리를 폐지하자는 것이다.

6 ı 요약

브루노 라투르는 우리 시대의 사회학에서 도발적인 측면 사상가이다. 그는 내용적으로나 방법론적으로나 기존의 과학에 도전한다. **방법론적** 관점에서 그는 자신이 공동 개발한 행위자-네트워크 이론에서 사물도 행동할 수 있다는 주장으로 우리를 놀라게 한다. 그러나 이러한 '행위'는 네트워크 또는 '집합체'의 논리로만 이해할 수 있기 때문에, 그의 접근법은 개인주의적이거나 단순히 전체론적이라기보다는 오히려 '관계주의적' 또는 '네트워크 전체론적'인 것으로 이해할 수 있다(⇨ '들어가기' 2절 참조). 이와 관련하여, 행위자-네크워크 관계는 행위와 구조의 이원론을 극복하기 위한 것이다. 라투르는 자연과 사회 사이의 경계, 따라서 과학과 정치 사이의 경계도 환상이라고 주장함으로써 과학에 대한 정치적인 이해뿐만 아니라 동물·식물·사물의 정치적 포용 또는 대표성도 지향한다.

이와 결부된 것이 근대 사회학에 대한 라투르의 **내용적** 도발이다. 왜냐하면 그는 근대가 엄청난 자기기만에 속고 있다고 주장하기 때문이다. 즉, 근대는 자연과 사회를 사유적·과학적으로 엄격하게 분리하여 자연 길들이기라는 개념을 처음으로 가능하게 했지만, 그 과정에서 두 가지를 기술적으로나 실질적으로 한층 더 무절제하고 강력하게 혼합했다는 것이 라투르의 주장이다. 이로 인해 인간과 비인간적인 것, 자연과 문화의 혼성 존재인 '하이브리드'가 대량으로, 그리고 점점 더 복합성을 띠면서 나타났으며, 이들이 이제 사회를 또는 사회와 자연의 집합체를 장악해 가고 있다는 것이다. 근대적이라는 것이 자연과 사회를 분리함으로써 자연을 길들이는 것을 의미하는 한, 우리는 "결코 근대적이었던 적이 없었다." 라투르는 "치유책"으로서 모든 종류의 비인간적 행위소도 선거권과 발언권을 얻는 "사물의 의회"를 제안한다. 따라서 인간 사회를 대신해 동등한 권리를 가진 인간, 기술, 비인간적 자연으로 구성된 집합체가 등장해야 한다는 것이다.

🕮 학습 점검 질문

1. 라투르 사회학의 경험적 출발점은 무엇인가?
2. 행위자-네트워크 이론의 근본 사상은 무엇인가?
3. 하이브리드와 집합체란 무엇인가?
4. 라투르에 따르면 근대의 특징은 무엇인가? 근대의 성공 비밀은 어디에 있는가? 라투르는 인간, 사회, 자연의 관계를 어떻게 이해하는가?
5. 오늘날 근대가 역설적이고 위험에 처한 이유는 무엇인가?
6. 근대의 자기기만을 교정하기 위해 라투르는 어떤 '치유 제안'을 제시하는가?

참고문헌

1차

Latour, Bruno (1988): The Pasteurization of France, Cambridge.

Latour, Bruno (1991a): Wir sind nie modern gewesen. Versuch einer symmetrischen Anthropologie, Frankfurt a. M. 1998.

Latour, Bruno (1991b): Technology is Society Made Durable, in: Law, John (Hg.): A Sociology of Monsters, London u. a., 103-131.

Latour, Bruno (1996): On Actor-Network Theory: A few Clarifications, in: Soziale Welt 47, 369-381.

Latour, Bruno (1999a): Die Hoffnung der Pandora. Untersuchungen zur Wirklichkeit der Wissenschaft, Frankfurt a. M. 2002.

Latour, Bruno (1999b): Das Parlament der Dinge. Für eine politische Ökologie, Frankfurt a. M. 2001.

Latour, Bruno (2007): Eine neue Soziologie für eine neue Gesellschaft, Einfürung in die Akteur-Netzwerk-Theorie, Frankfurt a. M.

Latour, Bruno/Woolgar, Steve (1979): Laboratory Life. The Social Construction of Scientific Facts, London u. a.

2차

Belliger, Andrea/Krieger, David J. (Hg.) (2006): ANThology. Ein einführendes Handbuch zur Akteur-Netwerk-Theorie, Bielefeld.

Brand, Karl-Werner/Kropp, Cordula (2004): Naturverständnisse in der Soziologie, in: Rink, Dieter/Wächter, Monika (Hg.): Naturverständnisse in der Nachhaltigkeitsforschung, Frankfurt a. M. u. a., 103-140.

Rammert, Werner/Schulz-Schaeffer, Ingo (Hg.) (2002): Können Maschinen handeln? Soziologische Beiträge zum Verhältnis von Mensch und Technik, Frankfurt a. M. u. a.

Schimank, Uwe (2000): Die unmögliche Trennung von Natur und Gesellschaft — Bruno Latours Diagnose der Selbsttäuschung der Moderne, in: ders./Volkmann, Ute (Hg.): Soziologische Gegenwartsdiagnosen I. Eine Bestandsaufnahme, Opladen, 157-169.

Singer, Wolf (2006): Ein neues Menschenbild? Gespräche über Hirnforschung, Frankfurt a. M.

Sokal, Alan (1997): Les mystifications philosophiques du professeur Latour, in: Le Monde vom 31. Januar 1997, 15.

Urry, John (2003): Global Complexity, London.

Weingart, Peter (2003): Wissenschaftssoziologie, Bielefeld, 67-81.

초기 근대	발전된 근대	후기 근대

길들이기	합리화	분화	개인화

11장 합리화에서 합리적 선택이론으로

1 I 개관

막스 베버 이후 사회학자들은 근대화를 점진적인 사회적 합리화의 과정으로 설명하고 있다. 이 과정에서 세상은 예측 가능하고 통제 가능하게 만들어지고, 경제·학문·정치에서의 정당화 패턴은 전통과 형이상학에서 이성·효율성·통제로 전환된다(⇨ 2장 4절 참조). 위르겐 하버마스(1981)는 이러한 해석을 받아들였지만, 도구적 합리화, 즉 수단의 효율성을 추구하는 타산적·성공 지향적 합리화는 의사소통적 이성의 발달로 구성된 보다 포괄적인 합리화 경향의 한 측면에 불과하다는 통찰을 통해 이러한 해석을 확장했다. 여기서 합리화란 신념·지식·도덕적 의무에 대한 사회적 관념들이 점점 더 의문시되며 논증의 교환을 통해 검증되어 거부 또는 확증될 수 있다는 것을 의미한다. 따라서 의사소통적 이성은 **수단**을 효율적으로 사용하기 위한 우리의 지식에 국한되지 않으며, 사회 구성원들이 공유하는 공정한 행위 **목표**의 정당화까지 확장된다. 이 관점에서 보면 근대화는 도구적 이성의 점진적인 사회적 발전 가능성과 함께 도덕적·실천적 합리성의 발전

| 학자와 저작 | 합리적 선택이론의 주요 주창자

- **토머스 홉스**(Thomas Hobbes), 『리바이어던』(1651)
  홉스는 사회질서의 생성과 유지를 일관되게 개인들의 효용극대화 행동에서 설명한 최초의 사회이론가로 꼽힌다(Buchanan/Tullock, 1962 참조).
- **요제프 슘페터**(Joseph Schumpeter), 『자본주의, 사회주의, 민주주의』(1942); **앤서니 다운스**(Anthony Downs), 『민주주의 경제학 이론』(1957)
  슘페터와 다운스는 민주주의는 유권자와 정당이 효용을 극대화하는 방식으로 행동함으로써 작동한다고 주장했다.
- **맨커 올슨**(Mancur Olson), 『집합적 행위의 논리』(1965)
  올슨은 '무임승차자 문제'를 분석했다. 올슨에 따르면, 구성원들이 개별적으로 효용을 극대화하면서 행위를 하는 집단이나 조직은 개인과 집단의 합리성이 서로 다르기 때문에 공동의 목표는 이루어지지 않는 경우가 많다.
- **게리 S. 베커**(Gary S. Becker), 『인간 행동의 설명에 대한 경제학적 접근』(1976)
  베커는 효용극대화 행동에 대한 경제학 이론을 인간의 행동에서 가능한 모든 현상에 일관되게 적용하여 노벨상을 수상했다.
- **욘 엘스터**(Jon Elster), 『신포도: 합리성의 전복에 관한 연구』(1985)
  엘스터는 효용 극대화 행동의 비합리적·자해적 측면에 초점을 맞추어 연구하고, 이를 극복하기 위한 합리적 '자기구속의 전략'을 모색했다. 합리적 선택 접근법을 대표하는 대부분의 학자들과는 달리, 그는 정치적으로 좌파적 입장을 취했다.
- **제임스 콜먼**(James Coleman), 『사회이론의 기초』(1990); **하르트무트 에써**(Hartmut Esser), 『사회학』(1996, 1999~2000)
  콜먼과 에써는 합리적 선택이론을 사회학의 사회이론으로 전환하는 데 기여했다. 이 이론은 미시 사회학적 행동 분석 방법을 사용하여 사회에 관한 거시 이론적 진술에 도달하는 방법을 설명하는 사회학적 설명의 "욕조 모델"을 개발했다.

가능성도 증가하는 다각적인 합리화 과정으로 나타난다(⇨ 6장 3절 참조).

합리화를 사회 전체에 영향을 미치는 과정으로 이해하는 이러한 사회이론적 구상과 달리, 오늘날 사회학에서 널리 통용되는 합리적 선택이론들은 각각의 개별 행동에만 관련된 합리성 개념을 바탕으로 한다. 이 이론들의 관심은 개별 행동의 동기와 논리에 숨겨진 의미를 밝혀내는 데 있으며, 따라서 원칙적으로 역사이론이나 근대이론에 기반한 가정들은 배제된다. 그럼에도 불구하고 이러한 이론들의 등장과 인기는 근대화 경험에 대한 반응으로 해석할 수 있는데, 이는 합리적 선택 접근법의 핵심인 대안행동들 사이의 합리적인 고려가 탈전통화, 개인화, 그리고 삶의 경제화가 특징인 사회에서만 의미가 있기 때문이다.

2 ǀ 핵심 문제

인간 행위의 전형: 효용극대화

합리적 선택의 접근법은 경제학에서 유래하며, 본래는 시장 참여자들의 행동을 설명하기 위해 개발되었다. 따라서 합리적 선택이론은 사회학으로 옮겨온 경제학 이론이다. 이 이론의 대표자들이 주시하는 인간 행동의 패턴은 시장에서 일어나는 일들이다. 시장에서 구매자와 판매자는 항상 자신의 개인적 이익의 극대화를 모색한다. 즉, 최소한의 투자로 최대한의 수익을 얻으려는 방식으로 행동하는 것이다. 경제학 이론 또는 합리적 선택이론은 인간 행위자들이 일상, 상호작용 및 생활의 가능한 모든 상황에서 그러한 방식으로 행동한다고 가정한다. 이 이론은 항상 특정의 행동 방식이나 의사 결정에서 어떤 이익을 기대할 수 있는지, 그리고 어떤 비용이 발생하는지 묻는다. 예컨대, 대입 수험생은 자신이 대학에서 역사학을 공부할지 아니면 정보학을 공부할지를 결정할 때, 자신이 얼마나 많은 노력, 시간, 비용을 이런저런 일에 들여야 하는지, 어떤 학과에 더 많은 흥미를 느끼게 될지, 그리고 졸업 후에는 어떤 이익을 기대할 수 있을지 등을 고려해서 '계산'한다. 한 학생이 (외국 대학에서 교환 학기를 맞게 되었을 때 외국어를 습득할 수 있게 되었다는 이유로) 기뻐하며 이익이라고 평가하는 것을 다른 학생은 고생이나 궁핍으로 경험하기 때문에 비용에 포함시켜 계산한다.

그러나 합리적 선택이론이 인간의 행위를 비용-편익의 관점에서 내려진 의사결정의 결과로만 설명하는 것을 목표로 하는 것은 아니다. 오히려 이 이론은 사회 구성원들이 자신의 개인적 이익에만 관심이 있다면 사회질서가 어느 정도까지 가능한가라는 사회이론적으로 중요한 문제에 관심을 두고 있다.

게임이론

- **게임이론**적 접근법들은 합리적 행위자들이 서로 만나는 상호작용 및 갈등 상황을 분석하는 데 초점을 맞춘다. 게임이론의 특징은 이러한 의사 결정 상황을 체계적으로 연구하기 위해 수학적으로 정밀화된 모델들을 사용한다는 점이며, 이는 개별 '경기자'의 이익 계산을 이념형적으로 고찰할 수 있게 해준다. 따라서 게임이론의 핵심 문제는 다음과 같다. 합리적 행위자들이 (예컨대, 다양한 제도의 틀 안에서) 서로 만났을 때 어떻게 행동하며, 그로부터 어떤 결과들이 나타나는가?

사회적 선택이론, 공공선택이론

- **사회적 선택이론**들은 변화하는 제도적 조건들 아래에서 많은 행위자들의 합리적 행위가 합쳐진, 즉 합산된 사회적 결과를 연구하는 반면, **공공선택이론**들은 국가나 정부의 합리적인 행위, 즉 이익 극대화의 행위를 규정하는 것을 목표로 한다.

합리적 행위의 비합리적 결과

위의 접근법들의 핵심적인 사회이론적 통찰 중 하나는 개개인의 합리적 행위가 반드시 합리적인 사회로 이어지지는 않는다는 것이다. 왜냐하면 이러한 행위의 모든 결과와 부작용이 관련자 모두에게 달갑지 않으며 비효율적인 상태들을 야기하고 개인의 의지와는 무관한 상황적 강제를 만들어낼 수 있기 때문이다.

3 ı 방법적 기본 구상: 합리적 행위자와 게임이론

방법론적 개인주의

합리적 선택이론은 바로 행위이론적 접근법의 범례이다. 이러한 범례로서 합리적 선택이론은 방법론적 개인주의 원칙(⇨ '들어가기' 2절 참조)에 의존한다. 즉, 사회제도와 사회구조의 형성이 개별 행위의 논리로부터 설명된다. 사회적 현상들은 개별 행위와 동기의 결과·부차적 결과·집합으로서 파악되는데, 이는 물론 이러한 구조와 제도 자체가 행위자들의 '산정근거'나 합리성 계산을 달라지게 할 수 있기 때문에 다시 개인들의 행위와 의사결정에 영향을 미친다는 사실을 배제하지 않는다. 예컨대 마을을 시속 50km 또는 100km로 통과해야 하는 문제에 직면한 사람은 경찰의 존재 여부, 교통법규, 벌금의 종류 등을 고려한다. 합리적 선택접근법은 이러한 경우를 인정하지만, 그럼에도 불구하고 사회학적 이론을 형성하는 고전적인 '상향식' 전략을 추구한다. 개인들의 행위와 욕구를 사회구조로부터 설명하는 '하향식' 이론과는 반대로, 이러한 구조들의 생성과 기능은 개인들의 행위와 욕구로부터 재구성된다.

1) 합리적 행위자

합리적 선택이론의 출발점은 사람들이 세상에 대해 바라는 소망과 그에 관한 특정한 가정을 가지고 있다는 전제이다. **소망**은 세상의 가능한 상태와 관련된다. 예컨대 페터라는 사람은 자신이 폭스바겐 골프를 몰고 다니는 세상보다 포르쉐를 소유하는 세상을 선호할 수 있고, 한 달에 300유로로 생활해야 하는 세상보다 한 달에 3만 유로를 버는 세상을 선호할 수 있다. 마찬가지로, 페터는 자신이 싱글로 사는 세상보다 피터와 결혼한 세상을, 폭력으로 갈등이 해결되는 세상보다 전쟁이 없는 세상을, 또는 심지어 독일 프로축구 분데스리가에서 베르더 브레멘이 우승하는 세상보다 바이에른 뮌헨이 우승하는 세상을 선호할 수 있다.

반면에 **가정**은 특히 세상의 특정 상태가 실현될 가능성과 관련된 수단·확률·비용을 의미한다. 이제 소망과 가정의 결과로서 **행위**를 도출할 수 있다. 예컨대 페터는 자신이 비에 젖은 세상보다 비를 맞지 않은 상태인 세상을 더 선호하고, 우산을 사용하면 자신이 선호하는 세상의 상태를 실현할 수 있다고 믿는다면 우산을 펼칠 것이다. 이 세 가지 요소(소망, 가정, 행위) 중 두 가지를 알고 있다면, 일상생활에서 우리는 거의 기계적으로 나머지 한 가지를 추론할 것이다(Dennett, 1993).

행위 = 소망 + 가정

| 요약 | 일상의 합리성: 소망, 가정, 그리고 행위

각각의 두 가지 요소로부터 우리는 셋째 요소를 재구성할 수 있다.

- 경우 a: 페터는 비에 젖지 않기를 원하는데(소망) 비가 내리고 있고, 그는 우산이 자신을 보호할 것이라고 추측한다(가정). 여기서 우리는 페터가 우산을 펼쳐들 것이라고(행위) 예측한다.
- 경우 b: 페터는 비가 내리고 있고, 우산이 자신을 보호할 것이라고 추측한다(가정). 그리고 그는 우산을 펼쳐든다(행위). 여기서 우리는 페터가 아마도 비에 젖지 않은 상태이기를 원한다고(소망) 추론한다.
- 경우 c: 페터는 비에 젖지 않기를 원한다(소망). 그리고 그는 우산을 펼쳐든다(행위). 따라서 우리는 비가 내리고 있고, 우산에 비가 새지 않을 것으로 페터가 추측한다고(가정) 예측한다.

우리의 기대가 항상 충족되는 것은 아니다. 예컨대 비가 내리지 않아도 페터가 우산을 펼쳐든다면, 우리는 합리적인 대체 가정을 찾을 것이다. 즉, 페터는 지붕에서 물이 한 방울씩 떨어지기 때문에 비가 온다고 생각했을 수도 있고, 안과에서 수술 등의 시술을 받았기 때문에 햇빛으로부터 눈을 보호하려 했을 수도 있다. 우리는 이러한 대체 가정들을 통해 가정, 소망, 행위 사이의 합리적인 관계를 재설정한다. 이것이 불가능할 때 우리는 관찰된 것을 터무니없는 것으로 판단하는 경향이 있다.

합리적 선택이론은 사람들이 항상 비교적 안정된 소망 또는 '선호 순서'를 갖고 있기 때문에, 그들이 대안들 사이에서 선택을 하게 될 경우 어떤 행위를 첫째, 둘째, 셋째 등으로 원하는지 말할 수 있다고 가정한다. 인간 행동에 대해 단순한 경제학적 설명은 **호모 이코노미쿠스**(homo economicus)라는 행위자 모델을 통해 이루어진다. 이 행위자 모델은 첫째, 행위의 모든 상황에서 안정적이고 완전한 선호 순서를 가지고 있으며, 둘째, 대안들 사이에서 합리적인 결정을 내리는 데 중요한 모든 정보를 갖고 있다. 즉, 그의 '가정'이 정확하다는 것이다. 그런 다음 **호모 이코노미쿠스**는 자신의 소망과 확신의 선호 순서에 비추어 최적의 비용-편익 결과를 달성하는 방식으로 행동한다.

호모 이코노미쿠스

물론 이러한 가정들은 비현실적이기 때문에 오늘날의 합리적 선택이론에서는 **호모 이코노미쿠스**라는 행위자 모델을 넘어서려는 시도들이 이루어지고 있다. 호모 이코노미쿠스 행위자 모델은 RREEMM 모델로 대체되고 있다(Meckling, 1976; Lindenberg, 1985). 이 이론은 사람들이 단순히 기존의 대안들 중에서 선택하는 것이 아니라 때로는 자신의 상황을 재정의함으로써 자신의 대안들도 새로 정의하거나 자신의 환경을 변화시킨다는 점을 고려한다. 그래서 사람은 창의적이며 지략이 있고(resourceful), 상황에 따라 지식과 가능성이 제한되며(restricted), 선호 순서에 따라 대안들을 평가하며(evaluating), 이 과정에서 완전한 정보는 없지만 자신의 행위의 결과와 사건 발생에 대한 일정한 기대를 가지고 있다(expecting). 이 모든 요소에 비추어볼 때 사람은 효용을 극대화하는(maximizing) 행위자이다. 그러므로 사람은 "지략이 있고, 제한되어 있으며, 평가하고, 기대하며, 극대화하는 존재(Resourceful, Restricted, Evaluating, Expecting, Maximizing Man)"이다(Esser, 1996: 236~239).

RREEMM 모델

개별 행위를 설명할 경우, 현실에서는 사람들이 종종 불확실한 상태에서 결정을 내려야 한다는 점을 고려해야 한다. 사람들은 목표를 달성할 수 있다는 것을 알고 있는 상태에서 단순히 대안적 행위를 선택하는 것이 아니라, 추구하는 세상의 상태를 가져올 수 있는 (주관적으로 평가된) 확률을 지향한다. 이로부터 **가치기대이론**은 행위자들이 자신들의 목표를 달성할 수 있을 것이라고 믿는 소망과 확률에 의거해서 인간 행위를 계산해 낼 수 있다는 결론에 이른다(Hollis, 1995: 158~159).

| 요약 | **가치기대이론**

가치기대이론은 사람들은 원하는 대안의 확률과 바람직성을 곱한 값에서 모든 (예상된) 비용을 공제한 값이 가능한 한 커지도록 대인적 행위들 사이에서 선택한다고 가정한다.

〈보기〉 (유난히 규모가 큰) 카지노에서 카드 게임을 하는 어느 여성에게 주어진 가능성들은 다음과 같다.

① 스페이드, 다이아몬드, 하트, 클로버에 1유로를 걸고 카드 더미에서 해당 카드를 뽑으면 5유로를 딸 수 있다.

② 적색 또는 흑색에 1유로를 걸고 같은 색 카드를 뽑으면 3유로를 딸 수 있다.

합리적 행위자는 어떻게 행동할까? 여기서 비용과 효용을 유로화(Euro)로 간단하게 나타내면, 합리적 행위자는 대안 ①에서 다음의 기대치를 지닌다. 효용=5, 확률=0.25, 비용=1. 따라서 기대치는 (5×0.25)−1=0.25가 된다. 반면에 대안 ②에서는 (3×0.5)−1=0.5라는 계산이 적용된다. 합리적 행위자는 대안 ②를 선택하고 적색 또는 흑색 카드에 돈을 걸 것이다.

합리적 선택 접근법의 두 가지 문제점

합리적 선택의 표준 이론은 기본적으로 외인적(外因的), 즉 주어진 선호들을 가정한다. 이는 사람들은 항상 소망을 갖고 있다는 사실이 합리적 선택이론에서 중요하다는 것을 의미한다. 이러한 소망이 어디에서 오는지, 무엇의 영향으로 그러한 소망이 형성되었는지는 고려되지 않는다. 앞으로 보겠지만, 외인적 선호를 수용하는 것이 사회이론적으로 문제가 되지 않는 것은 아니다.

합리적 선택 접근법의 둘째 문제는 효용의 정의에 있다. 여기서 이 이론은 딜레마에 봉착한다. 효용이 시간이나 금전적 이득을 의미하는 좁은 경제학적 효용 개념을 가정할 경우, 행위자들의 행동을 예측하는 것이 가능할 수는 있어도, 이러한 예측은 빗나가는 경우가 많다. 행위자들은 다른 가치관이나 목표를 위해 시간이나 금전적 이득을 기꺼이 포기할 용의가 있는 경우가 많기 때문이다. 반면, 한 명의 행위자에게 바람직해 보이는 모든 것이 효용일 수 있다는 또 다른 주관적인 효용의 개념은 설명의 도구로서 쓸모가 없다. 즉, 이론은 행위자에게 무엇이 가치 있는지를 예측할 수 없기 때문에 오직 행위자의 행위에서만 그 효용을 유추할 수 있다. 가령 어떤 사람이 가난한 사람에게 도움을 주거나 또는 무의미한 일로 시간을 탕진하더라도 이는 분명 그에게 높은 효용이 있는 것이다.

다음에서 논의되는 게임이론의 다양한 모델을 올바르게 평가하려면 형식과학으로서의 합리적 선택이론과 그 실제과학적인 변형을 구별하는 것이 중요하다.

이상적 모델과 현실적 관찰

- **형식과학적** 합리적 선택의 접근법은 인간의 행위와 사회적 갈등 상황에 대한 수학적·논리적 모델을 개발하는 것을 지향한다. 이와 관련해서는 — 전적으로 베버에 입각해서 — 완벽하게 합리적으로 행동하고 주어진 선호구조와 정보를 기준으로 결정하는 '이념형적' 행위자가 구성된다. 물론 현실에서 사람들이 그대로 정확히 행동하는 것은 아니지만, 이러한 이론 모델은 사회학자들이 이러한 이념형적 모델들에서 실제 상황을 '측정'하고 비교할 수 있게 해준다.
- 반대로 **실제과학적** 합리적 선택의 접근법은 경험적으로 관찰할 수 있는 사람들의 '실제적인' (일상)행동을 이론으로 재구성해 설명을 시도한다. 예컨대 임금 협상에서 노조와 기업의 전략은 이런 방식을 통해 합리적 행위로 재구성될 수 있을 뿐 아니라, 부분적으로는 예측도 가능하다.

2) 행위에서 사회로: 사회학적 설명의 욕조 모델

앞서 이미 보았듯이 합리적 선택이론은 일차적으로 미시 사회학적 **행위 이론**이다. 이 이론은 개별 행위자들의 행동 방식을 설명한다. 그러나 사회 이론은 사회구조와 사회적 거시 현상의 형성과 효과, 그리고 소멸까지 분석해야 한다. 합리적 선택이론은 미시 차원과 거시 차원 사이의 이러한 간극을 어떻게 메울 수 있을까?

이에 대한 대답으로 제임스 콜먼과 하르트무트 에써는 유명한 사회적 설명의 "욕조 모델"을 정식화했다(Coleman, 1990: 10~29; Esser, 1996: 91~98). 이에 따르면 개별 행위자는 항상 거시 사회적 현상인 특정 행위의 맥락이나 '상황' 안에서 행위하고 결정한다. 예컨대 행위자들이 스스로 무기를 소지해야 할지 여부는 '상황의 논리', 즉 그들이 무엇보다 경찰과 법이 제대로 작동하는 나라에서 살고 있는지 여부에 달려 있다. "가교 가설"은 이러한 거시 사회적 처음 상황과 개별 의사결정 사이에서 행위자가 주어진 상황에서 어떤 대안들을 유의미한 방식으로, 즉 자신의 평가와 기대에 비추어 볼 때, 갖고 있는지를 설명하는 연결 고리를 만들어내야 한다. 그런 다음 한 가지 대안을 선별(선택)하는 것은 미시 사회적 행위이론, 즉 예컨대 가치기대이론의 가정들을 통해 설명할 수 있다.

미시 사회적 행위 거시 사회학 결과

집합, 즉 행위자들의 개별 결정들의 상호작용에서는 또다시 거시 사회적 결과가 나타난다. 예컨대 어느 도시에서 모든 차량 소유자가 빠른 이동을 위해 일제히 차를 몰고 나온다면 도로 정체가 발생하고, 그 결과 아무도 빨리 이동할 수 없게 된다. 거시 사회적 사실로서 도로 정체는 궁극적으로 개별 행위자들의 결정이 하나로 합쳐진 결과로 설명된다. 또한 이렇게 합쳐진 결정은 대중교통 종사자들의 파업이나 대중교통요금 인상 등 특정한 출발상황에 다시 영향을 받은 것이다. 이러한 설명을 통해 방법론적 개인주의에 부합하는 사회적 설명의 '거시-미시-거시 모델'이 얻어진다. 따라서 사회적 사실은 개별 행위자들의 행동과 결정에 의존해서 설명된다(⇨ 그림 11-1 참조).

그림 11-1 **콜맨과 에써에 따른 사회적 설명의 욕조 모델**

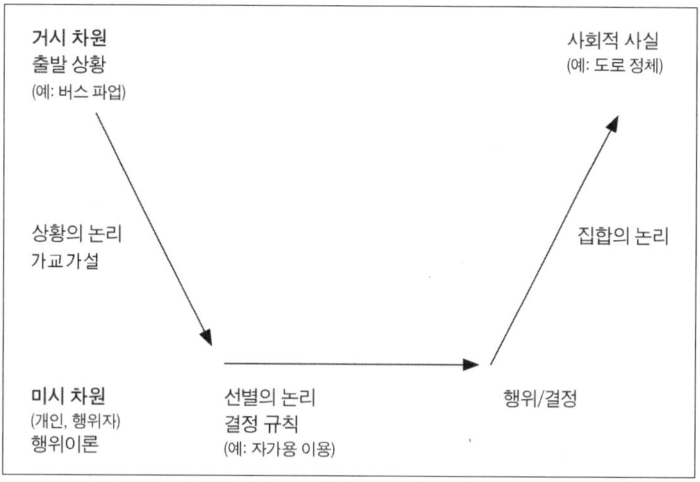

3) 게임이론과 상호작용의 논리

합리적 행위로부터 형성되는 사회질서

모든 사회학의 근본 물음이 '사회질서를 형성하고 유지하는 것은 어떻게 가능한가?'라는 것이라고 한다면, 합리적 선택이론의 관점에서 이 물음은 '합리적 행위자들의 이익극대화 행동에서 사회질서는 어떻게 가능한가?'로 표현된다. 그 답은, 모든 제도는 사회적 상호작용의 논리에서 생성된다는 것이다. 상호작용의 상황에서는 두 명 또는 그 이상의 합리적 행위자들이 만나 서로의 행동을 조율해야 한다. 따라서 다른 행위자들의 행동에 대한 기대가 자신의 행동계산에 포함된다. 이른바 게임이론은 이러한 상호작용의 논리를 준수학적으로 정식화된 '게임 상황들' 안에서 모델화하여 체계적인 연구를 시도한다.

조정 게임

사회이론적으로 시사하는 바가 많은 가장 간단한 '게임'은 교차로의 모델로 설명할 수 있는 **조정의 불가피성**이다. 예컨대 한스와 그레테라는 두 명의 행위자가 각각 승용차를 운전하고 가다가 좁은 교차로에서 마주쳤다고 가정해 보자. 한스는 남쪽에서, 그레테는 동쪽에서 온다. 이제 가능한 행동은 원칙적으로 네 가지이다. 한스가 기다리고 그레테가 먼저 통과하는 경우, 그레테가 기다리고 한스가 먼저 통과하는 경우, 둘 다 상대방이 먼저 통과할 것이라고 가정하고 기다리는 경우, 둘 다 상대방이 기다릴 것이라고 가정하고 차를 멈추지 않아 서로 충돌하는 경우이다. 물론 게임의 마지막 '해결책'이 가장 불리하다. 두 행위자 모두에게 고장 난 자동차와 오랜 대기시간을 초래하기 때문이다. 따라서 이 해결책은 가장 낮은 '효용 가치'(1점)를 얻는다. 서로 상대방을 기다리는 셋째 해결책에서는 교통사고는 없었지만(두 행위자는 돈을 절약한 셈이다), 그래도 오랜 대기시간이 발생한다. 이 해결책은 두 행위자에게 차선책이지만, 교통사고보다는 낫다. 그래서 우리는 이 해결책에 두 행위자를 위한 효용 가치 2점을 부여한다. 만약 한스와 그레테 모두 누가 먼저 통과하든 상관없는 것이라면, 처음의 두 해결책은 각각 가장 높은 효용 가치를 가진다. 두 행위자 모두 시간과 돈을 절약했기 때문이다(효용 가치 3점).

게임의 가능한 네 가지 결과에 대한 '지급'(즉, 효용 분포)은 표 11-1에 나타나 있다. 첫째 숫자는 한스의 효용, 둘째 숫자는 그레테의 효용을 나타낸다.

이 게임에서 즉시 알 수 있는 것은 두 행위자 모두에게 유리한 해결책과 불리한 해결책이 동일하게 두 개씩 있다는 것이다. 두 행위자는 모두 동일한 결과, 즉 효용이 3분의 3으로 분배되는 결과를 선호한다. 게임이론의 정식화된 언어로 말하자면, 이 상황에는 두 개의 **내쉬균형**(3/3)이 존재한다고 할 수 있다. 동시에 이 상황은 파레토 최적이기도 하다. 동시에 내쉬균형이기도 한 **파레토 최적**은 다른 어떤 상황들보다 모든 당사자에게 더 좋거나 적어도 더 나쁘지 않은 상황이다. 따라서 한스와 그레테에게 필요한 것은 매일 아침 교차로에서 누가 먼저 통과할지 다시 생각하거나 협상할 필요가 없는 간단한 조정 규칙이다. 이러한 조정 규칙은 어느 사회에서나 비교적 문제없이 빠르게 발전할 수 있다. 우리의 경우에는 '우측 차량 우선'이라는

표 11-1 **조정 게임 '교차로'**

한스 \ 그레테	통과	기다림
통과	1/1	3/3
기다림	3/3	2/2

• 파레토 최적: 3/3, 내쉬균형: 3/3, 우세 전략: 없음

사회제도의 게임이론적 설명

규칙이 있다. 이 규칙은 관습인 동시에 유효한 규범이다. 조정 규칙을 통해 모든 행위자는 이익을 얻으며, 누구도 추가 비용을 부담할 필요가 없다. 이러한 방식으로 게임이론은 행동의 조정을 가능하게 하는 규범과 관습의 의미에서 사회제도가 어떻게 생겨나는지 우아하고 간단하게 설명할 수 있다.

| 요약 | **게임이론의 기본 개념**

- **내쉬균형**: 어떤 행위자도 일방적인 행동 변화를 통해 결과를 개선시키지 못한다.
- **파레토 개선**: 다른 행위자를 더 나쁜 상황에 처하게 하지 않으면서 적어도 한 명의 행위자가 (출발 상황보다) 더 나은 상황에 놓이는 해결책을 파레토 개선이라고 한다.
- **파레토 최적**: 파레토 개선의 해결책이 존재하지 않는 상황이 파레토 최적이다.
- **우세 전략**: 적어도 두 가지 가능성 중 한 가지가 한 명의 행위자에게 다른 모든 가능성보다 항상 더 유리한 결과를 가져올 경우, 그 행위자에게 그 선택은 우세 전략이 된다. 이 행위자는 자신이 다른 행위자들에게 기대하는 것과 무관하게 항상 우세 전략을 선택하게 된다.
- **집합재**: 집합재란 생성됨으로써 모든 사람에게 이득이 되는 대상이나 상태(예컨대, 깨끗한 공기 또는 공원)를 말한다. 여기서 '모든 사람'에는 그러한 대상이나 상태가 제공되는 데 비용을 부담하지 않은 사람(예컨대, 무임승차자)도 포함된다.

그러나 훨씬 더 흥미로운 것은 관련된 행위자들이 결과를 다르게 평가하

는 상호작용의 상황으로, 한 행위자의 이익 증가가 다른 행위자에게는 불이익을 의미하고, 따라서 사회적 협력의 이점과 위험이 다르게 분배되는 상황이다. 이러한 종류의 게임 중 가장 잘 알려져 있고 유용한 것은 이른바 **죄수의 딜레마**이다.

한스와 그레테는 은행 강도를 저지르고, 이 상황은 촬영된다. 사람은 도주 중에 경찰관 한 명을 권총으로 쏴 죽이지만 살인을 입증할 증거는 없다. 검사는 두 사람을 체포한 후에 분리하여 단독 심문에서 다음과 같은 '거래'를 제안한다. 두 사람 모두 침묵하면, 은행 강도 혐의만 유죄로 인정되어 각각 10년의 징역형을 선고받는다. 한 명이 자백하고 다른 한 명이 침묵하면, 자백한 사람은 관대한 처벌을 기대할 수 있다. 그는 징역 7년을 선고받지만, 침묵한 사람은 살인죄로 종신형(25년)을 선고받는다. 그러나 두 명 모두 범행을 자백하면 살인공범죄로 각각 징역 20년을 선고받는다.

이 게임에서는 자유가 두 죄수에게 각각 가장 높은 효용 가치이며, 수감은 가장 큰 불이익 또는 가장 높은 비용을 의미한다고 가정된다. 그 결과, 표 11-2와 같은 효용 분배의 결과가 나타난다.

표 11-2 **조정 게임 '죄수의 딜레마'**

한스 \ 그레테	침묵	자백
침묵	3/3	1/4
자백	4/1	2/2

• 파레토 최적: 3/3, 내쉬균형: 2/2, 우세 전략: 자백

여기서 우리는 파레토 최적과 내쉬균형 사이의 불일치를 관찰할 수 있다. 한스와 그레테는 침묵하는 게 모두에게 더 낫지만(파레토 최적 3/3), 일방적인 행동을 함으로써, 즉 자백을 함으로써 각자에게 가장 높은 효용(효

용 가치 4점, 즉 징역 7년)을 달성하여 파레토 최적에 비해 상황을 개선할 수 있다. 실제로 여기서 '자백'은 두 사람 모두에게 우세 전략이다. 한스의 상황에서는 그레테가 침묵하면 자백이 유리하다. 그러면 한스는 징역 10년 대신 7년을 선고받게 된다. 또한 그레테가 자백을 하더라도 한스 또한 자백이 유리하다. 어쨌든 한스는 자백을 통해 자신의 형량을 25년에서 20년으로 줄일 수 있기 때문이다. 이는 그레테에게도 마찬가지이다. 따라서 합리적 행위자라면 두 사람은 자백을 해서 자신들이 협력을 통해 달성했을 수도 있는 이익에 미치지 못하는 상황을 초래할 것이다(3/3 대신 2/2).

해결책으로서의 협력

실제로 이 효과는 '공범증인규정'이 사용되는 형법의 현실에서 악용되고 있다. 이 규정에서 범죄자들은 자신의 공범을 폭로함으로써 더 가벼운 처벌을 받거나 무죄판결을 얻어낸다. 한스와 그레테가 사전에 서로 말을 맞출 수 있다고 가정하더라도 상황은 크게 달라지지 않는다. 두 사람이 서로 침묵을 지키기로 약속한 후에 그 이행 여부를 놓고 고민할 수도 있기 때문이다. 따라서 조정과 달리 협력은 행위자들이 모두에게 이익이 되는 해결책을 위해, 즉 집단재를 위해, 자신의 최대 이익을 즉각적으로 실현하는 것을 포기하도록 요구한다.

협력의 딜레마

이러한 협력의 딜레마를 우리는 사회 현실의 도처에서 경험한다. 예컨대 죄수의 딜레마 논리는 무엇보다 지하철 이용에서 관찰할 수 있다. 행위자는 '몰래' 또는 '무임승차'를 통해, 즉 승차권을 구매하지 않고 지하철을 이용하는 게 가장 큰 이익이다. 그러면 다른 승객들이 그의 교통비를 분담한다(4/1). 만약 모든 사람이 이 계산을 따르면 아무도 승차권을 구매하지 않을 것이며, 그러면 지하철은 재정 적자로 더 이상 운행되지 않을 것이다(2/2). 반면에 파레토 최적은 모든 사람이 각자 승차권을 구매하는 상황일 것이다(3/3). 맨커 올슨(Olson, 1965)이 처음 체계적으로 제시한 이 예시에 따르면 게임이론에서 협력 문제는 "무임승차자 문제"라고도 불린다. 이는 합리적 행위자들이 협력에 관심이 상당히 많지만(상술된 우리의 예시에서는 3/3 해결책으로, 이는 협력이 비협력적인 2/2 해결책보다 유리하기 때문이다) 이와 동시에 개인적으로는 착복하려는(즉, 협력에 대한 기대를 실망시키는) 피할 수 없는 충동에 노출되어 있다는 사실에 기인한다.

제재 위협을 통한 협력의 합리성

그렇다면 '무임승차'가 행위자들에게 더 많은 이익을 가져다주더라도 그들 스스로 협력하고 합의 내용을 지키면서 기여하도록 만들려면 어떻게 해야 할까? 이 물음은 이미 토머스 홉스의 핵심 문제였다. 홉스는 『리바이어던』에서 행위자들로 하여금 자신에게 이익이 되더라도 어떻게 폭력 사용 또는 계약 위반을 자제할 의무를 지게 할 수 있는가라는 문제를 제기했다. 여기서도 대답은 지하철의 경우와 마찬가지로 다음과 같다. 즉, 협력은 변절(비협력을 이렇게 칭한다)에 대한 제재가 확실히 가해질 것이라는 위협을 통해 보장된다.

가치기대이론의 도움으로 승차 요금의 지불이 합리적이려면 벌금은 얼마나 높아야 하는지를 결정할 수 있다. 10회 탑승할 때마다 차표 검사가 이루어지고, 즉 적발될 확률이 1/10이고, 벌금은 승차 요금(2유로라고 하자)의 10배라고 한다면, 효용극대화의 관점에서 승차 요금의 지불과 부정 승차는 모두 동일하게 합리적인 것이다(부정 승차에 대한 비용: 20유로, 적발될 확률 = 1/10, 따라서 예상비용은 20 × [1/10] = 2유로이다). 이 경우에 적발되면 사회적 비용(창피한 상황과 시간 낭비 등)이 발생하기 때문에 합리적 행위자는 승차 요금을 지불할 것이다.

인센티브를 통한 협력의 합리성

그러나 협력은 부정적인 제재, 즉 처벌을 통해서만이 아니라 긍정적인 인센티브를 통해서도 보장될 수 있다. 예를 들어 '맑은 공기'는 매연이 심한 자동차의 운전자에게 '처벌'(예컨대, 세금 부과)을 가함으로써만 가능한 것이 아니라, 촉매변환기 설치에 대한 '보상'(예컨대, 세금 감면)을 함으로써도 가능하다.

정치적 조정을 통한 사회질서

따라서 합리적 선택이론은 합리적 행위자들의 행동과 계산에 의해 사회질서가 어떻게 그리고 왜 생겨나는지를 충분히 설명할 수 있다. 행위자들이 자신의 효용을 극대화하기 위해 노력할 경우, 그들은 필연적으로 사회적 조정과 협력의 보장에 관심을 갖게 된다. 따라서 조정을 위한 관습과 규범('우측 차량 우선' 또는 '아동 우선' 등)을 만들고, 긍정적인 인센티브(특별 수당, 감세 및 보상 등)나 부정적인 제재(처벌, 가중처벌, 세금 부과 등)를 통해 협력 행동이 합리적으로 이루어지게 함으로써 무임승차를 방지하는 사회제도가 생겨난다. 따라서 사회는 합리적 행위자들이 죄수의 딜레마에서 벗어나도록 도움을 주는 인위적인 구성물이다(Hollis, 1995). 인센티브와 제재를 통한 정치적 통제가 없다면 합리적 행위자들은 자신의 선호도에 비추어 비합리적인, 즉 파레토 차선책인 세계를 만들어낼 것이다.

| 정의 | **사회(Gesellschaft)**

사회는 조정과 협동을 가능하게 하는, 그리고 합리적 행위자들이 자신들의 선호를 실현하거나 효용을 극대화하도록 도움을 주는 인위적 구성물이다. 조정과 협력을 통해 파레토 개선의 상태가 실현될 수 있다.

이러한 두 가지 기본적인 게임 외에도 게임이론은 사회적 갈등 및 의사 결정 상황에 있어서 종종 행위자들의 의지와는 독립적으로 존재하는 행동과 동기부여의 상황적 강제에 대한 놀라운 통찰을 제공하는 수많은 다른 상호작용의 상황들을 모델화했다. 그러나 이는 형식과학적 모델이라는 점을 항상 고려해야 한다. 실제 행위자들이 좁은(경제학적) 의미에서 철저하게 효용을 극대화하는 방식으로 행동하는 경우는 드물지만, 그럼에도 불구하고 이러한 모델의 도움으로 행위자들의 의사 결정과 행동 방식의 본질적인 측면들을 재구성할 수 있다.

4 | 분석: 경쟁 원칙에서 효용극대화 행위에 대한 제도적 인정으로서의 근대화

합리적 선택 접근법은 독립된 근대화이론은 아니다. 오히려 모든 시대와 모든 문화에 있어서 인간 행동을 이 접근법의 방법론적 수단으로 설명하거나 기술할 수 있다는 데 이 접근법의 유용성이 있다. 그럼에도 불구하고 합리적 선택이론에서는 근대화 과정에 대한 특정 해석을 엿볼 수 있는데, 이에 따르면 근대는 무엇보다도 인간 행동의 '합리적' 특성, 즉 효용을 극대화하는 특성을 거부하는 대신에 점차 이 특성을 인정했다. 이 시각에서 사회제도는 더 이상 행위자들의 올바른 품행이나 연대감 또는 도덕적 기준에 호소하지 않고, 모든 사람에게 이익이 되는 방식으로 그들의 자기이익에 대한 관심을 이용한다.

미덕을 대체하는 이기심의 합리성

전근대사회가 귀감이 되는 통치 규범서와 덕목 교육서를 통해 왕이나 통치자들을 현명하고 신중한 통치로 유도하려 했다면, 근대 민주주의는 정당들의 경쟁을 통해 권력에 대한 정치인들의 관심을 생산적으로 이용한다. 정권을 잡으려는 사람은 정치적 경쟁에서 승리해야 하며, 이는 오직 현명한 정부 정책 프로그램의 제시 및 실행을 통해서만 가능하다. 이러한 방식으로 '가장 좋은' 정부 프로그램이 실현된다. 그렇다고 해서 통치자들이 도덕적 귀감이 되는 것은 아니며, 통치자들에게 동기부여를 하는 것은 그들의 자기이익에 대한 관심이다. 경제와 같은 다른 영역에서도 상황은 비슷하다. 빵의 품질은 주로 계명과 금기가 아니라 경쟁을 통해 확보된다. 제빵사가 부자가 되길 원한다면, 그 바람은 양질의 빵을 받아들여질 만한 가격에 생산해야만 이루어질 수 있다. 생산자와 고객 모두가 자신의 이기심을 따를 때 모두에게 가장 유리한 세계 상태가 실현된다. (정치인들과 제빵사들 중) 사람들을 속이는 자들은 — 비현실적인 소망이 아닌 그들의 기만과 관련된 소망에 따라 — 경쟁에서 도태되어 모든 기회를 잃을 위험에 빠지게 된다. 그러면 아무도 더 이상 그들과 협력하지 않을 것이다.

사회영역의 경쟁화

이러한 제도적 논리의 핵심 요소는 경쟁 원리이다. 근대사회는 모든 사회 영역을 경쟁의 형태로 조직화함으로써(Rosa, 2006) 가능한 한 가장 낮은 도덕적 기준들로 유지하고, 동시에 모든 사람에게 이롭게 작용하는 자기 효용을 실현하기 위한 인센티브를 설정하려고 한다. 근대 자유주의 자본주의 질서의 기본 가정인 '시장의 보이지 않는 손'의 도움으로 효용을 극대화하는 이기주의자들의 행동 결과들은 공익과 양립하는 방식으로 응집된다. 따라서 근대의 제도는 (전통사회와 달리) 개인들의 행위를 규정하지 않지만, 인센티브와 제재를 통해서 조정과 협력에 대한 개인들의 동의를 얻는다.

개인의 이익을 극대화하는 방향으로 사회제도를 개편하는 과정은 아직 완료되지 않았다. 이제까지 독일연방공화국의 보건의료체계에서 널리 통용되어 온 의료보험의 연대성 원칙에서 건강은 무임승차와 같은 문제로부터 보호받지 못했던 집합재였다. 그러나 최근 수십 년 동안 완만한 변화가 그 궤도에 진입했다. 오늘날에는 모든 의약품과 많은 의료 서비스가 환자들에게 직접적인 추가 비용을 발생시킨다. 따라서 어떤 의미에서 건강은 집합재에서 사적 재화로 바뀌고 있다. 이제는 자신의 효용을 극대화하는 사람들도 근검하게 의료 서비스를 이용하는 것이 유리하다. 무임승차는 이익이 되지 않는다. 따라서 근대는 "악마의 종족"(즉, 무조건적으로 합리적인 이기주의자)까지도 평화롭게 함께 살 수 있도록 사회질서를 만들어야 한다고 주장했던 임마누엘 칸트의 통찰을 어떤 면에서는 구현하고 있는 것이다.

집합재는 사적 재화가 된다

5 ı 진단: 왜곡된 선호, 그리고 신뢰와 연대의 침식

그러나 근대적 제도의 지배적인 논리는 의심할 여지없이 한 가지 위험 또한 은폐하고 있다. 즉, 근대가 점점 더 (특히 경제적인) 자기이익을 극대화하는 것을 사회적으로 기대되는 보통의 경우가 되도록 제도를 형성함에 따라 직접적인 이득(또는 제재의 가능성이 낮은 무임승차의 기회)을 이용하는 것을 포기한 사람들은 비합리적이고 '어리석은 사람'으로, 아무튼 특이한 사람으로 보이게 한다. 게임이론의 다양한 모의 상황과 경험적 사회 분석도 보여주었듯이, 상호 **신뢰**와 최소한의 **연대** 없이는 사회질서가 거의 유지될 수 없다.

이기주의의 일반화

'합리적 근대'의 이러한 유형을 비판하는 사람들에 따르면, 자기 효용을 철저하게 추구하도록 형성된 제도는 신뢰와 연대를 서서히 파괴하거나 적어도 '유명무실'하게 만드는 데 기여한다는 것이다. 비판가들은 악마의 종족에 대한 규칙들이 애초에 악마의 종족을 만들어낸 것이라고 주장한다. 바꿔 말하면, 합리적 선택이론이 무임승차를 합리적인 것으로 묘사하고 근대사회는 그에 따라 제도적 질서로 하여금 무임승차 행위를 지향하도록 함으로써, 신뢰와 연대라는 사회적 자원들을 거의 '기생적'으로 고갈시키는 효용극대화 이기주의자들을 양산·조장한다는 것이다(Hartmann/Offe, 2001). 이것은 근대사회의 도덕적 토대를 둘러싼 "공동체주의 논쟁"으로 알려진 논쟁의 핵심 주장이었다(Honneth, 1994).

이 주장은 처음에는 합리적 선택이론(과 근대사회)에 대한 비판으로 보이며, 이 접근법의 병리진단으로는 보이지 않는다. 궁극적으로 합리적 선택이론은 사람들의 선호는 단순히 주어진 것이 아니라, 제도적 맥락에 영향을 받기 시작하면서 형성된다는 통찰에 기인한다. 행위자들은 고정된 선호 순서와 효용에 대한 생각을 갖고 있는 상태에서 상호작용 상황과 제도에 다가가는 것이 아니라, 상호작용의 상황과 제도에 의해 고정된 선호 순서와 효용에 대한 생각을 갖게 되는 경우가 많다.

선호의 형성

어떤 사람이 자신의 은행 계좌를 생각하는 것을 선호할지, 아니면 리우데자네이루에 있는 거리의 아이들을 생각하는 것을 선호할지의 여부는 전적으로 누가 언제, 어떤 조건과 어떤 설득력 있는 말로 기부나 투자를 제안

하느냐에 달려 있다. 즉, 선호란 외인적으로 — 사회적 상호작용 이전에 — 주어지는 것이 아니라, 내인적으로, 즉 상호작용이 진행되면서 형성되는 것이다. 합리적 선택이론의 표준형은 단순히 외인적 선호를 가정하는 반면, 내인적 선호와 선호의 형성을 고려하는 접근법들도 있다(예컨대, Sunstein, 1993). 우리는 이러한 접근법들로부터 근대 사회를 비판적으로 진단하는 데 실로 유익한 연장들을 얻는다.

행위자가 정말로 원하는 것은 결코 이미 결정되어 있는 것이 아니며, 사회적 제도와 맥락, 그리고 기존의 분배 상황에 따른 결과이다. 또한 선호는 논증을 통해서도 바뀔 수 있다. 계몽과 담론적 논쟁을 통해 행위자는 다른 선호순서에 도달하기도 한다. 왜냐하면 대안들이 이전과는 다른 관점에서 인지되기(reframing) 때문이다. 따라서 이러한 통찰을 토대로 하는 비판적 사회 진단은 근대사회가 정치적 결정과 시장구조에서 주어진 선호들을 단순히 '최종 결정'으로 받아들이는 곳에서 시작된다. 왜냐하면 이러한 선호들은 정치적 결정(과 사회적 강제)에 의해 단순히 응집되는 것이 아니라 달라지기도 하기 때문이다.

| 요약 | **외인적 선호와 내인적 선호**

- 합리적 선택의 표준 이론에서는 행위자들의 선호와 효용 가치가 단순히 주어져 있다(외인적 선호). 그러면 정치는 외인적 선호들을 집단적 선호들로, 즉 모두 또는 다수에게 바람직한 결정으로 변형시키는 작업을 수행해야 한다.
  개인 선호들 → 집단 선호들로 응집 → 해당 **정책**에서 정부·관청을 통한 실행
- 반면, **내인적 선호 형성** 이론은 선호들을 사회적 상호작용과 정치과정의 결과로 관찰한다. 민주적 의사 결정을 토대로 형성된 정책이 사회의 정치 문화와 제도적 구조를 변화시킴으로써 선호 형성 자체에 영향을 미친다.
  정치 문화/제도적 구조 → 개인 선호들 → 정책 → 정치 문화/제도적 구조

근대사회에 대한 비교적 까다로운 진단들을 제외하면, 합리적 선택의 표준 이론은 근대사회의 상태에 대한 비판적 통찰을 가능하게 한다. 이 이론의 대표자들, 특히 **공공선택**의 문제에 집중하는 이론가들(Buchanan/Tullock, 1962; Mueller, 2003)은 많은 근대적 제도가 자체 목표와 자기이해를 거스르는 잘못된 인센티브를 설정한다고 비판한다. 예컨대, 복지국가의 많은 제도와 규정은 합리적 행위자가 쉽게 '시류에 편승'해서 다른 사람들로 하여금 일을 하도록 만들 뿐만 아니라, 협력적으로 행동하려 할 경우 다른 사람들을 '처벌'하기도 한다.

예컨대 조세체계는 정직하고 거짓 없이 세금 신고를 한 사람이 바보처럼 보일 정도로 너무 많은 '도망갈 구멍'을 만들고 있다는 것이다. 반대로, 이 관점의 또 다른 주장은 사회복지 수혜자 중에 오히려 임금노동자보다 소득이 더 많은 사람도 있다는 것이다. 마찬가지로 보조금 제도는 종종 국가가 생산에 보조금을 지급하기 때문에 비효율적으로 운영되고 비싼 물건을 생산하려는 인센티브를 만들어 다른 모든 사람에게 손해를 끼친다. 마지막으로, 환경정책을 조종하려는 시도는 행위자들이 부정적으로 제재된 특정 기술을 더 해롭지만 아직은 제재되지 않은 다른 기술로 대체하도록 유도할 경우 '역효과'를 낼 수도 있다.

상술된 이유들로 공공선택이론의 주요 주창자 중 대부분은 국가 통제에 회의적인 경향을 보이며, 따라서 근대사회에서 국가의 역할이 너무 크다는 사실에 대해서도 비판한다. 이들에 따르면 민주적인 결정은 종종 모든 행위자의 선호에 비추어 볼 때 처음 상황보다 더 나쁜 '비합리적인' 사회 상태를 초래하며, 대부분은 시장규제에 비해 비효율적이다.

합리적 선택이론이 근대사회에 대한 병리진단을 제공하려는 것은 분명 아니다. 그러나 이 이론은 근대사회에 대한 비판, 특히 내인적 선호들에 대한 분석을 통해서 그러한 진단의 정식화를 가능하게 해주는 연장과 통찰을 제공한다.

표 11-3 **한눈에 보는 사회학적 합리적 선택이론**

구분	표제어	세부 설명
사회학	합리적 행위의 결과적 효과에 대한 탐구로서의 사회학	목표는 합리적 행위자의 행동에서 (제도적 영향을 미칠 수 있는) 상호작용의 논리를 인식하는 것이다.
핵심 문제	합리적 행위자들은 특정한 맥락에서 만날 때 어떻게 행동하며, 이로부터 어떤 결과가 나오는가?	합리적 선택이론에서는 시장에서 고객과 상인의 상호작용이 범례로 사용된다.
설명 모델	방법론적 개인주의, 거시-미시-거시 도식(욕조 모델)	사회에 대한 '상향식' 분석이다. 사회는 행위자의 행동에 대한 결과로서 설명된다.
설명의 기본 단위	효용을 극대화하는 개별 행위자('호모 이코노미쿠스' 또는 RREEMM 모델)	가치기대이론의 계산은 행위의 근간을 이룬다.
개인과 사회의 관계	개인의 우위: 소망과 욕구는 (표준 이론에서) 사회 이전의 것('외인적')으로 나타난다.	사회는 합리적 행위가 비합리적인 (단점이 되는) 사회적 결과를 초래할 수 있기 때문에 발생한다.
근대사회와 전통사회 (분석)	전근대는 자기 효용의 추구를 거부한 반면, 근대는 경쟁의 제도화를 통해 자기 효용을 활용한다.	전통사회에서 요구되는 덕목은 비현실적인 것으로 보인다.
근대화의 이해	근대화는 더 이상 전체로서의 사회의 합리화로 이해되지 않는다.	합리적 행위는 항상 비합리적인 부작용들을 만들어내지만, 합리적 선택의 접근법은 근대이론을 제공하지는 않는다.
변화의 원동력	합리화에 대한 추구와 의도되지 않은 부작용 사이의 상호작용	개별 행위들의 '집합'은 기대되지 않은 결과를 초래하기도 한다(예컨대, 도로 정체).
근대의 병리 (진단)	국가의 제도들은 '무임승차'에 대해 '잘못된' 인센티브를 설정한다.	합리적 제도들은 경우에 따라 신뢰의 침식을 낳는 경향이 있고, 비합리적 행위에 대한 암묵적 강제를 만들어낸다.

6 | 요약

합리적 선택이론은 하나의 통일된 사회이론이나 근대에 대한 해석이 아니라, 오히려 방법론적 개인주의에 기초한 행위이론과 의사결정이론의 기본원칙들로 통합된 접근법들의 계통을 말한다. 이 이론은 시장 행동의 관찰에서 얻은 가정에 기초한다. 이에 따르면 인간은 소망과 기대를 바탕으로, 즉 '효용'과 '비용'으로 계산된 장단점들을 바탕으로 사신의 행동에 대한 결정을 내리는 효용극대화의 존재이다. 사람들은 시장에서 자신과 마찬가지로 동일한 원칙들에 따라 행동하는 다른 행위자들과 마주치기 때문에 자신의 행동을 고려할 때 다른 행위자들에게서 예측할 수 있는 행동 방식들도 함께 고려한다.

이러한 상호작용의 상황들을 연구하는 것이 게임이론이다. 게임이론은 사회적 행위자들 모두에게 특정의 조정과 협력에 대한 합의에 도달하는 것이 유리하다는 것을 보여줄 수 있다. 조정 규칙은 실제로 누구에게도 불이익을 주지 않기 때문에 비교적 쉽게 실현될 수 있지만, 협력에 대한 합의를 보장하려면 사회를 통한 긍정적인 인센티브와 부정적인 제재(처벌)가 필요하다. 따라서 게임이론은 합리적 행위자들이 제재의 능력을 지닌 사회질서를 확립하는 데 '자연스러운' 관심을 갖고 있다는 것을 보여준다.

합리적 선택이론의 관점에서 보면 근대화는 행위자들의 합리적 이기심이 경쟁 메커니즘의 구축을 통해 생산적으로 이용됨으로써, 공익이 도덕적 규칙과 연대에 대한 호소에 의해서가 아니라 개인 이익의 제도화된 추구에 의해서 보장·촉진되는 대규모 시도로 이해할 수 있다. 그러나 이와 관련해서, 정치적 조치들은 행위자들로 하여금 '무임승차'를, 즉 비협조적이고 공익에 해를 끼치는 방식으로 행동하는 것을 합리적인 것처럼 생각하게 하는 비의도적인(즉, 계획되지 않은) 부작용들을 초래함으로써 국가의 조정이 '잘못된' 인센티브를 야기할 수 있다는 점이 드러난다. 종래의 합리적 선택이론은 행위자들의 소망이나 선호를 단순히 주어진 것으로(**외인적**으로) 전제하는 반면, 이 이론의 보다 현대적이고 복잡한 변형에서는 행위자들의 소망과 선호가 특정의 사회제도, 정치제도 및 과정 속에서(즉, **내인적**으로) 어떻게 형성되는지 탐구한다.

📖 학습 점검 질문

1. '합리적 행위'란 무엇을 의미하는가?
2. 사회학적 설명의 '욕조 모델'과 가치기대이론을 간략하게 서술하시오.
3. 사회적 행위자들에게 조정과 협력이 중요한 이유를 설명하시오. 조정과 협력의 차이는 어디에 있는가?
4. **우세 전략**, **파레토 최적**, **내쉬균형**의 개념을 사용하여 '죄수의 딜레마'에 대해 설명하시오.
5. 합리적 선택이론의 가정에 따르면 사회질서는 어떻게 형성되는가?
6. 합리적 선택이론은 근대화 과정의 분석과 진단에 기여할 수 있는가?

참고문헌

1차

Arrow, Kenneth (1951): Social Choice and Individual Values, New Haven.
Becker, Gary S. (1976): Der ökonomische Ansatz zur Erklärung menschlichen Verhaltens, Tübingen 1993.
Buchanan, James/Tullock, Gordon (1962): The Calculus of Consent. Logical Foundations of Constitutional Democracy, Ann Arbor.
Coleman, James S. (1990): Grundlagen der Sozialtheorie 1: Handlungen und Handlungssysteme, München 1991.
Downs, Anthony (1957): Ökonomische Theorie der Demokratie, Tübingen 1968.
Elster, Jon (1987): Subversion der Rationalität, Frankfurt a. M. u. a.
Esser, Hartmut (1999): Soziologie. Allgemeine Grundlagen, 3. Aufl., Frankfurt a. M. u. a.
Esser, Hartmut (1999-2001): Soziologie. Spezielle Grundlagen, 6 Bde., Frankfurt a. M. u. a.
Hobbes, Thomas (1651): Leviathan, Frankfurt a. M. 1984.
Mueller, Dennis C. (2003): Public Choice III, Cambridge.
Neumann, John von/Morgenstern, Oskar (1944): Spieltheorie und wirtschaftliches Verhalten, Würzburg 1984.
Olson, Mancur (1965): Die Logik des kollektiven Handelns, Kollektivgüter und die Theorie der Gruppen, Tübingen 2004.
Ostrom, Elinor (1990): Die Verfassung der Allmende. Jenseits von Staat und Markt, Tübingen 1999.
Schumpeter, Joseph Alois (1942): Kapitalismus, Sozialismus und Demokratie, Tübingen u. a. 1993.

2차

Dennet, Daniel C. (1933): Internationale Systeme, in: Bieri, Peter (Hg.): Analytische Philosophie des Geistes, Bodenheim, 162-183.
Hartmann, Martin/Offe, Claus (Hg.) (2001): Vertrauen. Die Grundlage des sozialen Zusammenhalts, Frankfurt a. M. u .a.
Hollis, Martin (1995): Soziales Handeln, Berlin.
Honneth, Axel (Hg.) (1993): Kommunitarismus. Eine Debatte über die moralischen Grundlagen moderner Gesellschaften, Frankfurt a. M. u .a.
Lindenberg, Siegwart (1985): An Assessment of the New Political Economy. Its Potential for the Social Sciences and for Sociology in Particular, in: Sociological Theory 3, 99-113
Meckling, William H. (1976): Values and the Choice of the Individual in the Social Sciences, in: Schweizerische Zeitschrift für Volkswirtschaft und Statistik 112, 545-560.
Rosa, Hartmut (2006): Wettbewerb als Interaktionsmodus. Kulturelle und

Sozialstrukturelle Konsequenzen der Konkurrenzgesellschaft, in: Leviathan 34, 82-104.
Sunstein, Cass R. (1993): Democracy and Shifting Preferences, in: Copp, David/Hampton, Jean/Roemer, John, E. (Hg.): The Idea of Democracy, Cambridge, 196-230.

12장 분화된 기능 영역에서 유동적 사회로

| 마이클 하트·안토니오 네그리

1 | 개관

발전된 근대의 사회는 특히 공간적·시간적·기능적 분화를 통해 점점 더 포괄적인 체계를 발전시키고 이를 제도적으로 표현했다는 점이 특징이었다. 반면, 후기 근대에서는 놀랍게도 — 그리고 오늘날에도 여전히 그들의 개념을 고수하는 분화 이론가들의 가정과는 달리 — 많은, 어쩌면 거의 모든, 영역에서 분화된 영역들 사이의 경계가 철회되고 모호해지는 것처럼 보인다. 먼저, 이러한 점진적인 **탈분화 과정**을 보여주는 인상적인 일련의 사례를 살펴보기로 한다.

사회적 기능 영역들의 탈분화

경계확정의 첫째 형태이자 뚜렷한 형태는 진(과학), 선(도덕·법률·정치), 미(예술)의 **가치 및 기능 영역**의 구분이다. 후기 근대에서 이렇게 엄격한 분화는 이론적으로나 실제적으로 의문시되고 있다. 브루노 라투르나 토머스 S. 쿤(Thomas S. Kuhn)과 같은 과학이론가는, 그리고 미셸 푸코 또한, 과학 이론이 유효하거나 거부되는 데서 정치적, 심지어 미학적 기준이 강력한 역할을 한다는 가정에 대한 타당한 근거를 제시했다. 따라서 진(참된 것)의 개념은 위르겐 하버마스와 막스 베버가 생각했던 것처럼 선(착한 것) 및 미(아름다운 것)의 개념과 그렇게 쉽게 분리할 수 있는 것이 아니다. 동시에 우리는 경제적·정치적 이해관계와 영향력이 과학의 발전에 결정적인 역할을 한다는 것을 알고 있다.

반대로 **예술** 또는 **미학**과 **정치** 사이의 분리도 마찬가지로 약화되고 있는 것으로 보인다. 아놀드 슈워제네거와 같은 문화산업의 인물이 갑자기 정치적 권력을 얻으면, 적이도 유권자들이 가치 영역들을 뒤섞어놓은 것처럼 보인다. 이는 오늘날 정치에서 주장보다 이미지(미적 영역에 속하는)가 더 중요해졌다는 관찰과도 일치한다. 오늘날 정치인에게는 좋은 주장을 하는 것보다 '쿨(cool)'하게 보이는 것이 더 많은 성공을 약속한다. 그만큼 예술 또는 문화와 정치의 영역은 혼재되어 있는 것처럼 보인다.

이는 한때 **정치**와 **경제**의 범주를 엄격하게 분리했던 과거와 비교하면 더욱 그렇다. 니클라스 루만은 여전히 이 두 영역을 철저히 폐쇄된 체계들로 간주하지만, 실제로는 경제적 이해관계가 정치적 이해관계와 거의 구분되지 않을뿐더러(입지 및 경쟁력을 확보하는 매우 중요한 정치적 기준은 정치적 문제이기도 하지만 경제적 문제이기도 하다), 초국적 기업 및 금융기관이 정치적 행위자가 되어버린 지 오래라는 것은 벌써 드러난 사실이다. 공공 과제(교육, 보건의료제도 등)를 수행함에 있어서도 국가와 민간 부분 행위자들은 종종 정치적 행동과 경제적 행동을 더 이상 분리할 수 없을 정도로 서로 밀접하게 연관되어 있다. 이는 특히 새로운 형태의 '거버넌스(Governance)', 즉 과거 정부 형태[거버먼트(Government)]와 같은 명확한 정치적 책임을 갖지 않음으로써 정치적 지배자와 피지배자를 더 이상 구별할 수 없는 상황으로 이어지는 사회적 규제의 새로운 형태들에도 해당된다.

비슷한 탈분화 현상은 **경제**와 **예술** 사이의 경계에서도 발견할 수 있다. 광고 영상이나 광고물 설치와 같이 예술적으로 까다로운 제작은 더 이상 하나의 특정 영역에 귀속될 수 없게 되었다. 사회적 기능 영역들의 탈분화는 심지어 우리가 살고 있는 도시의 건축에서도 관찰할 수 있다. 발전된 근대의 도시 설계사들이 도시에서 교육기관, 산업 지구, 쇼핑 거리, 문화 회관을 공간적으로 철저히 분리하려고 노력했던 반면, 오늘날에는 교육·생산·정치·문화·상업이 어우러질 수 있는(예컨대, 쇼핑 중심지에서) 다기능 복합 시설을 세우려는 반대 노력을 점점 더 많이 접하게 된다.

마지막으로 탈분화 과정은 후기 근대사회의 **사회적 구조**에서도 관찰할 수 있다. 산업사회학적 연구 결과에 따르면, 자본과 근로자를 명확하게 구분하는 계급 구조는 더 이상 뚜렷한 기준에 따라 단순히 계급으로 구분할 수 없는 '노동력 기업'과 '자기 주식회사'의 세력들로 대체되고 있다. 과거의 개념 정의에 따르면 주식을 소유하지 않은 백만장자 최고 경영인들은 근로자 범주에 포함되는 반면, 소량의 주식을 매입한 근로자들은 자본가로 분류되어야 한다.

| 요약 | 근대적 분화와 후기 근대적 탈분화

- 진 vs 선 → 참된 것의 정치적 생산
- 선 vs 미 → 쿨(cool)한 것의 정치적 기준(슈워제네거)
- 노동 vs 여가 시간 → 공간적·시간적 그리고 유의미한 탈분화
- 자본 vs 노동 → '노동력 기업'에서 계급 구조의 해체
- 남성 vs 여성 → 간성(間性), 성전환자 인권 운동, 성 역할의 해체
- 동성 vs 이성 → 성 소수자 연구와 성 소수자 인권 운동
- 고급문화 vs 대중문화 → 포스트근대적 문화
- 주체 vs 체계 → 노동의 주체화, 거버먼트를 대신하는 거버넌스
- 자연 vs 기술 → 유전공학, 하이브리드
- 기술 vs 신체 → 장기이식 혁명, 하이브리드
- 정치 vs 경제 → 산업입지 정책
- 경제(물질적 생산) vs 문화(의미 생산) → 후기 근대적 문화산업
- 국가 vs 국가 → 세계적 내정(內政)

사회의 외부 경계들의 혼합

사회의 외부 경계들도 불분명해지고 있다. 국민국가의 경계 짓기는 점점 그 의미를 잃어가며, 국내 사회는 더 이상 뚜렷한 외부 경계가 없는 유일한 세계사회로 녹아든다. 예컨대 브루노 라투르와 그의 '하이브리드' 개념에 강력히 의문을 제기한 자연과 문화 간의 또는 자연과 기술 간의 엄격한 분리 또한 틈새를 보이기 시작한다. 유전공학으로 변이된 생명체가 출현하거나 자연과 기술의 요소들이 서로 혼합될 경우 분화는 더 이상 유지될 수 없다.

극단적인 탈분화 과정은 결국 후기 근대의 주체들에게서도 관찰할 수 있다. 이는 가장 먼저 그들의 생활태도에 해당된다. 초기 근대와 발전된 근대의 생활방식은 — 카를 마르크스와 막스 베버가 관찰했듯이 — 무엇보다 사람들의 일상생활에서 노동과 '여가 시간'이 공간적·시간적으로, 그리고 주관적 의미에 따라 엄격하게 분리되는 것이 특징이었다. 노동은 오전 8시에서 오후 5시까지 공장이나 사무실에서 이루어졌다. 그 이후 시간에 해당하는 생활은 개인들에게 의미 충만한 '참된' 삶이 이루어지는 가정이나 문화시설로 옮겨갔다. 오늘날에는 이러한 분리가 사라져가는 경향이 두드러진다. 휴대폰, 노트북컴퓨터, 인터넷과 같은 신기술의 도움으로 많은 사람들이 가정에서나 이동 중에도 생업에 몰두할 수 있고, 반대로 개인적인 일도 근무지에서 처리할 수 있다. 동시에 출퇴근 기록기와 고정된 업무 일상은 유행에서 점점 멀어져가고 있다. 근로자들이 근무 일정과 마감일만 정확하게 지키는 한, 그들은 근무시간을 점점 더 자유롭게 결정할 수 있게 되었다.

일과 '삶'의 탈분화

따라서 공간적·시간적으로 일과 '삶'이 탈분화하는 것을 관찰할 수 있는데, 이러한 탈분화는 놀랍게도 두 영역에 대한 주관적 의미조차 무색하게 만들며 멈추지 않는다. 예컨대 1980년대 초까지만 해도 젊은이들이 더 많은 인생 경험을 쌓기 위해 직업적인 일을 덜 하길 원한다고 말했다면, 오늘날의 젊은이들은 그러한 구분을 거의 이해하지 못한다. 현재 지배적인 견해에 따르면, 흥미롭고 보람된 직업은 만족스러운 삶을 구성하는 요소들에 포함된다. 그러므로 직업적 일과 삶은 오늘날 시간적·공간적으로, 그리고 그 의미에서도 서로 상충되지 않는다. 직장인들이 퇴근 후에 동료들과 볼링을 치거나 주말에 컴퓨터로 잡지를 읽는 것, 또는 대학생들이 흥미진진한 현장 실무 교육을 받는 것 등이 직업에 관련된 일인지 아니면 여가 시간에 포함되는 활동인지 명확하게 대답할 수 없는 경우는 많다.

성과 성별의 탈분화

그러나 탈분화는 주관성의 또 다른 영역들에도 해당된다. 이를테면 성(性)의 영역이 그렇다. 특히 발전된 근대가 이항 대립, 즉 이성과 엄격하게 대조되는 동성의 '발견'으로 특징지어졌다면, 후기 근대에서는 성전환과 간성 현상들이 남성과 여성의 엄격한 생물학적 차이에 대해서까지 의문을 제기하면서 동성과 이성을 가능한 한 모든 성향이 고려될 수 있는(성 소수자 연구) 연속체의 두 극으로만 받아들이는 경향이 두드러지고 있다. 반면, 성 역할의 탈분화는 이미 발전된 근대에서 시작되었다. 누가 일을 하고 누가 아이를 키우는지, 누가 실내 체조를 하고 누가 축구를 하는지, 여성이 사장인지 남성이 비서인지, 누가 꽃을 좋아하고 누가 위스키를 좋아하는지 등은 더 이상 명확하게 알 수 없다. 우리의 자연적인 신체와 인공적인 것으로 경험된 기술 사이의 명확한 구분마저도 산업적으로 생산된 요소들의 유기적인 통합으로 이어지는 이식혁명의 행렬 속에서 점점 더 모호해지고 있다.

전체적으로 볼 때 이러한 관찰은 후기 근대가 더 이상 엄격하고 명확한 경계 짓기에 의해서가 아니라, 반대로 모호함과 액화에 의해서, 간략히 말하자면 가치·기능·의미의 영역과 심지어 물질적 구성요소들의 탈분화에 의해서 특징지어진다는 압도적인 발견으로 이어진다. 세계화된 사회에 대한 사회학적 분석에서 이러한 발전을 특히 예리하게 강조한 두 명의 저자는 미국인 마이클 하트(Michael Hardt)와 그의 이탈리아인 동료이자 스승인 안토니오 네그리(Antonio Negri)이다. 이들은 2000년에 출간된 『제국』으로 선풍을 일으켰는데, 그것은 이들이 이 책에서 사회의 모든 경계와 특히 모든 외부 경계가 사라지면서 적대자들이 없는 거대한 사회 권력이 등장할 수

| 생애와 저작 | **마이클 하트(1960~), 안토니오 네그리(1933~)**

워싱턴 DC에서 태어난 마이클 하트는 대학에서 공학을 전공하던 1970년대 후반 에너지 위기에 직면하여 대체 에너지를 획득하는 방법에 관한 연구를 시작했다. 또한 그는 태양열 에너지 회사에서 일하며 중앙아메리카의 NGO에 참여했다. 1983년에는 비교문학을 전공하기 시작했고, 이후 네그리에게 박사학위를 받기 위해 파리로 갔다. 현재 하트는 듀크(Duke) 대학교 문예학 교수로 재직 중이다.

안토니오 네그리는 이탈리아 파도바에서 태어났으며, 그곳에서 이미 젊은 나이에 철학(국가론) 교수가 되었다. 1956년, 그는 사회당에 입당했으며, 때로는 투쟁적인 여러 좌파 단체와 정당에 참여했다. 네그리는 계급투쟁과 사회운동의 역학을 출발점으로 삼는 신마르크스주의 이론의 한 흐름인 노동자주의를 대표하는 이론가 중 한 명이다. 1979년, 네그리는 제도권 밖 좌파의 다른 구성원들과 함께 체포되었다. 그는 1983년에 급진당(Partito Radicale: PR) 후보로 출마해 이탈리아 국회의원에 당선되었으며, 1984년에는 30년 징역형을 선고받았으나 면책특권을 얻었다. 그는 자신의 면책특권이 효력을 상실하기 전에 프랑스로 도주해 그곳에서 지배 정치를 비판하는 집필 활동을 이어갔고, 대학에서 강의를 하면서 포스트구조주의 연구에 전념했다. 네그리는 정치적 사면의 희망을 안고 1997년에 이탈리아로 돌아왔지만, 다시 체포되었다. 그는 현재 — 2003년에 가석방으로 출소했으나 강의 금지를 선고받은 상태에서 — 로마에서 살고 있다.

있는 세계를 스케치했기 때문이다. 이 거대한 사회 권력이 바로 제국이다. 그동안 하트와 네그리는 이 책을 『다중(多衆)』(2004)과 『공동의 부』(2009)라는 두 권의 후속편으로 보완함으로써 그들의 사회에 대한 구상을 3부작의 형태로 정리했다.

2 | 핵심 문제

근대화는 어떤 면에서는 아직 근대적이지 않은 것, 근대를 위해 정복해야 할 것이 있다는 것을 전제로 한다. 이런 의미에서 예컨대 경제는 전통적인 수요 충족과 전래된 생산방식을 포기함으로써, 그리고 정치는 전통적 지배 방식을 민주적 지배 방식으로 대체함으로써 근대화되었다. 이렇게 모든 나라와 대륙은 처음에는 식민지가 되었고, 나중에는 식민지 주인의 의미에서 개발 프로젝트를 통해 '촉진되어' 근대화되었다. 자연과 문화 사이의 경계가 점점 더 멀어지면서 자연도 이 근대화 과정에 편입되었다. 이와 유사하게 주체들은 유치원, 학교, 병원, 군부대, 형무소와 공장 등에서 근대적인 사회질서에 부합하는 행동 방식을 갖도록 극과 극으로 바뀜으로써 '내적으로' 근대화되었다.

근대화 과정의 유한성

전 세계의 모든 지역이 근대를 위해 정복되었고, 자본주의는 개선 행렬을 끝냈으며, 인간의 본성과 생태계 모두가 자연과 문화를 구별할 수 없을 정도로 근대화의 영향 아래 놓인 것이라면, 엄밀히 논리적으로 말해서 근대화 과정은 종착점에 도달한 것이다. 그렇다고 한다면 우리는 앞서 논한 의미에서의 외부경계들을 알지 못하는 진정한 세계화 시대에 도달한 것이다. 이러한 사회체계를 위해 더 이상 정복해야 할 국가가 없기 때문에, 외교 정책은 '세계 내정'으로, 군대는 일종의 지구경찰 특수부대로 대체될 것이다. 더 이상 저항하는 주체들도 없다. 행위자들은 자신들이 성공적인 '노동력 기업'과 선량한 시민이 되기를 자발적으로 원할 정도로 자본주의 사회의 요구뿐 아니라 자유주의적 정치 지배의 요구도 내면화했다. 이로써 자본과 노동, 정치와 경제, 그리고 신체와 기술 사이에 여전히 존재하는 차이들도 허물어진다. 하트와 네그리에 따르면 우리는 거의 이러한 상태에 도달했다.

더 이상 근대화할 것이 아무것도 없고, 그래서 총체적·지구적이 되어버렸으며, 모든 범주의 경계를 사라지게 하는 데 대한 물음, 말 그대로 포스트근대적 사회질서를 어떻게 설명할 수 있는지에 대한 물음은 미국의 문예학자 마이클 하트와 이탈리아 좌파 지식인 안토니오 네그리가 공동으로 집필

그림 12-1 **하트와 네그리에 따른 현재와 미래의 세계질서**

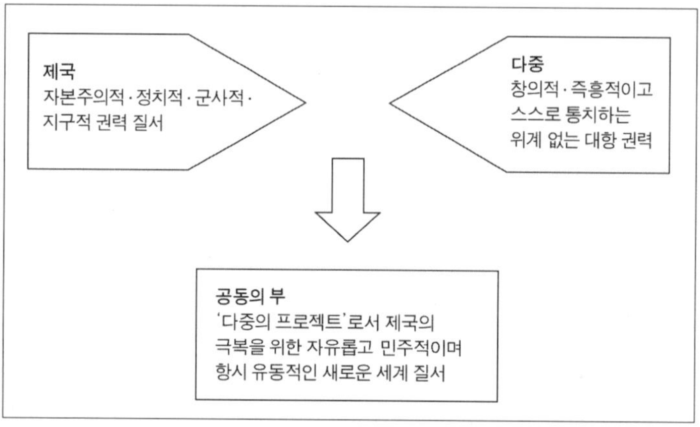

하여 2000년에 출간한 도서 『제국: 새로운 세계 질서』의 핵심이다. 2004년에는 『다중: 제국에서의 전쟁과 민주주의』라는 제목으로 그 후속편이 나왔으며, 2009년에는 『공동의 부: 사적 소유의 종말』로 3부작의 최종권이 발행되었다. 『제국』이 현재의 사회에 대한 (암울한) 진단을 제시하는 것이라면, 창의적·다원적·저항적·기동적인 수많은 사람들의 무리(다중)와 움직임은 제국을 극복하기 위한 사회적 대항 세력을 형성하는 반면, 『공동의 부』는 공동의 행동과 소유에 기반한 실로 민주적이며 자유로운 새로운 사회질서의 윤곽을 스케치한다(⇨ 그림 12-1 참조). 『제국』은 단기간에 여러 언어로 번역된 베스트셀러가 되었고, 특히 정치적으로 좌파적인 평론가들로부터 "우리 시대를 위한 공산당 선언"(Žižek, 2002)이라는 찬사를 받았다.

새로운 공산당 선언

『제국』의 성공은 무엇보다도 사회학에서 여전히 지배적인 탤컷 파슨스나 니클라스 루만에 입각한 분화이론이 앞서 논의한 탈분화 과정을 적절하게 고려하지 못했고 현재도 그렇다는 사실로 설명된다. 제국은 — 과거의 제국주의적 질서와 달리 — 더 이상의 외부 경계들을 알지 못하는 새로운 지구적 사회질서를 그려낸다. "제국의 개념은 경계를 확정짓지 않는다는 특징을 나타낸다. 즉, 제국의 지배에는 장애물이 없다"(Hardt/Negri, 2000: 12). 이는 한편으로는 공간적 장애를 말하는 것이지만, 다른 한편으로는 모든 성별, 피부색, 성적 취향, 종교, 문화, 생산형태, 정치적 입장 등을 허용하고 '포용'해야 한다는 요구를 의미하기도 한다.

이러한 질서에 대항해서 무엇이 등장하든 간에, 그것은 결국 제국의 논리에 생산적으로 편입될 것이다. 예컨대 과거에 록 음악과 청소년 문화는 한때 자본주의 질서에 대한 저항으로 시작되었지만, 이제는 호황을 누리는 문화산업에서 빠질 수 없는 부분이다. 문화산업의 혁명적 충동은 체계에 엄청난 추진력을 부여하는 디지털 기술과 인터넷이 등장하는 데 기여했다. 한때 '녹색운동'이 경제성장과 기술화에 맞서는 저항의 한 형태로 이해되었다면, 오늘날 유기농 마크와 태양에너지는 장래가 밝고 혁신적인 체계 요소들이다.

그러나 새로운 지구적 세계 질서가 더 이상 외부 경계와 내부 분화를 보여주지 않는다고 해서 권력과 지배의 영향으로부터 자유로운 것은 결코 아니며, 따라서 저항의 잠재력이 없는 것도 아니다. 특히 자본의 가치화에 대한 강박은 사람들의 행위를 외적으로만 규정하는 것이 아니라, 욕망과 요구의 아주 특정한 형태들을 (조작적으로) 만들어냄으로써 내적으로도 규정한다. 그러므로 『제국』은 세계화 시대의 사회질서를 설명하려는 시도이며, 세 권의 책과 특히 안토니오 네그리의 사상을 지배하는 이른바 세 가지 핵심 문제는 다음과 같다. 안정적인 모든 경계가 해체되는 세계 질서는 어떤 모습인가? 어떤 힘들이 자본주의적·정치적·군사적 권력 메커니즘을 극복할 수 있는가? 민주적이고 창의적이며 자유로운 세계 질서는 어떤 모습일 수 있는가?

3 | 방법적 기본 구상: 학제적·신마르크스주의적 안락의자 사회학

3부작의 방법론적 기본 구상에 관한 한, 한편으로는 '안락의자 사회학'의 거의 고전적인 사례라는 것을 확인할 수 있다. 하트와 네그리는 경험적 자료들을 기껏해야 순전히 이론적 관찰과 (법의) 역사적·철학적 문헌의 탐구에서 얻어진 고려 사항들을 설명하기 위해 활용한다. 이들의 목표는 세계화 시대의 사회질서에 대한 새로운 해석을 제시하는 것이다. 이와 관련해 두 저자는 학문적·방법론적 경계를 뛰어넘는 분석만이 새로운 사회 현실을 파악할 수 있다고 역설하면서, 탈분화의 원칙을 명시적으로 자신들의 방법론적 기본 원칙으로 승화시킨다(Hardt/Negri, 2000: 14). 이렇게 하여 이들은 사회를 물질적 생산관계의 경제적 토대에 의거해서 설명해야 한다는 마르크스주의의 유물론적 기본 가정과, 세계는 관념과 물질적 실재를 동일한 정도로 만들어내는 유일하면서도 다양한 형태를 지니는 실체로 구성된다는 바루흐 드 스피노자(Baruch de Spinoza)의 모호한 철학적 이상주의를 혼합한다. 즉, 이들의 테제에 따르면 (마르크스에게는 상부구조의 부차적인 현상이었던) 제국의 시대에는 관념과 감정이 경제의 실제적인 대상이자 추진력이 되기 때문에 경제적 토대와 문화적 상부구조의 구분도 사라진다.

방법론적 기본 원칙으로서의 탈분화

동시에 하트와 네그리는 구조이론과 행위이론의 차이를 일반적인 경향에 따라 허물어버린다. 이들은 궁극적으로 제국의 구조적 속성을 설명의 출발점으로 삼고, 카를 마르크스와 에밀 뒤르켐처럼 방법론적 전체론(⇨ '들어가기' 2절 참조)을 옹호한다. 그러나 이들은 행위자들의 주관적이고 창의적인 행위가 제국이 지닌 생산성의 추진력이자 유일한 원천일 뿐만 아니라, 더 나아가 이 지구적 자본주의의 제국을 단기간 내에 파괴할 수 있는, 그리고 위계가 없고 이동성이 있으며 그물망처럼 끊임없이 재구성되는 **다중**의 지배로 해체시킬 수 있는 충분히 넘쳐나는 잠재력을 내포하고 있다는 견해에 도달한다. 처음에 다중이라는 개념은 즉흥적이며 자제력이 없고 규제를 받지 않는 '제도에서 자유로운' 창의적인 군중을 설명하는 데 사용되었다. 하트와 네그리는 『공동의 부』에서 자기관리와 자생적 질서 형성의 순간들을 강조함으로써 다중의 개념을 정밀화한다. 이에 따르면 "다중은 …… 수많은 특이성으로 구성되며", "자기관리와 공통의 관행에 기반을 두고 있다"(Hardt/Negri, 2009: 124). 다중은 "지속적인 변화·혼합·움직임", 즉 끊임없이 새로워지는 것이 특징이라는 것이다. 하트와 네그리는 '특이성'을 공통의 정체성을 갖지 않는, 그리고 이런 의미에서 각각 고유하고 이질적이지만 그럼에도 불구하고 공동행동의 능력을 지니는 다수의 사람들과 집단들로 이해한다. 하트와 네그리는 자원과 생산 및 행동이 모두 공유되고 공통적인 성격을 띠는 이상적인 공동체, 즉 공통적인 다중의 지배라는 개념에서 계급 없는 사회에 대한 마르크스주의적 이상향을 부분적으로 보존하고 있다.

그러나 특히 다중의 개념은 신랄한 반박을 불러일으켰다. 즉흥적인 감정 폭발에서 표출되는 무형의 군중이 어떻게 지구적 세계 질서를 붕괴시켜 더 좋은 질서를 세울 수 있는지는, 3부작을 모두 읽은 후에도 대부분의 평론가들에게 여전히 미스터리로 남아 있다. 하트와 네그리는 철학, 역사, 문화, 경제, 정치, 그리고 심지어는 인류학적 논거들을 결합한다는 점에서 자신들의 접근법을 "가능한 한 광범위하게 설계된 간학문적 접근법"(Hardt/Negri, 2000: 14)이라고 설명한다. 그러나 이들이 이러한 접근법을 위해 지불하는 대가는 간과할 수 없는 방법론적 모호함이다.

| 정의 | **제국(Empire), 다중(Multitude), "공통적인 것(the Common)"**

제국, 다중, "공통적인 것(the Common)"은 하트와 네그리의 접근법의 핵심어이다. 앞의 두 개념은 마르크스의 의미에서 구조와 행위 또는 자본과 노동의 고전적 이원론을 대체하며, "공통적인 것"은 하트와 네그리의 계급 없는 사회의 미래상에 해당

한다.

- **제국**: 자본주의적 가치화에 대한 압력과 정치적 지배에 대한 주장을 서로 구분할 수 없을 때까지 서로 결부시키는 동시에, 주체화된 새로운 생산 형태들과 "생명정치"의 방법들을 사용해서, 즉 인간의 삶에서 주체의 사고와 느낌을 통해 이루어지는 사회적 규제를 통해서, 주체들의 욕망 구조 안에 새겨 넣는 지구적 질서(즉, 권력과 구조논리)를 말한다.
- **다중**: 모든 창의성과 생산성의 원천을 이루지만, 지속적인 모든 질서와 지배의 영향에서 벗어나 억제되지 않은 힘을 지닌 군중을 말한다. 제국은 이 에너지에 의존하기 때문에, 궁극적으로 다중보다 열등하며 다중이 자신들의 힘과 자유에 눈을 뜨게 되면 제국은 결국 다중에 의해서 지배·제거된다.
- **공통적인 것**: 우리가 바라는 더 나은 사회질서인 '공동의 부'의 근간은 '공통적인 것', 즉, 개인 소유도 아니고 국가의 통제 아래 있지도 않지만 모든 사람과 집단이 자유롭게 접근할 수 있어야 하는 모든 것을 말한다. 여기에는 물과 석유와 같은 천연자원, 공동으로 생산된 사회적 자원(특히 지식과 정보), 그리고 마지막으로 공동 행동의 형태와 제도까지 포괄된다. '공통적인 것'은 공과 사의 구분과 자본주의와 사회주의의 대립을 극복하고 무궁무진한 창의성과 혁신의 원천을 형성함으로써 인류의 행복을 실현해야 한다.

4 | 분석: 지구적 제국의 탄생

근대의 제국주의에서 후기 근대적 제국으로

하트와 네그리는 근대의 역사를 정치적 또는 국민국가적 주권과 자본주의적 생산방식이 병행 발전하는 역사로 해석하여 재구성하지만, 이들의 초점은 전통사회와 근대사회를 구별하는 것이 아니라, 고전적 근대의 ('제국주의적') 사회에서 후기 근대의 전 세계적인 ('제국적') 지배로 이행하는 데 맞춰져 있다. 이러한 변화를 하트와 네그리는 정치적으로는 국민국가의 주권이 쇠락한 결과로, 경제적으로는 산업적·포드주의적(공장, 생산라인, 고정된 노동시간과 표준화된 대량상품에 지향된) 생산방식에서 초국적 기업들에 의해 그물망처럼 조직되어 있으며 비물질적 재화의 생산을 지향하는 이른바 **신경제**(New Economy)의 유연한 생산 형태로 이행하는 것으로 설명한다.

여기서 중요한 것은 고전적 근대에 특징적이었던 국가와 경제 사이의 모순 또는 긴장이 점점 더 사라진다는 점이다. 이제 국가정책의 핵심 목표는 경제적 경쟁력을 향상시키는 것이며, 사회적 규제는 점증적으로 정치적·경제적 행위자들 간의 협상에 의해 이루어진다.

> 지구적 시장 및 지구적 생산과정과 함께 새로운 지배 논리와 구조인 지구적 질서, 즉 새로운 형태의 주권이 등장했다. 제국은 이러한 지구적 교환을 실제로 규제하는 정치적 주체, 즉 세계를 지배하는 주권이다(Hardt/Negri, 2000: 9).

국민국가의 주권 상실

하트와 네그리는 세계화 시대의 국민국가들이 자발적으로 **주권** 일부를 유럽연합(EU)과 같은 초국가적 조직에 위임함으로써 자치 능력의 대부분을 상실하고 있다는 논지에는 동의한다. 그러나 유엔(UN) 또는 북대서양조약기구(NATO)가 인도주의적 폐해나 대량 살상 무기의 개발을 특정 국가의 '내정'에 간섭할 수 있는 정당한 근거로 간주함으로써 국민국가들은 부분적으로 주권을 상실하기도 한다. 또한 국민국가들은 더 이상 최적의 가치화 조건을 따르는 글로벌 자본의 흐름을 아무런 제약 없이 통제할 능력이 없기 때문에 속수무책으로 자신들의 재정 및 경제 정책의 자율성을 상실하게 된다. 그러나 이것은 단순히 정치적 권력이 소멸된다기보다 새로운 형태의 주권이 형성된다는 것을 의미한다. 지역적·국가적·초국가적 차원에서 조직과 기관, 민간 및 국가 행위자들은 하나의 유일한 새로운 지배 논리로 결합되고 있다.

따라서 우리의 기본 가설은 주권이 유일한 지배 논리로 하나가 되는 일련의 국가적·초국가적 유기체를 연결하는 새로운 형태를 취했다는 것이다. 이러한 주권의 새로운 지구적 형태가 우리가 제국이라고 부르는 바로 그것이다(Hardt/Negri, 2000: 10).

주권의 새로운 형태: 지구적 제국

제국은 국가와 자본, 정부와 피지배자뿐만 아니라 자연과 문화, 자본과 노동도 여전히 명확하게 구분되고 '제국주의적' 정책이 근대화 과정을 외부 경계에서 촉진하는 것을 의미했던 고전적 근대 속 국민국가의 주권을 대체한다.

경제적 팽창과 마찬가지로 유럽의 식민주의에서 국민국가들의 근대적 체계를 통해 형성된 국경은 근본적인 것이었다. 국가의 영토 경계는 생산과 교환의 흐름을 체계적으로 유도하거나 차단하고 때로는 촉진하고 때로는 저지하며 외국의 영토를 지배했던 권력의 중심을 포괄하고 있었다(Hardt/Negri, 2000: 10).

반면, 새롭게 부상하는 지구적 제국은 더 이상 국경이나 권력의 중심을 지니지 않으며, 오히려 자본·상품·사상의 흐름이 자유롭게 전개되는 느슨하고 유연한 네트워크 구조 안에 존재한다.

제국은 조정된 지위 네트워크를 통해 하이브리드의 정체성, 유동적 위계, 수많은 교환관계를 관리·조직한다. 제국주의 지도에서 국가를 상징하는 다양한 색상은 하나로 용해되어 세계를 포괄하는 제국의 무지개 안으로 유입된다(Hardt/Negri, 2000: 11).

생산 체제의 변화

지구적 제국으로의 이행은 주권의 변화에 의해서뿐만 아니라 **생산 체제**의 변화에 의해서도 특징지어진다. 생산 체제의 변화는 국민국가의 규제

메커니즘을 어려움 없이 우회할 수 있고 수평적 그물망식의 유연한 위계 안에서 새로운 생산방식이 생겨나게 하는 다국적 기업들이 등장했기 때문이기도 하다. 그러나 더욱 결정적인 것은 고전적 근대의 특징이었던 '일'과 '삶'의 경계가 사라지고 있다는 점이다. 20세기의 산업 노동자들에게는 공간적·시간적으로 정확하게 구분된 물질적 생산의 영역(즉, 공장과 작업 시간)이 있었고, 노동자들은 그 안에서는 타인에 의해 결정된 일에 몰두하고 퇴근 후에는 자신의 '진정한 삶'을 시작하면서 자신의 주체성을 발전시킬 수 있었다. 반면에 21세기의 노동력 경영자들에게는 일과 삶이 그들의 주관적인 의미 안에서는 공간적으로나 시간적으로 여전히 분리되지 않았다. 주관적인 희망, 미래에 대한 꿈, 감정, 아이디어는 경제에 의해 요구·생산·판매된다. 디자이너와 광고 전문가, 연예산업 종사자와 명품 생산자들이 하는 일은 그들이 만들어내는 결과물만큼이나 비물질적이고 주관적인 것이다.

제국에서 주체의 생산과 훈련

이러한 발전 과정에서 제국은 주체들에 의해 — 타자강제에서 자기강제로의 변화에 대한 엘리아스의 구상과 매우 유사하게 — 이를테면 '내면화'된다. 주체들은 자신들의 주체성을 통해 제국을 얻지만, 반대로 주체성은 지구적 지배 논리에 의해서도 규정된다. 따라서 제국의 통치는 정상에 대한 지배적인 관념뿐만 아니라, 심지어는 특정한 형태의 욕망까지 만들어내면서 주체로 전이된다.

> 제국은 단지 영토와 인구를 조직하는 데 그치는 것이 아니라, 제국이 살고 있는 바로 그 세계를 창조한다. 제국은 사람들의 상호작용을 특정한 방향으로 조정해 갈 뿐만 아니라, 그들의 본성을 직접 지배하려고도 한다. 사회적 삶 전체가 지배의 대상이 되는 것이다. 따라서 제국은 생명권력의 범례적인 형태이다(Hardt/Negri, 2000: 13).

제국적 **생명 정치**의 개념에서 보면, 즉 주체들의 사고와 감정을 통해 이루어지는 인간의 삶에 대한 사회적 규제의 개념에서 보면 하트와 네그리의 구상이 푸코의 영향을 받았다는 것을 어렵지 않게 알 수 있다. 또한 주체들의 이러한 '훈련'이 부지불식간에 인본주의적 사상으로 흘러들어서 제국적 생명 정치에 맞서는 모든 적대적 태도가 비인도적이고 비문명적이며 야만적인 것이라고 비난할 수 있다는 개념에서도 푸코의 영향이 발견된다.

| 요약 | 권력과 대항 권력

고전적('제국주의적') 근대의 권력은 명확한 권력 분배와 뚜렷한 갈등선을 지니는 제도적 장치에 의해 행사된다. 정부와 야당, 자본과 노동, 그리고 국민국가는 성공에 대해 서로 다른 전망을 지닌 채 권력을 차지하기 위해 서로 싸운다. **대항 권력**은 지배받는 쪽에서 발생하며, 예컨대 야당과 노동운동과 같이 정치적으로 조직될 수 있다. 이 경우에 권력은 국가권력과 노사관계의 형태로 (외부) 규율 권력으로서 주체들과 대립한다.

후기 근대적 제국의 권력은 "구조의 그물망에 완전히 분산되어 있다"(Hardt/Negri, 2000: 12). 즉, 권력은 그물망식으로 조직된 지구적 교류과정에서 유동적으로 구성되며, 모든 외부 경계가 해체되고 갈등선이 모호해졌기 때문에 더 이상 잡을 수 있거나 국지화할 수 없다. 따라서 국민국가들은 더 이상 정치적 책임의 중심이 아니며, 계급의 경계는 허물어지고 정치와 경제적 이해관계는 용해되어 하나로 통합된다. 생산자이자 소비자인 주체들은 생물정치적으로, 즉 주체의 사고와 감정을 통해 인간의 삶을 사회적으로 규제하여 통제하려는 체제의 창의적 부분이기 때문에, 주체들에게 제국의 권력은 '내부로부터' 맞선다. 따라서 **대항 권력**은 더 이상 조직화될 수 없지만, '다중'의 자유로운 창조적 에너지와 욕망 구조 속에서 항상 준비되어 있으며, 궁극적으로는 해방의 혁명적 행위에서 스스로를 관철시킬 것이다.

5 | 진단: 총체적으로 권력화된 제국에서 다중의 자기해방으로

자기해방의 토대로서의 세계화

『제국』, 『다중』, 그리고 특히 『공동의 부』는 사실상 지극히 낙관주의적인 책들이다. 이 책들은 '군중'의 자기해방을 위한 초석을 놓는다는 점에서 후기 근대의 세계화와 가속화 과정을 바람직한 것으로 여긴다. 이는 어떤 면에서 자본주의가 결코 사악한 것으로 매도될 수 있는 것이 아니며 지배 없는 사회로 이행하는 과정에서 필연적으로 나타나는 단계라고 설명하는 마르크스의 사상을 상기시킨다. 어쩌면 여기에 『제국』이 성공한 본질적인 이유가 있을지도 모른다. 대부분의 사회학적 시대 진단, 특히 좌파 진영의 시대 진단이 세계화에서 주시하는 것은 문화적·정치적 자율에 대한 기회를 말살하고 사람들이 경향적으로 경제성장과 오락 산업의 노예가 되도록 만드는 치명적인 과정이다. 이러한 시대 진단은 조망이 가능하며 국민국가적으로 통제된 '고전적 근대' 상태로의 회귀를, 심지어는 전근대의 연대적인 공동체 세계를 거듭 꿈꾼다. 반면, 하트와 네그리는 세계화 과정을 전적으로 환영한다. 이들은 전통적인 소규모 지역공동체를 부활시키려는 공동체주의 발상을 단호하게 거부하며, 그러한 발상은 시대 역행적이라고 역설한다. 이와 대조적으로 다중의 지구적 공동체는 수많은 '특이성(단일성)'으로 구성되기 때문에 정체성을 갖지 않는다. 이런 의미에서 하트와 네그리의 3부작은 전적으로 역사철학적 진보 낙관주의로부터 영향을 받았다.

착취관계로서의 제국

그렇지만 이것이 하트와 네그리가 제국이라는 신자유주의적으로 각인된 지구적 사회의 병리적인 비정상적 발전을 진단하지 않았다는 의미는 아니다. 오히려 정반대이다. 즉, 『제국』은 궁극적으로 억압과 착취의 거대한 맥락을 옹호하는데, 『제국』의 효율성은 바로 제국이 더 이상 안정적인 갈등선을 허용하지 않는다는 점에 기인한다.

• 지배의 맥락들은 계속해서 존재하지만, 분명하게 확인할 수 있는 지배자

는 더 이상 존재하지 않는다. 국민국가를 책임지는 정부는 명확한 책임을 지거나 특정 장소에 한정될 수 없는 상태에서 국지적·국내적·지역적·지구적 행위자들과 사적·공적 행위자들이 참여하는 모호한 거버넌스 모델들로 대체된다.

- 경제적 발전의 승자와 패자는 증가하지만, 더 이상 고정된 계급 상황은 존재하지 않는다.
- 부유국과 빈곤국은 여전히 존재한다. 그러나 사회의 '브라질화', 즉 한편으로는 부익부, 다른 한편으로는 빈익빈의 양극화는 이제 모든 나라를 동일한 정도로 엄습한다.
- 새로운 전쟁과 폭력 충돌이 되풀이되지만, 그 근간을 이루는 투쟁 노선들은 임의적인 듯하며, 지속적으로 변화한다. 종교적 긴장이 일단 군사적 분쟁을 초래하면, 경제적 이해관계의 진영 또는 세대 갈등이 다시 형성된다. 마찬가지로 인종적·문화적·정치적 단층선은 급격하게 등장했던 것처럼 다시 급격하게 사라진다.

불안정한 갈등선

근본적으로 하트와 네그리는 위에 열거된 내용들을 제국이 작동하는 메커니즘으로 파악한다. 제국의 권력은 바로 갈등선들을 끊임없이 새롭게 만들어 이동시키는 데 있다. 따라서 갈등은 사회적 '비상사태'와 폭력 사용을 정당화하기 위해 끊임없이 야기되지만, 원칙적으로 저항의 형성은 저지된다.

하트와 네그리는 이런 이유로 제국을 극복하거나 붕괴시키며, 다중을 진정한 급진적 민주주의로 해방시키는 것을 목표로 한다.

> 제국을 지탱시키는 군중인 다중의 창조적 역량에는 반(反)제국을 건설하는 역량, 세계적 흐름과 교류관계에 다른 정치적 형태를 부여할 수 있는 역량도 동일한 정도로 존재한다. 제국에 맞서는 투쟁, 공격과 전복, 진정한 대안의

표 12-1 **한눈에 보는 하트와 네그리의 사회학 이론**

구분	표제어	세부 설명
사회학	사회적 지배 논리와 권력관계를 설명하는 학문	목표는 사회질서와 인간 욕망의 상호작용으로부터 사회현상을 설명하는 것이다.
핵심 문제	안정된 경계가 없는 사회질서는 어떻게 가능하며, 기존의 권력 메커니즘을 극복할 수 있는 것은 무엇인가? 그리고 민주적이며 창의적이고 자유로운 세계 질서는 어떤 모습일 수 있는가?	출발점은 포괄적인 후기 근대적 탈분화에 대한 관찰이다.
설명 모델	구조이론, 방법론적 전체론	그러나 제국의 구조적 질서는 행동의 순간으로서의 다중의 창의적인 욕망과 대립된다.
설명의 기본 단위	정치와 경제에서의 권력관계	모순들의 분석이 설명된다.
개인과 사회의 관계	사회는 개인에 선행한다.	그러나 개인들은 저항의 잠재력을 지닌다. '공동체' 안에서 반대되는 것은 지양되어야 한다.
근대사회와 전통사회(분석)	국민국가적·자본주의적 제국주의 vs (제국적) 제국	정치와 경제는 제국 안에서 하나의 지구적 지배 논리로 용해된다.
근대화의 이해	탈분화	근대적 분화 방향의 해체
변화의 원동력	주권 및 생산 체제의 변화로서의 지구화	궁극적으로 자본 가치화 논리와 다중의 창의적 욕망은 지구화 과정을 촉진시킨다.
근대의 병리(진단)	총체적으로 권력화되어 있고 자본의 논리에 지배된 세계	그러나 제국의 지배는 다중의 혁명적 자기해방을 통해 해체된다.

건설은 제국의 지형 자체에서 일어날 것이다. 사실 이러한 새로운 투쟁은 이미 시작되었다. 이러한 …… 투쟁에서 군중은 새로운 형태의 민주주의와 새로운 구성 권력을 발전시킬 것이며, 이는 언젠가 우리를 제국 너머로 데려다 줄 것이다(Hardt/Negri, 2000: 13).

따라서 『제국』은 사회학적 진단으로서뿐만 아니라 정치적 투쟁서 및 저항 지침서로서도 이해될 수 있다는 점에서 『공산당 선언』에 견줄 만하다. '정치적 선언', '거부', 또는 '투사'와 같은 제목이 이탤릭체로 인쇄된 장(章)에서는 저항 전략이 논의되고 선동된다. 『제국』의 마지막 부분인 4부에는 낙관주의적으로 '제국의 쇠퇴와 몰락'이라는 제목이 붙여졌다. 하트와 네그리는 자유롭고 유동적인 새로운 세계에 대한 비전을 『공동의 부』에서 그려낸다.

정치적 투쟁서로서의 『제국』

6 | 요약

안토니오 네그리와 마이클 하트는 안정된 국경과 갈등선들의 소멸로 특징되는 지구화된 세계의 후기 근대적 형태를 확인한다. 이들은 제국이라는 개념을 사용하여 국민국가의 국경들뿐만 아니라 정치와 경제, 노동과 자본, 물질적·문화적 재생산, 자연과 문화의 차이들이 의미를 상실한 사회질서의 새로운 형태를 그려냄으로써, 탤컷 파슨스나 니클라스 루만이 개발한 분화 이론적 사회학적 접근법과 직접적인 모순에 놓이게 되었다. 이에 따라 후기 근대의 구조적 발전은 더 이상 분화가 아니라 탈분화의 과정으로 특징지어진다. 탈분화의 과정은 주체들이 더 이상 제국의 권력에서 직접적으로 벗어나거나 이에 저항할 수 없는 한, 제국의 권력을 총체적인 것이 되게 한다.

하트와 네그리는 생명 권력이라는 개념을 통해 제국적 권력 효과의 결과로서 주체성의 생산도 설명한다. 그럼에도 불구하고 그들은 세계화 과정의 진전을 긍정적으로 평가한다. 결코 완전하게 권력화될 수 없는 군중, 즉 다중은 궁극적으로는 통제할 수 없으며 즉흥적·창조적 욕망과 창의적인 에너지는 제국이 작동하고 기능하는 데 필수적인 '연료'이다. 따라서 다중은 결국 제국의 기능 논리를 무효화시키고 가변적·유동적으로 제도화된, 절

반은 민주적이고 절반은 무정부적인 사회질서를 확립할 수 있을 것이다. 이는 마르크스주의적 이상향의 계급 없는 사회를 연상시킨다. 하트와 네그리가 이러한 목표의 정치적 실현을 자신들의 3부작을 통해 적극적으로 추진하려고 하기 때문에, 그들의 대표작(『제국』)은 새로운 『공산당 선언』이라는 의미로도 이해할 수 있다.

📖 학습 점검 질문

1. 사회적 탈분화란 무엇을 의미하는가? 우리는 어떤 맥락에서 사회적 탈분화를 관찰할 수 있는가?
2. 하트와 네그리는 어떤 의미에서 마르크스의 사회학적 구상의 맥을 계승했으며, 마르크스와의 차이는 무엇인가?
3. 하트와 네그리의 방법론적 절차는 어떻게 설명할 수 있는가? 이들의 방법론적 절차에는 후기 근대의 사회 발전에 대한 그들의 진단이 얼마나 반영되어 있는가?
4. 하트와 네그리의 분석에 따라 "제국", "다중", "공동의 부"라는 개념들과 이 개념들이 세계화 과정에서 어떤 기능을 수행하는지 서술하시오.
5. 하트와 네그리에 따르면 근대적 질서에서 후기 근대적 질서로의 전환은 어떤 특징을 지니는가? "제국" 이후에는 무엇이 오는가?
6. 하트와 네그리는 세계화 과정을 어떻게 평가하는가?

참고문헌

1차

Hardt, Michael/Negri, Antonio (2000): Empire, Frankfurt a. M. u. a. 2002.

Hardt, Michael/Negri, Antonio (2004): Multitude. Krieg und Demokratie im Empire, Frankfurt a. M. u. a.

Hardt, Michael/Negri, Antonio (2009): Common Wealth. Das Ende des Eigentums, Frankfurt a. M. u. a.

2차

Foltin, Robert: Immaterielle Arbeit, Empire, Multitude. Neue Begrifflichkeiten in der linken Diskussion. Zu Hardt/Negris »Empire«, in: Grundrisse 02, 6-20

Lauermann, Manfred (2006): Empire und Multitude. Wer oder was ist multitudo? Einführung in das Denken von Michael Hardt und Antonio Negri, Hannover.

O'Neill, John (2002): Empire versus Empire. A Post-Communist Manifesto, in: Theory, Culture & Society 19, 195-210.

Pieper, Marianne/Atzert, Thomas/Karakayali, Serhat/Tsianons, Vassilis (Hg.) (2007): Empire und die biopolitische Wende. Die internationale Diskussion im Anschluss an Hardt und Negri, Frankfurt a. M. u. a.

Saar, Martin (2007): Michael Hardt/Antonio Negri, Empire, in: Brocker, Manfred (Hg.): Geschichte des politischen Denkens. Ein Handbuch, Frankfurt a. M., 807-822.

Southall, Nicholas (2010): A Multitude of Possibilities. The Strategic Vision of Antonio Negri and Michael Hardt, http://ro.uow.edu.au/theses/ 3274 (22.08.2012)

Steinmetz, George (2005): Return to Empire. The New U.S. Imperialism in Comparative Historical Perspective, in: Sociological Theory 23, 339-367.

Žižek, Slavoj (2002): Welcome to the Desert of the Real! Five essays on September 11 and related dates, London u. a.

13장 주체의 죽음 | 미셸 푸코

1 | 개관

근대화의 과정이 점증하는 개인화의 과정이라는 것은 거의 부정할 수 없어 보인다. 전통에 의해 삶이 고정되어 세대가 바뀔 때마다 반복되던 시대는 분명 지났다. 오늘날 우리는 거주지나 동반자 관계 또는 그 밖의 어떤 것도 확정짓지 말고 모든 일에 항상 유동적으로 대처할 것을 요구받고 있다. 게오르그 짐멜은 이미 근대사회에서 분업에 따른 행위자 역할의 분화가 진행된 결과로 인생행로의 개별화가 구조적으로 내재되어 있다는 것을 밝혀냈다. 근대가 형성됨에 따라 개인화된 사회의 통합을 위해서는 자신의 감정과 열망을 통제하고 규율하는 데 얼마나 많은 노력이 필요한지 더욱 분명해졌으며, 이러한 노력은 노르베르트 엘리아스가 보여주었듯이 (국가기관과 같은 외적 기관이 아니라) 점점 더 개인 스스로에 의해 이루어지고 있었다. 울리히 벡에 따르면, 근대에 들어와서 개인들은 신분제의 구속에서 해방되었으나, 그럼에도 불구하고 여전히 계급과 그 환경 안에 머물러 있었는데, 근대가 제2의 근대로 계속 발전하면서 이러한 족쇄도 산산이 부서

졌다. 따라서 우리는 오늘날에야 비로소 개인화된 사회, 즉 개인들이 자신의 삶을 대부분 스스로 통제하고 스스로의 결정에 의해 자율적으로 형성하기 때문에 자신만의 독특한 전기(傳記)를 갖는 사회에 대해 이야기할 수 있게 되었다.

하지만 오늘날 사람들은 왜 수많은 측면에서 구별할 수 없는 것처럼 보이는 것일까? 그리고 왜 사람들은 종종 자유롭게 결정할 수 없다는 느낌 또는 무인가를 결정해야 한다는 압박을 받는 것일까? 결정하는 존재는 과연 누구인가? 전통과 부모가 내 인생의 진로를 확정하는 것이 아니라면, 내가 스스로 결정해야 하는 것인가? 고전적 근대와 발전된 근대의 개인화 이론을 공부한 사람은 누구나 오늘날의 사회를 주시하면서 개인들의 결정이 일치하는 정도와 그들의 생활양식이 현저하게 동일한 형태를 보인다는 사실에 대해 의아해할 수밖에 없으며, 혹시 개개인의 자유가 일반적으로 생각하는 것보다 더 제한되어 있는 것은 아닌가라는 문제를 제기하게 될 것이다.

개인화와 순응?

짐멜은 근대화가 개인에 대한 속박을 제거하기보다는 자유로운 행동의 범위가 넓어지는 방향으로 변화시킨다고 지적한 바 있다. 짐멜에 따르면, 근본적으로 근대인은 이제 구속적인 전통이 해체된 후 자율성을 실현하고 스스로 결정하면서 살아갈 수 있는 주체가 되었기 때문에 개성을 발전시킬 수 있다. 미셸 푸코(Michel Foucault)는 바로 이 생각을 의문시한다. 푸코에게 주체의 자율성은 (예컨대, 정신분석에서와 마찬가지로) 불안정한 것으로 여겨질 뿐만 아니라, 그는 주체 자체를 변해가는 담론 및 권력 형성의 불안정한 산물로 파악한다. 그렇기 때문에 푸코가 '주체의 죽음'을 선언했다는 주장이 종종 제기된다.

'주체의 죽음'

푸코의 입장이 특히 흥미롭게 보일 수밖에 없는 이유는, 근대화를 개인화의 관점에서 사람들의 행동자유와 통제력과 자율성이 증가하는 과정으로 이해하는 사회학의 전통과 상반되기 때문이지만, 통상 철학자로 취급되는 푸코는 최근 몇 년 동안 사회학에서 상당한 관심을 받고 있다. 그 이유

| 생애와 저작 | **미셸 푸코(1926~1984)**

가톨릭계 의사 집안의 아들로 태어난 미셸 푸코는 1946년부터 파리 고등사범학교(ENS)에서 철학, 심리학, 정신병리학을 공부했으며, 한동안 실험적으로 병원 연구실에서 일했다. 그는 특히 프로이트와 니체에 심취했고, 한동안 공산당 당원으로 활동한 후 마침내 릴(Lille) 대학교에 입학했다. 1955년, 동성애자였고 두 차례 자살을 시도했던 푸코는 규제가 심하다고 느낀 프랑스를 피해 몇 년간 재외 프랑스 문화원에서 일했다. 1961년에 푸코는 소르본 대학교에서 박사학위를 받았는데, 그의 박사학위논문은 독일에서 『광기와 사회(Wahnsinn und Gesellschaft)』라는 제목으로 출판되었다. 그를 한순간에 유명하게 만든 저작 『사물의 질서』가 발행된 1966년까지 푸코는 클레르몽페랑(Clermont-Ferrand) 대학교의 심리학 교수였으며, 이후 튀니스(Tunis) 대학교로 자리를 옮겼다. 그는 1968년 5월 직후 파리로 돌아와 불과 44세의 나이에 콜레주 드 프랑스(Collège de France)에서 특별히 그를 위해 신설한 강의 '사상체계의 역사'를 맡았다. 파리로 돌아온 뒤 푸코는 무엇보다 교도소 내 학대 실태를 알리는 단체를 설립하고 급진 좌파 단체에 동조하는 등 프랑스 지성계에서 빼놓을 수 없는 인물이 되었다. 신체에 대해 연구하고 신체적 한계에 대한 경험을 추구했던 푸코는 HIV 감염으로 사망했다.

푸코 관점의 유효성

중 하나는 푸코가 권력 형태 — 푸코 자신에 따르면 근대화 과정이 전개되면서 비로소 지배적이 되었고 역사적으로 고전적인 국가 권력 행사의 형태를 대체했던 — 들로 관심을 돌렸기 때문일 수 있다. 푸코의 고찰은 이미 수십 년이 되었지만, 탈국가화와 세계화라는 후기 근대적 경향에 직면한 오늘날의 사회학이 일반적으로는 포스트구조주의 접근법들에, 그리고 특별하게는 푸코에 관심을 갖는 것은 그다지 놀라운 일이 아니다.

2 | 핵심 문제

개인화 과정에 대한 성찰은 일반적으로 근대화 과정에서 주체가 자율성을 얻는다는 생각과 관련이 있다. 이와 관련해서는 두 가지 측면을 구분해야 한다.

개인화의 두 측면

1. 개인화는 사람들이 전통의 구속에서 벗어나는 것으로 이해되며, 이러한 측면에서 해방의 과정을 의미한다. 그러므로 자율적 주체란 자유로운 주체 또는 해방된 주체이다.
2. 이에 상반된 입장은 통세와 동제 형태들의 변화라는 관점 아래에서 이루어지고 있는 개인화 과정에 대한 논의일 것이다. 여기서 전통에 의한 제약은 자제력으로 이어진다. 즉, 자율적 주체란 자기 자신에게 복종하는 주체이다.

자유와 속박

자율성의 문자 그대로의 의미에는, 즉 자기 자신에게 스스로 규칙을 설정하는 것에는 두 가지 관점이 어우러져 있다. 즉, 자율성은 **자유** 안에서 이루어지는 자기 자신의 이성적 의지를 주체가 **속박**하는 것이다. 따라서 개인화는 모든 사회적 유대가 무질서하게 해체되는 것을 의미하지는 않는다. 그러나 지속적인 제한과 통제에도 불구하고 주체가 외부의 제약들로부터 스스로를 해방시키기 때문에 개인화는 진보의 과정이다.

근대화의 새로운 서술

이 부분에서 푸코의 비판적 관심이 시작된다. 첫째, 그는 통제와 규율의 근대적 형태들이 과거의 지배 방식들 못지않게 실패와 한계를 의미한다는 점을 규명하는 데 많은 에너지를 쏟는다. 이 점에서 푸코의 관심은 우리로 하여금 사물을 다른 시야로 바라보게 함으로써 우리의 가치판단을 수정하게 하는 근대화 과정을 새롭게 기술하는 데 있다. 이를 통해 푸코는 근대화 과정 및 타자강제에서 자기강제로의 전환이 의심의 여지없이 진보적이고 해방적이라는 확신에 의문을 제기한다. 예컨대 오늘날 법을 집행함에 있어서 국가는 더 이상 과거와 같은 잔인한 폭력 수단을 거의 사용하지 않는다. 그러나 이러한 변화를 가능하게 하는 근대적 감정 통제는 여전히 가장 내면적인 희망과 욕망까지도 제한하기 때문에 더 광범위한 형태의 억압을 나타내는 것은 아닌가?

주체화의 요소들

둘째, 푸코는 근대에서 주체가 무엇보다 자기통제의 대상이라는 생각에 반대한다. 그는 개인들이 문화적 형성, 제도적 구조, 언어 패턴에 의해 어떻게 철두철미하게 각인되는지 규명한다. 주체 형성을 좌우하는 요인들에 대한 사회학적 시각은 스스로 결정할 수 있는 인간적 존재, 즉 독립적으로 주어진 보편적인 인간적 존재에 대한 가정의 기반을 약화시킨다. 이 가정은 인간을 중심적인 가치로 여겼던 인본주의 시대의 특징적 표현이라는 것이다. 그러나 푸코는 "인간이 마치 백사장에 그려진 얼굴처럼 사라져버리는"(Foucault, 1966: 462) 결과와 함께 인본주의 시대의 종말이 임박했다고 본다.

푸코는 억압의 새로운 형태들을 가시화하고 권력으로 개인들을 내적으로 변화시키는 구조들에 초점을 맞추는 역사 재해석을 통해 주체들을 지배하는 한계들의 베일을 벗겨내는 것을 목표로 한다. 그의 관심은 사물들을 움직이게 하는 것이다. 이런 이유 때문에도 푸코는 어려운 작가이다. 그의 저작은 서로 연관성이 없는 수많은 개별 연구들로 구성되어 있는 듯하다.

> 나는 완전히 같은 생각을 한 적이 단 한 번도 없다. 내가 쓴 책들이 나에게는 모두 경험들이기 때문이다. …… 각각의 책은 그 이전의 책을 끝냈을 때 내가 생각했던 것을 바꾼다. …… 나는 나 자신을 스스로 변화시키고 더 이상 이전과 똑같이 생각하지 않기 위해 글을 쓴다는 의미에서 실험자이다(Foucault, 1980: 24).

따라서 푸코의 핵심 문제를 정식화하려는 시도는 그의 고찰이 지닌 풍부함을 왜곡할 우려가 있다. 그러나 주제의 개방성, 방법론적 변화, 논증적 도약은 푸코의 창작이 하나의 통일체로 이해될 수 있도록 하는 관심의 표현이다. 나와 우리의 사고, 존재, 행동의 역사적으로 특정한 한계들을 어떻게 인식하고 초월할 수 있는가?

역사적 한계들

이 문제를 푸코의 전기, 즉 1930년대와 1940년대에 프랑스의 가톨릭 가정에서 동성애자로 자란 한 사람의 경험들을 통해 논하는 것은 자명하다. 이제 푸코의 생각을 결정짓는 두 가지 집요한 물음을 가정해 볼 수 있다. "내가 지금 이 상태로 존재하는 것이 정상인가? 아니다. 내 욕망이 잘못되었다는 생각이 나를 철저하게 지배한다." 그리고 "내가 꼭 지금 이 모습 그대로여야 하는가? 아니다. 나는 나의 성적(性的) 지향에 의해 정의될 필요는 없다." 그러나 이러한 전기적 접근은 첫걸음에 불과할지도 모른다. 푸코는 스스로 "자기 자신의 이야기를 생각해 내는 일은 사유 대상을 혼자 속으로 생각하는 것으로부터 얼마나 분리될 수 있으며, 그렇게 하는 것이 그로 하여금 얼마나 달리 생각하게 만들 수 있는가"(Foucault, 1984a: 6)라는 물음의 답을 찾아낼 수 있는 방법론적 수단을 규명하고자 엄청난 노력을 기울였다. 이를 통해 그는 우리로 하여금 이제까지 지녔던 한계들을 뛰어넘을 수 있게 하고 우리에게 존재의 다른 방식들을 열어주고 대안적 이성을 발전시킴으로써 하나의 다른 근대를 만들어내도록 한다.

한계의 인식과 극복

3 | 방법적 기본 구상: 지식의 고고학에서 권력의 계보학으로

고등교육을 받은 심리학자이자 철학자인 푸코에게 사회학적 방법론에 대한 기여를 기대하는 것은 의외일지 모른다. 그러나 그의 연구들은 심리학이나 철학 연구에 대한 일반적인 이해에도 부합하지 않는다. 심리학에서의 그의 관심은 곧 학문의 대상들이 어떻게 확립되었는지에 대한 과학사적 또는 메타이론적 물음으로 바뀐다. 즉, 우리가 알고 있는 광기의 정의는 어떻게 생겨났으며, 이 정의에서 정상과 비정상, 이성적인 것과 미친 것을 구

역사적 분석

별하는 것은 어떤 역할을 하는가라는 물음으로 바뀌는 것이다. 따라서 푸코는 심리학을 통한 노정에서 **역사적 분석**에 도달하고, 이 점이 사회학과 그 근대화 이론적 물음의 관점에서 그를 흥미롭게 만든다.

사회 관찰자 그리고 '행복한 실증주의자'

푸코가 사회학에서 수용될 수 있는 것은 그의 연구들이 행위자에게 동기를 부여하는 이유에 관심을 갖는 참여자의 철학적 관점에 기반을 두는 것이 아니라, 자연과학자처럼 원인에 대해 묻는 사회적 실천의 관찰자 관점에 기반을 두고 있기 때문이다. 그래서 푸코는 자신을 "행복한 실증주의자"(Foucault, 1969: 182)라고 말한 적이 있다. 이를 특징적으로 보여주는 단적인 사례는 예컨대 어떤 문화적 패턴과 의미구조에 의해서 광기가 비이성적이고 병적인 것으로 규정된 것인지에 대한 그의 물음이다. 성(性)에 대한 지배적인 이해를 이성관계의 모델에 집중시키고 이성애를 문화적 규범으로 만들어서 이를 기준으로 다른 모든 것을 병리적 일탈로 간주하게 하는 메커니즘은 무엇인가라는 것도 이와 유사한 물음이다. 반면, 종래의 철학적 이해에 적합한 것은 이러한 정의에 대한 이유들이 어느 정도까지 설득력 있는가 하는 물음일 것이다.

물론 철학에서 사회학적 시선을 도입한 물음은 구조주의 – 1960년대 초 푸코가 출판 활동을 시작했을 때 절정에 달했던 – 의 전형적인 모습이다.

따라서 푸코의 객관화하는 철학은 당시의 시대정신에 부합한다. 그러나 그의 초기 저작들조차 이미 어떤 면에서는 구조주의의 전형이 아니며, 오히려 포스트구조주의로의 발전을 암시한다. 『광기와 사회』(1961)는 합리적이어서 결과적으로 정당하다고 간주되는 것이 어떻게 그것의 다른 측면인 광기가 배제된 채 정의되는가라는 물음을 통해 심리학의 출현을 탐구한다. 일반적인 구조주의적 접근법들과 달리 푸코는 역사적 변화에서 광기와 이성의 이원적(즉, 두 가지 가치를 지니는) 관계를 분석한다. 그는 광기가 인간 경험의 원초적 형태를 억압한다는 가정으로부터 여전히 발견할 수 있는 보편적·근원적 인간 본성에 대한 구조주의적 연관성을 곧 거부한다.

| 정의 | **구조주의(Strukturalismus)**

구조주의는 1950년대와 1960년대 프랑스 지성계를 지배했던 철학적 패러다임이다. 구조주의의 핵심 사상은 현상들을 그 상호관계 안에서 분석해야 한다는 것이며, 이러한 상호관계가 이원적 대립 논리(예컨대, 날 것/익힌 것, 나의 것/타인의 것, 이성애/동성애 등)를 따르는 인간 정신의 깊은 곳에 뿌리를 내린 의미 구조를 표현한다는 가정을 기반으로 한다. 가장 중요한 접근법들에는 페르디낭 드 소쉬르(Ferdinand de Saussure)의 언어학, 클로드 레비스트로스(Claude Lévi-Strauss)의 민족지학, 자크 라캉(Jaques Lacan)의 정신분석, 그리고 롤랑 바르트(Roland Barthes)의 기호학이 있다.

푸코가 『임상의학의 탄생』(1963)이라는 제목으로 인문과학의 역사에 대한 연구를 의학에 접목해서 이어가는 바로 다음 연구에서는 의학이 그 대상으로 다루는 것과 마찬가지로 의학의 치료법이 역사적으로 어떻게 변화하는지를 재구성할 뿐이다. 1800년 무렵, 즉 (초기) 근대의 여명과 함께 의학은 처음으로 개인에게로 눈을 돌렸고, 우리 문화에서 "개인에 관한 최초의 학문적 담론"을 만들어냈다(Foucault, 1963: 207). 푸코에 따르면 이러한 의학의 인간화가 진보의 역사로 이해되어서는 안 되며, 그렇지 않을 경우 그러한 담론의 구조적 전체 조건들의 우연성, 즉 불필요성을 모호하게 만들 수 있다.

의학의 인간화

따라서 푸코 초기의 역사적 연구들은 이미 우리의 사고와 존재의 한계가 역사적으로 변화할 수 있음을 규명함으로써 사람들로 하여금 의식케 하는 목표를 추구하고 있다. 그러나 방법론적 개념은 여전히 불분명한 상태였다. 이는 푸코가 연달아 발전시켜서 사회과학을 각인한 두 가지 방법론적 접근법에 의해 후기 연구에서 달라진다. 푸코는 『지식의 고고학』에서 주체의 죽음에 대한 테제에 가장 근접해 있고, 그 이후에 나온 『권력의 계보학』은 담론 분석과 이른바 통치성 연구의 근원인데, 두 접근법은 현재 매우 활

두 가지 방법론적 실마리

| 정의 | **포스트구조주의(Poststrukturalismus)**

포스트구조주의는 1960년대 말 구조주의에 대한 반작용으로 등장한 철학적 패러다임이다. 이 두 접근법은 (이유가 아닌) 원인을 객관화하는 관점과 이원적(두 가지 가치를 지닌) 대립 논리로 규정된(예컨대, 건강한/병든, 친구/적대자) 상이한 상호관계에 의거해 현상들을 설명하는 방법을 공유한다. 그러나 포스트구조주의 접근법은 역사적·문화적으로 서로 다른 수많은 구조적 형성 대신 하나의 보편주의적 기본 구조가 존재한다는 구조주의의 가정을 거부한다. 또한 포스트구조주의 접근법은 객관화하는 관점을 상대화하고 문화적으로 깊이 뿌리내린 의미구조들을 해석에 개방적인 것으로 간주한다는 점에서 해석학적 접근법들과 그 해석 방법에 근접해 있다. 주요 학자들로는 자크 데리다(Jacques Derrida), 질 들뢰즈(Gilles Deleuze), 장 보드리야르(Jean Baudrillard)가 있다. 또한 근대 문화와 그 이후 후기 근대의 종말에 대한 장 프랑수아 리오타르(Jean-François Lyotard)의 고찰도 포스트구조주의에 포함된다. 포스트구조주의는 그 자체로 한 시대를 지칭하는 개념인 것이 아니라 특정한 방법론적 가정들을 나타낸다.

발하게 수용되고 있다.

방법론적 개념으로서의 고고학

광기에 관한 연구와 "의학적 시선의 고고학"이라는 부제가 붙은 임상의학에 관한 저서는 이미 근대적 이성의 고고학으로서의 지식의 **고고학** 개념에 부합한다. 이 개념은 『사물의 질서』(1966)와 『지식의 고고학』(1969)에서 방법론에 대한 명시적인 성찰의 형태로 다듬어진다. "인간 과학의 고고학"(이는 1966년에 출판된 책의 부제이기도 하다)이라는 전체 프로젝트의 동기가 된 기본 가정은, 우발적인 문화적 의미 패턴이 인간에 대한 지식(예컨대, 신체 기능)으로 응축되어 있으며 이 지식이 다시 인간의 실천(예컨대, 정신과 치료)을 결정한다는 것이다.

문화의 고고학으로 수행된 이러한 맥락에 대한 분석은 이 문화의 사고와 존재 가능성의 한계들을 밝혀내고 그 우연성을 가시화한다. 예컨대 고고학적 조사는 어떤 문화적 영향들로 인해 우리가 직업적 일을 필수적인 것으로 여기고 우리의 가족을 위해 노력하는지를 설명할 수 있으며, 우리도 이에 대해 다르게 생각하거나 다른 삶을 살 수 있다는 것을 깨닫게 할 수 있다. 따라서 푸코의 고찰에서 **실천** 차원(⇨ '들어가기' 1절 참조)은 문화가 설정하는 가능한 존재 방식의 한계들을 원칙적으로 극복할 수 있고 변화시킬 수 있다는 점을 분명히 하는 데 있다. 자기 문화의 심층을 파헤치는 것은 그것의 의식적인 습득을 가능하게 하기 위한 것이 아니라, 낯설게 관찰하는 민속학적 시각을 통해 푸코 자신이 자기 문화의 심층을 의식적으로 습득하는 것을 교란하기 위한 것이다. 그렇다면 고고학이 밝혀내려는 이 심층은 정확히 무엇인가?

에피스테메와 역사적 아프리오리

푸코는 『사물의 질서』에서 이 물음에 에피스테메(Episteme)라는 개념으로 답한다. 그는 이 개념을 한 시대의 지식질서 또는 지식이 생성되는 방식, 그리고 근본적인 분류 체계, 인식 형태, 가치 패턴이 한 사회의 지식 생산에 암묵적으로 영향을 미치는 방식을 패러다임적으로 결정하는 함축적인 시대별 논리로 이해한다. 푸코의 관심은 역사적으로 특정한 지식의 토대에 있었기 때문에, 그는 역사적 아프리오리라는 개념도 사용한다. 푸코에 의하면 고고학은 다음의 것을 밝혀내야 한다.

> 어디서부터 지식과 이론이 가능했는지, 어떤 공간의 질서에 따라 지식이 구성되었는지, 어떤 역사적 아프리오리와 어떤 요소에서 실증주의 사상이 등장했으며, 과학이 형성되고, 경험이 철학에 의해 설찰되고 합리성이 형성될 수 있는지, 그러나 곧 다시 해체되고 사라질 것인지 하는 것이다(Foucault, 1966: 24).

고고학과 담론 분석

그러나 방법론적으로 이 질료적 연구는 실로 모호한 상태로 남아 있다. 이 결함은 '지식의 고고학'이 보완할 것이다. 여기서 푸코는 고고학이 담론 분석으로 진행된다고 설명한다. 담론 분석은 한 시대의 에피스테메, 즉 한 문화권 사람들의 사고·존재·행동을 규정하는 규칙들을 발견할 수 있어야 한다는 것이다. 물론 이 목적을 위해 담론은 연구자가 자신의 문화적 조건 때문에 의식하지 못한 채 자신의 연구 대상에 결부시키는 모든 사전 지식을 최대한 배제하는 방식으로 규정되어야 한다.

| 정의 | **담론(Diskurs)**

푸코는 특정한 형성 규칙들에 따라 분석할 수 있는, 서로 관계를 맺고 있는 진술의 모든 집합을 담론으로 정의한다. 여기서 **진술**은 표현 행위나 논리적인 내용이 아니라, 순수한 구체성(또는 '실증성') 안에서 말해진 것, 즉 언표(言表)로 이해된다. **담론적 사건**으로서의 진술 개념은 진술에 내재된 의미에 대해 묻지 않고, 오직 서로의 관계를 기준으로 해서만 검토됨으로써 자신의 에피스테메에 의해, 즉 시대별 지식 질서에 의해 분석이 왜곡되는 것을 차단한다. 담론은 무엇을 이야기해야 하는지, 어떤 견해를 표현해야 하는지, 어떤 수단과 어떤 결과로 그러한 일들이 일어나야 하는지를 만들어내기 때문에, 진술과 담론 형성을 연결하는 이러한 관계들은 담론의 대상, 표현 양식(또한 주어의 위치), 개념, 전략과 관련하여 분석된다. 이를 통해 진술은 진술의 체계로 구체화된다. 푸코는 이를 **아카이브**(Archive)라고 부른다. **담론 분석**은 아카이브를 이해하여 역사적 아프리오리 또는 자기 문화의 에피스테메를 밝혀내는 것을 목표로 한다.

푸코는 자신이 살고 있는 시대의 우연적 전제조건들을 가시화하고 역사가 선형적 진보 과정으로 전개된다는 생각을 허물기 위해 고고학적 방법을 적용하여 역사적 변화를 일련의 파열로 묘사했다. 그러나 변화는 과연 어떻게 일어나는 것인가? 각각의 시대에 고유한 역사적 아프리오리를 지닌 역사적 시대의 비연속적 연속은 어떻게 설명할 수 있는가? 이 물음은 푸코가 담론 형성에 영향을 미치는 관행의 역할을 주시하는 계기가 된다. 이제 관행(예컨대, 의학적 치료)은 더 이상 독립적인 담론적 사건(예컨대, 의학적 담론)의 효과로 이해되는 것이 아니라, 지식의 생성에 영향을 미치는 자체 추진력을 지닌 요소들로 이해된다. 지식의 고고학은 이제 푸코의 둘째 방법론적 접근법인 권력의 **계보학**으로 대체된다. 이제부터 그는 "놀이로서의, **게임**으로서의, 행동과 반응, 질문과 대답, 지배 시도와 회피 기동으로 구성되는 전략적 놀이, 즉 투쟁으로서의 …… 담론 현상들"에 주목한다(Foucault, 1974: 671).

계보학: 전략적 놀이로서의 담론

고고학과 마찬가지로 **계보학**도 사회질서의 우연성을 가시화하는 것을 목표로 한다. 그러나 이 질시의 기초가 되는 담론(또는 담론적 형성으로서 조직화된 진술)은 더 이상 드러나지 않으며, 푸코에게 설명의 기본 단위(**종합** ⇨ '들어가기' 1절 참조)는 이제 권력관계이다. 여기서 그에게 중요한 것은 '권력의 미시 물리학'의 수준이다. 푸코에 따르면 국가와 같은 제도적 질서는 행위자들 간의 근본적이고 끊임없이 변화하는 세력관계의 결정체일 뿐이다. 이러한 행위자들 사이의 갈등 관계와 투쟁은 푸코의 이전 이론적 공백을 메우고, 어떤 방식으로 역사적 변화가 일어나는지를 설명할 수 있다(**동학** ⇨ '들어가기' 1절 참조).

세력 관계와 권력투쟁

> 권력에 초점을 맞추려는 분석은 국가의 주권, 법의 형태, 통치의 지구적 통일성 중 그 어떤 것도 본래 주어진 것으로 전제해서는 안 된다. 이 세 가지는 오히려 권력의 결과적인 형태들이다. 내가 권력에서 먼저 이해되어야 한다고 보는 것은 다음과 같다. 한 영역에 사람들을 정착해서 살게 하고 조직하는 세력 관계들의 다양성, 끊임없는 투쟁과 대립 속에서 그러한 세력 관계들을 변형·강화하며 뒤바뀌게 하는 놀이, 이러한 세력 관계들이 사슬처럼 체계들로 연결됨으로써 서로를 지지하거나 서로를 고립시키는 변화와 모순, 마지막으로 국가기관, 입법, 사회적 헤게모니에서 주요 노선과 제도적 결정체가 구체화되는 전략이 그것이다. 권력의 가능성의 조건 또는 적어도 권력의 작용을 '가장 주변적인' 파급효과까지 인식할 수 있게 하고 그 메커니즘을 사회 분야를 인식하는 척도로 삼는 관점은 중심이라는 본래의 존재에 있는 것이

아니고 파생적이고 하위적인 형태들이 발산하는 주권의 태양에 있는 것이 아니라, 불평등을 통해 항상 국지적이고 불안정한 권력 상태를 끊임없이 생성하는 세력관계들의 흔들리는 받침대에 있다. 권력은 편재한다. 이는 권력이 확고한 통일성 아래 모든 것을 모이게 하는 특권을 가지고 있기 때문이 아니라, 모든 순간과 모든 지점에서 — 또는 오히려 점과 점 사이의 모든 관계 속에서 — 스스로를 생성하기 때문이다. 모든 것을 포괄하기 때문이 아니라 모든 곳에서 나오기 때문에 권력은 어디에나 존재한다. 영속성, 반복성, 관성, 자기생성의 특징을 지니는 권력은 이 모든 유동성의 총체적인 효과, 즉 유동성에 기반하고 그 유동성을 또다시 고착시키려는 연속에 지나지 않는다. 의심할 여지없이 명목론자가 되어야 한다. 권력은 제도도 아니고, 구조도 아니며, 소수의 힘 있는 사람들이 행사할 수 있는 강력한 영향력도 아니기 때문이다. 권력은 한 사회의 복잡한 전략적 상황에 부여된 이름이다(Foucault, 1976a: 113~114).

푸코는 **권력 분석론**의 방법론적 원칙들로서 다음의 내용들을 확인한다.

권력 분석론의 방법론적 원칙

- 모든 사회적 관계는 세력 관계의 의미에서 권력관계로 이해되어야 한다.
- 제도적 질서는 불안정한 사회적 권력관계들에 좌우되기 때문에 원칙적으로 변화할 수 있다.
- 권력관계의 미시적 수준과 거시적 수준 사이에는 상호관계가 존재한다.

권력-지식

이러한 토대 위에서 권력의 계보학은 한 사회에서 진실하고 옳고 바람직한 것으로 간주되는 것의 기반이 되는 권력의 관행을 밝히는 데 관심을 두고 있다. 푸코는 사회적 지식을 **권력-지식**으로 분석한다. 이러한 맥락에서 그는 미완성 상태로 남아 있는 성(性)의 대규모 역사를 스케치한다.

그림 13-1 **푸코 저작의 구조**

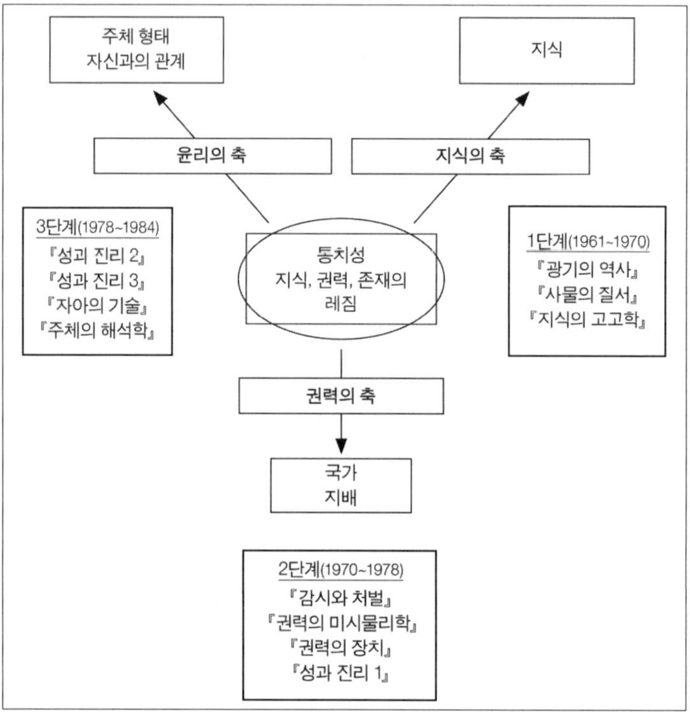

『성의 역사』(Foucault, 1976a) 1권과 달리, 다음 시기에는 권력-지식 복합체의 맥락에서 타자강제와 자기강제를 통한 개인들의 규율화와 정상화('보통 상태로 만듦')의 관점에서 주체의 범주에 관심의 초점이 더 강하게 집중된다. 푸코는 여기서 주체(복종된 자로서)가 어떻게 주체가 되는지에, 즉 **주체화**의 형태에 관심을 기울인다. 그는 주체화의 형태를 자기 통솔과 타자에 의한 통솔이라는 형식의 통치 기술로서 연구하고, 양자의 공동 작용을 **통치성**이라는 개념 아래 파악한다('통치성' 개념은 '통치에 적당한'에 해당하는 프랑스어 표현을 명사화한 것이며, '다스림'과 '사고방식'의 합성어로도 이해된다). 이 개념을 푸코 저작의 중심에 놓으면, 그의 저작은 그림 13-1과 같이 구조화

통치 기술과 통치성

할 수 있는데, 2단계와 3단계 사이에는 앞의 두 단계와 달리 방법론적 단절이 없고 주제만 달라질 뿐이다.

4 | 분석: 생산적 권력을 총체화한 효과로서의 후기 근대적 개인성

근대화를 개인의 자율성과 자유의 증가로 이해하는 것은 이 과정의 그늘진 면, 즉 오늘날 주체들을 지배하는 제약 및 강제를 은폐한다. 이 점을 폭로하기 위해 푸코는 통일된 역사라는 개념을 거부하고, 이를 역사의 불연속적 연속이라는 개념으로 대체한다. 고고학적 방법은 각각 고유한 지식의 순서를 가진 독립된 역사적 시대를 기반으로 한다. 『사물의 질서』에서 푸코는 르네상스 시대(유사성의 에피스테메), 고전 시대(재현의 에피스테메), 근대 시대(인간의 에피스테메)를 구별한다.

시대들의 (불연)속적 연속으로서의 역사

근대에 들어와 비로소 세상에 대한 지식은 인식 주체로서의 인간을 통해 간접적으로만 가능하다는 확신이 팽배해졌다. 대략 1800년부터 이러한 기반 위에 인간과 인간을 통제하고 규율할 수 있는 가능성에 대해 동시에 관심을 두는 인문과학이 등장할 수 있었다. 그러나 푸코에 따르면, 이러한 인본주의 시대 역시 지나갈 수 있다. "인간은 하나의 발명품이며, 그 발명이 최근의 일이었다는 것을 우리 사고의 고고학은 매우 명확하게 보여준다. 어쩌면 인간은 머지않아 종말을 맞이할지도 모른다"(Foucault, 1966: 462). 구조주의 시대에는 인간에 대한 소수의 생각을 보편적인 것이라고 주장함으로써 오해를 초래했던 일반적인 인간 본성에 대한 관념을 중심으로 지식이 조직되지 않을 것이다. 푸코는 근대에 대한 이러한 개념과 작별을 고하고자 했기 때문에, 그의 구상은 반인간주의적이라고 불렸다.

인간의 무상함

앞서 언급했듯이 고고학은 시대 변화의 메커니즘에 대한 물음에 답하지 못하고 있는 상태이다. 그래서 푸코가 계보학적 방법을 사용하여 수행하는 분석은 사회를 끊임없는 투쟁의 과정으로 이해할 수 있게 해준다. 사회적 권력 분배의 구조는 이러한 개인들 간의 불안정한 세력 관계를 기반으로 한다는 것이다. 푸코는 이전에는 뿌리 깊은 문화적 의미구조가 한 시대에 너무 포괄적으로 스며들어서 무엇이 지식으로 간주되는지에 대한 독립적 평가가 불가능하다는 견해를 갖고 있었다. 그러나 이제 그는 모든 지식은 변화하지만 원칙적으로 벗어날 수 없는 권력관계들에 의해 좌우된다고 주장한다. 모든 지식은 철저하게 세습된 사회의 권력-지식이며, 푸코가 장치라고 부르는 담론 형성과 권력 관행의 네트워크에 속해 있다.

권력-지식과 장치

따라서 푸코는 근대사회가 권력을 길들였으며 이전의 사회유형들보다 더 자유롭고 덜 억압적이라는 생각에 반대한다. 근대화는 권력 감소의 역사가 아니라 지배적인 권력 형태들이 변화하는 역사라는 것이다. 그러나 이를 입증하기 위해 권력 개념은 역사적으로 사라져버린 권력의 특수한 출현 방식들과 혼동되지 않도록 다시 정식화되어야만 한다.

권력 형태의 변화로서의 역사

따라서 근대사회에 대한 계보학적 분석은 권력 개념을 새롭게 개념화하는 작업과 함께 진행된다. 푸코에 따르면 권력은 일반적으로 개인들이 추구하는 것을 억압하는 것으로 이해된다. 그러나 주체들이 행하려는 것을 하지 못하도록 막는 것은 권력이 역사에서 취했던 형태 중 하나일 뿐이다. 푸코는 권력의 이러한 형태를 주권 권력 또는 법학적-담론적 권력 개념이라고 부르는데, 이는 권력이 주권 기관에 의해 법적으로 공식화된 금지의 형태로 발생한다는 견해에 근거하기 때문이다. 푸코는 두 가지 변형을 구별한다.

주권 권력: 두 가지 변형

1. 주체들에게 이미 존재하는 욕망은 억압된다. 또는
2. 개인들이 추구하지 못하도록 저지되는 욕망들은 애초에 금지되었기 때문에 생겨나는 것이며, 이보다 더 정교한 변형은 정신분석학에서 연구된다.

위의 두 경우에서 권력은 중앙 기관에 의한 억압으로 이해된다. 따라서 억압적 권력의 유형은 권력이 국가에 집중된 사회에서 특징적으로 나타난

전근대: 억압적 주권 권력

다. 이는 가부장적으로 조직된 전근대사회들에 해당된다. 여기서 범례적인 것은 절대주의 통치와 왕의 의지이다. 그러나 푸코에 따르면 근대에는 사회질서와 함께 권력의 지배적인 형태도 변화했다. 정치이론은 이 변화를 해방적 진보의 역사로만 이야기하는데, 그것은 정치이론이 과거의 몰락한 사회구조에 맞춰진 개념들만 사용하기 때문이다. "정치사상에서 그리고 정치 분석에서 왕의 머리가 베어진 적은 아직 없었다"(Foucault, 1976a: 110).

근대: 생산적 생명 권력

푸코에 따르면 근대화 과정에서 억압적 주권 권력은 점점 더 생산적 생명 권력으로 대체되었다. 생산적 권력은 개인들이 원하는 것을 저지하는 금지로 작용하는 것이 아니라, 오히려 개인들이 욕구를 충족시킬 수 있는 방식으로 욕구를 정의하고 욕구가 추구할 수 있는 방향을 제시함으로써 주체를 형성하기 때문에 구성적이다. 이러한 권력은 생산적인데, 그것은 "힘을 억제하고 굴복시키며 파괴하기보다는, 만들어내고 성장하게 [원문 그대로임] 하고 체계화하기 때문이다"(Foucault, 1976a: 163). 억압적 권력은 개인들이 원하는 대로 행동하는 것을 외부에서 막는 반면, 생산적 권력은 주체들의 내면에 영향을 미친다.

그림 13-2 **억압적 권력과 생산적 권력**

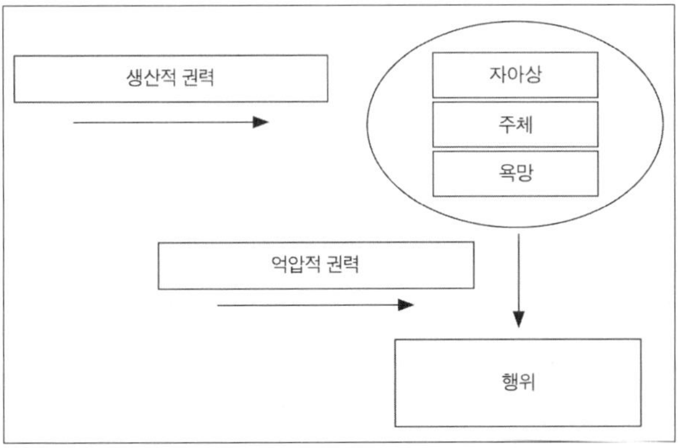

푸코는 생산적 권력의 경우에도 그것이 실제로 사회적 권력의 한 형태라는 것을 보여주기 위해 — 일반적으로 가정되는 바와 달리 — 권력이 개인들의 의도와는 무관하게 나타날 수 있다고 주장한다. 구조적 권력으로서의 생산적 권력은 주관적이지는 않지만 의미 있게 이해될 수 있고, 이런 의미에서 의도를 구현하는 효과를 식별해 낼 수 있는 한 여전히 의도적이라는 것이다.

생산적 권력: 주관적이지 않지만 의도적이다

> 권력의 합리성은 전술의 합리성이다. 전술의 합리성은 — 권력의 국지적 냉소라고 할 정도로 — 흔히 제한된 영역 안에서 노골적으로 드러나며, 사슬처럼 서로 연결되어 서로를 발생시키면서 확산되고, 다른 곳에서 자신의 조력자와 조건을 찾아내어 마침내는 전반적인 성향으로 발전한다. 여기서도 논리는 여전히 완벽하게 명확하고, 의도를 알아차릴 수 있지만, 그럼에도 불구하고 아무도 그 의도를 설계하지 않았고, 그것을 글로 표현하는 사람은 거의 없다. 거의 소리 없이 수다스러운 책략들을 조정하는 거대한 익명적 전략들의 함축적 특성, 그 '고안자' 또는 책임자는 흔히 위선적이지 않고도 계획을 수행할 수 있다(Foucault, 1976a: 116).

푸코에 따르면 생산적 생명 권력도 두 가지 변형된 형태로 나타난다.

생산적 생명 권력: 두 가지 변형

1. 규율 권력으로서의 생산적 생명 권력은 무엇보다 (인문과학적) 규율의 형태로 (그 권력에 부속된 교도소, 학교, 군부대와 같은 제도들과 함께) 발전한다. 따라서 생산적 생명 권력은 신체의 정상화(생활 리듬의 습득, 위생 실천 등)를 지향한다.
2. 규제 권력으로서의 생산적 생명 권력의 본질은 생명 정책적 규제(예컨대, 출산 규제, 통계학적 방법 등)와 인구 형성에 있다.

푸코에 따르면, 종래의 사회 분석으로는 파악할 수 없는 생산적 권력의 이러한 형태들은 신체, 지식, 주관성, 또는 자아 이미지의 생산을 규정함으로써 근대적 정상화 사회를 각인한다.

역사 재해석

따라서 푸코는 근대화 과정의 해방적 성격에 대한 서술에 반대하여 사회가 역사 과정에서 더욱 완전하게 유증(遺贈)되었다는 분석을 수정한다. 억압적 권력은 볼 수 있고, 느낄 수 있고, 식별할 수 있고, 제한된 범위 안에 존재하며, 쉽게 저항의 대상이 된다. 반면에 생산적 권력은 은밀하게 작동하며 총체적이다. 우리의 생각·말·행동이 우리의 자율적 의지에서 비롯되는 것이 아니라 생산적 권력의 개인화 및 총체화의 결과로 나타날 때, 중앙집권적이고 억압적인 권력이 쇠퇴한다는 사실, 즉 오늘날 우리가 원하는 것을 자유롭게 생각하고 말하고 행동할 수 있다는 사실은 덜 자유로워 보인다.

본래 푸코는 권력을 완전히 탈중심화된 것으로 이해하려는 의도에서 권력 형태의 변화에 관한 테제를 발전시켰다. 권력은 무엇보다 국가가 아니라 사회적 세력 관계에서 찾아야 한다는 것이다. 그러나 그는 1970년대 후반부터 "자유와 지배 상태 사이의 전략적 게임(즉, 한 사람이 다른 사람의 행동을 규정하려 시도하고 상대방은 이에 규정되지 않으려 하거나 자신이 다른 사람의 행동을 규정하려고 하는 게임)으로서의 권력관계들"(Foucault, 1984c: 26) 사이의 차이를 더욱 엄격하게 구별했다.

권력과 통치성

푸코는 통치성이라는 개념 아래 사회적 권력 게임과 국가적으로 제도화된 지배 사이의 중재를 '통치 기술'에 의거해 연구했다. 영혼 인도라는 기독교적 사상에 기반한 리더십의 형태들은 목회에 집중된 목회자의 권력에서 발전해 왔으며, 마침내 개인의 자유를 강압적으로 관리하기보다는 외부의 강압이 덜 중요하다는 정치에 대한 이해를 낳았다. 푸코는 특히 셀프 리더십과 타인의 리더십이라는 두 가지 형태에 관심을 가졌다. 그는 이를 역사적으로 특정한 문제화 방식에 의거하여, 즉 자기 자신에 대한 관계와 타인에 대한 관계가 각각 어떻게 문제가 되는지, 어떻게 주제화되었고 어떤 방식으로 다루어졌는지를 중심으로 분석했다.

그림 13-3 **푸코에 따른 권력 형태의 역사적 변천**

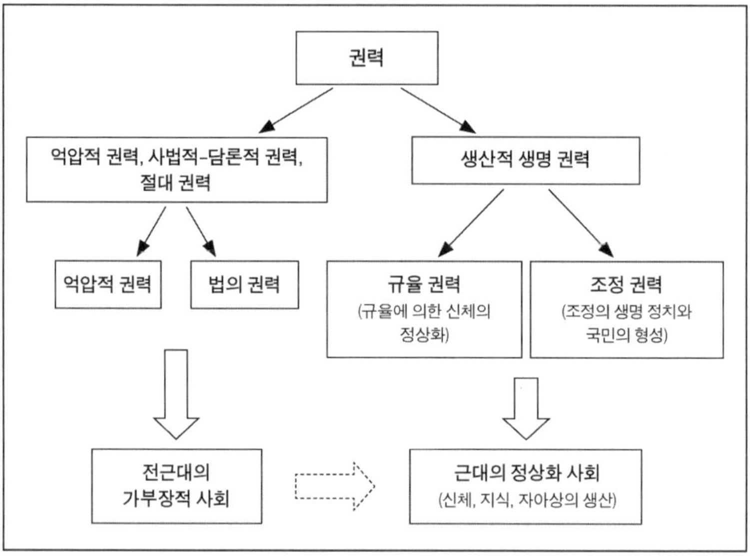

이 분석에서 푸코는 한 사회의 통치 방식 또는 통치성을 체계화하는 시대의 특수한 정치적 이성을 추론하려 한다. 그의 계보학적 재구성은 고대로부터 근세 초기의 절대주의 국가와 자유주의 시대를 거쳐 신자유주의에까지 이른다. 신자유주의는 탈규제의 계획으로 이해될 수 있다는 오랫동안 지배적이었던 견해에 맞서, 푸코는 생산적 권력의 총체화에 관한 자신의 테제에 따라 신자유주의적 통치성에 있어서 사회와 주체의 형성이 지니는 중요성을 이미 당시에 강조했다(Gertenbach, 2007; Lessenich, 2008).

탈규제 대신 생산적 권력의 총체화

5 ı 진단: 후기 근대의 주체화 형태에 대한 계보학적 비판

억압적 권력과 생산적 권력을 개념적으로 구분하는 것은 전자에서 후자로의 역사적 전환이라는 테제를 포함하여 푸코가 이 과정에 대한 중립적 설명에 국한하고 사회적으로 잘못된 발전에 대한 진단은 하지 않는다는 인상을 불러일으킬 수 있다. 그러나 이는 심각한 오해이다. 생산적 권력도 억압적으로 작용하지만, 유일한 차이점은 억압이 주체의 존재 방식에 대한 외적 제한이 아니라 내적 제한으로 구성된다는 것이다. 주체성의 생산은 개인들로 하여금 자신의 한계를 인식하지 못한 채 자신을 특정 존재 방식에 고정시키도록 하는데, 마찬가지로 푸코는 고고학 단계에서 깊이 뿌리내린 인식론적 의미 구조들이 문화의 한계들을 규정한다고 가정했다. 전체적으로 푸코의 권력 분석은 생산적 권력이 주체화라는 방식을 통해 사람들에게 설정하는 제약들을 가시화하는 것을 목표로 한다. 따라서 여기서도, 테오도르 W. 아도르노의 경우와 마찬가지로, 분석과 진단은 서로 분리할 수 없다. 분석은 우리 문화의 병리를 진단한 것이다.

규율화와 정상화

병리적인 것은 사람들이 어떻게 생각하는지, 어떤 모습일 수 있는지를 확정짓는 각각 역사적·문화적으로 특정한 형태의 주체화이다. 푸코는 개인의 규율화와 정상화를 근대의 특징적인 병리현상으로 파악한다. 그는 우선 계보학적 연구에서 이를 규율 사회의 모델을 통해 규명하는데, 이 모델에 따르면 현재의 사회질서는 신체로 폄하된 인간에 대한 통제로 보장되며, 개인들은 이러한 통제를 점점 더 스스로에게 행사하게 된다. 이후 푸코는 이 모델을 근대 정상화 사회의 개념으로 수정한다. 이 개념은 고고학에서 중심으로 이루며 나중에 권력-지식으로서 설명되는 지식 생산의 차원과 자기 자신에 대한 주체들의 관계를 규정하는 자아 이미지의 생산 차원의 규율에 의해 이루어지는 신체 생산을 보완한다.

후기 근대의 정상화 경향

이미 푸코 자신에 의해, 특히 그가 사망하고 나서 오래된 후에야 출판된 그의 강의록과 연계해서, 신자유주의적 통치성의 주체화 형태들에 대한 분석에 이목이 집중되었다. 이 연구들은 후기 근대에서 특히 두 가지 경향이 개인들의 정상화를 특징짓는다고 지적한다.

1. 사회적으로 야기된 위험들이 점점 개인들의 책임으로 전가되고 있음을 알 수 있다. 이러한 경향이 잘 드러나는 대표적인 사례는 노인 빈곤의 위험은 민간의료보험으로 예방해야 한다는 원칙과 실업은 개인의 잘못이라는 견해이다. 개인화
2. 경제적 기준들이 점점 더 많은 사회 영역에 침투하고 있다는 것이 드러나고 있다. 대학 진학은 자신의 미래에 대한 투자이며, 또한 미래는 자신의 시간을 효과적으로 관리하는 자만이 헤쳐 나갈 수 있다는 것이다. 경제화

물론 푸코의 분석을 사회병리의 진단으로 동시에 이해하는 것은 문제를 내포하고 있다. 모든 사회적 관계가 정의(定義)와 관련되었다는 이유만으로 이미 권력관계라면, 권력화되지 않은 더 나은 사회는 존재할 수 없다. 만약 개인들이 필연적으로 주체화될 수밖에 없다면, 이에 대한 대안은 진정 없다. 기존의 권력 구조에서 잘못된 것은 무엇이며, 다른 권력 구조와 주체화의 새로운 형태들이 기존의 권력 구조를 대신할 뿐이라면 지배적인 주체화 방식들을 극복해야 하는 이유는 무엇인가? 푸코에게는 자신이 관심을 두고 있는 비판을 뒷받침할 수 있는 규범적 척도가 없는 것 같다. 하지만 어떻게 그런 기준 없이 비판이 가능하다는 것인가? 척도 없는 비판?

이에 대한 첫째 대답은 푸코의 저작에는 비판된 현재에 대한 규범적으로 손색없는 반대 사례를 언급하는 부분들이 산재해 있다. 푸코가 자신의 초기 저작에서 아직 발견되는 입장, 즉 광기에서 기원적이고 독창적인 경험의 차원을 발견할 수 있다는 입장과 거리를 둔다면, 그의 『성의 역사』 제1권은 그가 "몸과 쾌락의 또 다른 경제학"(Foucault, 1976a: 190)을 꿈꾸는 메시아주의적 느낌을 풍기는 구절로 끝을 맺는다. 이러한 불명확한 표현을 어떻게 해석하든 간에, 푸코에게서 발견할 수 있는 어떤 비판의 기준도 그의 방법론적 가정들과 조화를 이룰 수 없다는 문제가 남는다. 모든 규범적 기준은 그 자체로 비판의 대상이 되는 권력-지식의 한 요소에 불과할 것이다.

따라서 둘째 대답은 푸코의 방법론적 가정들이 적어도 문화적 구조의 폐쇄와 강화를 병리적인 것으로 인식하게 하는 형식적 기준과 양립할 수 있다는 점을 지적하는 데 있을 것이다. 권력의 외부라는 것이 존재하지는 않지만, 변화에 대한 개방적인 태도는 이 문제를 완화시킨다. 바로 이런 의미에서 푸코는 "우리를 우리로 만든 우연성에서 더 이상 우리가 지금처럼 존재·행동·생각하지 않을 가능성을 발견하는(발견하게 될)" 비판을 계보학적이라고 설명한다(Foucault, 1984d: 49). 즉, 푸코의 관심은 "우리가 무엇인지에 대한 비판과 우리에게 주어진 한계들에 대한 역사적 분석 및 그 한계들을 넘어서는 가능성에 대한 실험"에 있다(Foucault, 1984d: 54).

그러나 이 대답도 왜 누군가가 자신의 존재·행동·생각을 초월하고 변화시켜야 하는지에 대한 의문을 남긴다. 만약 사슬만 교체하는 것이라면, 왜 초월해야 하고 변화해야 하는가? 물론 푸코를 계보학적 방법의 의미에서 읽는 독자라면 이 물음은 제기하지 않을 것이다. 계보학적 분석은 그 내용적 실체만으로는 이해할 수 없다. 문체 구성도 마찬가지로 계보학적 분석의 구성 요소이기 때문이다.

계보학적 비판

> "효과적인 계보의 작성을 위한 '사용 설명서'인 계보학적 명령은 다음과 같은 내용일 수 있을 것이다. 즉, '권력이라는 단어(또는 전략, 성향이나 관심, 굴복, 착취, 이익과 같은 동계어)를 사용해서 내가 듣는 동안 내가 생각하는 것처럼 돌이킬 수 없는 사람이 되고 싶지 않고, 내가 듣는 동안 나 역시 반드시 그렇게 되어야만 하는 것은 아니라는 것을 스스로 깨달을 수 있는 방식으로 나에게 나의 자아상의 기원에 대한 이야기를 해보라'"(Saar, 2003: 170).

표 13-1 **한눈에 보는 미셸 푸코의 사회학 이론**

구분	표제어	세부 설명
사회학	계보학으로서의 사회학	목표는 우리의 사고·행동·존재의 역사적 한계들을 인식하는 것이다.
핵심 문제	어떻게 자기 자신의 사고·행동·존재의 한계들을 인식하고 뛰어넘을 수 있는가?	목표로서 기존의 것에 대한 탈정당화를 통한 '범법'(위반)
설명 모델	포스트구조주의 이론: 구조들은 역사적으로 가변적·담론적으로 생성되었다.	고고학과 계보학의 방법
설명의 기본 단위	· 초기: 담론 · 후기: 권력관계	역사적 변화를 설명하기 위한 방법론 수정
개인과 사회의 관계	담론 또는 권력-지식의 형성 규칙들은 개인에 선행한다.	자율적 주체는 환상이다. 주체들은 자신의 주체화에 참여한다.
근대사회와 전통사회(분석)	생산적 권력은 점차 억압적 권력의 자리에 들어선다.	역사는 진보의 과정이 아니다.
근대화의 이해	담론 형성과 권력 실천에 따른 주체화의 형태들의 변화; 인간에 대한 관념의 해체로서의 후기 근대	동시에 근대화는 규율화와 정상화가 진전되는 과정이다.
변화의 원동력	투쟁	사회는 완결될 수 없는 투쟁 사건이다.
근대의 병리(진단)	규율화, 정상화	정체성에 대한 강박이 증가함에도 불구하고 개인의 자유는 환상이다.

6 ǀ 요약

미셸 푸코의 저작은 근대화 과정을 새롭게 기술한 것으로, 그에 따르면 근대화 과정은 자유와 개인의 자율성이 증가하는 역사가 아니라, 주체들을 형성하는 사회적 권력의 형태들을 변화시키는 다소 불연속적인 시대의 연속으로 구성된다. 푸코는 사회적 지식뿐만 아니라 물리적으로 고정된 소망과 욕망, 개인의 자아상을 결정짓는 담론 형성을, 그리고 후기에 들어와서는 권력관계 또는 권력-지식 복합체를 사람들의 존재·사고·행동에 흔적을 남기는 요인으로 간주한다.

함축적이지만 그럼에도 불구하고 강력한 효과를 지니는 문화의 의미구조와 지식체계를 분석하기 위해 푸코는 먼저 고고학 방법을 개발한다. 그러나 이 방법은 결국에는 역사적 변화의 기제에 대한 질문에 답하지 못하기 때문에 그 대신 계보학적 방법이 등장한다. 이 맥락에서 푸코는 전략적 권력 게임을 벗어나서는 존재할 수 없는 사회의 투쟁모델을 개발함으로써 국가 중심의 사회 개념에 반대한다. 또한 푸코는 이러한 입장을 근대화 과정에서 권력의 형태들이 변화해 왔다는 역사적 테제와 연결시킨다. 외부 강압이라는 억압적 형태들은 사라지고, 정체성의 생산을 통해 주체를 정의하고 제한하는 보다 교묘하고 생산적인 형태들이 그 자리를 대신하여 권력을 총체적 상태로 만든다. 권력의 계보학은 우리가 이러한 한계를 인식하고 이제까지의 삶의 방식을 뛰어넘어 변화하도록 동기를 부여하는 방식으로 이 과정을 재구성한다. 후기 근대에서 계보학은 특히 신자유주의적 통치성에 초점을 맞춘다.

학습 점검 질문

1. 푸코는 근대사회의 개인을 어떻게 주체화하는가?
2. 푸코의 저작에서 '권력'과 '지식'의 개념은 어떤 역할을 하는가?
3. 푸코는 역사의 과정을 어떻게 이해하는가?
4. 푸코에 따르면 근대에서 권력 형태들은 어떻게 변화하는가?
5. 푸코는 주체화를 어떻게 이해하는가?
6. 푸코는 권력 계보학의 방법에 어떤 목표를 부여하는가? 이 목표를 고려하는 계보학적 분석은 어떤 절차에 의해서 이루어지는가?

참고문헌

1차

Foucault, Michel (1961): Wahnsinn und Gesellschaft. Eine Geschichte des Wahns im Zeitalter der Vernunft, Frankfurt a. M. 1973.

Foucault, Michel (1963): Die Geburt der Klinik. Eine Archäologie des ärztlichen Blicks, München 1988.

Foucault, Michel (1966): Die Ordnung der Dinge. Eine Archäologie der Humanwissenschaften, Frankfurt a. M. 1974.

Foucault, Michel (1969): Archäologie des Wissens, Frankfurt a. M. 1973.

Foucault, Michel (1974): Die Wahrheit und die juristischen Formen, in: ders.: Dits et Ecrits. Schriften Bd. 2: 1970-1975, Frankfurt a. M. 2002, 669-792.

Foucault, Michel (1975): Überwachen und Strafen. Die Geburt des Gefängnisses, Frankfurt a. M. 1976.

Foucault, Michel (1976a): Der Wille zum Wissen. Sexualität und Wahrheit, Bd. 1, Frankfurt a. M. 1977.

Foucault, Michel (1976b): Mikrophsik der Macht. Über Strafjustiz, Psychiatrie und Medizin, Berlin.

Foucault, Michel (1978): Dispositive der Macht. Über Sexualität, Wissen und Wahrheit, Berlin.

Foucault, Michel (1980): Gespräch mit Ducio Trombadori, in: ders.: Der Mensch ist ein Erfahrungstier, Frankfurt a. M. 1996, 23-122.

Foucault, Michel (1984a): Der Gebrauch der Lüste. Sexualität und Wahrheit, Bd. 2. Frankfurt a. M. 1986.

Foucault, Michel (1984b): Die Sorge um sich. Sexualität und Wahrheit, Bd. 3, Frankfurt a. M. 1986.

Foucault, Michel (1984c): Freiheit und Selbstsorge. Gespräch mit Michel Foucault am 20. Januar 1984, in: ders.: Freiheit und Selbstsorge, hg. von Helmut Becker u. a., Frankfurt a. M. 1985, 9-28.

Foucault, Michel (1984d): Was ist Aufklärung?, In: Erdmann, Eva/Forst, Rainer/Honneth, Axel (Hg.): Ethos der Moderne. Foucaults Kritik der Aufklärung, Frankfurt a. M. 1990, 35-53.

Foucault, Michel (1988): Technologien des Selbst (Seminarvortrag 1982), in: ders.: Dits et Ecrits. Schriften Bd. 4: 1980-1988, Frankfurt a. M. 2005, 966-999.

Foucault, Michel (2004a): Geschichte der Gouvernementalität I. Sicherheit, Territorium, Bevölkerung. Vorlesung am Collège de France 1977-1978, Frankfurt a. M.

Foucault, Michel (2004b): Geschichte der Gouvernementalität II. Die Geburt der Biopolitik. Vorlesung am Collège de France 1978-1979, Frankfurt a. M.

Foucault, Michel (2004c): Hermeneutik des Subjekts. Vorlesung am Collège de France 1981-1982, Frankfurt a. M.

2차

Angermüller, Johannes (2004): Michel Foucault — auf dem Weg zum soziologische Revue 27, 385-394.

Barry, Andrew/Osborne, Thomas/Rose, Nikolas (Hg.) (1996): Foucault and political Reason. Liberalism, Neo-Liberalism, and Rationalities of Government, Chicago.

Bröckling, Ulrich/Krasmann, Susanne/Lemke, Thomas (Hg.) (2004): Gouvernementalität der Gegenwart. Studien zur Ökonomisierung des Sozialen, Frankfurt a. M.

Burchell, Graham/Gordon, Colin/Miller, Peter (Hg.) (1991): The Foucault Effect. Studies in Governmentality, Chicago.

Dreyfus, Hubert L./Rabinow, Paul (1987): Michel Foucault. Jenseits von Strukturalismus und Hermeneutik, Frankfurt a. M.

Eribon, Didier (1991): Michel Foucault. Eine Biographie, Frankfurt a. M.

Gertenbach, Lars (2007): Die Kultivierung des Marktes, Foucault und die Gouvernementalität des Neoliberalismus, Berlin.

Keller, Reiner (2005): Michel Foucault, in: Kaesler, Dirk (Hg.): Aktuelle Theorien der Soziologie, München, 104-126.

Keller, Reiner u. a. (Hg.) (2004/06): Handbuch sozialwissenschaftliche Diskursanalyse (2 Bde.), Wiesbaden.

Lemke, Thomas (2003): Eine Kritik der politischen Vernunft, Foucaults Analyse der modernen Governementalität, Hamburg.

Lessenich, Stephan (2008): Die Neuerfindung des Sozialen. Der Sozialstaat im flexiblen Kapitalismus, Bielefeld.

Reckwitz, Andreas (2000): Die Transformation der Kulturtheorien. Zur Entwicklung eines Theorieprogramms, Weilerswist.

Saar, Martin (2003): Genealogie und Subjektivität, in: Honneth, Axel/Saar, Martin (Hg.): Michel Foucault. Zwischenbilanz einer Rezeption, Frankfurter Foucault-Konferenz 2001, Frankfurt a. M., 157-177.

Saar, Martin (2007): Genealogie als Kritik. Geschichte und Theorie des Subjekts nach Nietzsche und Foucault, Frankfurt a. M. u. a.

Schroer, Markus (2001): Das Individuum der Gesellschaft, Frankfurt a.M, 81-123.

Stäheli, Urs (2000): Poststrukturalistische Soziologien, Bielefeld.

Strecker, David (2012): Logik der Macht. Zum Ort der Kritik zwischen Theorie und Praxis, Weilerswist.

찾아보기

인명

주제어

ㄱ

ㅇ

ㅊ

책 제목

독일어 용어 정리

A

Affektkontrolle 감정 통제
Affektuelles Handeln 감정적 행위
AGIL-Schema AGIL 도식
Aktant 행위소
Akteure 행위자
Akteur-Netzwerk-Theorie 행위자-네트워크 이론
Allgemeine Soziologie 일반 사회학
Allgemeine Systemtheorie 일반 체계이론
Allopoietische Systeme 타자생산적 체계
Alltagshandeln 일상 행위
Analytischer Realismus 분석적 실재론
Anomische Arbeitsteilung 아노미적 분업
Anonymisierung 익명화
Anormale Arbeitsteilung 강요된 분업
Antisemitismus 반유대주의
Apriori 아프리오리
Äquivalenzfunktionalismus 등가기능주의
Arbeit 노동
Arbeiterklasse 노동자계급
Arbeitskraftunternehmer 노동력 경영자
Arbeitsteilige Differenzierung 분업적 분화
Arbeitsteilige Gesellschaft 분업적 사회
Arbeitsteilung 분업
Archäologie 고고학
Archiv 아카이브
Ästhetische Erfahrung 미학적 경험
Aufklärung 계몽
Ausbeutung 착취
Ausnahmezustand 비상사태
Aussagenmodell 진술 모델
Autonomes Subjekt 자율적 주체
Autonomie 자율
Autopoiesis 자기생산
Autoritärer Staat 권위주의 국가

B

Barbarei 야만
Basis 토대
Bearbeitete Natur 가공된 자연
Belebte Natur 살아 있는 자연
Bestimmungsgründe des Handelns 행위의 규정 근거
Bewusstsein 의식
Beziehungsmuster 관계 모델
Bindestrich-Soziologie 이음표 사회학
Biomacht 생명 권력
Biomacht 생명 정치
Blasiertheit 둔감성
Bolschewismus 볼셰비즘
bottom up 상향식
Brückenhypothese 가교 가설
Bürgerliche Gesellschaft 부르주아 시민사회
Bürokratie 관료제

C

Calvinismus 칼뱅주의
Charismatische Herrschaft 카리스마적 지배

D

Deliberative Demokratie 숙의 민주주의
Demokratie 민주주의
Demokratische Selbstbestimmung 민주주의적 자결
Deregulierung 탈규제
Desintegration 해체
Deutungsmuster 해석 모델
Dialektik 변증법
Differenzierung 분화
Differenzierungsprinzip 분화 원칙
Differenzierungstheorie 분화이론
Diffusität 분산성
Dinge 사물
Diskurs 담론
Diskursanalyse 담론 분석
Diskursformation 담론적 형성체
diskursives Ereignis 담론적 사건
Dispositiv 장치
Disziplinarmacht 규율 권력
Disziplinierung 규율화
Domestizierte Natur 길들여진 자연
Domestizierung 길들이기
Domestizierungsprozess 길들이기 과정
Domestizierungsthese 길들이기 테제
Dominante Strategie 우세 전략
Dörfliche Kleinstadt 촌락적 소도시
Dynamis 동학
Dynamisierung 역동화
Dysfunktionalität 역기능성

E

Egoismus 이기주의
Eigeninteresse 개인적 이익
Einseitige Rationalisierung 일면적 합리화
Emergenz 창발
Empire 제국
Empirische Soziologie 경험 사회학
Endogene Präferenzen 내인적 선호
Endzwecke 최종 목적
Entdifferenzierung 탈분화
Entfremdung 소외
Entindividualisierung 탈개인화
Entscheidungszwang 결정의 강제
Entsolidarisierung 탈연대화
Enttraditionalisierung 탈전통화
Entwicklungsgesetze 발전 법칙
Entzauberung 탈주술화
Episteme 에피스테메
Erkennendes Subjekt 인식하는 주체
Erkenntnistheorie 인식론
Erlebnisepisoden 체험 사건
Erziehung 교육
Ethos 에토스
Evolution 진화
Evolutionäre Differenzierung 진화적 분화
Evolutionstheorie 진화이론
Evoultionäre Universalien 진화적 보편성
Exogene Präferenzen 외인적 선호

F

Fachismus 파시즘
Fahrstuhleffekt 승강기 효과
Falsches Bewusstsein 허위의식

Fehlorganisierte Arbeitsteilung 부적절하게 조직된 분업
Fetischcharakter der Waren 상품의 물신성
Figuration 형상화(상호의존 관계망)
Figurationssoziologie 형상화 사회학
Fluide Gesellschaft 유동적 사회
Formale Gleichheit 형식적 평등
Formale Soziologie 형식 사회학
Formale Ungleichheit 형식적 불평등
Formalpragmatik 형식 어용론
Fortschrittspotimismus 진보 낙관주의
Frankfurter Schule 프랑크푸르트학파
Freier Wille 자유의지
Freiheit 자유
Fremdführung 타자에 의한 통솔
Fremdzwang 타자강제
Freudomarxismus 프로이트마르크스주의
Fundamentalismus 근본주의
Funktionale Analyse 기능적 분석
Funktionale Differenzierung 기능적 분화
Funktionalismus 기능주의
Funktionalistische Vernunft 기능주의적 이성
Funktionssphäre 기능 영역
Funktionssysteme 기능체계

G

Gattungswesen 유적 존재
Gebrauchswert 사용가치
Gefährdete und gefährliche Natur 위태롭고 위험한 자연
Gefangenendilema 죄수의 딜레마
Gegenmacht 대항 권력
Geltungsansprüche 타당성 요구
Gemeinschaft 공동체
Genealogie der Macht 권력의 계보학
Genealogie 계보학
Gentechnik 유전공학
Geschlechterrollen 성 역할
Gesellschaft 사회
Gesellschaftliche Reproduktion 사회적 재생산
Gesellschaftlichkeit 사회성
Gesellschaftstheorie 사회이론
Gesellschaftsvertrag 사회계약
Gesinnungsethik 심정윤리
Globalisierung 세계화(지구화)
Gouverance 거버넌스
Gouvernementalität 통치성
Grand Theory 종합 이론
Großstadt 대도시
Gruppenentwicklung 집단 발전
Gruppenzugehörigkeit 집단 소속

H

Habitus 아비투스
Handeln 행위
Handlungsbegriff 행위 개념
Handlungsfähigkeit 행위능력
Handlungsfreiheit 행위의 자유
Handlungskoordination 행위 조정
Handlungsmotivation 행위 동기
Handlungsspielraume 행위의 여지
Handlungssystem 행위체계
Handlungstheorie 행위이론
Handlungstypen 행위 유형
Handlungsziele 행위 목표

Herrschaft 지배
Herrschaftsbeziehung 지배관계
Herrschaftslogik 지배 논리
Herstellbare Natur 만들 수 있는 자연
Heterosexualität 이성
Historisch-dialektisch 역사 변증법적
Historischer Wandel 역사적 변천
Historisches Apriori 역사적 선험
Holismus 전체론
Homo clausus 호모 클라우수스(폐쇄적 인간)
Homo duplex 호모 듀플렉스
Homo oeconomicus 호모 이코노미쿠스
Homosexualität 동성
Humanismus 인본주의
Hybride 하이브리드
Hybridität 혼종성

I

Ich-AG 자기 주식회사
Ich-Identität 자아-정체성
Idealismus 관념론
Idealtypen 이념형
Ideengeschichte 사상사
Identität 정체성
Identitätsprinzip 동일성 원리
Ideologie 이데올로기
Immanente Natur 내재적 자연
Individualbewusstsein 개인의식
Individualisierung 개인화
Individualisierungsgrad 개인화 정도
Individualismus 개인주의
Individualität 개성
Individualitäts-Apriori 개성 선험
Individuum 개인
Industralisierung 산업화
Industrielle Revolution 산업혁명
Informationen 정보
Inklusion 포함
Innerweltliche Askese 세계 내에서의 금욕
Institutionen 제도
Instrumentalisierung 도구화
Instrumentelle Rationalität 도구적 합리성
Instrumentelle Vernunft 도구적 이성
Instrumentelles Verhalten 도구적 행동
Integration 통합
Interaktion 상호작용
Interaktionsbeziehungen 상호작용(의) 관계
Interaktionsdichte 상호작용의 밀도
Interaktionsform 상호작용(의) 형식
Interaktionspartner 상호작용 상대방
Interdependenzketten 상호의존의 사슬
Intersexualität 간성
Irrationalisierung 비합리화
Irrationalität 비합리성

K

Kapital 자본
Kapitalismus 자본주의
Kausale Analyse 인과적 분석
Keynesianismus 케인스주의
Klasse an sich 즉자계급
Klasse für sich 대자계급
Klassenkampf 계급투쟁
Klassenlage 계급 상황
Klassenlose Gesellschaft 무계급사회
Klassenstruktur 계급 구조

Kollektiv 집합체
Kollektivbewusstsein 집합의식
kollektive Norm 집합적 규범
Kollektivgut 집합재
Kolonialisierung der Lebenswelt 생활세계의 식민지화
Kommedifizierung 상품화
Kommunikation 의사소통
Kommunikationsmedien 의사소통 매체
Kommunikationsverhältnisse 의사소통 관계
Kommunikative Rationalität 의사소통적 합리성
Kommunikative Vernunft 의사소통적 이성
Kommunikatives Handeln 의사소통적 행위
Kommunismus 공산주의
Kommunistisches Manifest 공산당 선언
Kommunitarismus 공동체주의
Komplexe Systeme 복합체계
Komplexität 복잡성
Konflikt 갈등
Konformitätsprinzip 순응 원칙
Konsistenzprinzip 일관성 원칙
Konstruktivismus 구성주의
Kontingenz 우연성
Kontrolle 통제
Kontrollfähigkeit 통제 능력
Kontrollform 통제 형태
Konvention 관습
Konvergenzthese 수렴 테제
Kooperation 협력
Koordination 조정
Koordinationsspiel 조정 게임
Kosten 비용
Kräfteverhältnisse 역학 관계
Kristische Theorie 비판이론
Kronzeugenregelung 공범증인규정
Kulturbedeutungen 문화 의미
Kulturindustrie 문화산업
Kulturverfallsthese 문화 몰락 테제

L

Langsicht 긴 안목
Lebensform 생활방식
Lebensführung 생활태도
Lebenslauf 인생행로
Lebenslaufregime 인생행로의 질서
Lebenswelt 생활세계
Lehnstuhlsoziologie 탁상 사회학
Leitdifferenz 주도 차이
lineare Logik 직선 논리
Lohnarbeit 임금노동

M

Macht 권력
Machtanalytik 권력 분석론
Machtdifferential 권력 차이
Machtformation 권력 형성
Mächtige Natur 강력한 자연
Machtkämpfe 권력투쟁
Machtpraktiken 권력 실천
Machtstrategie 권력 전략
Machtverhältnisse 권력관계
Machtverteilung 권력 분배
Macht-Wissen 권력-지식
Makro-Mikro-Makro Modell 거시-미시-거시 모델
Markt 시장

Marxismus 마르크스주의
Massenkultur 대중문화
Materialismus 유물론
Materialitätskontinuum 물질성의 연속체
Materielle Reproduktion 물질적 재생산
Mechanische Solidarität 기계적 연대
Mehrarbeit 잉여노동
Mehrwert 잉여가치
Methodologischer Holismus 방법론적 전체론
Methodologischer Individualismus 방법론적 개인주의
Methodologischer Interaktionismus 방법론적 상호작용주의
Mimesis 모방
Mimetisches Verhalten 모방 행동
Mobilität 이동
Moderne Geldwirtschaft 근대 화폐경제
Moderne Gesellschaft 근대사회
Moderne 근대
Moderner Staat 근대국가
Modernes Recht 근대적 법
Modernisierung 근대화
Monetarisierung 화폐화
Moralische Dichte 도덕적 밀도
Moralität 도덕성
Moralphysik 도덕물리학
Multiple Moderne 다중 근대성
Multitude 다중
Mythos 신화

N

Nash-Gleichgewicht 내쉬균형
Nationalsozialismus 나치즘
Natur 자연
Naturbeherrschung 자연 지배
Naturtatsachen 자연적 사실
Naturverhältnis 자연관계
Naturwesen 자연적 존재
Naturwissenschaft 자연과학
Nebenfolgen 부작용
Negative Sanktionen 부정적 제재
Neoliberalismus 신자유주의
Netzwerk 네트워크
Neutralität 중립성
New Economy 신경제
Normalisierung 정상화
Normen 규범
Nutzen 효용
Nutzenmaximierung 효용극대화
Nutzenverteilung 효용 분배
Nutzenwert 효용 가치

O

Objektive Kultur 객관적 문화
Objektive Natur 객관적 자연
Offenes System 개방적 체계
Offentliche Meinungsbildung 여론 형성
Offentlichkeit 공론장
Oko-Bewegung 생태 운동
Okologische Krise 생태적 위기
Okzident 서양
Operaismus 노동자주의
Operativ geschlossenes System 작동적으로 폐쇄된 체계
Operative Schließung 작동적 폐쇄
Optimierungsprinzip 최적화 원칙
Organische Solidarität 유기적 연대

P

Pareto-besser 파레토 개선
Pareto-Optimum 파레토 최적
Pareto-suboptimal 파레토 차선
Partikularismus 특수주의
pattern variables 유형변수
Pauperisierung 빈곤화
Persönlichkeitsstruktur 인성구조
Philosophische Soziologie 철학적 사회학
Planung 계획
Pluralisierung 다원화
Politische Ökonomie 정치경제학
Politische Ordnung 정치 질서
Politisches Handeln 정치적 행위
Positive Anreize 긍정적 자극
Positivismus 실증주의
postkolonial 포스트식민주의적
Postmoderne 포스트근대
Poststrukturalismus 포스트구조주의
Prädestination 예정설
Präferenze 선호
Präferenzordnung 선호 순서
Praktiken 실천
Privatgut 사적 재화
Privatsphäre 사적 영역
Produktionsverhältnisse 생산관계
Produktive Macht 생산적 권력
Produktivkräfte 생산력
Profit 이윤
Profitrate 이윤율
Proletariat 프롤레타리아
Propositionenmodell 명제 모델
Protestantismus 프로테스탄티즘
Protestantismus-These 프로테스탄티즘 테제
Prozesssoziologie 과정 사회학
Psychisches System 심리적 체계
Psychoanalyse 정신분석
Psychogenese 심리 발생
Public Choice Theorie 공공선택이론

Q

Qualitative Individualität 양적 개성
Qualitative Sozialforschung 질적 사회조사
Quantifizierende Rationalität 정량화하는 합리성
Quantitative Individualität 질적 개성
Queer Studies 성 소수자 연구

R

Rational Choice Theorie 합리적 선택이론
Rationale Akteure 합리적 행위자
Rationale Erklärung 합리적 설명
Rationales Handeln 합리적 행위
Rationalisierung 합리화
Rationalität 합리성
Rational-legale Herrschaft 합리적·합법적 지배
Realisierungsprinzip 실현 원칙
Realtypen 실제형
Recht 법
Rechtsnorm 법규범
Rechtsstaat 법치국가
Reduktion von Komplexität 복잡성의 환원
Reflexive Moderne 성찰적 근대
Regierungstechniken 통치 기술
Regulierungsmacht 규제 권력

Reine Natur 순수한 자연
Reine Soziologie 순수 사회학
Reinigungsarbeit 정화 작업
Relationsmodus 관계 양식
Religiöser Fundamentalismus 종교적 근본주의
Repressive Macht 억압적 권력
Repressives Recht 억압적 법
Reproduktion 재생산
Restitutives Recht 보상적 법
Revolution 혁명
Risiko 위험
Rolle 역할
Rollen-Apriori 역할 선험
RREEMM-Modell RREEMM 모델

S

Sachzwang 상황적 강제
Säkularisierung 세속화
Segmentäre Differenzierung 분절적 분화
Segmentäre Gesellschaft 분절적 사회
Selbsbeobachtung 자기관찰
Selbsregulierung 자기규제
Selbstäuschung 자기기만
Selbstbeschreibung 자기서술
Selbstentfremdung 자기소외
Selbstführung 자기 통솔
Selbstkontrolle 자기통제
Selbstmord 자살
Selbstreferentielles System 자기준거적 체계
Selbstverantwortlichkeit 자기책임
Selbstverständnis 자기이해
Selbstverwirklichung 자기실현
Selbstzwang 자기강제
Selbsverhältnis 자기관계
Semantik 의미론
Sexualität 성
Singularität 특이성
Sinn 의미
Sinnhaftes Handeln 의미를 지니는 행위
Sinnstruktur 의미 구조
Sinnsysteme 의미체계
Sinnverlust 의미 상실
Sinnverstehende Soziologie 의미이해적 사회학
Situationslogik 상황 논리
Sklavenhaltergesellschaft 노예제사회
Social Choice Theorie 사회적 선택이론
Solidarität 연대
Souveränität 주권
Sozialdemokratie 사회민주주의
Soziale Bewegungen 사회운동
Soziale Erwartungen 사회적 기대
Soziale Frage 사회적 질문
Soziale Gruppe 사회집단
Soziale Hierarchie 사회적 위계
Soziale Integration 사회(적) 통합
Soziale Kreise 사회적 관계권
Soziale Ordnung 사회질서
Soziale Pathologie 사회병리
Soziale Prozesse 사회적 과정
Soziale Spaltung 사회적 분열
Soziale Struktur 사회구조
Soziale Welt 사회적 세계
Sozialer Tatbestand 사회적 사실
Sozialer Wandel 사회변동
Soziales Handeln 사회적 행위
Soziales System 사회적 체계
Sozialisation 사회화

Sozialpsychologie 사회심리학
Sozialstaat 사회국가
Soziobiologie 사회생물학
Soziogenese 사회 발생
Soziologie 사회학
Soziologische Apriori 사회학적 선험
Spezialisierung 전문화
Spieltheorie 게임이론
Sprechakttheorie 언어행위이론
Staatliche Macht 국가권력
Staatskapitalismus 국가자본주의
Stahlharte Gehäuse der Hörigkeit 강철처럼 단단한 예속의 껍질
Staat 국가
Standaridisierung 표준화
Status 지위
Steigerung des Nervenlebens 신경자극의 고조
Steuerungsmedien 조정 매체
Strategisches Handeln 전략적 행위
Stratifizierung 층화
Strukturalismus 구조주의
Struktur-Apriori 구조 선험
Strukturelle Differenzierung 구조적 분화
Strukturelle Kopplung 구조적 연결
Strukturfunktionalismus 구조기능주의
Strukturfunktionalistische Systemtheorie 구조기능주의적 체계이론
Studentenbewegung 학생운동
Stukturtheorie 구조이론
Subjekt 주체
Subjektive Kultur 주관적 문화
Subjektivierung 주체화
Subsistenzwirtschaft 자급자족경제
Substantielle Ungleichheit 실질적 불평등
Supertheorie 초이론
Symbolische Reproduktion 상징적 재생산
Symmetrische Anthropologie 대칭적 인류학
Synthesis 종합
System 체계
Systemische Integration 체계 통합
Systemtheorie 체계이론

T

Tausch 교환
Tauschverhältnisse 교환관계
Tauschwert 교환가치
Theoretische Welt 이론적 세계
Tod des Subjektes 주체의 죽음
Top-down-Erklärungen 하향식 설명
Total integrierte Gesellschaft 총체적으로 통합된 사회
Totales System 총체적 체계
Totalitäres System 전체주의적 체계
Tradition 전통
Traditionale Gesellschaft 전통사회
Traditionaler Herrschaft 전통적 지배
Traditionales Handeln 전통적 행위
Tragödie der Kultur 문화의 비극
Transgender 성전환자
Transplantationsrevolution 이식 혁명
Transsexualität 성전환
Transzendente Natur 초월적 자연
Triebkontrolle 충동 통제
Trittbrettfahrer-Problem 무임승차자 문제

U
Überbau 상부구조
Übereinkunft 합의
Überintegration 과잉 통합
Überproduktionskrise 과잉생산의 위기
Überregulierung 과잉 규제
Umweltoffenheit 환경 개방성
Unabhängige Natur 독립적 자연
unit act 단위 행위
Universalistische Rechtsnorm 보편주의적 법규범
Ursache-Wirkungsketten 인과 사슬

V
Verantwortungsethik 책임윤리
Verblendungszusammenhang 현혹관계
Verdinglichung 물상화
Vereinsamung 고독
Verflechtungen 상호의존성
Vergesellschaftung 사회화
Vergesellschaftungsform 사회화의 형식
Verhalten 행동
Verhaltenskontrolle 행동 통제
Vermassung 대중화
Vernunft 이성
Versachlichung 사물화
Verständigung 상호이해
Verständigungsverhältnisse 상호이해 관계
Vertrauen 신뢰
Verwaltung 행정

W
Wahnsinn 광기
Wahrhaftigkeit 진실성
Wahrheit 진리
Wandel 변동, 변천
Wannenmodell des Erklärens 설명의 욕조 모델
Warenchrarakter 상품 성격
Warentausch 상품 교환
Webermarxismus 베버마르크스주의
Wechselwirkung 상호작용
Weltbild 세계상
Weltdeutung 세계 해석
Weltgesellschaft 세계사회
Welthaltung 세계관
Weltinnenpolitik 세계적 내정
Werbeziehung 가치관계
Wert 가치
Wertbindung 가치 구속
Werterwartungstheorie 가치기대이론
Wertfreiheit 가치 자유
Wertrationales Handeln 가치합리적 행위
Werturteilsfreiheit 가치판단 자유
Wertverallgemeinerung 가치 일반화
Wettbewerbsprinzip 경쟁 원칙
Widerstandspotenziale 저항의 잠재력
Wir-Identität 우리-정체성
Wirtschaft 경제
Wirtschaftsethos 경제 에토스
Wirtschaftswastum 경제성장
Wissen 지식
Wissenschaft 학문
Wissensordnung 지식 질서
Wissensproduktion 지식 생산
Wissensvorrat 지식의 보고
Wünsche 희망

Z

Zeitkern 시간의 핵

Zivilisation 문명화

Zivilisationsprozess 문명화 과정

Zweck-Mittel Relation 목적-수단 관계

Zweckrationales Handeln 목적합리적 행위

Zweckrationalität 목적합리성

Zwischenzwecke 중간 목적

지 은 이

하르트무트 로자(Hartmut Rosa)
독일 예나 대학교 일반사회학 및 이론사회학 교수

다비드 슈트렉커(David Strecker)
독일 프랑크푸르트 괴테 대학교 사회결속연구소 연구원

안드레아 콧트만(Andrea Kottmann)
네덜란드 트웬테 대학교 고등교육 정책연구 센터(Center for Higher Education Policy Studies: CHEPS) 여성 연구원

옮긴이

최영돈 choi_youngdon@daum.net

독일 본 대학교에서 번역학·사회학 학사 및 석사 과정을 졸업하고, 마르부르크 대학교에서 사회학 박사학위(Dr.Phil)를 받았다. 서울시립대학교 등 외래교수, 한국사회학회 이사로 활동했으며 중앙선거방송토론위원회 방송토론팀장(2016~2022)을 지냈다. 현재는 민주시민교육 분야 프리랜서 강사 및 번역가로 활동 중이다.
주요 논문으로 「후보자 TV토론의 새로운 패러다임」(2018), 「독일의 정치교육과 관점의 다양성에 대한 사회적 합의: 보이텔스바흐 합의」(2016) 등이 있다.

이종희 doreaner@hanmail.net

독일 하이델베르크 대학교에서 사회학 학사·석사학위 및 박사학위(Dr. rer. pol.)를 취득했다. 하이델베르크 대학교 사회학과 강사, 이화여자대학교 사회과학연구소 연구원, 중앙선거방송토론위원회 방송토론팀장, 한국사회학회 이사, 한국소통학회 부회장, 한독사회과학회 회장 등을 역임했다. 현재 중앙선거관리위원회 선거연수원 교수, 한국독일네크워크(ADeko) 부이사장, 한국정치커뮤니케이션학회 부회장, 한국민주시민교육학회 이사를 맡고 있다.
주요 저서로 『대전환의 시대, 독일의 제도와 정책』(공저, 2023), 『독일의 사회통합과 새로운 위험: 한독사회학자들의 눈으로 본 독일사회』(공저, 2017), 『독일 통일과 동독 권력 엘리트』(공저, 2011) 등이 있다.

전태국 jeontk@hanmail.net

서울대학교에서 사회학 학사 및 석사학위를 취득했으며, 독일 프랑크푸르트 괴테 대학교에서 사회학 박사학위(Dr.Phil)를 취득했다. 미국 에머리 대학교, 독일 프랑크푸르트 괴테 대학교, 함부르크 대학교 객원교수를 역임했으며, 한국사회학회 회장, 한독사회학회 회장, 유네스코한국위원회 위원, 대통령자문정책기획위원, 통일부 정책자문위원 등을 역임했다. 현재 강원대학교 사회학과 명예교수로 재직 중이다.
주요 저서로 『배제와 통합. 탈북인의 삶』(공저, 2019), 『독일의 사회통합과 새로운 위험』(공저, 2017), 『지식사회학: 지배·이데올로기·지식인』(2013) 등이 있다.

한울아카데미 2505

사회학 이론(개정판)

시대와 관점으로 본 근현대 이야기

지은이 **하르트무트 로자·다비드 슈트렉커·안드레아 콧트만** | 옮긴이 **최영돈·이종희·전태국**
펴낸이 **김종수** | 펴낸곳 **한울엠플러스(주)** | 편집 **신순남**

초판 1쇄 인쇄 **2024년 2월 20일** | 초판 1쇄 발행 **2024년 3월 5일**

주소 **10881 경기도 파주시 광인사길 153 한울시소빌딩 3층** | 전화 **031-955-0655** | 팩스 **031-955-0656**
홈페이지 **www.hanulmplus.kr** | 등록번호 **제406-2015-000143호**

Printed in Korea.

ISBN 978-89-460-7505-4 93300

※ 책값은 겉표지에 표시되어 있습니다.